I0033098

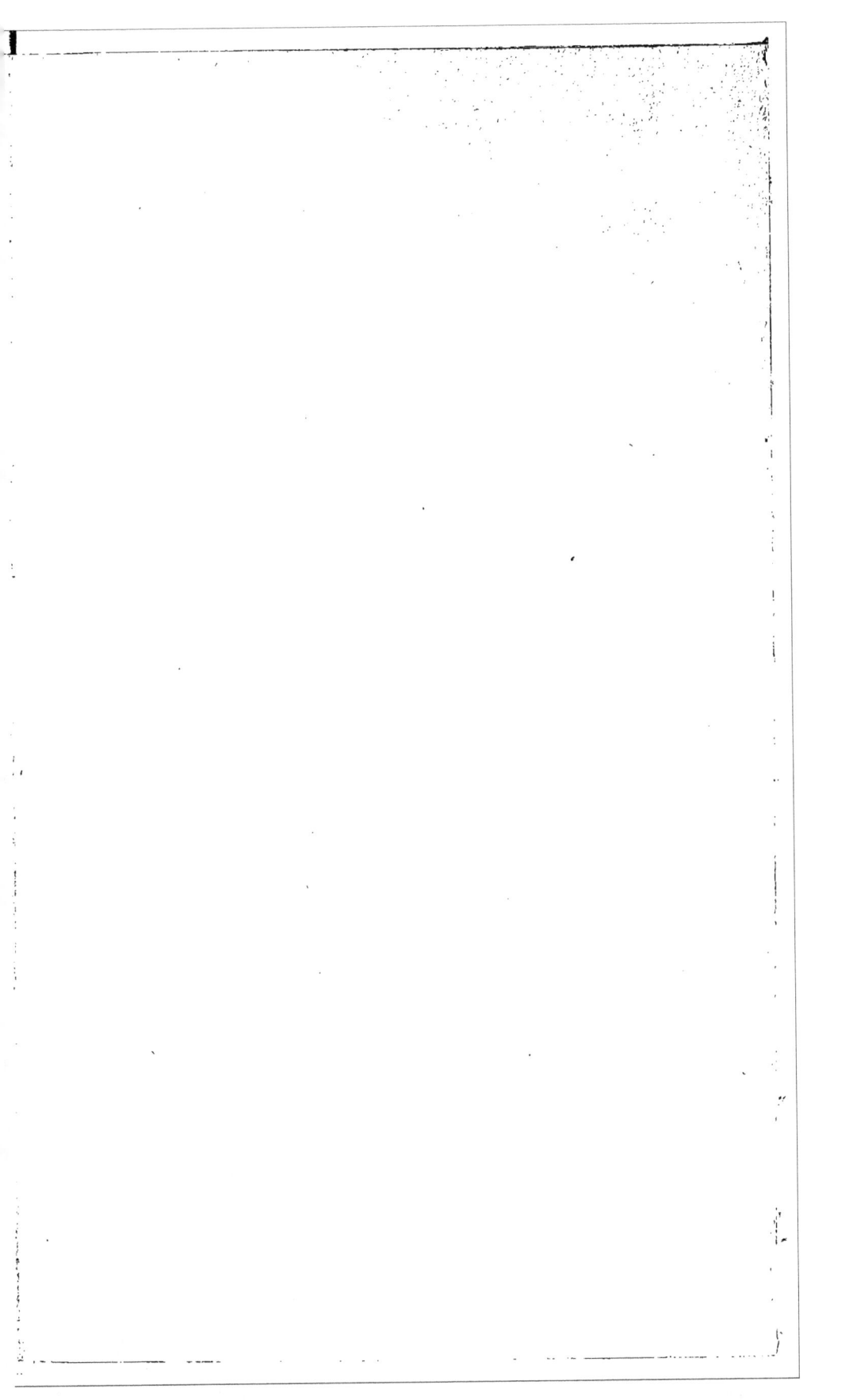

COURS

DE

DROIT FRANÇAIS

SUIVANT LE CODE CIVIL.

Cet Ouvrage se trouve aussi,

A PARIS,

CHEZ VIDECOQ, PLACE SAINTE-GENEVIÈVE, N° 6 ;
CHARLES BÉCHET, QUAI DES AUGUSTINS, N° 57.

PARIS. — DE L'IMPRIMERIE DE RIGNOUX,
Rue des Francs-Bourgeois-St.-Michel, n° 8.

COURS

DE

DROIT FRANÇAIS

SUIVANT LE CODE CIVIL.

Par M. DURANTON,

PROFESSEUR A LA FACULTÉ DE DROIT DE PARIS,
MEMBRE DE LA LÉGION D'HONNEUR.

TOME TROISIÈME.

DEUXIÈME ÉDITION,
ABSOLUMENT CONFORME A LA PREMIÈRE.

PARIS,

ALEX-GOBELET, LIBRAIRE,
RUE SOUFFLOT, N° 4, PRÈS L'ÉCOLE DE DROIT.

1828.

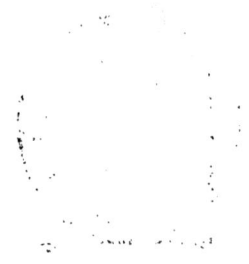

COURS

DE DROIT FRANÇAIS

SUIVANT LE CODE CIVIL.

TITRE VII.

De la Paternité et de la Filiation.

Observations préliminaires.

SOMMAIRE.

1. *Les mots* paternité *et* filiation *sont des termes corrélatifs.*
2. *La paternité et la maternité sont légitimes ou naturelles.*
3. *La nature fait connaître la mère.*
4. *Il n'en est pas de même du père.*
5. *Le mariage rattache les enfans de la mère à un individu connu.*
6. *Malgré l'infidélité de la mère, les enfans peuvent être nés du mari.*
7. *C'est cette possibilité que le législateur a prise pour règle de ses décisions.*
8. *Quand le mari n'a pu cohabiter avec sa femme au temps de la conception de l'enfant, il n'en est pas le père.*
9. *L'époque de la conception n'étant pas susceptible d'être connue avec précision, la loi la suppose par la durée possible de la grossesse.*
10. *On n'a pu déterminer cette durée que par des conjectures fondées sur l'observation des faits.*

III.   1

1. *Paternité* et *filiation* sont des termes corrélatifs exprimant des qualités dont l'une suppose toujours l'autre : le premier, celle de père ; le second, celle d'enfant.

2. Dans le langage des lois, la paternité et la maternité sont tantôt légitimes, tantôt naturelles ; par conséquent la filiation a tantôt l'une de ces qualités , tantôt l'autre.

L'une et l'autre filiation sont traitées, dans le Code, sous le même Titre.

3. Dans la reproduction de l'espèce, la nature ne cache point la mère ; elle l'indique, au contraire, par des signes physiques et matériels qui échappent quelquefois, il est vrai, aux regards des hommes, mais qui peuvent généralement être reconnus et attestés avec ce degré de certitude qui accompagne la preuve de l'existence des autres

choses humaines; ce qui a fait dire aux jurisconsultes romains que la mère, quoiqu'elle ne soit
pas mariée, est toujours connue : *Semper certa est
mater, etiamsi vulgò conceperit* (1).

4. Au lieu que pour la paternité, aucune preuve
positive ne peut attester son existence dans tel
homme; elle est pour ainsi dire, couverte d'un
voile impénétrable.

5. Mais les législateurs de tous les peuples po-
licés ont trouvé dans le mariage le moyen de
rattacher par des liens indissolubles les enfans à
un individu connu; et s'il n'est pas toujours une
preuve irréfragable de la paternité de celui-ci, il
est du moins la démonstration la plus sûre que
pût invoquer l'enfant en revendiquant l'auteur de
ses jours, puisqu'elle repose sur la fidélité que la
mère a conservée à son mari, fidélité dont elle ne
se serait dépouillée que par un crime que la raison ne suppose pas. Les lois présument, au contraire, que le mari de la mère est le père des enfans conçus pendant leur union : « L'enfant conçu
« pendant le mariage, porte l'article 312, a pour
« père le mari ; » disposition que nous avons aussi
empruntée à la législation romaine, comme une
de ces règles fondamentales de la société civile (2).

6. Quoique le législateur soit parti de la suppo-

---

(1) L. 5 , ff., *de in jus vocando.*
(2) *Is pater est quem nuptiæ demonstrant.* L. 5, ff. , *de in jus vocando* ,
précitée.

sition raisonnable que la mère a conservé à son
mari la foi qu'elle lui a jurée, il n'a néanmoins pas
fait de cette présomption l'unique base de la règle
qu'il a consacrée en faveur de la légitimité des
enfans ; car, malgré les dérèglemens de leur mère,
ils peuvent devoir le jour à son mari : *Cùm possit
et uxor adultera esse, et impubes defunctum patrem
habuisse* (1). « Le mari, dit l'article 313, ne peut
« désavouer l'enfant pour cause d'adultère. »

7. Mais la loi civile n'a pu méconnaître les lois
immuables de la vérité : tout en se prêtant à la
présomption de l'innocence de la mère, elle ne
protége pas de sa puissance le fruit du crime. Si
elle investit les enfans conçus pendant le mariage
du bienfait de la légitimité, c'est lorsqu'il est possible qu'ils soient en effet les enfans du mari. Tel
est le principe fondamental en matière de filiation
légitime : c'est cette possibilité que le législateur
a constamment prise pour règle de ses décisions ;
il a toujours expliqué en faveur des enfans toute
incertitude qui aurait pu s'élever sur leur état dans
tel ou tel cas, parce que si c'est un mal que le produit du crime usurpe la place qui n'était due qu'au
fruit du commerce innocent d'une femme avec son
époux, ce serait un bien plus grand malheur si
l'enfant né d'une honorable union était ignomi-
nieusement chassé de la maison paternelle et réduit à la triste condition d'enfant adultérin.

---

(1) L. 11, §. 9, ff., *ad Leg. Jul.*, *de Adult.*

8. Toutefois la raison, la première loi, dit hautement que le mari n'est pas le père de l'enfant lorsqu'il n'a pu cohabiter avec la mère à l'époque où se rapporte celle de la conception ; car c'est de la conception, dont la naissance n'est que la suite, que dérivent la paternité et la filiation. Dans ce cas, la paternité du mari n'étant évidemment qu'une fiction, il peut la méconnaître, et faire sortir de sa maison l'étranger que le crime y a introduit.

9. Cependant cette époque de la conception n'est pas susceptible d'être connue avec précision, et c'est cette incertitude qui fait naître dans beaucoup de cas celle qui couvre la paternité elle-même : aussi le législateur s'est-il vu dans la nécessité de poser des bornes en-deçà et au-delà desquelles l'impossibilité de cohabitation entraîne avec elle l'impossibilité de paternité dans le mari de la mère. Interrogeant l'expérience, elle lui a appris qu'une multitude de causes physiques ou morales abrègent ou étendent la durée de la grossesse, ou, en d'autres termes, accélèrent ou retardent l'enfantement; et procédant du connu, la naissance, à l'inconnu, le moment de la conception, il en a tiré cette irrésistible conclusion, que si le mari était dans l'impossibilité physique de cohabiter avec son épouse à l'époque où se placerait l'instant de la conception, en supposant à la grossesse soit la plus longue, soit la plus courte durée, ou dans le temps intermédiaire, l'enfant n'est pas né de ses œuvres, et il l'autorise à le désavouer.

10. Ainsi, à côté de la règle *Pater is est quem nuptiæ demonstrant,* il a placé cette autre règle, que le mari peut désavouer l'enfant lorsqu'il est physiquement impossible qu'il en soit le père. (Art. 312.)

Mais quelle est la durée la plus courte ou la plus longue que puisse avoir la grossesse? c'est encore un autre secret de la nature, que l'art a vainement tenté de lui dérober. On a donc encore été obligé de recourir à des conjectures, en les appuyant sur des faits répétés et que l'on a supposés certains, parce que les circonstances dont ils étaient accompagnés leur donnaient un caractère de probabilité morale, qui, aux yeux de ceux qui les ont observés, équivalait presque à une certitude absolue. Et c'est du rapprochement de ces faits, qui tantôt attestaient que la grossesse n'avait eu que telle durée, tantôt qu'elle en avait eu une beaucoup plus longue, que l'on est parti pour fixer, par des présomptions légales, les deux temps extrêmes, comme pouvant être choisis par la nature dans ses écarts pour le terme de ses opérations.

11. Suivant le Code, ces deux temps, pour les enfans qui naissent viables, sont cent quatre-vingts jours pour les plus courtes grossesses, et trois cents jours pour les plus longues: d'où il résulte que l'enfant né viable avant le cent quatre-vingtième jour du mariage n'en est pas le fruit, comme celui qui naît trois cents jours après sa dissolution n'en

provient pas ; conséquemment aussi, que l'enfant conçu et né pendant son cours n'est pas l'enfant du mari, si celui-ci n'a pu cohabiter avec son épouse pendant le temps qui s'est écoulé depuis le trois centième jusqu'au cent quatre-vingtième jour avant la naissance de cet enfant, puisque, pour qu'il pût l'être, il faudrait nécessairement supposer que la durée de la grossesse a pu être moindre de cent quatre-vingts jours ou excéder trois cents jours ; et c'est ce que la loi ne suppose pas, malgré la faveur dont elle environne la légitimité des enfans.

12. Ces règles touchant la durée possible de la grossesse nous ont encore été transmises par les lois romaines, à quelques différences près, ainsi que nous l'expliquerons, et elles avaient été adoptées par l'ancienne jurisprudence telles que le droit romain les avait consacrées. Ainsi, quant aux naissances accélérées, le jurisconsulte Ulpien voulant appliquer à l'enfant d'une femme affranchie le principe plein d'humanité et de sagesse, que l'enfant naît libre, si, à l'époque de la conception ou à celle de la naissance, ou dans le temps intermédiaire, la mère a joui de la liberté (1), dit, d'après l'autorité d'Hippocrate, que l'enfant né le cent quatre-vingt-deuxième jour depuis l'affranchissement de sa mère est censé avoir été conçu depuis qu'elle est devenue libre (2).

---

(2) Instit., tit. *de Ingenuis.*
(1) L. 3, §. 12, ff., *de suis et legit. hered.*

Le jurisconsulte Paul décide aussi, et toujours d'après Hippocrate, que l'enfant né au septième mois du mariage de sa mère est l'enfant du mari (1).

13. Quant aux naissances tardives, la législation romaine paraît avoir éprouvé des variations importantes (2).

D'abord, d'après la loi des Douze-Tables, l'enfant qui naissait après dix mois depuis la mort du mari n'était pas censé légitime; et Ulpien, dans la loi 3, §. 11, ff. *de Suis et legit. heredib.*, proclame cette règle en ces termes : *Post decem menses mortis, natus non admittetur ad legitimam hereditatem.*

14. Mais, suivant Aulu-Gelle (3), l'empereur

---

(1) L. 12, ff, *de Statu hominum.* On peut entendre cette décision de l'enfant né au commencement du septième mois, comme de celui qui naît vers sa fin; et il n'y aurait point, comme on l'a prétendu, de contradiction entre ce texte et le précédent. Mais, dans ses *Sentences,* lib. 4, *sent.* 9, §. 14, le même jurisconsulte dit que l'enfant naît légitime, s'il naît *septimo mense* PLENO à partir du mariage : de là, cette foule d'opinions diverses sur les naissances accélérées, comme sur les naissances tardives. On peut voir aussi dans Aulu-Gelle, *Nuits Attiques*, liv. III, chap. XVI, ce qu'il a plu aux jurisconsultes, aux naturalistes et aux médecins d'écrire sur ces questions insolubles de physiologie.

(2) Elle a bien constamment reconnu que la grossesse pouvait se prolonger jusqu'à la fin du dixième mois, c'est-à-dire jusqu'au trois centième jour; en conséquence, l'enfant né dans les dix mois depuis la mort du mari a toujours été regardé comme légitime. L. 29, *princip.*, ff., *de Liber. et posthum; L. ult.* Cod. *de Posth. hered. instit.* Mais il ne paraît pas aussi certain qu'on ait constamment considéré le trois centième jour comme le terme le plus long de la grossesse : il semble, au contraire, que les principes à cet égard ont varié suivant les temps.

(3) *Noctes atticæ*, lib. 3, cap. 16. Voici les expressions de cet auteur : *Sed divum Hadrianum, causâ cognitâ, decrevisse in undecimo quoque*

Adrien décréta qu'un enfant né dans le onzième mois depuis la mort du mari était légitime; ce qui supposait que la grossesse avait pu se prolonger au-delà de trois cents jours. Dans ses *Observations* sur les *Sentences* de Paul, à l'endroit précédemment cité, Cujas, tout en reconnaissant que ce décret a existé, dit néanmoins que s'il est vrai que l'enfant né dans le onzième mois depuis la mort du mari peut être regardé comme légitime, cela ne doit s'entendre que de l'enfant né dans les commencemens et non vers la fin de ce mois.

On a dit, il est vrai, qu'Adrien vivait un siècle avant Alexandre Sévère, sous le règne duquel florissait Ulpien, et que ce jurisconsulte ayant adopté la règle des dix mois, consacrée par la loi des Douze-Tables, c'est une preuve que le décret d'Adrien n'avait pas prévalu, et que la règle s'appliquait rigoureusement. En admettant que cette observation fût vraie, elle ne détruirait pas celle que nous avons faite, que la législation romaine a varié suivant les temps quant à ce point. Mais il paraît, d'après ce que dit Cujas, qu'elle n'est pas exacte; car s'il décide, nonobstant le décret, que l'enfant né vers la fin du onzième mois après la mort du mari ne lui appartient pas, d'autre part il déclare aussi que l'on peut soutenir que l'enfant né dans les commencemens de ce mois est légitime. Ce ju-

---

mense partum edi posse : idque ipsum ejus rei decretum nos legimus. Ainsi, Aulu-Gelle a lu le décret, dont il n'existe aucun vestige dans le corps du Droit romain.

risconsulte n'admet donc point comme une règle absolue celle des trois cents jours; et il est possible, en effet, qu'Ulpien lui-même n'ait entendu la proclamer que comme un principe général, susceptible de recevoir quelques modifications suivant les circonstances. Si les plus célèbres médecins n'ont pu s'accorder sur la durée la plus courte ou la plus longue que puisse avoir la grossesse; si cette grande question de physiologie les a toujours divisés, tous du moins conviennent que si un tempérament sanguin, une joie immodérée, des terreurs soudaines, et toute autre violente émotion de l'âme peuvent accélérer l'époque de l'enfantement, une constitution lymphatique, les maladies, la mauvaise nourriture, les chagrins domestiques peuvent aussi la reculer au-delà du terme ordinaire assigné par la nature. Or, les lois sont portées pour les cas ordinaires, et non pour ceux qui ne se présentent que très rarement.

15. Enfin, statuant sur la faute d'une femme qui s'était remariée dans l'année de la mort de son mari, et qui était accouchée *après* le onzième mois révolu depuis le décès de ce dernier, la Novelle 39, chapitre 2, porte qu'elle a encouru les peines établies contre les femmes qui passent à de secondes noces avant l'expiration de l'année de deuil, et que son enfant n'est point né des œuvres du premier mari : d'où plusieurs jurisconsultes ont conclu que, puisque Justinien n'applique sa décision qu'à l'enfant

né dans le douzième mois depuis la dissolution du mariage, celui qui est né dans le cours du onzième est légitime ; de là aussi cette diversité d'arrêts rendus depuis plusieurs siècles sur les naissances tardives (1). Mais il nous semble que cette conséquence est loin d'être exacte, car Justinien n'établit pas, par sa Novelle, une règle relative à l'état des enfans nés tardivement; il statue sur un cas particulier tel qu'il s'est présenté; il ne le fait même qu'incidemment; l'objet principal de sa décision est ce second mariage, ainsi contracté prématurément, au mépris des lois qui le prohibaient : c'est là ce qui a appelé son attention. Il s'en exprime même avec indignation, en disant : *Sed impudentissimum quoddam nunc accessit, quod in nostris provenire temporibus nolebamus....* et il inflige à la femme les peines portées contre celles qui ont convolé avant l'expiration de l'année de deuil. Mais ne s'étant point expliqué sur les enfans nés dans le *onzième* mois depuis la dissolution du mariage, il n'y avait réellement rien à conclure de sa décision, si ce n'est que celui qui naît dans le douzième n'est pas légitime ; ce qui n'a trouvé que peu de contradicteurs (2).

16. Quant à l'enfant conçu et né pendant le ma-

---

(1) *Voy.* De Lacombe, v° *Enfant*, n° 9.

(2) Voët, AD PANDECTAS, tit. *de suis et legitim. hered.*, cite cependant un arrêt qui a déclaré légitime un enfant né vers la fin du douzième mois depuis la mort du mari.

riage, la loi 6, ff., *de his qui sui vel alieni juris sunt,*
autorisait le mari à le désavouer dans quatre cas.
Après avoir traité de celui où le mari qui a fait une
longue absence trouve à son retour un enfant âgé
d'un an, enfant qu'il peut désavouer, le jurisconsulte poursuit et dit que s'il a cohabité avec sa
femme, il ne peut désavouer l'enfant conçu à cette
époque; mais qu'il en est cependant autrement s'il
n'a pu cohabiter avec elle à raison d'une infirmité
qui lui est survenue, *ou pour autre cause,* ou si l'é-
tat de sa santé a été tel qu'il n'a pu devenir père :
*Sed mihi videtur quod et Scævola probat, si constet
maritum aliquandiù cum uxore non concubuisse, in-
firmitate interveniente, vel aliâ causâ; vel si eâ valetudine pater-familias fuit, ut generare non possit,
hunc qui in domo natus est, licet vicinis scientibus,
filium non esse.*

17. Ces mots, *non concubuisse.... vel aliâ causá*
sont si vagues, que la cause de désaveu qu'ils con-
sacrent dans la législation romaine serait inadmissible sous le Code, où tout, à cet égard, est défini
avec précision. Nous n'avons pas même admis l'impuissance naturelle. Quant à la maladie grave et
longue que le jurisconsulte indique en ces termes :
*Si eâ valetudine pater-familias fuit, ut generare non
possit,* nous verrons plus loin si elle peut être comprise dans ces expressions de l'article 312, *soit pour
cause d'accident.*

18. Nous terminerons ici nos observations pré-

liminaires sur la première partie de ce titre, dont nous suivrons la division générale adoptée par le Code, en subdivisant toutefois chacune des matières qu'il embrasse selon que l'ordre des idées le demandera, afin de mettre plus de clarté dans l'explication d'un sujet aussi difficile et aussi important.

CHAPITRE PREMIER.

De la Filiation des Enfans légitimes ou conçus pendant le mariage.

SOMMAIRE.

19. *Division du chapitre.*

19. Un enfant peut naître pendant le mariage et avoir été conçu auparavant.

Il peut avoir été conçu et naître pendant le mariage, et c'est le cas le plus fréquent.

Enfin, il peut avoir été conçu pendant le mariage et naître après sa dissolution (1). Aussi peut-on reprocher à l'intitulé de ce chapitre, « De la « filiation des enfans légitimes ou *nés* pendant le mariage, » de ne point comprendre ce dernier enfant. On peut encore lui reprocher de donner d'une manière absolue la qualification d'enfans légitimes aux enfans *nés* pendant le mariage, puisque ceux qui ont été conçus auparavant ne sont point tels :

---

(1) Il peut aussi avoir été conçu avant le mariage et naître depuis sa dissolution ; mais ce cas ne diffère pas du premier quant aux conséquences.

ils sont seulement *légitimés* quand ils ne sont pas désavoués et qu'ils sont habiles à recevoir le bienfait de la légitimation. On verra bientôt l'importance de la distinction. Il fallait donc dire : *De la filiation des enfans légitimes ou conçus pendant le mariage*, comme le dit au surplus l'article 312.

Les trois cas veulent être traités séparément, afin d'éviter toute confusion.

Nous parlerons, dans une quatrième section, de l'action en désaveu et de la contestation de légitimité.

SECTION PREMIÈRE.

De l'Enfant né pendant le mariage , mais conçu auparavant.

SOMMAIRE.

20. *L'enfant né avant le cent quatre-vingtième jour du mariage, et non désavoué, est tacitement légitimé.*

21. *Le mariage seul produit les enfans légitimes.*

22. *Néanmoins, l'enfant né dans les cent quatre-vingts jours du mariage ne peut être repoussé par le mari que par un désaveu juridique.*

23. *Le désaveu, dans ce cas, est péremptoire, si l'on ne prouve que le mari est dans une des exceptions prévues à l'art. 314.*

24. *L'enfant né avant le cent quatre-vingtième jour du mariage n'est pas légitimé, quoiqu'il ne soit pas désavoué, quand à l'époque de la conception le mari était engagé dans les liens d'un précédent mariage.*

25. *Si on lui conteste la légitimité, il peut du moins prétendre à l'état d'enfant naturel simple.*

26. *Quel est l'état de l'enfant né avant le cent quatre-vingtième jour du mariage de l'oncle et de la nièce, mariés en vertu de dispenses ?*

20. Suivant les principes que nous venons de retracer, la durée la plus courte que la loi suppose à la grossesse, pour les enfans qui naissent viables, étant de cent quatre-vingts jours, celui qui naît avant le cent quatre-vingtième depuis la célébration du mariage n'en est pas le fruit. Sa conception remonte à une époque antérieure, et ce n'est, ainsi que nous allons le démontrer, que la conception qui détermine l'état de l'enfant.

Il est vrai que dans les trois cas exprimés à l'article 314, le désaveu peut être repoussé; mais ce n'est pas, du moins dans les deux premiers, parce que la loi suppose que l'enfant est le fruit du mariage; autrement elle se contredirait : c'est parce qu'elle croit que l'enfant est né de l'homme qui est devenu le mari de la mère, et elle le considère comme tacitement légitimé par le mariage.

21. En effet, le mariage seul produit les enfans légitimes : *Filium eum definimus qui ex viro et uxore ejus nascitur* (1). L'article 312, qui renferme le principe fondamental de la matière, dit aussi : « L'enfant *conçu* pendant le mariage a pour père le « mari » ou, en d'autres termes, est légitime. Sans doute le mariage est un moyen légal de conférer le bienfait de la légitimation aux enfans conçus ou même nés avant la célébration; mais si la légitimation produit les effets généraux de la légitimité proprement dite, elle ne les produit qu'à partir du jour où elle a lieu, sans effet rétroactif, ainsi qu'il résulte de l'article 333, et ce ne sont pas tous les enfans qui sont habiles à en recevoir le bienfait. La similitude est d'ailleurs exclusive de l'identité.

Ainsi, quand la grossesse n'a pas duré cent quatre-vingts jours depuis le mariage, c'est qu'elle a commencé auparavant; par conséquent, l'enfant, qui peut bien être celui du mari, n'est pas celui du mariage. Nous repoussons donc la doctrine, que l'enfant né sous le voile du mariage, quoique conçu auparavant, est légitime tant qu'il n'est pas désavoué et que le désaveu n'est pas jugé contre lui : nous rejetons cette doctrine comme fertile en conséquences contraires à l'esprit de la loi. Qu'il soit

---

(1) L. 6, ff. *de his qui sui vel alieni juris sunt.*

légitimé, s'il est habile à l'être, soit; mais il n'est point *légitime*.

22. Cependant, de ce que l'enfant né avant le cent quatre-vingtième jour du mariage n'en est pas le fruit, il ne faut pas conclure que le mari puisse le repousser de la famille sans recourir au désaveu juridique. L'enfant est né dans le mariage; il est en possession de la légitimation tacite; il faut donc, lorsqu'elle est usurpée, la lui enlever par une décision judiciaire, nécessaire d'ailleurs pour juger s'il n'est pas dans un des cas où le désaveu est inadmissible. En disant que le mari ne pourra désavouer l'enfant dans les trois cas qui y sont énoncés, l'article 314 dit, par cela même, qu'il peut le désavouer dans tous les autres. Or, d'après l'art. 316, lorsque le mari est autorisé à désavouer, il doit le faire dans les délais fixés par cet article, à peine d'être ensuite non-recevable. S'il garde le silence, il témoigne que l'enfant est né de ses œuvres, quoiqu'il ne soit pas le fruit du mariage; et si la loi ne s'y oppose pas, cet enfant est légitimé par le seul fait de la célébration. C'est une légitimation tacite, qui n'a pas besoin, comme celle de l'enfant naturel déjà né, d'une reconnaissance antérieure au mariage ou au moins faite dans l'acte de célébration, mais voilà tout.

23. Si le mari désavoue juridiquement l'enfant dans les délais de droit, son désaveu a un effet péremptoire, absolu, s'il n'est détruit par une des

III.   2

exceptions consacrées par l'article 314; la seule preuve qu'il ait à faire, c'est de démontrer que la naissance a eu lieu avant le cent quatre-vingtième jour du mariage. On ne pourrait, pour lui imposer l'obligation de prouver qu'il n'a pas eu connaissance de la grossesse auparavant, argumenter contre lui de la présomption générale que l'on est censé connaître la condition de la personne avec laquelle on contracte; car ce n'est pas là une condition, une qualité de la personne, c'est un fait très-susceptible d'être ignoré. C'est donc à son adversaire à faire la preuve positive de l'exception opposée au désaveu. Dans l'affaire *Bonaffé*, l'arrêt (1) admit le mari à prouver que sa femme avait vécu en mauvais commerce avant son mariage, et c'était sur l'admission de cette preuve, sollicitée par lui, que roulait principalement la difficulté du procès. Aujourd'hui les principes sont mieux fixés : le mari n'est astreint à aucune preuve, si ce n'est celle que la naissance a eu lieu avant le cent quatre-vingtième jour de la célébration du mariage.

24. De ce que l'enfant dont il s'agit n'est point légitime, qu'il ne peut être que légitimé, naît l'importante et difficile question de savoir, lorsqu'il n'est point désavoué, quelle sera sa qualité dans le cas où, à l'époque de sa conception, il y avait entre ses père et mère un empêchement dirimant de mariage qui avait cessé à celle de sa naissance; s'esti-

---

(1) Cité par Denisart, au mot *Légitimation.*

mera-t-elle d'après l'état des père et mère à la première époque, ou bien d'après celui qu'ils avaient à la seconde?

Ainsi Paul, devenu veuf de Marie, épouse Élisabeth deux mois après la mort de Marie; Élisabeth accouche deux mois après son mariage : l'enfant n'est pas désavoué par Paul; bien mieux, il est reconnu par lui dans son acte de naissance.

Dans ce cas, de deux choses l'une : ou l'enfant est naturel simple, s'il est né de tout autre que Paul; ou il est adultérin, s'il est né de lui. En admettant la supposition qui lui est la plus favorable, la première, il n'a pu être légitimé; car la légitimation ne peut avoir lieu qu'au profit de l'enfant né de l'un et de l'autre de ceux qui contractent mariage ensemble (art. 331). En le plaçant dans la seconde, la légitimation n'a pu également avoir lieu, puisque la loi ne l'admet pas en faveur d'un enfant né d'un commerce adultérin.

Il est vrai que l'art. 331 ne parle que de la légitimation des enfans nés *hors* mariage, tandis que celui dont il s'agit est né *dans* le mariage; mais le principe est le même : ce n'est pas dans la naissance, c'est dans la conception que réside le vice qui forme obstacle à la légitimation, et, dans l'espèce, incontestablement la conception est le fruit de l'adultère, si l'enfant est né des faits du mari. D'ailleurs, si cet article ne parle que des enfans nés hors mariage, c'est parce que l'enfant né dans le mariage, quoique conçu auparavant, n'a pas besoin d'être reconnu pour recevoir la légitimation : il suffit qu'il ne soit pas désavoué, et il est ainsi tacitement légitimé. Au lieu que l'enfant né et conçu hors mariage, n'est légitimé qu'autant qu'il a été reconnu au plus tard au moment de la célébration. L'état de l'enfant conçu avant le mariage, mais né dans le mariage, ayant été réglé par l'article 314, l'article 331 n'avait donc plus à s'occuper que de l'enfant *né avant* le mariage, et il ne faut point conclure de sa rédaction qu'il n'ait entendu proscrire que la légitimation des enfans adultérins déjà *nés* lors de la célébration.

Toutefois, nous l'avouerons, cette grave question a partagé les docteurs.

Covarruvias, Fachinée, Molina, Sanchez, Charondas, Lebrun et Rousseau de Lacombe professent que l'enfant n'est point incapable du bienfait de la légitimation quand son père et sa mère, dont l'un était marié à une autre personne au moment de sa conception, se trouvent tous deux libres au moment de sa naissance, et à plus forte raison lorsqu'à cette époque ils sont légitimement unis. Ces auteurs prétendent que, pour fixer l'état de l'enfant, il ne faut s'attacher au moment de sa conception qu'autant que cela lui est avantageux ; que s'il lui est plus utile que l'on considère le moment de sa naissance, c'est à cette dernière époque que l'on doit uniquement s'attacher.

Ils se fondent d'abord sur les lois 7 et 26, ff. *de Statu hominum*, suivant lesquelles l'enfant conçu n'est réputé né que lorsque son intérêt le demande. Ils invoquent surtout la loi 5 au même titre, d'après laquelle, ainsi que nous l'avons dit précédemment, il suffit, pour qu'un enfant naisse ingénu, que sa mère soit libre au temps de sa naissance, quoiqu'elle fût esclave au temps de sa conception, *et vice versâ;* ce qui démontre, selon eux, que l'état de l'enfant ne se détermine pas irrévocablement par la condition de ses père et mère au moment de sa conception, mais que l'on doit au contraire considérer quelle est leur qualité à l'époque de sa naissance, si son intérêt le veut ainsi. Enfin, ils s'appuient sur la loi 11, Cod. *de Naturalibus liberis,* qui, dans sa dernière partie, paraît en effet réclamer cette solution (1).

Mais cette opinion est combattue par une foule d'auteurs, notamment par Rosselis, Salliceti, Perez, Pothier et Furgole.

« Les raisons, dit ce dernier jurisconsulte, qui ont
« fait admettre la légitimation des enfans par ma-
« riage subséquent, sont que, par une fiction de
« droit introduite en faveur de ces enfans, on re-
« garde le père et la mère comme s'ils étaient mariés

---

(1) *Et generaliter definimus et quid super hujusmodi casibus variabatur, definitione certâ concludimus, ut semper in hujusmodi quæstionibus in quibus de statu liberorum est disputatio, non conceptionis, sed tempus partûs inspiciatur : et hoc favore fecimus liberorum, ut editionis tempus statuamus esse inspiciendum, exceptis his tantummodò casibus in quibus conceptionem magis approbari, infantium conditionis utilitas expos-tulat.*

La Novelle 89, chap. II, porte absolument la même décision.

« ensemble lorsque les enfans ont été conçus (1),
« laquelle présomption ne peut pas avoir lieu quand
« l'un d'eux est marié à un autre. La tache est con-
« tractée par la conception et non par la naissance.
« Cette tache est imprimée à l'enfant du moment
« qu'il est conçu, et elle ne peut point être effacée
« par sa naissance, parce qu'elle ne diminue point
« la faute et ne fait point que la conjonction ne soit
« également réprouvée ; le mariage subséquent ne
« peut point la laver ni la purifier. Ainsi, la femme
« ayant conçu d'un adultère, son fruit demeure
« toujours adultérin, quoique l'époux adultère de-
« vienne libre dans l'intervalle de la conception et
« la naissance. »

Ces principes nous semblent incontestables, quelque favorable que soit la légitimation. Les textes
sur lesquels les partisans de l'opinion contraire appuient leur sentiment ne les détruisent nullement.

D'abord l'induction que l'on tire des lois 7 et 26,
ff. *de Statu hominum*, est sans force ; car, quoiqu'il
résulte de ces lois que l'on ne doive considérer
comme existant un enfant simplement conçu, que
lorsque son intérêt le demande, et par conséquent
qu'on doive le regarder comme habile à succéder
dans ce cas, ces dispositions ne peuvent pas faire
qu'il ne soit *conçu* : seulement, suivant elles, il n'est
pas réputé *né*, si son intérêt ne l'exige pas ; mais

---

(1) La fiction ne va pas jusque là ; elle fait seulement supposer
comme enfans issus du mariage ceux qui en reçoivent la légitimation
(art. 333), laquelle n'a pas d'effet rétroactif.

voilà tout. Elles n'empêchent point que, pour déterminer sa qualité, et savoir en conséquence s'il a pu ou non être légitimé, on ne considère la condition de ses père et mère à l'époque de sa conception, puisque c'est de sa conception même que naît l'obstacle apporté à sa légitimation. La légitimation est une faveur de la loi, et la loi n'a pas voulu en étendre le bienfait aux enfans qui sont les fruits d'un commerce incestueux ou adultérin.

Quant à la loi 5, ff. *de Statu hominum,* « elle n'a point, dit Pothier, de rapport direct avec la question. L'état d'ingénuité d'un enfant ne dépend que de la liberté de sa mère; et s'il arrive qu'une femme, esclave au moment de la conception, soit libre au moment de l'accouchement, il est naturel que pour déterminer l'état de l'enfant on s'attache à l'époque qui lui est la plus favorable (1). Au lieu que la capacité d'être légitimé dépend essentiellement de la qualité du commerce auquel l'enfant doit le jour; si ce commerce a été adultérin, la suite ne peut pas le rendre licite. »

Enfin la loi 11, Cod. *de Naturalib. liber.*, n'établit nullement le principe que l'on a voulu en tirer, que, pour savoir si un enfant né *ex damnato complexu* est capable de légitimation, il faut considérer le temps de sa naissance et non celui de sa

(1) L'enfant conçu fait d'ailleurs partie de la mère, *pars est viscerum matris* ; par conséquent, le maître, en affranchissant la mère, est censé avoir affranchi l'enfant qu'elle portait alors dans son sein : là s'applique aussi parfaitement la loi 26 précitée.

conception; Cette loi, ainsi que le démontre son préambule, que nous n'avons pas cru devoir citer à cause de sa longueur, a été rendue pour trancher une vive controverse : elle a uniquement pour objet de décider qu'un enfant conçu dans le concubinage, et né soit avant, soit pendant le mariage, est légitimé par cette union, encore qu'il n'en existe pas d'enfans, ou que ceux qui en sont issus soient morts avant le décès du père ou de la mère. On suppose, disent les docteurs, surtout d'après les principes du droit canonique, que le mariage a été célébré, au moins d'intention et de désir, dès le temps de la conception. Or, pour faire cette supposition, il faut qu'il ait pu être licitement contracté à cette époque (1).

La question a été jugée deux fois en ce sens par le parlement de Paris (2) à l'égard du même individu, qui avait su la ressusciter en lui donnant un

---

(1) C'est même, dit Perez sur cette loi, ce qu'indique Justinien, en ces termes : « *Si quis mulierem suo contubernio collocaverit, non ab initio affectione maritali,* EAM TAMEN CUM QUA POTERAT HABERE CONNUBIUM, *et ex eâ liberos sustulerit, etc.* » Il faut donc, d'après ce texte même, pour que la légitimation puisse avoir lieu, que le mari ait pu épouser la mère au moment du concubinage, c'est-à-dire de la conception de l'enfant.

(2) Les arrêts, dont les faits sont nombreux, sont rapportés au *Répertoire* de M. Merlin, au mot *Légitimation.* C'est le frère de la mère, son héritier, qui a contesté la légitimité de l'enfant. Il en avait cependant été le parrain et le tuteur, et il l'avait reconnu comme légitime par plusieurs actes. Sur la demande en reddition du compte de tutelle, qui aurait compris la succession de la mère, dont la valeur était considérable, l'enfant fut déclaré non-recevable, et réduit à une pension alimentaire, comme bâtard.

objet nouveau, et il ne paraît pas que le Code ait introduit des principes différens.

25. Mais si l'on conteste à l'enfant la légitimité, il peut du moins prétendre qu'il est naturel simple, et non bâtard adultérin; car, comme le mari de la mère n'aurait pu avec effet le reconnaître expressément (art. 335), cet enfant peut, par la même raison, contredire la reconnaissance tacite résultant du défaut de désaveu (art. 339). Il sera censé avoir été conçu d'un père inconnu et d'une mère libre (1), et il aura, par rapport à elle, les droits d'enfant naturel, au moins dans les limites de l'art. 337, dont, quant à présent, nous ne voulons point préjuger le sens en ce qui concerne l'effet de la recherche de la maternité.

26. Le cas où un oncle épouse sa nièce en vertu de dispenses, et où celle-ci accouche avant le cent quatre-vingtième jour du mariage, doit être décidé différemment. L'intention du législateur est évidente : l'article 164 porte que le Roi pourra accorder la permission de mariage pour *des motifs graves.* Or, l'expérience atteste qu'au premier rang de ces motifs se place ordinairement la faute des impétrans. C'est pour la couvrir du voile du mariage, c'est dans l'intérêt des mœurs, dans celui de l'enfant conçu, que les dispenses sont accordées :

_____

(1) Ce point sera démontré jusqu'à la dernière évidence, au chap. III, sect. 2, §. 1er *infrà.*

ce but serait manqué, si cet enfant ne recevait pas du mariage de ses père et mère le bienfait de la légitimité, et si, pour lui contester avec succès son état, il fallait entrer dans l'examen de faits dont l'affligeante divulgation ne tourne qu'au détriment des mœurs publiques et du bon ordre. En prohibant la légitimation des enfans *nés hors mariage,* d'un commerce incestueux, la lettre de l'art. 331 serait d'ailleurs favorable à celui dont il s'agit, puisqu'il est né *dans le mariage :* elle fournirait un motif suffisant à la fin de non-recevoir.

27. D'après l'article 314, l'enfant né avant le cent quatre-vingtième jour du mariage ne peut être désavoué par le mari dans les trois cas suivans :

1° S'il a eu connaissance de la grossesse avant le mariage ;

2° S'il a assisté à l'acte de naissance, et si cet acte est signé de lui, ou contient sa déclaration qu'il ne sait signer ;

3° Si l'enfant n'est pas déclaré viable.

Nous allons reprendre chacun de ces cas d'exception. Auparavant, nous rappellerons ce que nous avons dit, que, dans celui où le mari ne peut légitimer l'enfant, parce qu'il est adultérin, le silence qu'il garde à son égard ne peut changer son état; par conséquent, la connaissance qu'il aurait eue, avant le mariage, de la grossesse de la mère, ou la reconnaissance qu'il ferait de l'enfant dans son acte de naissance, le laisse toujours avec sa qualité d'adultérin, et n'empêche point que sa légitimité ne puisse être contestée par tous ceux qui auront intérêt à la critiquer.

28. La première exception est fondée sur la présomption que l'enfant est né des œuvres du mari : moralement, il n'est pas permis de supposer que celui-ci eût sciemment consenti à épouser une femme enceinte des œuvres d'un autre. En vain offrirait-il de prouver qu'à l'époque où a pu se placer la conception il était dans l'impossibilité physique de cohabiter avec la mère, il ne serait pas écouté : *Nemo turpitudinem suam allegans, auditur.* La présomption de la loi, dans ce cas, est absolue.

29. Mais c'est au défenseur de l'enfant à prouver que le mari a eu connaissance de la grossesse avant le mariage. A cet égard, M. Locré (1) fait remarquer que la commission chargée de présenter le projet de rédaction définitive du Code civil, n'avait accordé à l'enfant l'exception dont il s'agit que *lorsqu'il serait prouvé par des écrits du mari lui-même qu'il a eu connaissance de la grossesse avant le mariage,* mais que cette proposition fut retranchée, soit parce que le mari ne sait pas toujours écrire, soit parce qu'il est rare que l'on puisse prouver des faits semblables par écrit, et qu'ainsi l'exception de l'enfant deviendrait presque toujours illusoire, faute de pouvoir la justifier : d'où il faut

(1) Tom. IV, pag. 61.

conclure que la preuve testimoniale, comme celle par écrit, lui est permise, sauf aux tribunaux à en apprécier le mérite.

3o. On décidait anciennement que le mari qui avait eu, avant son mariage, des fréquentations avec sa femme n'était pas admis à désavouer l'enfant, à moins qu'il ne prouvât qu'il n'en pouvait être le père : par exemple, parce qu'il était éloigné, ou qu'il ne connaissait pas la mère à l'époque de la conception.

M. Proudhon pense que l'on ne serait point admis à articuler, dans l'intérêt de l'enfant, de semblables faits, pour en conclure que le mari ayant connu la femme, il a connu aussi ou a dû connaître la grossesse, attendu, dit-il, « que l'exception de la loi n'étant fondée que sur la connaissance positive de la grossesse, il n'est pas permis d'articuler d'autres faits sans retomber dans l'arbitraire. Un homme peut avoir fréquenté une femme sans croire à sa grossesse; les faits de fréquentation laissent toujours sur leurs conséquences une incertitude telle, que nos législateurs ont cru devoir abolir toute recherche de paternité fondée sur de pareilles circonstances. Il serait possible d'ailleurs qu'une femme, voulant couvrir sès désordres sous le voile du mariage, se portât à tromper le mari qu'elle aurait attiré dans le piége.

Ce jurisconsulte dit, au surplus, qu'il en serait autrement dans le cas d'enlèvement de la mère, si l'époque de cet enlèvement se rapportait à celle de la conception, parce que, dans cette hypothèse, la recherche de la paternité étant admissible, même hors mariage (art. 340), à plus forte raison cet événement, joint au mariage qui l'aurait suivi, et à la naissance de l'enfant qu'on verrait en être la conséquence naturelle, devrait être capable de balancer le désaveu du mari.

M. Toullier décide, au contraire, en combattant M. Proudhon, que les faits de fréquentation intime, et même de cohabitation avec la mère, donnent lieu de conclure que le mari a *connu* ou *dû* connaître la grossesse, et qu'il est le père de l'enfant. Pour confirmer son opinion, cet auteur ajoute qu'il y a une grande différence entre un enfant naturel qui, n'ayant aucune possession de son état, demande à prouver une paternité toujours incertaine, et l'enfant né sous le voile sacré du mariage, que sa naissance a mis en possession de son état, et qui ne fait que défendre sa possession.

Sans admettre absolument l'opinion de M. Proudhon, nous ne pouvons nous empêcher de dire que M. Toullier ne l'a combattue que par une pétition de principe. En effet, conclure absolument, de ce que le mari a eu des fréquentations avec celle qu'il a ensuite épousée, qu'il a connu sa grossesse, c'est une conclusion véritablement hasardée. M. Proudhon y avait répondu d'avance, en disant qu'une femme, voulant couvrir ses désordres sous le voile du mariage, peut très-bien se porter à

tromper le mari qu'elle a attiré dans le piége : cela
s'est vu plus d'une fois. Et quant à la possession
d'état alléguée en faveur de l'enfant, elle ne détruit
ni n'affaiblit l'effet du désaveu péremptoire du
mari ; elle oblige seulement celui-ci à former son
action, s'il veut repousser l'enfant. Mais cette action une fois intentée, la présomption de paternité
s'évanouit si bien que le mari n'a rien à prouver.
La loi combat pour lui, et l'exception de l'enfant
renferme alors virtuellement une recherche de paternité. La seule différence qui existe, sous ce rapport, entre lui et l'enfant né hors mariage, c'est
que cette recherche lui est permise, tandis qu'elle
est interdite à ce dernier, hors le cas d'enlèvement
de la mère, quand l'époque où il a eu lieu se rapporte à celle de la conception. En un mot, il a
beau être en possession de son état contesté, il
ne peut le conserver qu'en prouvant son exception.
La question ne roule plus que sur ce point, et non
sur la possession d'état, que le mari ne nie pas,
mais dont il veut le faire sortir. Or, il ne peut
éviter d'en être expulsé que par la preuve que la
loi lui demande ; c'est sur ce terrain qu'il doit combattre. Avant le désaveu judiciaire il avait la présomption de la loi en sa faveur ; depuis, la loi milite pour le mari ; les rôles sont changés, et la possession ne le protège plus : en sorte que, dans cet
état de choses, la différence que l'on fait entre lui
et l'enfant naturel est sans influence sur le sort de
la question.

Nous n'adoptons donc aucune de ces deux opinions dans leurs termes absolus. La preuve des faits de fréquentation n'établit pas nécessairement que le mari a connu la grossesse avant le mariage ; mais ces faits peuvent, dans certains cas, fournir aux tribunaux une preuve suffisante que le mari a eu cette connaissance, ce qui serait devenu, par le mariage qui s'en est suivi, une présomption inattaquable qu'il est le père de l'enfant. A cet égard, il y aurait à considérer l'intimité des rapports, leur durée, les mœurs plus ou moins licencieuses de la femme, surtout l'époque à laquelle se sont passés les faits; car, s'ils n'avaient pu avoir lieu que moins de cent quatre-vingts jours avant l'accouchement, parce qu'auparavant le mari était éloigné ou inconnu à la femme, ils ne devraient point, dans l'esprit de la loi, ni selon sa lettre, produire la fin de non-recevoir; toujours dans la supposition que l'on ne prouverait pas contre lui qu'il a réellement connu la grossesse avant le mariage, cas dans lequel la présomption de paternité serait invincible aux termes de l'article 314, qui fonde indistinctement la fin de non-recevoir sur cette circonstance. Mais ce cas excepté, la fréquentation avant le mariage n'exclurait pas nécessairement le désaveu. La paternité n'est point une peine infligée à l'incontinence; la loi la veut où elle existe, ou du moins où elle peut raisonnablement être supposée exister.

31. La seconde exception a lieu lorsque le mari a assisté à l'acte de naissance, et que cet acte est signé de lui, ou contient sa déclaration qu'il ne sait signer : il témoigne par là solennellement qu'il est le père de l'enfant (1).

32. Il serait également non-recevable à le désa-vouer, s'il avait, soit avant, soit depuis la nais-sance, reconnu sa paternité par un acte quel-conque, même sous seing-privé, même par lettre. Les règles touchant la reconnaissance des enfans nés hors mariage ne sont point applicables à celui dont l'état est assuré par le fait de sa naissance dans le mariage quand le mari a simplement connu la grossesse avant la célébration, et, à plus forte raison, lorsqu'il s'est reconnu le père : la vérité doit avoir encore plus de force que la présomption. Cette reconnaissance doit raisonnablement pro-duire le même effet que le silence gardé par le mari dans le délai fixé pour intenter l'action en désaveu; en un mot, une reconnaissance formelle doit tou-jours valoir une reconnaissance tacite. « Si le mari, « disait l'orateur du gouvernement (2), avait tou-« jours cru que l'enfant lui fût étranger, aucun « acte ne démentirait une opinion qui devait dé-« chirer son âme. S'il a varié dans cette opinion,

_____

(1) La loi exige, pour garantir le mari de toute surprise, de toute fraude, que l'acte soit signé de lui ou contienne sa déclaration qu'il ne sait signer : alors cet acte ne peut être attaqué que par l'inscription de faux. (Art. 45.)

(2) M. Bigot Préameneu , *Exposé des motifs* au Corps-Législatif.

« il n'est plus recevable à refuser à l'enfant l'état
« qu'il ne lui a pas toujours contesté. »

33. Le troisième cas dans lequel le mari ne peut
désavouer l'enfant né avant le cent quatre-vingt-
tième jour de mariage, est celui où cet enfant n'est
pas déclaré viable (1). L'intérêt est la mesure des
actions, et le mari est ici sans intérêt : l'enfant ne
viendra pas à son hérédité, et il n'aura point à le
nourrir. L'imperfection de l'œuvre de la nature
serait d'ailleurs souvent un obstacle à ce qu'on

---

(1) On a beaucoup discuté, au Conseil d'État, sur le nombre de
jours que devait avoir vécu l'enfant pour être réputé né viable. Cette
question de physiologie a plus d'importance en matière de *succession*
qu'en matière de *désaveu de paternité* ; aussi ne nous en occuperons-
nous pas ici. Car si l'enfant meurt aussitôt après sa naissance, ou dans
les premiers jours qui l'ont suivie, il est fort indifférent, si le mari vit
encore, qu'il soit né viable ou non. Le désaveu n'a plus d'objet, il ne
pourrait même être exercé ; et s'il l'était déjà, l'action prendrait fin,
parce qu'il n'y aurait plus d'intérêt pour le mari, qui d'ailleurs n'aurait réellement plus d'adversaire. Il n'aurait pas même le prétexte
de suivre son action pour acquérir contre sa femme une cause de
séparation de corps, puisqu'il n'y aurait pas eu adultère, l'enfant,
selon lui, ayant été conçu avant le mariage.

S'il était mort avant la naissance de l'enfant, la question de viabilité
deviendrait importante; mais ce serait sous un autre rapport, sous
celui de l'hérédité. Alors les rôles seraient changés : ses héritiers
auraient intérêt à prétendre que l'enfant n'est pas né viable ; et si le
contraire était établi, ils intenteraient l'action en désaveu.

Il serait même possible que le mari eût intérêt à ne pas désavouer
l'enfant né viable, mais qui serait décédé après sa mère, morte par
suite de couches, puisqu'il lui succéderait, et aurait ainsi une partie
des biens de la mère, que l'enfant a recueillis. Dans ce cas, ce
seraient les héritiers de celle-ci qui auraient intérêt à prétendre que
l'enfant n'est pas né viable ; mais l'on sent que ce n'est pas sous le
rapport du désaveu.

III.

pût apprécier quelle a pu être la durée de la grossesse, et par conséquent à ce qu'on connût si la conception a eu lieu avant le mariage ou depuis.

34. Ce n'est que relativement à l'enfant né avant le cent quatre-vingtième jour du mariage, que le Code s'explique sur la fin de non-recevoir résultant de la non-viabilité; il n'en dit rien quant à l'enfant conçu et né dans le mariage : d'où quelques jurisconsultes ont conclu que l'action en désaveu n'aurait pas moins lieu, quoiqu'il naquît non-viable, parce que, disent-ils, le mari a intérêt à faire juger le désaveu pour en tirer la preuve de l'adultère de son épouse, et s'en faire le fondement d'une demande en séparation de corps.

Nous ne saurions adopter cette opinion, attendu que le fait d'adultère pourrait très-bien être établi sur l'action en séparation, sans que le mari fût obligé pour cela d'intenter préalablement celle en désaveu : il le serait par la naissance de l'enfant avec la preuve de l'impossibilité physique de cohabitation à l'époque où a pu se placer la conception, ce qui rend absolument vain l'unique motif sur lequel cette opinion est fondée. Le mari est réellement sans intérêt. D'ailleurs, l'action en désaveu doit être dirigée contre un tuteur *ad hoc* donné à l'enfant, et en présence de sa mère, et l'on ne conçoit que bien difficilement comment on pourrait nommer un tuteur à un enfant né non-viable, ni comment on pourrait diriger contre cet enfant, probablement déjà décédé, une action dans la personne de ce tuteur, qui cesserait par là même de le représenter. Ajoutez que, dans beaucoup de cas, la durée de la gestation ne pouvant s'apprécier à l'égard d'un enfant né avant le terme ordinaire, la règle touchant l'impossibilité physique de cohabitation pendant le temps qui s'est écoulé depuis le trois centième jusqu'au cent quatre-vingtième jour avant la naissance, ne pourrait s'appliquer avec certitude.

SECTION II.

De l'Enfant conçu et né pendant le mariage.

SOMMAIRE.

qui est une cause d'impossibilité physique de cohabitation.

43. *Les deux causes d'empêchement peuvent concourir, de manière que ce qui manquerait à l'une pourrait être suppléé par l'autre.*

44. *Dans le calcul du temps de l'absence, on ne doit pas compter, contre l'enfant, le temps de momento ad momentum : le jour du départ et celui du retour lui appartiennent en entier.*

45. *S'il y a erreur ou fraude dans la déclaration du jour de la naissance, cette déclaration peut être combattue par l'inscription de faux.*

46. *Ce serait par celle du faux civil ou incident.*

47. *Le Code n'a pas admis, comme cause de désaveu, l'allégation de l'impuissance naturelle.*

48. *Il n'a pas admis, non plus, le fait seul d'adultère de la femme, fût-il avoué par elle, et lors même qu'elle déclarerait que l'enfant est le fruit de son infidélité.*

49. *Le mari est recevable à désavouer l'enfant pour cause d'adultère, lorsque la naissance lui a été cachée; mais il doit justifier des faits propres à établir qu'il n'en est pas le père.*

50. *C'est au mari à prouver qu'il est dans le cas prévu par la loi, que la naissance lui a été cachée.*

51. *Il n'est point obligé, pour être reçu dans son action en désaveu, de se présenter avec la preuve juridique de l'adultère.*

52. *Mais il doit prouver positivement l'adultère.*

53. *L'ancienne jurisprudence admettait, comme cause de désaveu, l'impossibilité morale de paternité.*

54. *Le Code ne l'admet que dans le seul cas d'adultère avec la circonstance que la naissance a été cachée au mari : la séparation de corps n'est même pas une cause de désaveu.*

55. *Quand même l'adultère de la femme serait prouvé, et qu'elle ne justifierait pas d'un rapprochement quelconque avec son mari, le Code ne fait pas même exception pour ce cas, qui en méritait cependant une.*

35. En principe, « l'enfant conçu pendant le « mariage a pour père le mari de la mère » (art. 312); par conséquent il est légitime.

36. Il jouirait aussi des effets de la légitimité, encore que le mariage fût déclaré nul, si ses père et mère, ou même l'un d'eux, étaient de bonne foi (201 et 202) (1).

37. Mais, comme nous l'avons dit, la loi civile n'a pu méconnaître les lois immuables de la raison. La présomption qu'elle établit n'est point infaillible; elle cède à la preuve de la vérité contraire. Il suffit bien, pour que l'enfant appartienne au mari, qu'il soit possible qu'il lui doive le jour; mais lorsque cette possibilité n'existe pas, le principe n'exerce plus son empire. « Néanmoins, ajoute l'article 312, « le mari pourra désavouer l'enfant, s'il prouve que, « pendant le temps qui a couru depuis le trois cen- « tième jusqu'au cent quatre-vingtième jour avant « la naissance de l'enfant, il était, soit par cause « d'éloignement, soit par l'effet de quelque acci- « dent, dans l'impossibilité physique de cohabiter « avec sa femme. »

38. Quant à la première cause d'impossibilité physique, l'éloignement, il faut que l'absence pen- dant le temps déterminé soit constante, et qu'elle ait été tellement continue, qu'on ne puisse raison- nablement supposer un rapprochement quelconque

---

(1) *Voir* tom. II, nᵒˢ 346 à 374.

entre les époux. Par exemple, un mari s'est embarqué pour un pays éloigné le 1er janvier 1825 : qu'on le suppose de retour au lieu d'où n'est pas sortie son épouse le 1er juin suivant, et que celle-ci soit accouchée, le 15 novembre de la même année, d'un enfant né viable. Pour que cet enfant fût né des faits du mari, il faudrait supposer, ou qu'il a été conçu le 1er janvier ou auparavant, ou qu'il l'a été le 1er juin ou depuis. Dans la première hypothèse, la grossesse aurait duré au-delà de trois cents jours ; dans la seconde, elle en aurait duré moins de cent quatre-vingts ; et c'est ce que la loi ne suppose pas. La conception a donc eu lieu entre le 1er janvier, époque du départ, et le 1er juin, époque du retour : par conséquent l'enfant est le fruit de l'adultère, et le mari peut le désavouer.

39. Il devra sans doute prouver tous les faits propres à justifier de l'impossibilité de cohabitation pendant tout le temps où a pu se placer l'instant de la conception, ainsi que le moment de la naissance, afin d'établir le rapport entre les diverses époques ; mais, ces preuves faites, le sort de son action n'est plus abandonné au pouvoir discrétionnaire des tribunaux : le désaveu doit nécessairement être admis, si toutefois il a été formé dans le délai utile.

40. La loi s'est servie de ces mots, *par cause d'éloignement,* sans en déterminer l'étendue ni les caractères : elle a rejeté cette précision scolastique et

déraisonnable de quelques auteurs, qui voulaient entre les époux l'espace immense des mers. « L'ab-« sence réelle, disait l'orateur du Tribunat au Corps-« Législatif (1), peut se modifier par d'autres causes; « elle peut s'établir par d'autres preuves tout aussi « décisives : il suffit d'exiger qu'elle soit telle, qu'au « moment de la conception, toute réunion, même « momentanée, entre les deux époux, ait été phy-« siquement impossible. »

Mais si elle a été possible, quoique l'éloignement fût considérable, l'action en désaveu doit être re-jetée. C'est d'après ce principe que la Cour de Paris a jugé dans l'affaire *Virginie - Clémentine Texier*, que le mari qui était en France, à cent soixante lieues de sa femme à l'époque où la loi présume qu'elle avait pu concevoir, n'était pas, à raison de cette distance, dans l'impossibilité physique de co-habitation, parce qu'il avait pu voyager et se réu-nir à elle (2). C'est un point laissé à la sagesse des tribunaux, puisque la loi n'a pu déterminer quel devait être l'éloignement pour créer l'impossibilité physique de cohabitation, attendu l'extrême faci-lité des communications dans certains cas, et les difficultés qu'elles rencontrent dans d'autres.

41. « On a demandé, continue l'orateur, si la « prison qui séparait les deux époux pourrait être « assimilée à l'absence.

---

(1) M. Duverryer.
(2) *Voir* l'arrêt du 9 août 1813. Sirey, 1813, 2, 310.

« Il est clair que c'est l'absence elle-même,
« pourvu toujours que la séparation ait été telle-
« ment exacte et continuelle, qu'au temps de la
« conception la réunion d'un seul instant fût phy-
« siquement impossible. »

Si donc les deux époux avaient été mis, au temps
de la conception, dans des prisons séparées, ou
même si l'un d'eux seulement eût été renfermé,
mais que l'autre n'eût pu communiquer avec lui,
parce que celui-ci était au *secret* ou que la prison
était à une grande distance, et qu'il ne fût pas démontré qu'il a pu y avoir entre eux une réunion
quelconque par la négligence ou la corruption des
gardiens, les tribunaux, appréciateurs de cette impossibilité de rapprochement, la proclameraient et
en feraient la base de leur décision. Dans le doute,
ils ne perdront jamais de vue la faveur due à la légitimité.

42. Il en est de même de la seconde cause d'impossibilité physique, celle résultant d'un accident
survenu au mari. La loi n'a pas spécifié les événemens qui peuvent la produire, telle que la muti-
lation, quelle qu'en soit la cause, ou une blessure
grave; car les cas non exprimés auraient, par cela
même, paru exclus. Il suffit que la cause d'empêchement de cohabitation soit telle et tellement
prouvée, que, dans le temps présumé de la conception, on ne puisse supposer un seul instant où le
mari aurait pu devenir père. Et comme les maladies

ordinaires ne présentent pas ce caractère de cértitude, elles ne sauraient fonder l'action en désaveu, du moins généralement. La loi dit, Pour cause d'*accident*; ce qui paraît signifier un mal venant du dehors, et non une maladie dont le principe serait interne. Cependant le même orateur a déclaré qu'*une maladie grave et longue* pourrait, dans le sens de la loi, produire la cause de désaveu.

43. Au reste, les deux causes d'empêchement physique de cohabitation peuvent concourir, de manière que ce qui manquerait à la première serait suppléé par la seconde. Par exemple, si le mari, absent depuis quatre mois, revenait chez lui frappé d'impuissance accidentelle, et que la naissance eût lieu dans le septième, le huitième ou même dans le neuvième mois depuis son retour, il pourrait désavouer l'enfant, si l'impuissance s'était étendue jusqu'au cent quatre-vingtième jour avant celui de la naissance.

44. Dans le calcul des cent vingt jours d'impossibilité de réunion écoulés avant le cent quatre-vingtième jour qui a précédé celui de la naissance, on ne doit pas compter contre l'enfant le temps *de momento ad momentum* : on ne doit comprendre ni le jour où l'empêchement a commencé, ni celui où il a fini; ces deux jours lui appartiennent en entier. Cela est démontré par la combinaison des articles 314 et 315.

Suivant le premier de ces articles, l'enfant né

dans le cent quatre-vingtième jour du mariage est incontestablement légitime, puisqu'il n'est pas né *avant* ce jour, ce qu'exige l'article pour qu'il y ait lieu au désaveu, et ce qui fait bien voir que, dans l'esprit de la loi, la gestation, pour que l'enfant soit légitime, ne doit pas nécessairement durer cent quatre-vingts jours complets, mais qu'il suffit que l'enfant naisse dans le cent quatre-vingtième, quoique ce fût à six heures du matin et que le mariage n'eût été célébré qu'à six heures du soir : car il serait censé l'avoir été dès le commencement du jour. En effet, les époux ont cohabité *dans* ce même jour, et la loi compte par *jours* et non par *heures.*

Le même principe est applicable à l'enfant conçu et né dans le mariage : le jour commencé sera réputé écoulé quand son intérêt le demandera, et celui que l'on voudra compter contre lui devra être écoulé en entier. Aussi pensons-nous que l'enfant né le trois centième jour de la dissolution du mariage est légitime (1). Il n'est pas, en effet, né *trois cents jours après*, comme le veut l'article 315, pour que sa légitimité puisse être contestée. Ce jour lui appartient en entier; que l'accouchement ait eu lieu à onze heures du soir, ou à une heure du matin, n'importe. Tandis que le jour de la dissolution du mariage sera tout entier en dehors des trois cents jours, qui ne commenceront à courir

---

(1) M. Delvincourt est d'une opinion contraire.

que de sa fin. Tout, suivant l'esprit de la loi, doit
être à l'avantage de l'enfant.

45. S'il y a erreur ou fraude dans la déclaration
du jour de la naissance de l'enfant, celui à qui elle
préjudicierait pourrait la combattre. Mais comme
la loi prescrit de mentionner dans l'acte de naissance le jour et l'heure de la naissance (art. 57), et
que, d'après l'art. 45, les actes de l'état civil font foi
jusqu'à inscription de faux, ce serait par cette voie
que la déclaration devrait être attaquée.

46. Quant à l'espèce d'inscription qu'il y aurait à
suivre, ce serait celle du faux incident et non du
faux principal. Premièrement, parce que généralement une telle déclaration ne constituerait pas un
faux qualifié, susceptible d'attirer sur celui qui l'aurait faite la peine du faux, puisqu'elle pourrait
n'être que le fruit d'une erreur, et que l'on ne peut
supposer que la loi ait entendu ne permettre d'attaquer un acte mensonger ou erroné, mais préjudiciable, que par un moyen qu'elle repousserait elle-
même (1). Secondement, parce que du résultat de
la poursuite pourrait dépendre l'état de l'enfant; et
d'après le principe consacré aux art. 326 et 327,
l'action civile doit toujours être épuisée avant de
suivre la voie criminelle. Nous reviendrons sur le
développement de ce principe, au chapitre suivant,
section IV.

_____

(1) Foy. tom. 1er, nos 298 à 310.

47. Le Code a rejeté l'impuissance naturelle comme cause de désaveu (art. 313). Le mari n'est point admis à alléguer cette infirmité de la nature, dont la preuve, toujours immorale et jamais sûre, n'a produit pendant des siècles que des scandales, et a si souvent été suivie d'éclatans démentis, imprimés à des décisions fondées sur les vraisemblances les plus spécieuses. S'il est vrai qu'un homme ait été créé sans avoir reçu la faculté de produire à son tour, celui qui se marie dans cet état, et qui trompe ainsi tout-à-la-fois l'attente de la société et de celle qu'il choisit pour épouse, doit s'imputer sa témérité de s'être ainsi volontairement placé sous l'empire d'une présomption fondée sur les motifs les plus raisonnables, et dont il connaissait l'effet.

48. Le mari, ainsi que nous l'avons dit, ne peut non plus désavouer l'enfant pour cause d'adultère. (*Ibid.*)

En vain la mère elle-même déclarerait-elle qu'il est le fruit de son infidélité, elle ne serait point écoutée : 1° parce qu'elle peut se tromper; 2° parce qu'elle est repoussée quand elle vient alléguer sa propre turpitude; 3° parce que l'état d'un enfant ne peut dépendre d'un témoignage dicté peut-être par un sentiment de haine et de vengeance envers un mari qu'une femme jalouse veut humilier à tout prix, même aux dépens de son honneur et de l'état de son enfant. Cette déclaration serait considérée comme l'effet de la démence, et elle serait sans force, quoique le fait de l'adultère fût prouvé (1).

49. Mais lorsqu'en effet il y a eu adultère, et que la femme a caché la naissance de l'enfant à son mari, celui-ci est autorisé à le désavouer, en ce sens que son action est recevable, et qu'il est alors admis à proposer tous les faits propres à justifier qu'il n'en est pas le père (art. 313). Une femme qui cèle la naissance de son enfant, rend en quelque sorte témoignage de sa conduite, et fait naître une présomption assez forte pour balancer celle qui est fondée sur le mariage ; tandis qu'une déclaration ouverte de sa part pourrait n'être, comme nous l'avons dit, que l'effet de la haine ou de la démence.

50. Comme demandeur, le mari doit prouver qu'il est dans le cas prévu par la loi, que la naissance lui a été cachée : ce n'est pas l'obliger à prouver un fait négatif, savoir, qu'il ne l'a pas connue ; c'est simplement le soumettre à l'obligation de prouver un fait positif, la soustraction de l'enfant. La cohabitation étant une conséquence du mariage, le mari n'est pas censé quitter sa maison sans nécessité : il est donc présumé avoir connu la naissance, puisqu'il est surtout vraisemblable qu'il a connu la grossesse ; et c'est à lui de détruire ces présomptions, fondées sur la nature des choses. D'ailleurs le recel de la

---

(1) Voët, AD PANDECTAS, tit. *De his qui sui vel alieni juris sunt*, nos 7 et 8.

Les père et mère, disait M. d'Aguesseau, peuvent bien assurer l'état de leurs enfans ; ils ne peuvent jamais le détruire.

naissance est une fraude : or, la fraude ne se présume pas; elle doit être prouvée par celui qui l'allègue.

Ce fait du recel est un point laissé à la prudence
des tribunaux; car il peut y avoir eu naissance cachée, quoique l'enfant ait été inscrit aux registres
de l'état civil dans les délais de droit; comme, *vice
versâ*, la naissance peut avoir été connue du mari,
quoique l'enfant n'ait pas été présenté à l'officier de
l'état civil.

51. Mais pour pouvoir former son action, le mari
n'est point obligé, comme on l'avait prétendu, de
faire préalablement condamner sa femme pour fait
d'adultère, d'avoir acquis la preuve juridique de son
infidélité; car la brièveté des délais fixés pour exercer le désaveu le rendrait toujours ou presque toujours impossible, puisqu'ils seraient expirés avant
que la procédure en adultère, dans les deux degrés
de juridiction, fût mise à fin. La loi aurait ainsi accordé au mari un droit dont, par le fait, elle lui
aurait interdit l'exercice; ce qui ne peut se supposer.
Il faut donc dire au contraire, avec la Cour de cassation (1): « Que le recèlement de la naissance de
l'enfant est la seule condition exigée pour rendre
admissible l'action en désaveu, lorsqu'elle est fondée sur l'adultère, et qu'il serait frustratoire qu'il
y eût preuve préalable et juridique de l'adultère,
pour que le mari pût être admis à rapporter la

_____

(1) Arrêt du 8 juillet 1812 , Sirey, 12 , 1, 377.

preuve qu'il n'est pas le père de l'enfant désavoué, cette preuve ne pouvant se faire sans emporter nécessairement celle de l'adultère. Aussi l'art. 313 ne porte-t-il pas que l'adultère de la femme sera préalablement jugé. Exiger du mari cette preuve juridique pour le recevoir dans son action, serait donc ajouter à la disposition de la loi. »

52. Toutefois, il faut que l'adultère soit spécialement prouvé; ce n'est point par voie de conséquence qu'il doit l'être, comme résultant des faits justifiés par le mari et propres à établir qu'il n'est pas le père. C'est ce que les orateurs chargés de présenter le projet de loi ont déclaré formellement, et ce que M. Merlin, qui porta la parole dans l'espèce de l'arrêt précité, a professé avec force (1). La cause *légale* du désaveu, c'est l'adultère, et accueillir le désaveu sans la preuve positive de l'adultère, ce serait

---

(1) Néanmoins, nous devons faire observer que, dans l'espèce, qui avait été jugée par la Cour de Riom, non-seulement l'adultère n'était pas juridiquement constaté au moment où le mari avait formé son action, mais il ne fut même pas spécialement établi dans le cours de la poursuite en désaveu : il ne fut reconnu que par voie de conséquence. En cela, nous pensons qu'on s'est écarté des vrais principes, tels qu'ils ont été proclamés par les orateurs du gouvernement, tels que l'article 313 lui-même les consacre : car c'était transformer en condition principale et unique, le recel de la naissance, ce qui n'est, dans l'esprit de la loi, pour que l'action soit *recevable*, qu'une condition, nécessaire, il est vrai, mais secondaire. Mais il n'est pas inutile de faire remarquer que l'enfant, censé issu de deux blancs, était mulâtre : on accusait la mère d'avoir eu commerce avec un nègre; et nous sommes persuadé que cette circonstance, qui s'est déjà présentée plus d'une fois, et qui est digne de l'attention du législateur, n'a pas été sans influence sur l'esprit des magistrats. En sorte que l'on ne doit point regarder l'arrêt de la Cour de Riom comme ayant voulu

mettre le principe de l'action dans ce qui doit être un de ses résultats moraux.

53. L'ancienne jurisprudence des arrêts avait admis l'impossibilité *morale* de paternité. Une femme accusée d'adultère par son mari fut décrétée et renfermée à la conciergerie : elle y eut un enfant, qu'elle prétendit être né de lui, en invoquant la règle *pater is est.* Le mari répondait qu'il était moralement impossible qu'il eût cohabité avec sa femme dans le temps même qu'il la poursuivait comme adultère, et qu'aussitôt après cette cohabitation il eût continué ses poursuites. La Cour n'eut aucun égard à l'exception proposée par la femme; on regarda l'enfant comme le fruit de l'adultère, et la femme fut condamnée à la peine de l'*Authentique* (1).

54. Mais hors le cas d'adultère avec la circonstance que la naissance a été cachée au mari, le Code n'a point rangé au nombre des causes de désaveu l'impossibilité morale de paternité; et les tribunaux ne peuvent, en cette matière, donner aucune extension aux dispositions de la loi. Aussi avons-nous dit (2) que la séparation de corps prononcée entre les époux ne fait point taire la règle *pater is est.* Le

---

consacrer ou reconnaître un principe. Mais nous devons faire observer que depuis la publication de la 1re édition de cet ouvrage, d'autres cours ont jugé dans le même sens. Toutefois nous n'en persistons pas moins dans notre sentiment.

(1) *Voy.* De Lacombe, au mot *Enfant.*

(2) Tom. II, n° 632, où nous citons la loi du 12 brumaire an 11, qui

mariage subsiste encore, et les articles 312 et 313 n'autorisent le désaveu de l'enfant conçu et né durant son cours, que dans les seuls cas d'impossibilité physique de cohabitation pendant tout le temps où a pu se placer la conception, et d'adultère de la femme lorsque la naissance a été cachée au mari. On proposa au conseil-d'état, dit M. Locré, de faire cesser la présomption de paternité dans le cas de séparation de corps, à moins que les époux ne se fussent réunis; mais cette proposition ne fut point admise, parce que la cohabitation n'est point physiquement impossible (1).

55. Et comme l'adultère de l'épouse n'empêche pas que l'enfant ne puisse être conçu des œuvres du mari, il faudrait encore décider, quoique l'infidélité de la femme séparée de corps fût établie, et que celle-ci ne prouvât pas de son côté une réunion quelconque avec son époux, que l'action en désaveu est inadmissible, si la naissance de l'enfant n'avait pas été cachée. La loi ne fait non plus aucune exception pour ce cas, qui cependant en méritait une. On aurait dû mettre sur la même ligne l'adultère de la femme séparée de corps et le recel de la naissance dans le cas ordinaire, et en

---

faisait taire la règle *pater is est*; dans le cas de séparation de corps, lorsqu'un tiers se déclarait le père de l'enfant.

(1) La Cour de Rouen, par son arrêt du 28 décembre 1814 (Sirey, 15, 2, 85), a cependant admis le désaveu dans le cas où les époux étaient séparés de corps, quoique la naissance de l'enfant n'eût point été cachée au mari. Cet arrêt n'est point dans l'esprit de la loi actuelle.

conséquence admettre le mari à proposer tous les
faits propres à justifier qu'il n'est pas le père de
l'enfant désavoué. L'inflexible rigueur de la loi, il
faut le dire, fournira toujours un puissant argument aux partisans du divorce : il serait utile de le
leur enlever. Car enfin, il est vraiment déplorable
qu'un mari soit obligé de nourrir et ne puisse repousser de sa succession les fruits de l'inconduite
d'une femme qu'il ne peut plus surveiller, et qui
leur assurera d'autant mieux la légitimité qu'elle
agira avec plus de scandale, puisque, connaissant
leur naissance, il ne pourra les désavouer. Les peines
portées contre les femmes adultères n'offrent qu'une
trop faible garantie contre un abus que le législateur doit s'occuper de faire cesser, en laissant aux
tribunaux le pouvoir d'écarter un enfant évidemment adultérin, sans compromettre pour cela l'état
de celui qui peut être le fruit d'une union subsis-
tant encore, quoique le lien en soit relâché.

SECTION III.

De l'Enfant né après trois cents jours depuis la
dissolution du mariage.

SOMMAIRE.

60.. *La possession des biens, pendant le procès, ne doit pas appartenir à l'enfant né après trois cents jours depuis la dissolution du mariage.*

6ı. *L'enfant né avant le trois centième jour de la mort du mari peut être désavoué dans le cas où il y a eu impossibilité de cohabitation depuis le trois centième jusqu'au cent quatre-vingtième jour avant sa naissance.*

62. *Mais c'est par l'action en désaveu de paternité, et non par une simple contestation de légitimité.*

63. *Lorsque la veuve se remarie peu de temps après la mort de son époux, et qu'il naît un enfant qui, d'après les règles relatives à la durée possible de la gestation, peut être supposé le fruit du premier mariage comme du second, auquel des deux maris appartient cet enfant ? Divergence d'opinions sur ce point.*

56. Ce troisième cas ne présente pas moins de difficulté que les précédens.

Cette difficulté naît de la rédaction de l'article 3ı5 : « La légitimité de l'enfant né trois cents jours « après la dissolution du mariage pourra être con- « testée. » Ces mots, *pourra être contestée*, semblent, en effet, exprimer qu'il est légitime de plein droit, puisqu'autrement il serait superflu de contester son état : on ne conteste pas la légitimité des enfans naturels, parce que la contestation n'aurait pour objet que le néant.

De plus, en admettant que, pour que l'enfant né trois cents jours après la dissolution du mariage, cesse d'être l'enfant du mari, il soit nécessaire de *contester sa légitimité*, le sens naturel de ces termes induit à penser que cette contestation serait, comme toute autre, soumise, dans ses causes et son résultat, au pouvoir discrétionnaire des tribunaux. Mais alors plus d'harmonie dans les dispositions de la loi : elle aura supposé, à l'égard de l'enfant conçu et né pendant le mariage, que le terme le plus long de la grossesse est de trois cents jours, puisqu'elle autorise le désaveu dans le cas où, pour être né du mari, l'enfant serait nécessairement resté au-delà de ce temps dans le sein de sa mère, et malgré son attention à éviter la confusion des familles, elle aura permis à la femme, veuve ou divorcée, de se remarier à l'expiration des dix mois qui ont suivi la dissolution du mariage ; tandis que, relativement à l'enfant né depuis cette dissolution, elle reconnaîtrait que la grossesse a pu se prolonger au-delà de ce même temps de trois cents jours.

57. L'exposé des motifs au *Corps-Législatif*, par M. Bigot-Préameneu, vient encore accroître les incertitudes que nous a léguées l'ancienne jurisprudence sur ce point important. « La naissance tardive, disait l'orateur, peut être opposée à l'enfant, « s'il naît trois cents jours après la dissolution du « mariage.

« Néanmoins, la présomption qui en résulte ne « sera décisive contre lui qu'autant qu'elle ne sera « pas affaiblie par d'autres circonstances. »

Si cet exposé de la loi était la loi elle-même, il en résulterait bien évidemment quatre choses : 1° Que l'enfant dont il s'agit ne serait point, de plein droit, illégitime ; 2° Que le retard de sa naissance ferait naître contre lui une présomption qui, sans détruire entièrement celle de légitimité, l'affaiblirait néanmoins, et la ferait taire devant la *contestation*, à moins que cette présomption ne fût elle-même affaiblie par d'autres circonstances; 3° Que ce serait à l'enfant à faire valoir ces circonstances et à les prouver; 4° Enfin, que les tribunaux auraient un pouvoir discrétionnaire d'admettre ou de rejeter, à raison de ces mêmes circonstances, la contestation de légitimité.

Dans son rapport au *Tribunat* sur le projet de loi, M. Lahary était encore plus favorable à l'enfant; il disait : « L'article déclare, non d'une manière absolue, que l'enfant né après les trois cents jours « sera illégitime, mais seulement qu'il pourra être « déclaré tel. Le mot *pourra*, qui est purement facultatif, décèle le motif de cette prévoyante disposition : l'article veut que *la légitimité de l'enfant puisse être contestée;* mais il veut aussi qu'elle « puisse triompher de toutes les attaques qui ne « seraient pas fondées (1). »

Sur la communication qui fut faite au Tribunat, de l'article tel qu'il est dans le Code, ce corps proposa la rédaction suivante, mais qui fut rejetée :

---

(1) « Et vraiment il est des cas, continue l'orateur, où elles pourraient ne pas l'être : tel serait celui où l'enfant prouverait que son « père divorcé se serait rapproché de sa mère postérieurement à la « dissolution du mariage. » Cet exemple, au surplus, n'est pas heureusement choisi : dès qu'il y a eu divorce, ceux qui furent époux n'ont pu, depuis le divorce, donner le jour qu'à des enfans naturels ; toute réunion leur était même interdite. (Art. 295.)

« La loi ne reconnaît pas la légitimité de l'enfant né
« trois cents jours après la dissolution du mariage.»

Mais M. Duverryer, chargé de présenter au Corps-
Législatif le vœu du Tribunat, est loin de s'expliquer
comme M. Bigot-Préameneu, et surtout comme
M. Lahary :

« Les naissances tardives, dit-il, n'exigent au-
« cune disposition conditionnelle. Il est clair que
« la légitimité d'un enfant pourra être contestée s'il
« naît dans le onzième mois après la dissolution
« du mariage, ou pour mieux dire, au moins trois
« cents jours après le mariage dissous, parce qu'a-
« lors il ne peut plus placer dans le mariage ni sa
« conception, ni par conséquent la présomption lé-
« gale de sa légitimité.

« Pourquoi n'est-il pas, de droit, illégitime, et
« mis au nombre des enfans naturels ?

« Parce que tout intérêt particulier ne peut être
« combattu que par un intérêt contraire. La loi
« n'est point appelée à réformer ce qu'elle ignore ;
« et si l'état de l'enfant n'est point attaqué, il reste
« à l'abri du silence que personne n'est intéressé à
« rompre. »

58. Voilà, selon nous, le véritable sens de l'article 315. Il ne décide pas formellement que l'enfant né après trois cents jours depuis la dissolution
du mariage, est illégitime, parce que personne
peut-être n'a intérêt à contester sa légitimité, ou
que ceux qui y auraient intérêt, pensant, d'après

les circonstances particulières qui ont accompagné la grossesse, les mœurs irréprochables de la mère, que la nature s'est écartée de ses règles ordinaires, ne veulent point méconnaître son état. Mais lorsqu'il est contesté par ceux qui ont intérêt à l'attaquer, l'effet de leur dénégation de légitimité doit être péremptoire.

Au lieu que la première interprétation met en opposition la loi avec elle-même, et ouvre la porte à l'arbitraire sur le point qui exige le plus essentiellement des règles fixes et invariables ; car, une fois la démarcation franchie, où s'arrêter ? Des circonstances particulières ne manqueraient jamais d'être alléguées en faveur d'une légitimité que la loi ne suppose réellement pas, et les tribunaux exerceraient, à cet égard, un pouvoir qu'elle n'a pas voulu et qu'elle ne devait point leur attribuer (1).

59. La question s'est déjà présentée plusieurs fois. D'abord à la Cour de Grenoble, qui, par son arrêt du 12 avril 1809 (2), a jugé que l'enfant né

(1) Nous n'adoptons pas, au surplus, l'explication donnée par quelques auteurs, de ces mots *pourra être contestée*, dont se sert l'article 315, et qui consiste à dire que lorsqu'il peut s'élever des doutes sur l'époque précise de la naissance de l'enfant ou de la mort du mari, il y a en effet lieu à *contestation* de la légitimité. C'est supposer un cas différent de celui sur lequel statue l'article, qui, en parlant de l'enfant *né* trois cents jours après la dissolution du mariage, règle, non des faits hypothétiques, incertains, mais une naissance arrivée tel jour et une dissolution de mariage opérée tel autre jour.

(2) Sirey, 9, 2, 288. — Cet arrêt a été rendu après partage.

trois cent treize jours après la mort du mari, était illégitime. Mais, tout en se fondant en droit sur les principes consacrés par les articles 228, 296, 312 et 313 combinés, la Cour a néanmoins hésité à se prononcer sur le véritable sens de l'article 315, ou pour parler plus vrai, elle a même reconnu que, dans le cas qu'il prévoit, la contestation de légitimité n'a pas un effet péremptoire; que les tribunaux peuvent prendre en considération les circonstances de la cause; car elle a dit : « En admet-« tant que cet article n'est pas tellement décisif qu'il « ne pût se rencontrer des circonstances extraordi-« naires où l'enfant, quoique né trois cents jours « après la dissolution du mariage, devrait être dé-« claré légitime, il n'en existe dans la cause aucune « assez grave pour détruire la présomption qui, « d'après ce même article, s'élève contre l'enfant. »

La Cour d'Aix a jugé dans le même sens, le 8 janvier 1812 (Sirey, 12, 2, 214), à l'égard de l'enfant né trois cent dix-huit jours depuis la mort du mari. Après avoir, comme celle de Grenoble, motivé sa décision sur les mêmes principes généraux, et reconnu que les tribunaux ne peuvent se dispenser d'admettre le désaveu proposé par le mari, lorsque celui-ci prouve l'impossibilité physique de cohabitation pendant le temps qui a couru depuis le trois centième jusqu'au cent quatre-vingtième jour avant la naissance de l'enfant, la Cour a cependant cru devoir juger aussi la question en fait. À cet égard, elle s'est déterminée par le déréglèment de mœurs de la mère et autres circonstances particulières, soigneusement détaillées dans l'arrêt, et dont l'exposé aurait été superflu, si elle eût fermement pensé que, d'après l'article 315, la seule contestation de légitimité ne permet plus à l'enfant né trois cents jours après la dissolution du mariage de s'en prétendre encore le fruit (1). En sorte que ces deux arrêts, que l'on a regardés comme formant la jurisprudence sur ce point délicat et important, ne nous paraissent rien moins que décisifs.

Dirait-on, en effet, que les Cours qui les ont rendus ont cru devoir aussi juger en *fait*, afin de mettre leur décision à l'abri de la censure de la Cour suprême? Mais, d'abord, c'eût été témoigner qu'elles n'étaient pas fixées sur le sens de l'article 315. En second lieu, cet article, même entendu dans le sens le plus favorable à l'enfant, laissant un pouvoir discrétionnaire aux tribunaux, il n'y avait pas à craindre que la décision qui rejetait la légitimité pût être considérée comme renfermant une violation de la loi. Il est donc plus vrai de dire

---

(1) Bien mieux, dans la même affaire, la Cour, par un premier arrêt du 6 avril 1807 (Sirey, tom. VII, part. 2, pag. 643), avait même reconnu que la présomption de légitimité militait en faveur de l'enfant, et, en conséquence, elle lui avait adjugé une provision alimentaire sur les biens du mari, pendant le procès, sur le fondement « qu'en déclarant que la légitimité de l'enfant né trois cents jours « après la dissolution du mariage pourra être contestée, l'article 315 « du Code civil ne décide rien d'absolu sur ce point; que la légitimité « pouvant être admise ou rejetée, la présomption, pendant le procès, « est que l'enfant est légitime. »

que les Cours royales ont au moins autant jugé la
question en fait qu'en droit, et, dès-lors, qu'il n'y
a rien de positif à conclure de leur décision sur le
point de savoir si la contestation de la légitimité a
un effet péremptoire et absolu.

60. Nous croyons qu'elle doit l'avoir, tellement
que la possession des biens pendant le procès ne
doit point appartenir à l'enfant. Si l'on ne le décide
ainsi à l'égard de l'enfant né trois cent vingt jours
après la dissolution du mariage, il n'y a pas plus
de raison, en droit, de le décider quant à celui qui
est né après quatre cents, six cents jours, après
deux, quatre, six ans et plus : car, au-delà du
terme fixé par la loi, tout devient arbitraire.

61. Quoique l'enfant naquît *dans* les trois cents
jours de la dissolution du mariage, il n'en pourrait
pas moins être désavoué, si le mari, avant sa mort,
avait été dans l'impossibilité physique de cohabiter
avec sa femme pendant un temps qui, réuni à celui
qui a suivi immédiatement son décès, compren-
drait les cent vingt jours que la loi suppose aux
variations de la nature dans la reproduction de
l'espèce : par exemple, s'il est mort dans un voyage
de long cours le centième jour de son départ, et
que l'enfant naisse le deux cent cinquantième depuis
la dissolution du mariage. Car, pour qu'il fût né
des œuvres du mari, sa conception remonterait
nécessairement au-delà de l'époque du départ de
celui-ci, et, dans cette supposition, la grossesse

aurait duré au moins trois cent cinquante jours, ce que la loi ne reconnaît pas.

62. Mais alors ce ne serait pas par une simple contestation de légitimité que l'état de l'enfant devrait être attaqué; ce serait par une action en désaveu de paternité, soumise, par conséquent, quant aux preuves, quant à celui qui devrait les administrer, et à la durée de l'action (1), aux règles du désaveu proprement dit. Ce serait, en un mot, le cas de l'article 312, et non celui de l'article 315.

63. Malgré la sage défense faite à la femme de se remarier avant dix mois révolus depuis la dissolution du mariage (art. 228), il est souvent arrivé qu'une veuve n'ait pas attendu l'expiration de ce temps pour convoler en de secondes noces (2).

Cette infraction à la loi donne lieu à la confusion de part, lorsqu'il naît un enfant qui, d'après les règles relatives à la durée possible de la gestation, peut être supposé le fruit du premier mariage comme du second. Par exemple, la femme s'est remariée un mois après la mort de son mari, et elle accouche dans le septième, dans le huitième

_____

(1) Ce dernier point est important , si la *contestation* de légitimité dont parle l'article 315 , n'est pas circonscrite dans les délais fixés par l'article 317 ; mais nous parlerons bientôt de ce point controversé.

(2) *Voir* au tom. II , n° 175 et suivans , où nous avons démontré , d'après plusieurs décisions judiciaires , que le mariage n'est pas nul pour cette cause , attendu que le Code ne prononce pas la nullité dans ce cas.

ou même dans le neuvième mois de la célébration
du second mariage : de là, incertitude absolue sur
la paternité, et de là aussi cette diversité de systèmes plus ou moins spécieux, plus ou moins arbitraires, imaginés par les auteurs pour déterminer
l'état de l'enfant.

Les uns, dit Voët (1), sans toutefois approuver
leur sentiment, pensent qu'il doit être considéré
comme l'enfant de l'un et de l'autre mari ; qu'il
doit être nourri du patrimoine de l'un et de l'autre
et admis à la succession de tous deux : ce qui est
absurde ; on ne peut avoir deux pères.

D'autres auteurs attribuent à l'enfant le choix
d'avoir pour père le premier ou le second mari (2).
Mais Voët observe très-bien qu'un tel système ré-
pugne à la nature des choses et résiste à l'esprit des
lois. La paternité est l'ouvrage de la nature, et non
l'effet du caprice, ou des calculs de la vanité ou
de l'intérêt. Dans l'ordre de la nature, le père se
donne un enfant, et, dans ce système, ce serait
l'enfant qui se ferait un père, c'est-à-dire que l'effet
produirait la cause.

Une troisième secte en a embrassé un bien différent : elle prétend qu'à raison de l'incertitude qui
règne sur sa filiation, l'enfant ne doit appartenir ni
à l'un ni à l'autre mari ; qu'il doit être repoussé de

---

(1) Ad Pandectas, tit. *de His qui sui vel alieni juris sunt*, n° 9.
(2) Suivant Blakstone, tom. II, chap. 8, n° 2, les lois anglaises
donnent à l'enfant le droit de choisir, lorsqu'il est parvenu à l'âge de
raison, celui des deux maris qu'il préfère avoir pour père.

la succession de tous deux. Il n'est pas besoin de dire que le judicieux Voët rejette ce système outré et inhumain, qui place ainsi dans la condition des enfans naturels un enfant qui a pu être conçu durant un mariage légitime, le premier ou le second, n'importe, et qui est certainement né sous le voile de l'un des deux.

On ne doit pas davantage admettre celui qui déciderait la question par des rapports de ressemblance physique ou morale que l'enfant aurait avec l'un des maris à un degré plus prononcé qu'avec l'autre; car s'il arrive souvent que la nature reproduise dans les enfans les traits de leur père, que les inclinations, l'humeur, le caractère, l'esprit, les talens de celui-ci se fassent plus ou moins remarquer dans ceux-là, il arrive plus souvent encore qu'elle les rend dissemblables sous tous ces rapports. Selon Voët, il est plus raisonnable et plus conforme aux principes du droit d'attribuer l'enfant au second mari, non-seulement dans le cas où le premier serait, par l'effet de la caducité ou de la maladie qui l'a conduit au tombeau, présumé n'avoir pas cohabité avec son épouse dans les derniers temps de sa vie, mais encore dans le cas où il serait mort subitement dans la force de l'âge; attendu, dit-il, que la gestation peut très-bien se terminer dans le septième mois, et que, dans l'espèce, elle aurait eu au moins cette durée, en supposant l'enfant conçu des œuvres du second mari dès la célébration de son mariage.

Nous n'adoptons, au reste, cette décision qu'en la modifiant selon les circonstances.

Le terme de six mois pour les plus courtes grossesses, et de dix pour les plus longues, n'a été fixé par la loi que pour embrasser les cas extraordinaires ; mais l'expérience atteste qu'ordinairement la nature emploie le laps de neuf mois pour l'accomplissement de son ouvrage. Et comme dans un si grand doute, il est plus raisonnable de se déterminer par les probabilités, par ce qui arrive le plus souvent, nous pensons que la présomption de paternité dans le premier mari devrait l'emporter, s'il était, au moment de sa mort, en état de cohabiter avec sa femme, et que l'enfant ne naquît que peu de temps après les cent quatre-vingts jours du second mariage, et tellement constitué, qu'au rapport des gens de l'art on dût le croire parvenu au terme des naissances ordinaires. Mais s'il naissait dans le huitième, et encore mieux dans le neuvième mois depuis le second mariage, la présomption de paternité, dans le second mari, serait plus puissante, surtout si le premier pouvait, à raison de la caducité, de l'absence ou de la maladie, être présumé n'avoir pas cohabité avec son épouse dans les derniers momens de sa vie (1). Toutes choses étant égales, l'enfant devrait appartenir au

___

(1) De Lacombe, au mot *Enfant*, dit : « Si la veuve se remarie deux « mois après le décès de son mari, et qu'elle accouche sept mois après, « on présume plutôt que l'enfant est au second mari qu'au premier. « Bouvot , Grassus, Despeisses. »

second mari, parce qu'il y aurait de plus, pour se déterminer, le fait de la naissance arrivée dans le second mariage.

SECTION IV.

De l'Action en désaveu, et de la Contestation de légitimité.

SOMMAIRE.

64. *L'action en désaveu de paternité suppose que l'enfant est, de fait, en possession de la légitimité : elle a pour objet de l'en faire sortir.*
65. *Celle en réclamation d'état suppose le contraire.*
66. *La contestation de légitimité peut avoir lieu dans deux cas qu'il ne faut pas confondre.*
67. *Division de la section.*

§. Ier.

A qui appartiennent l'action en désaveu et la contestation de légitimité.

68. *L'action en désaveu appartient principalement au mari : s'il garde le silence, personne n'a droit de se plaindre.*
69. *Cependant, si l'action n'est point éteinte lors du décès du mari, elle passe à ses héritiers.*
70. *Et quoiqu'elle rejaillisse sur la mère, les enfans légitimes peuvent l'exercer.*
71. *Le silence de l'un des héritiers n'empêche point les autres d'agir.*
72. *En principe, cette action n'est point une action de famille.*
73. *Pour que les héritiers du mari, mort dans les délais, soient admis à l'intenter pour cause d'adultère avec recel de la naissance, il n'est pas nécessaire qu'il ait fait juger l'adultère.*

74. *Ils peuvent aussi l'exercer contre l'enfant né avant le cent quatre-vingtième jour du mariage, si l'on ne prouve contre eux que le mari avait connu la grossesse avant la célébration.*

75. *La légitimité de l'enfant né après trois cents jours depuis la dissolution du mariage, peut être contestée par tous ceux qui y ont intérêt, même par les parens maternels, encore qu'elle eût été reconnue par les héritiers du mari.*

76. *La mère ne peut jamais contester la légitimité de l'enfant né ou conçu dans le mariage.*

77. *Ses héritiers ne le peuvent pas davantage.*

78. *L'enfant ne peut répudier la légitimité et lui préférer la qualité de bâtard adultérin.*

79. *Celui qui est né après les trois cents jours depuis la dissolution du mariage, peut prétendre n'en être pas le fruit, et préférer la qualité d'enfant naturel simple.*

80. *Par* héritiers *du mari, l'article* 317 *entend aussi parler des donataires ou légataires universels ou à titre universel.*

81. *Mais ils n'ont l'action en désaveu qu'autant que l'enfant veut faire réduire les libéralités.*

82. *Les légataires à titre particulier n'ont pas ce droit.*

83. *Ils peuvent seulement* contester *la légitimité de l'enfant né après les trois cents jours depuis la dissolution du mariage.*

§. II.

Des Délais fixés pour exercer l'action en désaveu, ou pour contester la légitimité.

84. *Distinction à faire entre le mari et ses héritiers : texte de l'article* 316.

85. *Sens des mots, sur les lieux, employés par cet article.*

86. *Pour jouir du délai de deux mois, le mari doit prouver que la naissance lui a été cachée, ou qu'il était absent lors de l'accouchement ; et si l'on prétend qu'il n'est plus dans les deux mois, c'est encore à lui à prouver l'époque de son retour, ou celle de la découverte de la naissance.*

§. III.

Effets du désaveu.

III. 5

cents jours depuis la mort du mari , ne fait loi que pour
ceux contre lesquels il est intervenu , et leurs héritiers :
conséquences.

102. *Exemples de cas où les principes sur l'autorité de la chose*
jugée ont fait fléchir la règle que l'état des personnes
est indivisible. Arrêts.

64. L'action en désaveu de paternité a pour
objet de faire considérer comme illégitime l'enfant
qui n'est pas né du mariage, et qui cependant est
en possession de l'état d'enfant légitime.

Elle s'applique spécialement à l'enfant auquel on
ne conteste point son identité avec celui dont la
femme est accouchée, et elle suppose toujours l'existence du mariage de la mère au temps de la naissance ou de la conception, ou au temps de l'une et
de l'autre.

65. Au contraire, l'action en réclamation d'état
est intentée par l'enfant dont on conteste l'identité
avec celui qui se prétend issu du mariage, ou à l'é-
gard duquel on conteste soit l'existence du mariage des père et mère qu'il prétend avoir, soit
même simplement le fait d'accouchement de la
femme.

Dans le premier cas, l'enfant a en sa faveur la
présomption de légitimité : il est placé sous la protection de la règle *pater is est*, et c'est à son adversaire à détruire l'effet de cette présomption.

Tandis que, dans le second, l'enfant s'efforce de
se placer sous l'égide de la maxime, et son adversaire s'y oppose. Mais si l'enfant réussit à établir

l'accouchement de la femme qu'il prétend avoir pour mère, et qui était mariée à l'époque de sa conception, qu'il justifie aussi de son identité avec celui dont elle est accouchée, alors son action en réclamation d'état ne peut être arrêtée dans ses effets que par une action en désaveu de paternité, dans les cas et sous les conditions déterminés par la loi.

Ces deux actions sont donc essentiellement distinctes.

66. Quant à la contestation de légitimité, elle peut avoir lieu dans deux cas qu'il ne faut pas confondre, parce que ceux qui peuvent l'élever dans l'un ne peuvent pas tous l'élever dans l'autre, ainsi qu'on le verra bientôt.

Dans l'un, elle s'applique à l'enfant qui a en sa faveur la présomption de la légitimité, comme né ou conçu pendant le mariage.

Dans l'autre, elle s'applique à l'enfant né après trois cents jours depuis la dissolution du mariage, et qui s'en prétend néanmoins issu.

Dans le premier cas, tantôt elle se confond avec le désaveu de paternité proprement dit, lors même qu'elle est élevée par les héritiers du mari (art. 317), et elle s'exerce par voie d'*action*, même dans le cas où ceux-ci sont troublés par l'enfant dans la possession des biens du défunt; et tantôt elle n'est qu'une simple exception d'illégitimité, une simple défense à la réclamation d'état d'un enfant qui, sans titre ni possession d'état, ou qui inscrit sous de faux noms, ou comme né de père et mère inconnus, est parvenu à établir la maternité, et prétend, par cela même, avoir établi la paternité d'après la règle *pater is est quem nuptiæ demonstrant* (art. 323 et 325 combinés). C'est ce qui se développera successivement.

67. Nous aurons à voir à qui appartiennent l'action en désaveu et la contestation de légitimité;

Dans quel délai l'une et l'autre doivent être exercées;

Quels sont les effets du désaveu.

§. Ier.

A qui appartiennent l'Action en désaveu et la Contestation de légitimité.

68. L'action en désaveu appartient d'abord au mari : c'est principalement lui qui a intérêt à repousser l'enfant. Il est d'ailleurs le premier juge du fait sur lequel repose cette action.

Aussi peut-il garder le silence, et personne alors n'a droit de se plaindre, sauf ce que nous avons dit aux n°s 24 et 27, *suprà*, à l'égard de l'enfant né avant le cent quatre-vingtième jour du mariage, lequel n'a pu être tacitement légitimé par la célébration, parce qu'il était nécessairement ou le fruit de l'adultère du mari, ou conçu des œuvres d'un autre. Mais hors ce cas nul ne peut, tant que le mari existe, ni même après sa mort, si, connaissant l'existence de l'enfant, il n'a point intenté l'action en désaveu dans les délais utiles, critiquer une légitimité à laquelle il a lui-même rendu témoignage en ne l'attaquant pas : le mari *pourra désavouer,* disent les art. 312, 313 et 314; c'est donc une pure faculté que la loi lui accorde.

69. Cependant, bien qu'elle soit fondée sur un fait injurieux au mari, l'action en désaveu ne lui est pas purement personnelle; car il ne peut garder le silence sans attribuer à l'enfant des droits de successibilité à son égard et à l'égard de ses parens. Son patrimoine se trouve donc affecté des effets qu'entraîne la présomption de légitimité; pour l'en affranchir il a une action qui en fait partie, et qui par conséquent est transmissible à ses héritiers, s'il l'a utilement conservée. (Art. 317.)

70. Quoique l'exercice de cette action rejaillisse sur la mère, les enfans légitimes peuvent néanmoins l'intenter comme tous autres héritiers du mari; ce que la loi exige, c'est uniquement qu'elle ne se soit point éteinte du vivant de celui-ci. La considération, grave sans doute, que les enfans attaquent ainsi leur mère dans son honneur, n'a pas paru suffisante au législateur pour lui faire apporter, quant à eux, une exception au principe qu'il a consacré. L'art. 317 accorde indistinctement aux héritiers du mari, mort sans avoir fait sa réclamation, mais étant encore dans le délai utile pour la faire, le droit de contester la légitimité de celui qui n'en

jouirait que par l'effet d'une usurpation. Des motifs d'un ordre supérieur, l'intérêt des familles, l'intérêt général, s'opposaient à ce que le fruit du crime occupât la place qui n'est due qu'au fruit d'une union avouée par la morale et par les lois, et qu'il retirât ainsi tous les avantages d'un état qui ne lui appartient pas.

71. Et de ce que l'un ou plusieurs, ou même le plus grand nombre des héritiers du mari, enfans ou collatéraux, ne voudraient point contester la légitimité, qu'ils la reconnaîtraient même, les autres ne seraient point pour cela privés du droit de la contester dans les cas prévus par la loi. Cette circonstance pourrait sans doute améliorer en fait la position de l'enfant; mais en droit elle ne la changerait point vis-à-vis de ceux qui voudraient attaquer son état, et qui parviendraient à le faire avec succès : par rapport à eux il serait toujours illégitime.

72. Toutefois, et nous l'avons fait entendre, l'action en désaveu de paternité, ou la contestation de légitimité de l'enfant né ou conçu pendant le mariage, n'est point une action de famille appartenant indistinctement à tous ceux qui ont intérêt à l'exercer ou à l'élever. On avait proposé, dit M. Locré, une première disposition en ces termes : « Si le « mari est décédé sans avoir fait le désaveu, mais « ayant encore la faculté de le faire, la légitimité « de l'enfant peut être contestée par *tous ceux qui* « *y ont intérêt;* » mais cette rédaction fut changée,

dit l'historien du Code, pour limiter aux seuls héritiers du mari l'action qu'il n'aurait pas intentée lui-même.

73. M. Proudhon la limite bien davantage : il ne l'accorde aux héritiers du mari, dans le cas où elle est fondée sur l'adultère de la femme qui a caché la naissance de l'enfant, qu'autant que le mari aurait fait juger contre elle le fait d'adultère, parce que, dit-il, l'action d'adultère n'appartient qu'à lui.

Nous ne saurions admettre cette décision : 1° parce qu'il ne s'agit pas d'une accusation d'adultère, il s'agit du désaveu, dont l'adultère est seulement une des causes d'admission, un des élémens; 2° parce qu'il est inexact de dire que, pour que l'action en désaveu puisse être intentée, le fait d'adultère doit être préalablement jugé contre la femme. Les arrêts cités au n° 51 et suiv., *suprà*, ont clairement établi le contraire, en disant que s'il en était ainsi, l'action en désaveu serait toujours stérile, même dans la main du mari, puisque cette accusation pouvant subir les deux degrés de juridiction, le délai fatal expirerait nécessairement avant que l'adultère fût jugé, et telle n'a pu être la volonté de la loi; 3° enfin, parce que l'art. 317 ne fait pas cette exception, qu'il se réfère au cas prévu à l'article 313, comme à celui dont il s'agit dans le précédent. D'ailleurs, en réalité, c'est toujours pour cause d'adultère que l'on désavoue l'enfant conçu pendant le mariage.

74. Quant à l'enfant né avant le cent quatre-vingtième jour de la célébration, si le mari est mort avant sa naissance, sans avoir témoigné par aucune déclaration quelconque son opinion personnelle sur cette grossesse anticipée, la question de savoir si les héritiers peuvent avec succès contester l'état de l'enfant n'est pas sans quelque difficulté, à cause de l'incertitude qui règne sur le point d'où dépend le résultat de l'action : le mari a-t-il ou non connu la grossesse avant le mariage? En principe, l'action est admissible; le mari étant mort dans le délai utile pour élever sa réclamation, elle se trouve comprise dans la généralité des termes de l'art. 317, qui ne fait non plus aucune exception pour ce cas. C'est donc au tuteur *ad hoc*, défenseur de l'enfant, à prouver le fait sur lequel se fonderait l'exception alléguée dans l'intérêt de celui-ci. Mais les circonstances de la cause donneront plus ou moins de force à la preuve de cette exception.

75. Nous avons dit que l'action en désaveu et la contestation de légitimité de l'enfant né ou conçu pendant le mariage n'appartiennent qu'au mari, ou à ses héritiers s'il est mort dans les délais utiles pour élever sa réclamation. Mais nous n'entendons point porter cette décision quand il s'agit de l'enfant né après les trois cents jours depuis la dissolution du mariage. Cet enfant n'est point sous la protection de la règle *pater is est*, il n'est plus en possession de la légitimité dès qu'on la lui conteste : il ne

s'agit point de l'en faire sortir, il s'agit uniquement de l'empêcher d'en usurper les droits. La contestation de légitimité est alors une véritable action de famille, qui appartient à tous ceux qui ont intérêt à s'opposer à cette usurpation.

Nous le décidons ainsi, lors même que les héritiers du mari n'auraient point critiqué son état, l'auraient même admis au partage des biens de sa succession ; ceux qui ne l'auront pas reconnu pour légitime pourront toujours le considérer comme enfant naturel ; en sorte que si, dans la suite, la succession d'un collatéral vient à s'ouvrir, d'autres parens qui y seraient appelés pourront le faire déclarer sans qualité à s'y présenter. Autrement on devrait donc regarder comme légitime l'enfant né un an, deux ans, dix ans depuis la dissolution du mariage ; car où s'arrêter ? L'état des hommes ne se fonde pas sur des convenances de famille ; il est déterminé par la nature et les lois.

76. Si, relativement à l'enfant né ou conçu dans le mariage, les parens du mari ne peuvent contester son état qu'autant que celui-ci est mort dans les délais utiles, et qu'ils sont héritiers, à plus forte raison la mère ne peut-elle pas l'attaquer. Ce n'est pas là un désaveu de maternité, opposé comme moyen de défense à une réclamation d'état élevée par l'enfant contre celle qu'il prétend être sa mère : ici la maternité est certaine, l'identité de l'individu est incontestée. Ce serait donc la qualité de fils de

son mari que la mère lui disputerait, et elle ne peut, en alléguant sa propre turpitude, s'en faire le principe d'une action en désaveu de légitimité.

77. Ses héritiers ne le peuvent pas davantage, encore que le mari fût mort dans le délai utile, et que les siens eussent, par leur silence, confirmé l'enfant dans sa possession de légitimité. N'ayant pas spécialement reçu de la loi le droit de combattre la présomption créée en sa faveur, cette présomption conserve toute sa force, puisque d'ailleurs il n'a point été établi, à leur égard, d'exception au principe que les héritiers n'ont que les droits qu'avait leur auteur.

Il est vrai que l'on pourrait considérer celui dont il s'agit comme personnel aux parens de la mère, et prenant immédiatement sa source dans la loi, dont le vœu est d'empêcher que le fruit de l'adultère ne se place dans une famille pour en usurper les droits; et l'on pourrait dire, même en admettant que les parens de la mère n'ont pas qualité pour attaquer l'état de l'enfant par rapport à l'hérédité de celle-ci, qu'ils ont du moins le droit de contester sa légitimité lorsqu'à la faveur de ce titre il veut venir avec eux, ou de préférence à eux, à la succession d'un autre parent; que c'est là une simple exception dont ils se servent pour repousser un individu sans titre, un moyen de défense opposé à une prétention illégitime.

Mais ces raisons, qui auraient pu triompher dans

l'ancienne jurisprudence (1), ne nous paraissent point concluantes aujourd'hui, surtout d'après la discussion dont nous a rendu compte M. Locré, et la faveur plus grande dont le Code a environné la légitimité, en ne permettant l'exercice du désaveu que dans un délai très-court, tandis qu'anciennement il n'y avait pas, à proprement parler, de terme à la durée de cette action (2).

78. Que sera-ce donc de l'enfant lui-même? pourrait-il répudier la légitimité, et lui préférer la qualité de bâtard adultérin (3)? Son action serait

(1) Nous voyons en effet, au *Répertoire* de M. Merlin, au mot *Légitimité*, sect. 4, §. I, que, dans une cause où il s'agissait de savoir si une seconde femme était recevable à attaquer l'état d'un enfant d'un premier lit pour conserver son douaire, le ministère public s'exprimait ainsi, en concluant contre l'enfant : « Il semble d'abord « qu'il n'y ait que celui qui peut disputer aux enfans la possession du « bien laissé par le défunt, qui puisse attaquer son état.

« Cependant la règle la plus sûre pour connaître si celui qui conteste « l'état d'un enfant y doit être admis, est de savoir s'il y est intéressé « en quelque manière que ce soit... » Et M. Merlin approuve cette doctrine.

(2) On doit décider le contraire à l'égard de l'enfant né après les trois cents jours de la mort du mari, parce que n'ayant pas en sa faveur la règle *pater is est*, il suffit d'avoir intérêt à contester sa légitimité et de la contester en effet pour faire évanouir la faible présomption que l'article 315, plutôt par tolérance que par principe, laisse subsister à son profit ; et nous déciderions aussi le contraire dans le cas traité au n° 24, *suprà*, où il s'agit d'un enfant né avant le cent quatre-vingtième jour du mariage, et qui est évidemment naturel simple, ou le fruit de l'adultère du mari.

(3) Marie-Aurore avait été baptisée comme fille légitime de Jean-Baptiste Larivière et de Marie Rinteau son épouse, et elle avait été traitée par eux comme leur fille. Un comte de Horne se présenta pour l'épouser ; mais auparavant il exigea qu'elle obtiendrait du maréchal de Saxe d'en être reconnue, et qu'elle ferait rectifier son acte de

considérée comme outrageant la morale, et serait
écartée par forme de fin de non-recevoir, lors
même que la mère serait décédée. Par son arrêt
du 8 juillet 1820 (Sirey, 20, 2, 261), la Cour de
Rouen a appliqué ces principes à un cas où il ne
s'agissait même pas d'une répudiation directe de
filiation légitime, mais d'une simple demande alimentaire formée contre la succession d'un tiers qui
avait reconnu l'enfant. Voici dans quelle espèce.

Une fille, née le 17 mai 1781, fut inscrite sur les
registres de l'état civil de la ville du Hâvre comme
fille d'Anne Bosset, *veuve* du sieur Paumier. Ce
dernier s'était embarqué au Hâvre en 1777, et le
navire sur lequel il était ayant été capturé par les
Anglais, il fut conduit prisonnier en Angleterre,
où il mourut vers les premiers jours de mai 1781,
époque de la naissance de l'enfant.

Le 30 fructidor an x, un sieur Lefèvre reconnut, devant l'officier de l'état civil du Hâvre, cette
fille comme son enfant naturel, et lui donna ensuite
les soins d'un père.

A la mort de ce dernier, arrivée en 1813, la fille
réclama une pension alimentaire sur sa succession;

---

naissance. Elle était en effet le fruit de l'une des nombreuses faiblesses
du vainqueur de Fontenoy, qui devait lui-même le jour à une faiblesse.
Elle parvint à obtenir et la reconnaissance et la rectification. *Voy.* le
Nouveau Denisart, au mot *Bâtard*, §. II.

    C'est pour prévenir de pareils abus que notre article 322 veut que
« nul ne puisse réclamer un état contraire à celui que lui donnent
« son titre de naissance et la possession conforme à ce titre. » Marie-
Aurore n'aurait probablement pas réussi sous le Code.

et malgré la faveur attachée aux demandes de cette nature et l'évidence de sa filiation, sa prétention fut rejetée, sur le fondement que, conçue dans le mariage d'Anne Bosset et de Paumier, elle était, nonobstant l'acte de reconnaissance de Lefèvre, étrangère à celui-ci, et par conséquent sans qualité pour réclamer des alimens sur sa succession. A la vérité, la Cour a motivé sa décision sur ce qu'il n'y avait pas eu impossibilité physique de rapprochement entre Paumier et son épouse à l'époque de la conception, mais ce n'a été que l'emploi d'un moyen décisif qui tranchait court à une prétention immorale dans ses conséquences, ainsi que le dit énergiquement l'arrêt.

79. Mais ce que nous avons décidé à l'égard de l'enfant né après trois cents jours depuis la dissolution du mariage, quand les héritiers, même de la mère, ou tout autre intéressé, contestent sa légitimité, nous le décidons également lorsque c'est l'enfant lui-même qui repousse une filiation qu'on n'a pu lui donner qu'au mépris de la vérité et des présomptions de la loi, parce qu'il peut arriver en effet que la condition d'enfant naturel simple soit préférable à la qualité de fils légitime de tel homme, même décédé. Il doit donc être permis à celui à qui elle a été mal à propos attribuée de la répudier. La morale publique et la loi n'en souffrent aucune atteinte. Ce cas diffère essentiellement de celui où l'enfant a été conçu dans le mariage.

80. Il ne nous reste plus à traiter sur ce point que la question de savoir si par *héritiers* l'article 317 n'entend parler que des héritiers *ab intestat*, ou si les donataires ou légataires universels ou à titre universel du mari peuvent aussi contester la légitimité de l'enfant dans les délais fixés par cet article.

En faveur de l'enfant on peut dire qu'en en accordant l'action aux *héritiers,* la loi a dû n'avoir en vue que les héritiers du sang, parce que ce sont eux principalement qui ont intérêt à exclure de leur famille celui qui viendrait peut-être un jour à leur hérédité, et les exclurait eux-mêmes des successions auxquelles ils seraient appelés ; raison absolument sans force quand il s'agit d'étrangers désignés par le mari pour recueillir ses biens.

Mais contre lui s'élève le principe que ces donataires ou légataires représentent le mari dans tous ses droits comme dans toutes ses obligations; qu'ils continuent, sous ces rapports, sa personne comme les héritiers *ab intestat,* auxquels les lois les assimilent presque toujours. Et comme au nombre de ces droits est celui qu'avait le mari d'affranchir son patrimoine des effets d'une légitimité usurpée, ceux qui recueillent ce patrimoine peuvent exercer l'action qui est le moyen légal de le conserver.

81. Néanmoins, comme ils n'ont pour l'intenter d'autre titre que la conservation de leurs droits, on doit les déclarer non-recevables lorsque leurs

intérêts ne sont point attaqués par l'enfant. S'ils représentent le défunt, c'est, dans notre législation, quant à son patrimoine, et nous ne saurions admettre dans toute leur étendue les effets que le Droit romain attachait à la qualité d'héritier *institué.* Les effets moraux, les conséquences éloignées relatives aux droits de famille, tout cela appartient plutôt aux héritiers du sang qu'aux personnes désignées par un défunt pour recueillir ses biens : d'où nous concluons que si l'enfant ne réclame aucune réduction sur les avantages qui leur ont été faits, son état ne leur nuisant point, il doit le conserver, sauf aux parens qui se trouveraient héritiers *ab intestat,* parce que le mari n'aurait pas disposé de tous ses biens, à le combattre, s'ils croyaient devoir le faire. L'article 315 est évidemment conçu dans cet esprit, puisqu'il attribue implicitement la légitimité à l'enfant né après les trois cents jours de la dissolution du mariage, quand personne n'a intérêt à la contester. Or, dans l'hypothèse, les légataires ou donataires étrangers n'ont pas cet intérêt, puisqu'aucune réduction n'est demandée sur leurs legs ou donations, ou le suppose.

82. Tout en décidant comme nous que les successeurs à titre universel, du choix de l'homme, peuvent attaquer l'état de l'enfant, M. Proudhon pense toutefois que les légataires ou donataires à titre particulier n'ont pas ce droit, attendu qu'ils ne succèdent pas à la personne du mari.

M. Delvincourt dit au contraire que si l'enfant voulait faire une réduction des legs ou donations pour avoir la réserve attribuée aux enfans légitimes, les légataires à titre particulier pourraient lui opposer son illégitimité. Cette opinion est conforme à l'esprit de l'ancienne jurisprudence, comme on a pu le voir par ce que nous avons déjà dit à ce sujet.

83. Mais nous ne l'adoptons qu'à l'égard de l'enfant né après les trois cents jours depuis la dissolution du mariage, ou de celui qui, né avant le cent quatre-vingtième de la célébration, n'a pu être légitimé comme étant fruit de l'adultère. A l'égard de tout autre enfant, la contestation de légitimité n'étant en réalité qu'un véritable désaveu de paternité, et la loi n'ayant donné ce droit de désaveu qu'au mari et à ses héritiers, les légataires à titre particulier ne peuvent se l'attribuer.

§. II.

Des Délais fixés pour l'exercice de l'Action en désaveu, ou pour Contester la légitimité.

84. Il faut distinguer entre le mari et ses héritiers.

Quant à lui, il doit, à peine d'être ensuite non-recevable dans son désaveu, faire sa réclamation dans le mois de la naissance, s'il est sur les lieux;

Dans les deux mois après son retour, si, à la même époque, il était absent;

Dans les deux mois après la découverte de la fraude, si la naissance lui a été cachée. (Article 316.) (1).

Le dernier jour du terme est compris dans le délai ; la loi dit *dans* le mois.

Et les mois ne se comptent pas par trente jours, mais de quantième à quantième (2).

85. Quant à ces mots de l'article, *sur les lieux*, ils ne sont pas employés par opposition à l'éloignement qui rendrait la cohabitation physiquement impossible. Il ne s'agit ici que de l'exercice de l'action, et l'on sent qu'un éloignement moins considérable y formerait cependant obstacle. C'est donc un point abandonné à la sagesse des magistrats, qui, attentifs à ce que le délai ne soit pas arbitrairement prolongé, n'accueilleront néanmoins pas l'exception de prescription contre le mari qui aurait été dans l'impuissance d'agir. C'est d'après ces principes que la Cour de Paris a jugé, le 9 août 1813 (Sirey, 13, 2, 310), qu'il ne suffisait pas que le

---

(1) Dans ces deux cas, non-seulement le délai est suspendu, parce que le mari ne peut agir tant qu'il n'a pas découvert la fraude ou qu'il est absent, mais il est même augmenté d'un mois. On a pensé que, dans ces deux cas, il avait besoin d'un temps plus long que dans le premier, pour connaître toutes les circonstances du fait, réunir ses preuves et intenter plus sûrement son action.

(2) La Cour de cassation a consacré ce principe dans un cas analogue, en décidant que les délais qui se comptent par mois doivent, suivant le calendrier Grégorien, le seul suivi en France, s'estimer par l'échéance des mois, date pour date, et non par jours. Arrêt de cassation du 27 décembre 1811. Sirey, 12, 1, 199.

mari, qui était en voyage à l'époque de la naissance, fût de retour en France, pour être considéré comme étant de retour sur les lieux; qu'il
aurait fallu qu'il fût de retour *au lieu* de la naissance. Ce dernier point est susceptible de modification; mais la décision principale est juste.

86. Pour jouir du délai de deux mois depuis la
découverte de la fraude ou depuis son retour, le
mari doit prouver que la naissance lui a été cachée
ou qu'il était absent lors de l'accouchement; et si
l'on prétend que l'action a été intentée après les
deux mois, ce sera aussi à lui à prouver l'époque de
son retour ou celle où il a découvert la fraude. Il
est demandeur, il doit donc prouver non-seulement le fait sur lequel il fonde son action, mais
encore tout ce qui en a prolongé la durée. En principe, le délai est d'un mois seulement : le mari
invoque une exception à la règle, c'est à lui à en
justifier. L'obliger à prouver qu'il n'a découvert la
fraude qu'à partir de telle époque, ce n'est pas,
comme on l'a prétendu, l'astreindre à prouver un
fait négatif, savoir, *qu'il ne l'a pas découverte auparavant;* c'est là un fait positif, parce que la découverte de la fraude est elle-même un fait de cette
nature, et que le moment où elle a eu lieu en est
inséparable. Aussi voyons-nous qu'en matière de
requête civile, le législateur n'a point été touché
de cet argument, qui n'a réellement rien de solide.
En effet, quand la requête civile est exercée pour

cause du dol de l'adversaire, ou pour retenue par lui des pièces décisives, le délai de trois mois ne commence bien à courir que du jour de la découverte du dol ou des pièces, mais pourvu qu'il y ait preuve du *jour*, et encore que la preuve soit par écrit et non autrement. (Art. 488, Cod. de procéd.)

87. Quant aux héritiers, ils n'ont pas simplement, pour contester la légitimité de l'enfant, ce qui restait de temps au mari pour le désavouer : ils ont deux mois francs.

Et ces deux mois ne commencent pas à courir du jour où ils ont eu connaissance de la naissance, qu'elle ait été cachée ou non. La loi établit une règle différente à leur égard ; elle leur accorde deux mois, à compter de l'époque où l'enfant se serait mis en possession des biens du mari, ou de l'époque où ils seraient troublés par lui dans cette possession. (Art. 317.)

88. De là trois choses :

1° Pour que le délai coure contre les héritiers, il faut que l'enfant se soit mis en possession des biens comme *enfant* du mari, et non à un autre titre, ou qu'il les trouble dans leur possession en cette même qualité d'enfant.

2° La connaissance qu'ils auraient de ses prétentions à se faire reconnaître pour l'enfant du mari, de ses démarches et des actes qu'il a faits, sans les diriger contre eux, n'est point un trouble de leur possession, dans le sens de l'article 317 ; mais **tout**

acte judiciaire ou extrajudiciaire dans lequel l'enfant, ou par lui-même ou par son tuteur, leur
notifie ses prétentions à la légitimité, constitue le
trouble exigé par cet article pour faire courir le
délai de l'action en désaveu (1).

3° Le délai de deux mois n'est point prolongé
par l'absence des héritiers du mari, même au temps
de sa mort, soit que l'enfant se soit mis ou ait été
mis en possession des biens de celui-ci, soit qu'il
les trouble lui-même dans la possession qu'ils ont
de ces mêmes biens. Ce n'est que pour le mari que
l'absence est une cause de suspension du délai;
c'est à son égard seulement que la loi dit qu'il aura
deux mois à compter de son retour si, à l'époque
de la naissance de l'enfant, il était absent : ce qui
est tout à la fois une augmentation du délai ordinaire et une suspension de son cours.

89. Les deux mois courent contre les héritiers
mineurs, comme contre les majeurs : ce n'est point
une prescription ordinaire, c'est un délai préfix,
dont le cours n'est interrompu par aucun privilége
tiré de la qualité de celui qui conteste la légitimité,
même en défendant.

Il n'y a pas, à cet égard, à distinguer comme
dans les cas ordinaires, où les héritiers *défendeurs*
peuvent invoquer l'exception pour faire inventaire
et délibérer (art. 174, Cod. de procéd.) : ils sont tou-

---

(1) *Voy.* l'arrêt de cassation du 21 mai 1817. Sirey, 17, 1, 251.

jours *demandeurs* relativement au désaveu de l'enfant *né ou conçu pendant le mariage*, quoiqu'ils soient troublés par lui dans la possession des biens du mari; c'est le rôle que leur assigne l'article 317.

90. Si le mari est mort après avoir formé son action en justice dans le délai utile, ses héritiers continuent l'instance, et s'appliquent alors les dispositions du Code de procédure relatives *aux reprises* d'instance. Mais, dans ce cas, les héritiers assignés en reprise ont l'exception pour faire inventaire et délibérer, parce qu'on est rentré dans les règles générales : l'action ayant été introduite dans le délai prescrit, le vœu de la loi a été observé.

91. La question de savoir si la légitimité de l'enfant né après trois cents jours depuis la dissolution du mariage ne peut être utilement contestée que dans les deux mois à compter du jour où il s'est mis en possession des biens de la succession, ou du jour où les héritiers sont troublés par lui dans cette possession, est fort controversée.

La Cour d'Agen l'a jugée par l'affirmative, le 28 mai 1821 (Sirey, 22, 2, 318), sur le fondement que l'article 317 embrasse aussi bien le cas prévu à l'article 315 que tous les autres cas de désaveu; que s'il est vrai que cet article 317 suppose une action qui a appartenu au mari, cette supposition se concilie parfaitement avec l'hypothèse d'un enfant né après trois cents jours de la prononciation du divorce, cas que le législateur a dû avoir aussi

en vue, et dans lequel le mari ayant le droit de réclamer contre la paternité qu'on lui aurait attribuée
dans l'acte de naissance de l'enfant, a transmis ce
droit à ses héritiers, s'il est venu à mourir dans les
délais fixés par l'article 316.

Néanmoins, même en admettant que l'enfant
dont il s'agit n'est pas illégitime de plein droit, qu'il
cesse seulement d'être légitime dès que sa légitimité
est contestée, nous pensons que les héritiers ou
tous ceux qui ont intérêt à la contester, ne sont
point tenus de le faire dans les délais de l'article 317;
qu'ils ne sont pas astreints à former une action en
désaveu, comme lorsqu'il s'agit d'un enfant né ou
conçu dans le mariage. Ils peuvent, s'ils sont attaqués par lui, le repousser par simple *exception*
d'illégitimité, et c'est ce qu'a voulu dire l'art. 315,
par ces mots : « La légitimité de l'enfant né trois
« cents jours après la dissolution du mariage pourra
« être *contestée* (1). »

Et si l'enfant est mis en possession des biens du
mari par le curateur au ventre, ou, après sa naissance, par sa mère, comme tutrice, les héritiers
peuvent l'attaquer directement en délaissement de
la succession. Si l'on fait valoir sa prétendue légitimité, alors les héritiers la repousseront par voie
d'exception d'illégitimité, comme ils repousseraient
tout autre étranger qui se prétendrait héritier.
Cette doctrine nous paraît ressortir tout entière

----

(1) *Voy.* toutefois, *suprà*, n°˙ 56 à 60.

de ce qu'a dit, sur l'enfant dont il s'agit, M. Duverryer, dans son rapport au Tribunat, et des principes de la matière. Oserait-on, en effet, soutenir
qu'un enfant né trois ans après la mort du mari de
sa mère, et qui, en l'absence de l'héritier de celui-ci, a été mis en possession de la succession,
n'en peut être expulsé après deux mois, quand il
en fallait peut-être six à l'héritier pour apprendre
la naissance, et autant pour venir faire cesser cette
usurpation? Cependant, ce que l'on devrait décider dans ce cas, on doit le décider également à
l'égard de tout enfant né après trois cents jours de
la mort du mari; car la démarcation une fois franchie, il n'y a plus qu'arbitraire. Mais il n'en doit
pas être ainsi : cet enfant est évidemment étranger
au mari, et la *pétition d'hérédité* doit pouvoir être
formée contre lui, même sans désaveu préalable,
comme contre tout autre étranger qui s'est emparé
d'une succession qui ne lui appartient point.

92. La durée de l'action peut être prolongée d'un
mois par un acte extrajudiciaire contenant désaveu.
Voici ce que porte l'article 318 :

« Tout acte extrajudiciaire contenant désaveu de
« la part du mari ou de ses héritiers, sera comme
« non-avenu, s'il n'est suivi, dans le délai d'un
« mois, d'une action en justice dirigée contre un
« tuteur *ad hoc* donné à l'enfant, et en présence de
« sa mère. »

De là, 1° si le mari, qui était absent lors de la

naissance, a formé son désaveu par acte extrajudiciaire la veille de l'expiration des deux mois depuis
son retour, il aura encore un mois pour intenter
l'action.

2° Si, dans le même cas, il a fait l'acte extrajudiciaire le vingtième jour, par exemple, depuis
son retour, et qu'il meure trente-cinq jours après,
sans avoir intenté son action, ses héritiers ne sont
pas déchus pour cela : l'acte est seulement réputé
non-avenu, faute d'avoir été suivi dans le mois
d'une action en justice. Mais le mari étant mort
dans le délai de deux mois qu'il avait pour désavouer l'enfant à partir de son retour, il leur a
transmis son droit.

3° Et dans cette hypothèse, ils n'auront pas seulement les cinq jours qui lui restaient : à leur égard
le délai est entier, c'est-à-dire qu'ils auront deux
mois à compter du jour où l'enfant se serait mis
en possession des biens du mari, ou du jour où
ils seraient troublés par lui dans cette possession.

93. La Cour de cassation nous semble avoir, par
un des considérans de son arrêt du 9 novembre
1809 (Sirey, 1810, 1, 77), donné une grande extension à ces mots de l'article 318 : « S'il n'est suivi,
« dans le délai d'un mois, *d'une action en jus-*
« *tice*, etc. » Elle a décidé qu'il suffisait que l'acte
contenant le désaveu extrajudiciaire fût suivi, dans
le mois de sa date, d'une citation en conciliation,
quoique la demande introductive d'instance n'eût

été formée qu'après le mois depuis cet acte (mais dans le mois de la citation), et que la matière ne fût pas soumise au préliminaire de conciliation, comme étant relative à l'état des personnes et intéressant d'ailleurs un mineur. L'article 2245 dit bien que la citation en conciliation, devant le bureau de paix, interrompt la prescription du jour de sa date, lorsqu'elle est suivie d'une assignation en justice donnée dans les délais de droit, et l'article 57 du Code de procédure fixe ces délais à un mois, du jour de la non-comparution ou du jour de la non-conciliation. Mais ces dispositions sont-elles applicables en matière de désaveu de paternité, surtout si l'on envisage que cette matière n'est pas susceptible de conciliation? On peut en douter. Le résultat de cette jurisprudence, si elle se consolidait, serait la possibilité de prolonger encore d'un mois la durée de l'action, de l'étendre, en définitive, à quatre mois dans les deux derniers cas prévus à l'article 316, et à trois mois dans le premier, ce qui ne paraît pas être dans l'esprit du Code.

94. La loi n'ayant pas déterminé la forme en laquelle doit être fait l'acte extrajudiciaire contenant le désaveu, comme elle l'a fait par rapport à une foule d'autres actes, on doit conclure de son silence à cet égard que, même sous seing-privé, il produirait l'effet que lui attribue l'article 318, pourvu qu'il eût acquis une date certaine, attes-

tant qu'il a été fait dans les délais déterminés aux
articles 316 et 317.

95. Il faut aussi remarquer qu'il n'y a pas nécessité de le faire signifier ; la loi ne l'exige point,
et elle n'eût pas manqué de le dire, si la notification lui avait paru nécessaire. D'ailleurs elle ne pourrait même avoir lieu tant que l'enfant n'aurait pas
le tuteur *ad hoc* qui doit le défendre ; car ce n'est
pas la mère qui va principalement contredire à
l'action en désaveu, quoiqu'elle doive être mise en
cause ; c'est le tuteur comme représentant l'enfant. Et si l'on objecte qu'un acte non signifié doit
être considéré comme n'existant pas par rapport à
celui contre lequel on veut s'en prévaloir, on répondra que si le Législateur eût entendu qu'il dût,
pour produire son effet, être signifié au tuteur
ad hoc, par conséquent ne pouvoir être fait utilement qu'après la nomination de ce tuteur, la faculté de faire préalablement le désaveu en cette
forme serait sans objet, puisqu'il vaudrait autant
former tout de suite l'action en justice. Mais suivant notre interprétation, on en sent l'importance,
à cause des délais et des entraves que peut éprouver
la nomination du tuteur.

96. Cette nomination doit avoir lieu par un conseil de famille, que le juge de paix, sur la réquisition du mari ou de ses héritiers, doit convoquer
sans délai.

Ce conseil doit-il ou du moins peut-il être composé, comme dans les cas ordinaires, de six parens ou alliés, moitié du côté paternel, moitié du côté maternel ?

La Cour de Liége a jugé qu'il avait pu être composé de parens ou alliés pris uniquement du côté maternel; et sur le recours formé contre cet arrêt, celle de Cassation a rejeté le pourvoi, par le motif que « la nomination du tuteur *ad hoc* avait été « faite dans le plus grand intérêt de l'enfant désa- « voué (1). »

Nous ne pensons pas toutefois que s'il était composé suivant les règles ordinaires, il y aurait lieu à critiquer sa composition pour faire annuler le jugement qui aurait admis le désaveu.

Car, quoiqu'il paraisse inconséquent d'appeler à ce conseil des parens du mari, qui prétend n'être pas le père de l'enfant, parens qui, d'après cela, seraient étrangers à ce dernier, néanmoins l'enfant né ou conçu dans le mariage est en possession de la légitimité, et les parens paternels sont présumés ses parens tant que le jugement intervenu sur l'action en désaveu ne l'aura point exclu de la famille. D'ailleurs, la loi étant muette sur ce point, on ne saurait dire qu'elle a été méconnue.

_____

(1) Arrêt du 25 août 1806 (Sirey, 6, 2, 952). Comme la Cour de Liége avait accueilli le désaveu, le tuteur de l'enfant se faisait un moyen de cassation de ce que le conseil de famille qui l'avait nommé n'avait pas été composé, suivant le vœu de la loi, de parens ou amis pris dans les deux lignes.

97. La mère doit être mise en cause ; elle a l'état de son enfant et son honneur à défendre. Mais elle n'est point l'adversaire principale du mari : c'est l'enfant qui est le véritable contradicteur à l'action. Aussi peut-elle faire défaut, et l'instruction ne se poursuivra pas moins contradictoirement avec l'enfant, représenté par le tuteur *ad hoc* qui lui a été donné.

98. Le ministère public doit nécessairement être entendu en ses conclusions. (Art. 83 du Code de procéd.)

Et sur l'appel, la cause est jugée en audience solennelle, comme toutes les questions d'état.

§. III.

Effets du désaveu.

99. Si l'enfant succombe, il est rejeté de la famille : il lui est interdit de porter le nom du mari.

Il est adultérin ou naturel simple, suivant qu'il a été ou non conçu pendant le mariage.

Dans la première hypothèse, le mari peut s'armer du jugement passé en force de chose jugée pour faire prononcer la séparation de corps pour fait d'adultère, sans qu'il y ait lieu à débattre de nouveau ce fait. La mère a été mise en cause : ce fait est donc jugé contradictoirement avec elle, lors même qu'elle aurait fait défaut.

100. Si la demande en désaveu est rejetée, le ju-

gement rendu avec le mari ou ses héritiers fait loi pour toute la famille : en sorte que l'enfant pourra venir à la succession même des collatéraux dans l'ordre ordinaire, sans que jamais son état puisse être contesté, même par ses parens maternels; car le mari ou ses héritiers étaient les seuls contradicteurs légitimes, toujours en supposant l'enfant né ou conçu pendant le mariage (1).

101. Il en est autrement de l'enfant né après les trois cents jours depuis la mort du mari : s'il arrivait qu'un jugement passé en force de chose jugée rejetât la contestation de légitimité élevée par les héritiers de ce dernier, ce jugement ne ferait pas loi pour ceux de la femme, ni même pour les autres parens paternels, non-représentans des héritiers du mari. Il ne pourrait non plus être opposé aux légataires de ce dernier. Dans tous ces cas, il pourrait du moins être attaqué par voie de tierce opposition; car, ainsi que nous l'avons dit (2), cet enfant a un contradicteur légitime dans quiconque a intérêt à contester sa légitimité, qui n'est, à vrai dire, qu'une tolérance de la loi, et seulement quand elle ne nuit à personne. Or, la maxime *res judicata aliis nec nocet nec prodest* réclame ici son application dans toute sa force, malgré cette autre règle, que l'état des personnes est indivisible, règle qui se modifie quelquefois, précisément en raison

(1) *Voy*. au tom. Ier les nos 345 et 346.
(2) Nos 75 et 77, *suprà*.

des principes sur la chose jugée. En voici un exemple assez remarquable :

102. En prairial an II, René Vandolon épousa Louise Bourreau, et deux jours après il partit comme réquisitionnaire. Il ne donna point de ses nouvelles depuis la fin de l'an III.

Le 10 floréal an VI, la femme Vandolon accoucha d'un fils, qui fut inscrit sur les registres de l'état civil de Disie comme « fils de Louise Bourreau, « femme en légitime mariage du citoyen René Van- « dolon, absent depuis environ quatre ans, étant « au service de la patrie comme réquisitionnaire. » On lui donna le nom de René.

La femme Vandolon décéda en l'an VII.

Dans l'assemblée de famille qui eut lieu, le 16 fructidor de la même année, pour nommer un tuteur à l'enfant, les parens paternels le désavouèrent comme conçu et né après la mort de René Vandolon. Les parens maternels, au contraire, le reconnurent, et l'un d'eux fut nommé son tuteur.

Le 27 du même mois, celui-ci est cité par le mari de la sœur de René Vandolon père, pour voir juger nul l'acte de naissance, quant à la dénomination d'enfant issu de René Vandolon, et pour voir adjuger la succession de ce dernier à Marie Vandolon, épouse du demandeur (1).

---

(1) Il n'était pas très-régulier que la demande fût au nom du beau-frère du mari, même comme exerçant les actions de son épouse ; c'était au nom de celle-ci dûment autorisée qu'elle devait être formée ; mais cela ne fait rien quant au point de droit qui nous occupe.

Le 14 thermidor an xi, jugement du tribunal de la Flèche, qui, « considérant qu'à défaut d'acte lé-
« gal constatant l'époque de la mort de René Van-
« dolon, et dans l'impossibilité reconnue de s'en
« procurer un, des certificats donnés par plusieurs
« de ses anciens compagnons d'armes, et d'où il
« résulte qu'il est décédé, à la fin de l'an iii, à l'hos-
« pice militaire J. J. Rousseau, près Bayonne; un
« acte de notoriété souscrit par les principaux ha-
« bitans de N***, lieu qu'habitait René Vandolon
« avant son départ pour l'armée, et attestant qu'il
« n'a pas donné de ses nouvelles depuis l'an iii, et
« qu'il passe pour être mort à cette époque, éta-
« blissent suffisamment le décès de René Vandolon
« à une époque antérieure à la conception du dé-
« fendeur, envoie Marie Vandolon en pleine pro-
« priété et jouissance de la succession de René Van-
« dolon, à partir du 1er vendémiaire an iv. »

Ce jugement, dont il fut interjeté appel par le tuteur de l'enfant, a passé en force de chose jugée pour n'avoir pas été attaqué dans les délais de droit.

Néanmoins, la famille maternelle n'avait pas cessé de considérer le mineur René comme enfant légitime, et les frères et sœurs de la mère l'admi-
rent même, comme la représentant, à la succes-
sion de leur père commun. Mais en 1818, l'enfant, devenu majeur, demanda un compte de tutelle à celui qui avait été son tuteur : alors les frères Bourreau l'assignent devant le tribunal de Saint-Calais pour voir dire que, « attendu qu'il avait été

« déclaré enfant naturel de Louise Bourreau, leur
« sœur, par un jugement passé en force de chose
« jugée, ce jugement devait leur profiter comme à
« ceux qui l'avaient obtenu, en raison de l'indivisi-
« bilité de l'état des hommes ; qu'ils seraient en-
« voyés en possession de la succession de leur sœur
« dont il était détenteur, sauf son recours contre
« eux en sa qualité d'enfant naturel ; et en outre
« des biens qu'il avait recueillis dans la succession
« de leur père, leur aïeul maternel. »

Le 22 mai 1819, le tribunal, sans examiner le
fond, leur adjuge leurs conclusions, par le motif
tiré de l'indivisibilité de l'état des personnes.

Sur l'appel, la Cour d'Angers a décidé (1) :

1º « Que le jugement rendu à La Flèche, et auquel le tribunal de Saint-Calais a attribué l'autorité
de la chose jugée, pour l'appliquer à l'instance pen-
dante devant lui et y prendre la règle de sa décision, n'étant pas intervenu entre les mêmes personnes qui comparaissaient devant lui, ce tribunal
avait ainsi faussement appliqué l'article 1351 du
Code civil (2) ; »

2º « Que les parens maternels ayant reconnu
la légitimité de l'enfant, lui ayant servi de protecteurs sur la demande formée par les parens paternels, l'ayant admis depuis à la succession de leur
père, comme fils légitime de leur sœur, et ne rap-
portant pas, alors qu'ils attaquaient son état, la

---

(1) Par arrêt du 11 avril 1811. Sirey, 22, 1, 177.
(2) Selon nous, il avait mieux fait, il l'avait violé.

preuve légale de la dissolution du mariage de Louise Bourreau, avant la conception de son fils, il ne pouvait y suppléer par des certificats extrajudiciaires, qui ne fournissent aucune garantie à la justice; qu'ils auraient pu être admis à faire la preuve du décès de René Vandolon dans les formes autorisées par la loi dans les cas qu'elle a prévus, mais que celle résultant de ces certificats était insuffisante. »

En conséquence, la Cour a réformé le jugement et a déclaré les parens maternels non-recevables à contester l'état, par eux reconnu, de leur neveu, faute de rapporter la preuve du décès de René Vandolon. L'enfant s'est ainsi trouvé bâtard par rapport aux parens paternels, et légitime par rapport aux parens de la mère.

Le premier chef de cet arrêt nous paraît fondé sur les vrais principes : l'autorité de la chose jugée n'a lieu qu'entre les mêmes parties ou leurs héritiers, encore qu'il s'agisse d'une question d'état lorsque le jugement n'a pas été rendu avec le contradicteur principal et légitime, ou, s'il y en a plusieurs, avec tous (1).

---

(1) On trouve aussi dans l'affaire Voyneau un autre exemple qui confirme cette doctrine. Pendant l'émigration de ce Français, deux jugemens condamnent la dame Voyneau, son épouse, à reconnaître, comme issu de leur mariage, Louis-Réné-Auguste. De retour en France, Voyneau refuse de reconnaître cet enfant; il se pourvoit par tierce opposition comme n'ayant pas été représenté lors des jugemens rendus avec sa femme. La Cour de Poitiers le déclare non-recevable; mais, le 6 janvier 1809, son arrêt est cassé (*Voy.* Sirey, tom IX, 1, 49);

III.　　　　　　　　　　　　　　　7

Quant au second, il fonde la fin de non-recevoir sur deux choses : 1° sur la reconnaissance que
les adversaires actuels de l'enfant avaient faite de
la manière la plus formelle de sa légitimité, ce qui,
sans doute, les rendait peu favorables; 2° sur le
défaut de preuve légale du décès du mari de la
mère avant la conception de l'enfant.

En principe, l'état des hommes ne peut dépendre des actes de reconnaissance, quels qu'ils
soient et de quelques personnes qu'ils émanent,
quand la loi ne l'a pas dit expressément, ainsi
qu'elle l'a fait dans l'article 314 : ce n'est pas une
matière sur laquelle on puisse transiger. Aussi,
dans l'affaire *Masson de Maisonneuve*, le parlement
de Paris n'eut-il aucun égard aux actes par lesquels
l'adversaire de l'enfant avait reconnu sa légitimité (1). Mais dans le cas dont il s'agit, la fin de
non-recevoir était très-digne de faveur; elle trouvait d'ailleurs un appui dans le moyen tiré du défaut
de preuve du décès de Vandolon avant la conception de l'enfant.

---

de sorte que si le sieur Voyneau a gagné son procès devant la Cour
qui a dû le juger sur le renvoi, on aura vu un enfant trouver une
mère légitime dans l'épouse de celui qui n'est pas son père.

(1) *Voy.* au n° 24, note *suprà*, l'indication des arrêts rendus dans
cette affaire.

CHAPITRE II.

Des Preuves de la Filiation des enfans légitimes.

SOMMAIRE.

103. *C'est à celui qui invoque la présomption de paternité ré-*
sultant du mariage, de prouver qu'elle lui est appli-
cable.
104. *Cette preuve renferme la démonstration de trois choses.*
105. *Lorsqu'elle est faite, le réclamant a pour lui la règle*
pater is est, *et ne peut être privé des effets qui y sont*
attachés que par un désaveu jugé valable.
106. *La preuve peut se faire de trois manières : par l'acte de*
naissance, la possession d'état, et par témoins dans
les cas déterminés par la loi.

103. On a vu quels sont les effets attachés à la
présomption de paternité résultant du mariage;
mais c'est à celui qui invoque cette présomption
de prouver qu'elle lui est applicable, si on la lui
conteste : c'est la base de l'action en réclamation
d'état.

104. La preuve qu'il doit faire à cet égard renferme la démonstration de trois choses, sinon elle
est incomplète :

1° Que la femme dont il se prétend issu est ou
a été mariée : c'est la preuve du mariage des père
et mère;

2° Qu'elle a mis au jour un enfant pendant son
mariage, ou dans les trois cents jours qui en ont
suivi la dissolution : c'est celle de la naissance;

3º Qu'il est lui-même cet enfant : c'est la preuve de la filiation.

105. Au moyen de la démonstration de ces trois faits, que nous allons successivement développer, il se place sous la protection de la maxime *pater is est*, et ne peut être privé des effets qui y sont attachés que par un désaveu de paternité dans les cas et sous les conditions déterminés par la loi, et jugé valable.

106. Suivant le Code, la preuve de la filiation des enfans légitimes peut se faire de l'une de ces trois manières :

1º Par l'acte de naissance inscrit sur le registre de l'état civil ;

2º Par la possession d'état d'enfant légitime ;

3º Par témoins, dans les cas prévus par la loi.

Nous traiterons de ces trois genres de preuve séparément, et nous développerons, dans une quatrième section, les règles relatives à l'action en réclamation d'état.

SECTION PREMIÈRE.

De la Preuve de la Filiation des enfans légitimes par l'Acte de naissance.

SOMMAIRE.

109. *L'enfant qui est dans le cas prévu à l'article 197 n'est point tenu, pour prouver sa légitimité, de représenter l'acte de célébration du mariage.*

110. *Il n'est pas obligé, non plus, de produire un acte de naissance qui ne contredise pas sa possession d'état : il suffit qu'on ne lui en oppose pas un contraire à cette possession.*

111. *Lorsque les père et mère ne pouvaient contracter mariage ensemble, la disposition de l'article 197 est inapplicable.*

112. *Cette disposition souffrirait encore exception dans un autre cas.*

113. *L'acte de naissance, avec la preuve de l'identité, prouve pleinement la filiation.*

114. *Il la prouve, encore que l'enfant ait été inscrit sous les noms de famille de sa mère, et comme né de père inconnu ; sauf le désaveu s'il y a lieu. Arrêt* Bonnafoux.

115. *Ou qu'il ait été inscrit comme né d'un individu dénommé, autre que le mari. Arrêt* La Plissonnière; *et à la note, arrêts* Lecourt *et* Banse, *qui paraissent contraires, mais qui n'ont cependant pas consacré le prétendu principe de l'indivisibilité du titre.*

116. *La question jugée sous le Code dans l'affaire* Virginie.

117. *L'arrêt a-t-il reconnu le principe de l'indivisibilité du titre ?*

118. *La réclamante aurait dû réussir à se placer sous la protection de la règle* pater is est, *sauf à être ensuite repoussée par un désaveu en forme.*

119. *Motifs erronés que l'on a prêtés à cet arrêt.*

120. *L'acte de naissance perd-il sa force probante pour ne pas contenir la mention que le déclarant, autre que le père, l'accoucheur, etc., a assisté à l'accouchement ?*

121. Quid, *lorsqu'il mentionne que le déclarant n'a pas assisté à la naissance ?*

122. *Celui qui présente un acte de naissance comme étant le sien, doit prouver qu'il s'applique à lui.*

123. *Ne peut-il prouver par témoins son identité avec l'in-*

dividu dénommé à l'acte, qu'autant qu'il a un com-
mencement de preuve écrite, ou qu'il existe des pré-
somptions ou indices graves résultant de faits, dès lors
constans, propres à déterminer l'admission de la preuve?
Arrêts en faveur de l'affirmative.

124. *Arrêts contraires.*

125. *La reconnaissance faite par la mère, après la mort de*
son mari, d'un enfant inscrit d'abord comme né de père
et mère inconnus, qui est sans possession d'état, et
qu'elle a déclaré avoir eu de son mariage, ne prouve
pas la filiation légitime de cet enfant.

126. *Quel est l'effet d'un acte de naissance inscrit sur une*
feuille volante.

107. « La filiation des enfans légitimes, porte
« l'article 319, se prouve par les actes de naissance
« inscrit sur le registre de l'état civil »

108. Une première observation se présente sur
cette importante disposition. En disant que la filiation des enfans *légitimes* se prouve par l'acte de
naissance inscrit sur le registre de l'état civil, l'article suppose que le mariage des père et mère
n'est pas contesté, ou, s'il est contesté, qu'il est
prouvé; car la filiation et la légitimité sont deux
choses très-distinctes :

L'une, comme il a été dit au commencement de
ce titre, est la qualité d'enfant né de TEL homme
ou de TELLE femme ;

L'autre est la qualité d'enfant issu du mariage
de cet homme avec cette femme.

Celui qui l'invoque doit donc prouver le mariage, si on en conteste l'existence; par conséquent

il faut recourir aux dispositions des articles 195 et 196, développées au titre *du Mariage* (1).

Il ne serait point dispensé de faire cette preuve, même dans le cas où, suivant l'usage observé dans la rédaction des actes de naissance des enfans présentés à l'état civil comme nés du mariage, il serait qualifié, dans celui qu'il produit, *d'enfant légitime* d'un TEL et d'une TELLE, ou inscrit comme né d'un TEL et d'une TELLE, *époux légitimes,* etc. Toutes ces déclarations, relatives à la légitimité, n'étant point prescrites par l'article 57 dans la rédaction des actes de naissance, ne font aucune preuve en faveur de l'enfant, bien loin qu'on ne puisse les attaquer que par l'inscription de faux : l'article 45 ne leur est point applicable. La légitimité ne peut avoir son principe que dans le mariage, qu'il faut conséquemment prouver lorsqu'il est contesté (2).

109. Néanmoins, lorsque les père et mère ont vécu publiquement comme mari et femme, et qu'ils sont tous deux décédés, la légitimité des enfans ne peut être contestée sur le seul prétexte du défaut de représentation de l'acte de célébration du mariage de leurs père et mère, toutes les fois que cette légitimité est prouvée par une possession d'état qui n'est point contredite par l'acte de naissance. (Art. 197.)

110. L'enfant qui invoque cette disposition favorable et exceptionnelle, uniquement fondée sur

---

(1) Tome II, n°s 243 et suivans.
(2) Voir au tom. I°r, n°s 303 et suivans.

ce qu'il peut ignorer le lieu où ses père et mère
se sont mariés, est bien tenu, pour se dispenser
de représenter leur acte de mariage, de prouver
leur décès, qu'ils ont vécu publiquement comme
mari et femme, et sa possession d'état d'enfant légitime; mais la loi ne dit pas qu'il est tenu de
représenter un acte de naissance *qui ne contredise
pas cette possession*, car il peut aussi bien ignorer
le lieu de sa naissance que celui où a été célébré
le mariage de ses père et mère. Si elle eût voulu lui
imposer cette preuve, elle aurait dû dire simplement : La légitimité des enfans ne pourra être
contestée, toutes les fois que cette légitimité sera
prouvée par une possession d'état *conforme à l'acte
de naissance*, au lieu de se servir d'une circonlo-
cution qui présente un sens bien différent, puisque, si aucun acte n'est produit, la possession
d'état n'en saurait être contredite. Ce serait donc
à l'adversaire qui prétendrait que l'acte est contraire à cette même possession à le produire et à
justifier de l'identité de l'enfant avec celui dénommé
à l'acte (1). En un mot, il y a présomption, mais
en faveur des enfans seulement, que leurs père et
mère qui ont vécu publiquement comme mari et
femme, et qui sont tous deux décédés, étaient légalement unis, mais que les enfans ignorent le lieu
de la célébration du mariage. Or, aux termes de

_____

(1) Voir au tome précédent, n° 253 à 257, où nous faisons aussi
quelques autres observations sur l'article 197 ; et au tome Iᵉʳ, le
n° 305.

l'article 320, à défaut d'acte de naissance, la possession d'état d'enfant légitime suffit, et dans l'espèce, l'enfant justifie de cette possession.

111. Mais puisque l'exception consacrée par cet article 197 repose sur la présomption que les père et mère décédés étaient légalement unis, il s'ensuit que toutes les fois que cette présomption est détruite par la preuve contraire, la disposition devient inapplicable; car ce n'est que sur le *seul prétexte* du défaut de représentation de l'acte de célébration du mariage que la légitimité des enfans ne peut être contestée. Si donc il y avait eu empêchement de mariage entre les père et mère au moment de la conception des enfans, par exemple, parce qu'ils étaient parens ou alliés au degré prohibé pour le mariage, ou parce que l'un d'eux était alors engagé dans les liens d'une première union, il est clair que les enfans ne pourraient prétendre à la légitimité, même en alléguant la bonne foi de leurs père et mère, puisque cette bonne foi ne pouvait se trouver que dans un mariage célébré dans les formes légales, dont ils ne produisent même pas l'acte de célébration.

112. Bien plus, même hors ce cas, il serait possible que la présomption résultant de la réunion des conditions exprimées à l'article 197 fût insuffisante pour les dispenser de représenter l'acte de mariage de leurs père et mère, encore qu'ils produisissent des actes de naissance qui les qualifieraient

enfans légitimes. Tel serait le cas où le même individu aurait vécu avec plusieurs femmes et aurait eu
de chacune d'elles des enfans qui se prétendraient
exclusivement légitimes, comme dans la célèbre
affaire des *enfans Hurot,* rapportée au *Répertoire*
de M. Merlin, au mot *Légitimité.* Ces enfans avaient
en leur faveur la possession d'état d'enfans légitimes, appuyée sur leur titre de naissance; mais
Hurot avait aussi fait baptiser des enfans nés de lui
et de deux autres femmes, à chacune desquelles il
avait fait donner, dans les actes de naissance, la
qualité d'épouse légitime. Pour connaître celle qui
l'était véritablement, il fallait nécessairement représenter l'acte de célébration de son mariage :
aussi, par arrêt du 8 janvier 1777, les enfans Hurot furent-ils condamnés à le rapporter, ce qu'aucun d'eux ne put faire. En conséquence, tous
furent illégitimes.

113. Revenons au développement du principe
que la filiation des enfans légitimes se prouve par
les actes de naissances inscrits sur le registre de
l'état civil.

C'est par l'acte de naissance, disait Cochin, que
l'homme fait son entrée dans le monde.

C'est du moins par lui qu'il fait généralement
son entrée dans la famille.

La loi ne demande pas qu'il soit accompagné
d'aucune autre preuve; elle n'exige pas que la possession d'état proprement dite vienne le confirmer.

il fait par lui-même preuve complète, tant qu'il n'est pas combattu avec succès, si celui qui l'invoque justifie qu'il s'applique à lui.

« On sent bien, dit M. d'Aguesseau dans son qua-
« rante-septième plaidoyer, qu'il est possible de
« donner dans un acte de cette nature une mère
« supposée à l'enfant qu'on baptise; mais cet acte
« est la grande, c'est presque l'unique preuve de
« l'état des hommes. Qu'on renverse cette preuve,
« tous les fondemens de la société civile sont ébran-
« lés; il n'y a plus rien de certain parmi les ci-
« toyens, si l'on retranche cet argument. Qu'on
« dise tant qu'on voudra que ce principe est dou-
« teux; que rien n'est plus facile à altérer, à dissi-
« muler, à changer même, que le contenu d'un
« acte baptistaire : toutes ces réflexions sont justes ;
« mais quelque douteuse que puisse être cette
« preuve, tout sera encore plus douteux, si on ne
« l'admet, si on la rejette sans des preuves convain-
« cantes de fausseté. »

Telle est la doctrine que nous avons professée en traitant des *Actes de l'état civil* (1), en en restreignant toutefois l'application aux enfans légitimes, à moins encore que la déclaration de naissance des enfans naturels n'ait été faite par leur père ou leur mère, auquel cas elle est une reconnaissance de paternité ou de maternité.

114. Mais l'acte de naissance d'un enfant légi-

_____

(1) Tom. Ier, n°s 298 à 310 inclusivement.

time n'est pas toujours rédigé dans les formes voulues par la loi : on a vu de nombreux exemples du contraire.

Ainsi, l'enfant a été inscrit comme né d'une TELLE, désignée dans l'acte de naissance sous ses noms de famille, et de *père inconnu.*

Ou bien il l'a été comme né d'une TELLE, désignée de la même manière, et d'un individu dénommé, autre que le mari de la mère.

Dans le premier cas, et en admettant même pour le moment le principe de l'indivisibilité du titre, l'acte prouverait la filiation par rapport au mari comme par rapport à la femme, dès que l'identité de l'enfant serait constante; car de ce qu'il porte *père inconnu,* il ne s'ensuit pas nécessairement que le père ne soit pas le mari. Le déclarant et les témoins ont pu ignorer le mariage, si la femme est accouchée hors de son domicile : ils ont pu aussi, à son instigation ou à celle du mari, ou à celle de l'un et de l'autre, taire le nom du mari dans leur déclaration. Il n'est pas non plus impossible qu'une femme, redoutant les transports jaloux de son époux, avec lequel elle a cependant cohabité, et voulant éviter l'éclat d'une action en désaveu de paternité, peut-être mal fondée, ne se détermine, soit de son propre mouvement, soit de concert avec lui, à faire ses couches hors de son domicile, afin que l'acte de naissance de l'enfant ne puisse lui faire connaître celui que la loi, et peut-être la nature, lui donne pour père. Or, son état ne saurait dépendre de ces coupables combinaisons. Les père et mère, disait encore l'illustre d'Aguesseau, peuvent bien assurer l'état de leurs enfans, mais ils ne peuvent jamais le détruire. S'il n'en était ainsi, quel serait l'effet des sages règles au moyen desquelles le Législateur a précisé tous les cas où il autorise le désaveu, puisque l'enfant, quoique né dans le mariage, ne pouvant se placer sous la protection de la règle *pater is est*, le désaveu lui-même deviendrait superflu?

Tout ce que l'on peut dire contre l'enfant porteur d'un tel acte, enfant que l'on ne saurait assimiler à celui qui n'a ni titre ni possession d'état, ou qui a été inscrit sous de faux noms, ou comme né de père ET mère inconnus, c'est que, jusqu'à preuve du contraire, la naissance sera censée avoir été cachée au mari, qui pourra le désavouer s'il est dans un des cas prévus par la loi. La question a été ainsi jugée sous ce double point de vue par la Cour de Paris, dans l'affaire *Bonnafoux* (1). Il est même à remarquer que le mari ne récusait pas précisément ces principes; il argumentait de l'inconduite de sa femme, d'avec laquelle il était divorcé depuis cinq mois seulement à l'époque de la naissance de l'enfant, et contestait principalement l'identité de celle-ci avec la mère du réclamant. Mais la Cour, en reconnaissant l'existence de la maternité, reconnut aussi la présomption de

(1) Arrêt du 28 juin 1819. Sirey, 20, 2, 7.

paternité à l'égard du mari, sauf le désaveu, s'il y avait lieu, conformément à l'article 313 (1).

115. Le second cas, celui où la mère de l'enfant a été désignée dans l'acte sous ses noms de famille, et qu'il a été donné pour père à l'enfant un individu dénommé, autre que le mari, paraîtrait devoir être décidé d'après les mêmes principes; cependant il présente plus de difficulté, attendu la diversité des arrêts rendus sur ce point important.

Ainsi, dans l'affaire *La Plisonnière* (2), l'enfant, qui avait été baptisé comme fille d'Élisabeth Rouillon et de Nicolas de Lacour, avocat à Aix, fut déclaré légitime, quoique le sieur La Plisonnière, mari d'Élisabeth Rouillon, vécût éloigné de sa femme, mais à une distance qui n'excluait pas la possibilité d'un rapprochement, ce qui détermina la décision en faveur de la légitimité de l'enfant.

En vain objectait-on que si l'acte de naissance prouvait que l'enfant était fille d'Élisabeth Rouillon, il prouvait pareillement qu'elle était fille de Nicolas de Lacour, et qu'on ne pouvait le diviser; car, dit M. Merlin, rien n'était si aisé que de répondre à cette objection, que l'on ne discuta pas suffisamment. Quand il y a un mariage (pouvait-on dire), la déclaration de maternité fait toute la substance de l'acte de naissance, parce que le ma-

(1) Il convient toutefois de faire observer que le testament de la mère dissipait fortement les doutes relativement à la maternité.

(2) Rapportée au *Répertoire* de M. Merlin, au mot *Légitimité.*

riage démontre le père, et que la paternité se prouve alors par la maternité même; en sorte que le père étant virtuellement, et par la seule force de la loi, dénommé dans l'acte, le nom de Nicolas de Lacour n'était qu'une superfluité, qui ne pouvait combattre l'essence de cet acte et nuire à l'état de l'enfant.

Nous croyons que tels sont les vrais principes. Ils n'ont point été, comme on l'a dit quelquefois, contredits par les arrêts postérieurs. Ces arrêts ne se sont point expliqués sur la prétendue indivisibilité du titre; ils ont simplement déclaré les enfans illégitimes, parce qu'il était évident qu'ils n'étaient pas issus du mari de la mère (1).

---

(1) Ainsi, dans l'espèce de celui du 31 mai 1745, Marie Leclerc, femme de Claude Lecourt, habitant de Provins, vivait à Paris avec un sieur Raillard : elle eut un enfant, qui fut baptisé sous le nom de *François, fils en légitime mariage de Remi Raillard et de Marie Leclerc, ses père et mère.*

L'enfant s'étant présenté à la succession de Claude Lecourt, il fut déclaré bâtard, sur les conclusions de M. Joly de Fleury, qui, au rapport de Rousseau de Lacombe, au mot *Enfant*, professa, dans cette circonstance, le principe de l'indivisibilité du titre. Mais Denisart, qui rapporte aussi l'arrêt, ne fait aucune mention de ce point, qui est le seul important relativement à la question qui nous occupe.

Marie Carneville, femme d'Antoine Lemarié, l'avait quitté pour aller demeurer en qualité de servante chez Banse, dont elle eut plusieurs filles du vivant de son époux, qui ignora leur existence.

Ces filles avaient été baptisées comme enfans légitimes de Marie Carneville et de Jean-Baptiste Banse, qui avait même signé les actes de baptême. A la mort de Lemarié, elles prétendirent à sa succession et demandèrent la rectification de leurs actes de naissance; mais elles furent déclarées *non-recevables*, par arrêt du 11 juin 1779, rapporté dans le *Nouveau Denisart*, au mot *État*, et au *Répertoire* de M. Merlin, v° *Légitimité*, sect. III.

Mais furent-elles repoussées à raison de l'indivisibilité du titre, ou

116. La question s'est présentée sous le Code dans la célèbre affaire *Virginie Chady*. L'acte de naissance était ainsi conçu : « Du 16 pluviose an « second de la république, acte de naissance de « Virginie, née le 13 de ce mois, huit heures du « soir, rue de Thionville, section de l'Unité, fille de « Michel Chady, restaurateur, et d'Anne-Thérèse « Buirette.

« Les témoins ont été Claude Charlot, domicilié « à Paris, rue Saint-Jacques, section Beaurepaire, « et Nicolas Mitouars, domicilié à Paris, rue des « Gobelins, section du Finistère.

« Sur la déclaration faite à la maison commune « par ledit Chady, père de l'enfant, qui a signé. »

Cette déclaration avait été précédée d'une autre, faite au commissaire de police deux jours auparavant, en vertu d'une loi particulière aux grandes communes, et dans laquelle, aux mots *Anne-Thérèse Buirette*, étaient ajoutés ceux-ci : *non libre*. Ce premier acte donnait aussi à Chady et à la mère le même domicile, à Paris, rue Saint-Thomas-du-Louvre, n° 248.

---

bien parce que leur possession d'état était conforme à leur titre de naissance ? Tout porte à croire qu'elles le furent par l'effet de l'exception d'illégitimité, opposée à leur réclamation d'état. C'était un désaveu de paternité, exercé par voie d'exception, comme il s'exerçait presque toujours alors, qu'il n'y avait pas de délai fixé pour intenter l'action en désaveu, et comme il peut s'exercer sous le Code dans les cas des articles 323 et 325, combinés, et même dans celui où la naissance a été cachée au mari, et que l'enfant vient invoquer contre lui ou ses héritiers, la règle *Pater is est*.

Ces désignations de noms et de domiciles pouvaient parfaitement s'appliquer à l'épouse du sieur de Gosse, qui était alors, par suite des lois révolutionnaires, dans les prisons de Paris, où sa femme le visitait habituellement. Virginie ne fut jamais introduite dans la maison du sieur de Gosse : tout cela était convenu au procès.

Après la mort de la dame de Gosse, arrivée en l'an xii, Virginie a réclamé l'état de fille légitime de celle-ci et du sieur de Gosse, mari de sa mère. Elle invoquait son acte de naissance et la déclaration faite devant le commissaire de police, qui lui donnaient évidemment la dame de Gosse pour mère, puisqu'elle se nommait *Anne - Thérèse Buirette*, qu'elle était réellement *non libre*, et que l'âge et le domicile indiqués lui convenaient parfaitement. La réclamante disait enfin subsidiairement que si le tribunal hésitait à admettre cet acte de naissance comme preuve irréfragable de sa filiation légitime, il devait au moins y avoir un commencement de *preuve par écrit* de la maternité de la dame de Gosse, qu'elle offrait de compléter par le témoignage de personnes qui attesteraient l'accouchement de celle-ci, le 14 pluviôse an ii, et l'identité de l'enfant avec la réclamante.

Le tribunal de première instance de la Seine accueillit la preuve offerte.

Mais, par arrêt du 15 juillet 1808 (Sirey, 1809, 2, 112), Virginie fut déclarée non-recevable en ces termes : « Attendu que la mineure Virginie ré-

III.   8

« clame *un état contraire à son acte de naissance et*
« *à sa possession d'état,* qu'elle ne produit aucun
« commencement de preuve par écrit, et qu'il
« n'existe dans la cause ni indices ni faits constans
« assez graves pour faire admettre la preuve, la
« Cour met l'appellation et ce dont est appel au
« néant, etc. »

Virginie n'a pas été plus heureuse devant la Cour
de cassation; son pourvoi fut rejeté par les motifs
suivans : « Attendu, 1° que l'article 312 ne serait
« applicable à l'espèce qu'autant qu'il serait demeuré
« constant que la dame de Gosse était la mère de
« Virginie; 2° que l'article 319 n'y serait applicable
« qu'au cas où Virginie aurait été inscrite sur les
« registres de l'état civil comme fille de la *dame de*
« *Gosse;* attendu enfin qu'il n'y avait aucun com-
« mencement de preuve par écrit du fait de la
« maternité, et que la Cour d'appel a pu, sans con-
« trevenir à aucune loi, juger qu'aucune des cir-
« constances de la cause et des pièces produites au
« procès ne faisait naître des présomptions ou
« indices résultant de faits dès lors constans, assez
« graves pour déterminer l'admission de la preuve
« testimoniale; que, d'après ces faits déclarés con-
« stans, la Cour d'appel, loin de violer ou fausse-
« ment appliquer les dispositions des articles 322,
« 323 et 324 du Code, en a fait une juste applica-
« tion (1). »

(1) Arrêt du 22 janvier 1811. Sirey, 11, 1, 200.

Ainsi, il résulte de ce dernier arrêt que l'acte de naissance ne fait preuve, même de la maternité, qu'autant que l'enfant a été inscrit sous le nom de FEMME de sa mère; que ce n'est qu'à ce cas que l'article 319 est applicable; que s'il a été, comme dans l'espèce, inscrit sous le nom de *famille* de celle-ci, il est réduit à rechercher la maternité pour pouvoir ensuite invoquer la règle *pater is est;* enfin, qu'en l'absence de tout commencement de preuve par écrit, les tribunaux sont juges souverains des faits et des circonstances qui peuvent motiver l'admission de la preuve testimoniale : en d'autres termes, que la preuve par témoins de l'identité de la mère réclamée, avec celle désignée à l'acte, n'est pas toujours admissible.

117. Est-ce là le principe de l'indivisibilité du titre? Non sans doute, car qu'avait jugé la Cour d'appel? Que l'acte ne prouvait pas qu'Anne-Thérèse Buirette, qui y était désignée comme mère de l'enfant, fût identiquement la même Anne-Thérèse Buirette, mariée au sieur de Gosse, quoiqu'il dût prouver, jusqu'à inscription de faux (art. 45), que l'on avait *déclaré* à l'officier de l'état civil que l'enfant à lui présenté était né d'*Anne - Thérèse Buirette.* Il fallait donc sortir de l'acte pour trouver l'épouse du sieur de Gosse dans la femme désignée comme mère, et la preuve offerte à la Cour ne lui a pas paru suffisante; en sorte que l'enfant n'a pu se placer, même momentanément, sous la protec-

tion de la règle *pater is est.* A son égard, le désaveu de paternité a été superflu.

118. Nous ne saurions toutefois adopter dans
toute leur étendue les principes sur lesquels repose la décision de la Cour de Paris. Ils renferment
des conséquences dangereuses pour l'état des enfans réellement légitimes. Il était plus conforme
aux règles, et le résultat eût été probablement le
même, d'admettre Virginie à prouver qu'elle était
l'enfant dont Anne-Thérèse Buirette était accouchée, et que cette même Anne-Thérèse Buirette
était réellement l'épouse du sieur de Gosse, en ré-
servant à celui-ci le droit de la désavouer, puisque
la naissance lui avait été cachée, et que l'adultère
était évident par la double déclaration de Chady
et toutes les circonstances de la cause. On s'est,
comme on le voit, bien éloigné des principes qui
ont dicté la décision dans l'affaire *La Plissonnière,*
où non-seulement le réclamant parvint à se placer
sous la protection de la maxime *pater is est,* mais
réussit à y rester.

119. M. Delvincourt fait observer que l'arrêt
Virginie est fondé sur les principes rigoureux du
droit, et que tout donne lieu de croire qu'il était
conforme à l'équité.

Mais M. Toullier, tout en l'approuvant aussi et
tout en rejetant le prétendu principe de l'indivisibilité du titre, lui donne cependant un autre motif,
qui n'est pas même indiqué dans son contexte, ni

dans celui de la Cour de cassation. Ce jurisconsulte professe bien, avec M. Merlin et avec nous, que les fausses déclarations que l'on fait dans l'acte de naissance d'un enfant né dans le mariage, touchant la paternité, ne doivent point nuire à son état ni lui enlever la présomption de légitimité que lui attribue la loi, sauf le désaveu jugé valable : qu'ainsi la mention que l'enfant est né d'une TELLE, désignée sous son nom de *famille* ou de *femme*, et de père inconnu, ou d'un autre individu que le mari, n'empêche pas qu'il ne soit censé l'enfant du mariage, dès qu'il prouve que la femme qu'il réclame pour mère est la même que celle qui a été dénommée dans l'acte de naissance, et qu'il est identiquement l'enfant dont elle est accouchée. Mais cet auteur dit (1) que la prétention de Virginie devait être rejetée, parce que la déclaration de naissance n'avait point été faite par une des personnes à qui la loi donne mission de la faire, c'est-à-dire par le père, ou, à son défaut, par les docteurs en médecine ou en chirurgie, accoucheurs, sages-femmes, officiers de santé ou autres *personnes qui ont assisté à l'accouchement*, ou, si la mère est accouchée hors de son domicile, par la personne chez laquelle elle est accouchée; qu'une déclaration de maternité perd toute sa force quand elle est faite par tout autre individu; qu'elle ne fait ni preuve ni commencement de preuve; même contre la

_____

(1) Tom. II, n° 860 et suivans.

femme désignée pour mère, ni à plus forte raison contre son mari. Et M. Toullier ne restreint pas l'application de sa doctrine au cas où l'enfant a été inscrit comme né de père inconnu, ou d'un autre individu que le mari ; il la professe d'une manière absolue, et l'appuie sur l'arrêt *Virginie* qui n'en dit pas un mot, quoique ce moyen eût été plaidé avec force par le défenseur des adversaires de l'enfant. La Cour a été retenue par le danger des conséquences d'un principe aussi absolu, par les difficultés de son application exacte.

Sans le rejeter absolument, nous devons néanmoins voir en quel sens il pourrait être applicable à la filiation légitime.

Nous nous demanderons d'abord s'il l'était à l'espèce, et s'il y a lieu d'argumenter de l'arrêt *Virginie* pour en démontrer la solidité.

En effet, est-il bien vrai, même en ne considérant la question que sous le Code civil, que Chady n'était pas au nombre des personnes à qui la loi donnait mission de faire la déclaration de naissance ? Non sans doute, s'il était présent à l'accouchement, et surtout si dans ce cas le mari était absent (art. 56). Or, celui-ci était emprisonné par suite des lois révolutionnaires, et Chady vivait avec la mère : l'acte fait devant le commissaire de police leur donne à tous deux le même domicile, et rien dans la cause ne faisait croire que le déclarant n'avait pas assisté à la naissance.

Ce que Chady ne devait pas faire, c'était de se

déclarer le père de l'enfant d'une femme mariée à
un autre individu; mais cette partie de sa déclaration, repoussée par la loi même (art. 335) et la
morale, pouvait-elle en détruire la partie utile, es-
sentielle? Ne devait-elle pas être regardée comme
une superfétation, tout comme si l'acte eût porté :
*Virginie, fille d'Anne-Thérèse Buirette, épouse du
sieur de Gosse, et de moi Chady, déclarant?* Le nom
du sieur de Gosse n'y figurait pas littéralement, il
est vrai; mais il y était virtuellement, par la seule
force de la loi : « L'enfant conçu pendant le mariage
« a pour père le mari; » et la loi ne distingue pas
entre le mari dont le nom a été inscrit dans l'acte,
et le mari dont le nom n'y est pas mentionné. C'est
ce que reconnaît très-bien M. Toullier lui-même,
et c'est ce principe qui dicta le célèbre arrêt *La
Plissonnière*, dont nous avons parlé.

120. Objecterait-on que l'acte de naissance de
Virginie ne faisait pas mention que Chady eût assisté à l'accouchement d'Anne-Thérèse Buirette?
On répondrait que cette mention n'était pas prescrite par la loi; elle n'a pas lieu non plus dans la
pratique; et comme nous l'avons dit en traitant
des *Actes de l'état civil* (1), l'énonciation de cette
circonstance émanant d'une personne privée, qui
serait seule juge de sa véracité, et pouvant être
faite aussi bien par un déclarant qui n'a pas été

_____

(1) Tom. Ier, n° 310.

présent à la naissance, que par celui qui y a assisté, n'ajouterait rien ou presque rien à l'authenticité de la déclaration principale, quoique assurément la présence du déclarant à l'accouchement atteste mieux que toute autre chose le fait de la maternité. Dans l'esprit de la loi, du moins selon notre opinion, il y a donc présomption que le déclarant, quoiqu'il ne soit ni chirurgien ni accoucheur, etc., a été présent à la naissance de l'enfant, quand l'acte ne contient pas la mention du contraire (1).

---

(1) **Nous** devons toutefois aller au devant d'une objection qui consisterait à dire que si la mention avait lieu et qu'elle fût fausse, le déclarant s'exposant aux peines du faux, la loi a une garantie de la véracité de cette mention, dès lors qu'elle ajoute à l'authenticité de l'acte.

Mais d'abord, s'il n'y avait pas supposition de part, la fausseté de la mention ne serait qu'un mensonge indifférent, non punissable par la loi pénale ; et s'il y avait supposition de part, qu'en coûterait-il au déclarant de dire aussi qu'il a été présent à l'accouchement, et d'en faire faire mention dans l'acte ? Ne s'exposerait-il pas aux mêmes peines en faisant ou ne faisant pas cette déclaration accessoire ? Absolument, soit que ce fût l'article 147 du Code pénal, relatif aux faux, qui fût applicable, soit, ce qui est plus probable, que ce fût l'article 345 du même Code, relatif à la supposition de part, que l'on considère, sous quelques rapports, comme un faux d'une espèce particulière.

Ainsi la *mention*, dans l'acte, de la présence du déclarant à l'accouchement, n'augmente réellement pas la garantie de la vérité du fait principal, la maternité ; aussi la loi ne l'a-t-elle pas prescrite. Ce qui a principalement déterminé la Cour de Paris, ce n'est pas le motif qu'on lui prête, c'est qu'on a vu dans Virginie une possession d'état conforme au titre de naissance, raison qui, selon M. Toullier lui-même, dicta la décision des magistrats dans l'affaire *Banse*, semblable à celle *Virginie*, et à une époque où la disposition de l'article 322, applicable, ou non, à cette dernière cause, n'était point une loi, mais un simple axiome de jurisprudence, plus ou moins contesté.

121. Mais si, par extraordinaire, l'acte contenait la mention que le déclarant n'a point été présent à l'accouchement, comme la loi a eu de puissans motifs en désignant les personnes qui doivent faire la déclaration de naissance, nous convenons qu'il perdrait beaucoup de sa force quant à la preuve de la maternité, et que dans certains cas il pourrait même la perdre entièrement, surtout s'il n'était appuyé d'aucun des faits constitutifs de la possession d'état.

Les tribunaux auraient encore néanmoins à examiner si cette mention inusitée n'est pas le résultat d'une précaution frauduleuse prise par un mari jaloux, qui, voulant s'épargner l'éclat et les chances d'une action en désaveu de paternité, aurait ainsi fait faire la déclaration par un affidé et aussitôt éloigné l'enfant afin de le priver de toute possession d'état quelconque, sans que la mère ait osé s'y opposer, ou peut-être de concert avec elle.

Nous convenons pareillement que si l'acte ne contient aucune mention relative à la présence, à l'accouchement, de celui qui a fait la déclaration, et que l'on prétende qu'en effet il n'y a point assisté, ce fait peut être prouvé pour affaiblir et même détruire dans certains cas la force probante de l'acte. Mais comme il y a présomption que le déclarant était présent à la naissance, cet acte ferait foi jusqu'à inscription de faux. On verra bientôt celle qui devrait être suivie.

122. Aux termes de l'article 45, chacun peut se faire délivrer des extraits des actes de l'état civil : dès lors il est clair qu'il ne suffit pas de produire un acte de naissance pour invoquer la qualité d'enfant légitime d'un TEL et d'une TELLE; il faut, comme nous l'avons dit, que le réclamant prouve son identité avec l'enfant dénommé à cet acte.

123. Cette preuve se fait ordinairement par la possession d'état. Mais l'on sent que si la possession d'état complète était toujours nécessaire pour établir l'identité, le titre lui-même deviendrait superflu en ce qui touche la filiation. Il ne serait utile que pour constater l'âge, et quelquefois les prénoms, puisque, lorsqu'il n'existe pas d'acte, la possession constante de l'état d'enfant légitime suffit (art. 320). La preuve peut donc se faire soit par des faits de possession moins caractérisés que ceux qui sont exigés en l'absence du titre, soit par un commencement de preuve écrite, ou par des présomptions graves résultant de faits dès lors constans, et même, si les tribunaux l'estiment convenable, par la seule preuve testimoniale, s'il y a des circonstances graves, quoiqu'elles ne résultent pas de faits *déjà constans*. Ce n'est pas rigoureusement le cas prévu à l'article 323, car il y a un titre dont il s'agit seulement de faire l'application à celui qu'il concerne; en sorte que c'est plutôt une action d'identité qu'une réclamation d'état dépourvue de titre et de possession. La Cour de Paris pa-

raît avoir reconnu la justesse de cette distinction, en admettant un enfant à prouver son identité par témoins sans commencement de preuve écrite, encore qu'on lui opposât un acte de naissance postérieur à celui qu'il produisait, et qui l'aurait constitué l'enfant d'une autre femme que celle dont il se prétendait issu, mais sans qu'on pût justifier qu'il lui était applicable, ce qui l'aurait rendu non-recevable d'après l'article 322 (1).

Nous n'appliquons donc point d'une manière absolue à l'enfant qui se présente avec un acte de naissance d'enfant légitime, la disposition de l'article 341, relative aux enfans naturels, qui, dans la recherche de maternité, ne peuvent prouver par témoins leur identité avec celui dont la femme est accouchée, qu'autant qu'ils ont un commencement de preuve par écrit. Il a fallu mettre un frein à la tentation qu'auraient eue une foule d'individus, sans parens connus, de chercher une mère dans

---

(1) *Voy.* l'arrêt du 13 floréal an XIII. Sirey, tom. VII, part. 2, p. 765.

La Cour d'Angers a jugé dans le même sens par ses arrêts des 31 janvier 1814 et 23 juillet 1817, contre lesquels le recours en cassation a été sans succès. Elle a admis la preuve testimoniale pour établir l'*identité.* Mais il est bon d'observer que la Cour s'est fondée sur l'article 323 qu'elle a jugé, en fait, être applicable à la cause, quoique les présomptions, très-graves dans l'espèce, ne résultassent néanmoins pas de faits *déjà constans. Voy.* ces arrêts et celui de la Cour de cassation dans Sirey, tom. XVIII, part. 1, page 249 et suivantes.

Dans l'affaire de mademoiselle Ferrand, plaidée par Cochin, la preuve testimoniale fut aussi admise pour établir l'*identité. Voy.* le 107e plaidoyer de ce célèbre avocat, au tome V de ses OEuvres.

une femme libre et opulente, et qui même sans
aucune chance de succès auraient pu imposer une
sorte de tribut à l'innocence, par la menace d'une
action judiciaire, dont l'éclat aurait eu pour effet
de compromettre plus ou moins la réputation d'une
personne honnête. Ces dangers n'existent pas, ou
du moins ils sont peu graves, quand c'est un enfant qui se présente comme né dans le mariage avec
un titre inapplicable, on le suppose, à tout autre
individu vivant ou décédé. D'après les principes
précédemment exposés, ce titre doit au moins
prouver, jusqu'à preuve du contraire, le fait de
l'accouchement; il ne s'agit plus que d'en faire
l'application, et l'audace de celui qui voudrait frauduleusement se l'approprier serait facilement confondue par la présence de l'enfant véritable ou la
preuve de son décès, ce qui rend réellement l'usurpation peu dangereuse, d'autant mieux que la décision des tribunaux serait dictée par la gravité des
faits. Enfin, s'il n'en était ainsi, l'état d'un enfant
légitime quoique régulièrement inscrit pourrait
être à la discrétion d'un mari jaloux ou d'un père
indigent ou dénaturé : il suffirait d'abandonner cet
enfant dès sa naissance, sans lui laisser le moyen
d'acquérir un commencement de preuve écrite ni
aucune possession d'état quelconque. C'est ce que
la loi n'a pu vouloir, malgré sa juste sollicitude
pour la tranquillité des familles.

124. Cette opinion paraît toutefois contredite

par un arrêt de la Cour de Toulouse, contre lequel
on s'est vainement pourvu en cassation. Il résulterait de cet arrêt qu'il n'y a aucune distinction à
faire entre la question d'identité et celle en réclamation d'état destituée de titre et possession ; que
dans les deux cas c'est toujours l'article 323 qui
régit la cause; que tel est l'esprit de l'article 327,
parce qu'un titre dont l'application est contestée
est comme s'il n'existait pas, tant qu'on n'est pas
parvenu à se le rendre légalement applicable. Mais
il faut observer que l'on produisait contre le réclamant un acte de décès de l'enfant désigné dans
l'acte de naissance, et qui par conséquent le neu-
tralisait : aussi demandait-il à être admis à s'inscrire en faux civil contre cet acte, prétendant qu'on
l'avait rédigé sur la présentation du cadavre d'un
autre enfant. Les faits qu'il alléguait étaient graves :
il voulait les prouver par témoins; la Cour l'a déclaré non-recevable, même dans cette demande
incidente.

En cassation, on s'est déterminé par la considération que l'article 214 du Code de procédure n'a
rien d'impératif, puisqu'il porte que l'inscription
de faux incident sera admise *s'il y échet.* Le ministère public disait, il est vrai, que, dans l'espèce,
cet article 214 coïncidait avec les articles 323 et
327 du Code civil, parce que la demande à fin
d'inscription de faux s'analysait, en définitive, en
une réclamation d'état, inadmissible quand il n'y
a pas de commencement de preuve écrite ni de

présomptions graves résultant de faits dès lors constans (1).

125. On a jugé à Paris (2) que la reconnaissance faite par la mère, après la mort de son mari, d'un enfant inscrit d'abord comme né de père et mère inconnus, qui n'avait pas une possession constante, et qu'elle avait déclaré être né pendant son mariage, ne constatait nullement la filiation légitime de cet enfant. L'acte a même été regardé comme insuffisant pour le faire admettre à la preuve testimoniale à l'effet d'établir la paternité du mari; car l'article 325, dont nous expliquerons ultérieurement le sens, dit que, même la maternité prouvée, on peut prouver contre l'enfant, par tous les moyens de droit, qu'il n'est pas l'enfant du mari de la mère (3).

126. En disant que la filiation des enfans légitimes se prouve par les actes de naissance *inscrits sur les registres de l'état civil* (art. 319), la loi fait clairement entendre qu'un acte sur une feuille volante ne la prouve pas authentiquement. Il ne serait donc pas nécessaire de s'inscrire en faux contre un pareil acte. L'article 45 porte : « Les extraits

---

(1) *Voy.* les deux arrêts dans Sirey, 20, 1, 320.
(2) Le 11 juin 1814. Sirey, 15, 2, 17.
(3) Il n'y a aucune contradiction avec ce qui a été dit *suprà*, n° 114 et suivans, puisqu'ici l'enfant avait été inscrit comme né de *père et mère inconnus*, cas régi par les articles 323 et 325 combinés, et que la reconnaissance de la mère n'avait eu lieu qu'après la mort du mari, ce qui indiquait au plus haut degré la fraude.

« délivrés *conformes aux registres*, et légalisés par
« le président du tribunal, font foi jusqu'à inscrip-
« tion de faux. » Or une feuille volante n'a point
ces caractères.

Si la filiation n'était pas contestée, si c'était,
par exemple, le père, instruit de cette infraction
à la loi, qui voulût faire régulariser l'acte de naissance de son enfant, ce serait une simple demande
en rectification des registres (1).

Mais si l'état était contesté, les tribunaux ne seraient point tenus d'admettre cette feuille volante
comme preuve de la filiation, encore qu'elle ne fût
point attaquée de faux. Néanmoins, si elle était ancienne et si elle avait été conservée dans les ar-
chives, ou s'il n'avait pas été tenu de registres à
l'époque de la naissance de l'enfant qui se l'applique, et qui justifie d'ailleurs de son identité avec
celui qui y est dénommé, ou enfin si elle était soutenue de quelques-uns des faits constitutifs de la
possession d'état, ils pourraient s'en aider comme
d'un élément de décision.

SECTION II.

*De la Preuve de la filiation des enfans légitimes par
la Possession d'état.*

SOMMAIRE.

127. *A défaut d'acte de naissance, la filiation se prouve par la*

---

(1) Voir au tom. 1er, nos 277, 279, 341 et 346, ce qui a été dit sur
les inscriptions de naissance faites sur feuille volante.

possession constante de l'état d'enfant légitime : cette possession suffit.

128. *Cet avantage n'est attribué, par rapport à la paternité, qu'à l'enfant du mariage.*

129. *L'article 320 se combine avec l'article 197.*

130. *La possession d'état peut se prouver par témoins sans commencement de preuve par écrit.*

131. *En quoi consiste la possession d'état.*

132. *Le concours de tous les faits indiqués par la loi n'est pas rigoureusement nécessaire pour l'établir.*

133. *Le titre et la possession conforme rendent l'état de l'enfant inattaquable.*

134. *Malgré le titre et la possession conforme, l'état pourrait être attaqué si le mariage des père et mère était nul et que ni l'un ni l'autre ne fût de bonne foi.*

127. On peut avoir négligé de faire la déclaration de naissance d'un enfant. Celle qui a été faite a pu, au mépris de la loi, être inscrite sur une feuille volante, qui est même perdue ou égarée. Il est possible aussi que, par suite d'une invasion, de troubles civils ou d'une contagion, il n'ait pas été tenu de registres, ou que par l'effet de quelque accident ceux qui ont existé soient perdus, ou qu'un acte de naissance ait été supprimé par fraude : dans tous ces cas, l'enfant privé de titre ne sera néanmoins pas dépouillé de son état; il pourra, si on le lui conteste, le prouver par la possession dans laquelle il a vécu.

« A défaut de titre, dit l'article 320, la pos-« session constante de l'état d'enfant légitime « suffit. »

Ainsi, l'enfant n'est pas obligé de produire un

acte de naissance à l'appui de la possession (1).

128. Cet avantage n'est attribué qu'à l'enfant du mariage. Cet enfant doit par conséquent prouver que le mariage existe ou a existé, à moins, comme nous l'avons dit, que ses père et mère ne soient tous deux décédés et qu'ils n'aient vécu publiquement comme mari et femme : alors sa légitimité ne pourrait être contestée sur le seul prétexte du défaut de représentation de l'acte de célébration de leur mariage, si on ne lui opposait pas un acte de naissance qui contredirait sa propre possession.

129. L'article 320 doit en effet se combiner avec l'article 197. Cette proposition est démontrée 1° par l'article 320 lui-même, suivant lequel, *à défaut* d'acte de naissance, la possession de l'état d'enfant légitime suffit : d'où il suit que s'il y a un acte et qu'il soit contraire à la possession, cette possession ne suffit plus ; 2° par l'article 322 qui, en disant que nul ne peut contester l'état de celui qui a une possession conforme à son titre de naissance, laisse clairement entendre que, lorsque le titre n'est pas conforme à la possession, parce qu'il qualifie le réclamant enfant naturel ou lui donne d'autres noms que ceux de ses père et mère pré-

___

(1) Pendant long-temps cette disposition n'a été qu'une doctrine plus ou moins controversée, et qui finit par être érigée en principe dans l'affaire Belrien Virasel, malgré les efforts de Cochin, qui plaidait pour les adversaires de l'enfant. *Voy.* son 2ᵉ Plaidoyer, tom. Iᵉʳ de ses OEuvres, édit. in-8°. Paris, 1788.

III.   9

tendus, on peut contester son état, en contestant sa possession comme usurpée.

Mais l'enfant ayant en sa faveur la possession d'état, dont on veut ainsi paralyser les effets par un acte de naissance contraire, on doit prouver que cet acte lui est applicable; tandis que, lorsqu'il ne fonde sa filiation que sur un acte de naissance, c'est à lui de prouver son identité avec l'individu dénommé à l'acte. Car si la possession d'état est inséparable de l'identité, l'acte de naissance au contraire ne la prouve nullement, puisque chacun, comme nous l'avons fait observer, peut se faire délivrer des extraits des actes de l'état civil.

130. La possession d'état peut se prouver par témoins; l'article 323, qui exige un commencement de preuve écrite ou des présomptions graves résultant de faits dès-lors constans, n'est point applicable, puisqu'il statue au contraire dans l'hypothèse où cette possession n'existe pas. C'est l'article 320 qui régit la cause, et ni cet article, ni aucun autre, n'exige un commencement de preuve par écrit pour pouvoir justifier de la possession constante de l'état d'enfant légitime.

131. « Elle s'établit par une réunion de faits qui « indiquent des rapports de paternité et de filiation « entre un individu et la famille à laquelle il pré- « tend appartenir;

« Les principaux de ces faits sont que l'individu

« a toujours porté le nom du père auquel il pré-
« tend appartenir ;

« Que le père l'a traité comme son enfant, et a
« pourvu en cette qualité à son éducation, à son
« entretien et à son établissement ;

« Qu'il a été reconnu constamment pour tel dans
« la société ;

« Qu'il a été reconnu pour tel par la famille. »
(Art. 321.)

C'est ce que les docteurs rendent avec concision,
en ces termes : *nomen, tractatus et fama.*

132. Quoique la loi définisse la possession d'état
une réunion de faits, et qu'elle indique les principaux de ces faits, le concours de tous ceux qu'elle
signale n'est néanmoins pas exigé d'une manière
absolue : c'est un point abandonné aux lumières
des tribunaux, qui ne doivent voir toutefois la
possession d'enfant légitime que dans l'ensemble
de la plupart des faits qui la constituent aux yeux
de la loi.

On sent en effet qu'elle ne peut avoir les
mêmes caractères dans tous les cas, par exemple,
à l'égard d'un enfant qui a perdu ses père et mère
étant encore en nourrice, comme à l'égard d'un
individu d'un âge avancé qui a encore les siens, ou
qui ne les a perdus que depuis peu de temps. Le
premier ne connaît pas encore son nom ; il n'a
peut-être point encore été reconnu dans la société
comme fils d'un tel ; les faits de son éducation sont

encore peu nombreux, faiblement déterminés; tandis que le second a été à même d'imprimer à sa possession d'état tout ce qui pouvait parfaitement la caractériser et la rendre certaine. Dans l'appréciation des faits constitutifs de la possession, les tribunaux devraient donc moins exiger du premier que du second.

133. Si le titre avec la preuve de l'identité, ou la possession d'état sans un titre contraire, établissent la filiation, à plus forte raison le concours du titre et de la possession prouve-t-il invinciblement l'état : car il ne peut rien y avoir au-delà.

« Nul, dit l'article 322, ne peut réclamer un « état contraire à celui que lui donnent son titre « de naissance et la possession conforme à ce titre ;

« Et réciproquement, nul ne peut contester « l'état de celui qui a une possession conforme à « son titre de naissance. »

Sous l'empire de la législation actuelle, aucune inscription de faux ne serait même admissible contre le titre pour isoler la possession et la combattre ensuite. Il n'y aurait pas lieu non plus de prétendre que l'enfant est né d'un autre père et d'une autre mère; qu'il a été recueilli dès sa naissance par des individus auxquels il n'appartenait pas, et qu'ainsi, en lui donnant un état qui n'était pas le sien, on a par le fait supprimé son état véritable (1). Le concours du titre et de la possession

_____

(1) Comme nous l'avons dit précédemment, n° 78, note, Marie-

constante d'état d'enfant légitime établit une présomption de filiation inattaquable.

Dira-t-on que des individus privés d'enfans, et vivant en concubinage, pourront de cette manière se donner des enfans comme par la voie d'adoption, sans en remplir cependant les conditions? Mais que l'on ne perde pas de vue qu'il ne s'agit toujours dans ce Titre que de *la filiation des enfans légitimes,* et non de la *légitimité* des enfans, ce qui est bien différent, puisqu'il faudra prouver le mariage des père et mère.

Insisterait-on, en disant que, si ces derniers ont vécu publiquement comme mari et femme, après leur décès l'article 197 couvrira les enfans du manteau de la légitimité; et que si cet article ne permet pas, il est vrai, de la leur contester, sur le *seul prétexte* du défaut de représentation de l'acte de célébration du mariage des père et mère, du moins la preuve contraire est reservée à leur adversaire, tandis qu'au moyen de la réunion de cet acte et de la possession conforme, l'état étant inattaquable d'après l'article 322, entendu en ce sens, l'objection se présente dans toute sa force et avec toutes ses conséquences? Nous répondrons que la loi a rejeté cette supposition de faits invraisemblables, que des individus qui peuvent légitimement s'unir, présentent à l'officier de l'état civil des

---

Aurore ne réussirait pas aujourd'hui à abdiquer l'état dans lequel elle avait vécu, et qui était conforme à son titre de naissance.

enfans qui ne leur appartiennent réellement pas
pour leur attribuer ainsi frauduleusement une légitimité soumise à tant de chances, en s'exposant
eux-mêmes aux dangers d'une supposition de part.
Quand même cette fraude serait dans la nature des
choses, le système qui tendrait à ébranler le principe
de l'article 322 serait trop fertile en conséquences
dangereuses, pour qu'il dût prévaloir. Il n'y aurait
plus rien de certain parmi les hommes, si le titre
et la possession d'état conforme n'étaient pas inat-
taquables.

134. Mais ce principe ne pourrait être invoqué
avec succès par un enfant issu d'un mariage nul que
les père et mère auraient contracté tous deux de
mauvaise foi : l'article 322 suppose un mariage valable, ou du moins une union formée de bonne foi
par les époux ou l'un d'eux, et à laquelle les articles 201 et 202 attribuent les effets civils.

SECTION III.

*De la preuve de la Filiation des enfans légitimes par
Témoins, dans les cas déterminés par la loi.*

SOMMAIRE.

135. *Celui qui n'a ni titre ni possession constante, ou qui a été
inscrit sous de faux noms ou comme né de père et mère
inconnus, peut prouver sa filiation par témoins s'il a
en sa faveur un commencement de preuve par écrit ou
des présomptions graves.*

136. *Ce que la loi entend par commencement de preuve par
écrit.*

137. *La preuve contraire peut se faire par tous les moyens*

propres à établir que le réclamant n'est pas l'enfant de
la mère, ou même, la maternité prouvée, qu'il n'est
pas l'enfant du mari. Sens de l'art. 325.

138. *Il ne s'applique pas à l'enfant qui a un acte de naissance*
qui lui fait connaître sa mère.

139. *Celui à qui on oppose un acte de naissance dans lequel il*
prétend avoir été inscrit sous de faux noms, ne peut
d'abord suivre la voie criminelle.

140. *Il peut s'inscrire en faux civil ou incident, mais il lui*
faut, pour cela, un commencement de preuve par écrit
ou pouvoir invoquer des présomptions graves.

141. *Cas où il n'a pas existé de registres, ou qu'ils ont été*
perdus. Renvoi.

135. Lorsqu'il n'y a pas de titre, ou, ce qui revient au même, que l'individu qui en produit un
ne justifie pas de son identité; qu'il n'y a pas non
plus de possession constante d'état d'enfant légitime, ou que l'enfant a été inscrit soit sous de faux
noms, soit comme né de père ET mère inconnus,
la preuve de la filiation peut se faire par témoins.
(Art. 323.)

Toutefois cette preuve ne peut être admise que
lorsqu'il y a commencement de preuve par écrit,
ou que les présomptions ou indices résultant de
faits dès-lors constans sont assez graves pour déterminer l'admission. (*Ibid.*)

136. Le commencement de preuve par écrit résulte des titres de famille, des registres et papiers
domestiques du père ou de la mère, des actes publics et même privés émanés d'une partie engagée
dans la contestation, ou qui y aurait intérêt si elle
était vivante. (Art. 324.)

Quant aux *faits constans* d'où doivent résulter les présomptions ou indices graves propres à faire admettre la preuve par témoins, la loi ne les détermine pas. Mais on peut regarder comme tels l'accouchement de la femme à une époque qui coïnciderait parfaitement avec l'âge du réclamant, quand d'ailleurs on ne représenterait ni l'enfant dont elle est accouchée, ni l'acte de décès de cet enfant. La réunion de ces faits pourrait, suivant les circonstances, faire accueillir la preuve testimoniale. Mais s'il n'existe pas de faits déjà constans; si, pour en obtenir, il faut commencer par s'abandonner à toutes les incertitudes, à tous les dangers qu'entraîne la preuve par témoins; en un mot si ces faits ne sont pas convenus entre les parties, ou prouvés par l'enquête même que le réclamant demande à faire, cette demande doit être rejetée. C'est ce principe qui a dicté le fameux arrêt *Sassilly*, cité dans presque tous les recueils de jurisprudence.

137. Dans tous les cas prévus à l'article 323 la preuve du réclamant peut être combattue et détruite par une preuve contraire. Voici ce que porte à cet égard l'article 325 :

« La preuve contraire pourra se faire par tous
« les moyens propres à établir que le réclamant
« n'est pas l'enfant de la mère qu'il prétend avoir,
« ou même, la maternité prouvée, qu'il n'est pas
« l'enfant du mari de la mère. »

Cet article se réfère en effet aux deux précédens, et pour en saisir l'objet et l'esprit, il faut, comme le dit très-bien M. Merlin, le rapprocher de la disposition qui, adoptée d'abord par le Conseil-d'État, fut ensuite communiquée au Tribunat, et remplacée, d'après le vœu de ce corps, par notre texte.

Cette disposition était ainsi conçue :

« La famille à laquelle le réclamant prétend ap-
« partenir sera admise à combattre sa réclamation
« par tous les moyens propres à prouver non-seu-
« lement qu'il n'est pas l'enfant du père, mais en-
« core qu'il n'est pas l'enfant de la mère qu'il ré-
« clame. »

Le Tribunat fit l'observation suivante :

« D'après l'examen de cet article, la section a
« pensé que l'unique objet de sa disposition était
« de changer la jurisprudence sur un cas particu-
« lier, facile à prévoir.

« On cite un exemple. Un individu *qui n'a ni
« possession ni titre* réclame contre une famille à
« laquelle il prétend appartenir. Que fait-il d'abord?
« il demande que sa réclamation soit jugée relative-
« ment à la personne qu'il dit être sa mère, et dont
« il soutient être né durant le mariage. Si le juge-
« ment sur la maternité ne lui est point favorable,
« il ne va pas plus loin : il sait que par là tout est
« décidé; car dès qu'il n'est point l'enfant de la
« femme, il ne peut l'être du mari; il serait tout
« au plus bâtard adultérin. S'il parvient au con-
« traire à faire juger que cette femme est sa mère,

« il lui suffit, d'après la jurisprudence encore exis-
« tante, d'opposer, par rapport au père, la maxime
« *Pater is est quem nuptiæ demonstrant.* Cependant
« il peut arriver que les parens de la femme, soit
« par négligence, soit par collusion avec le récla-
« mant, aient laissé accueillir une réclamation très-
« peu fondée, et que les parens du mari se trouvent
« lésés au dernier point par un jugement dont on
« prétend conclure que le réclamant était l'enfant
« du mari, quoiqu'il n'eût été question au procès
« que de savoir s'il était l'enfant de la femme. L'ar-
« ticle du projet a pour but de parer à cet inconvé-
« nient grave. La section ne peut qu'approuver un
« si juste motif; mais elle pense en même temps
« que, pour ne rien laisser à désirer sur la clarté du
« sens et sur la facilité de l'application, la disposi-
« tion doit être conçue en ces termes : *La preuve*
« *contraire pourra se faire par tous les moyens pro-*
« *pres à établir que le réclamant n'est pas l'enfant de*
« *la mère qu'il prétend avoir, ou même, la maternité*
« *prouvée, qu'il n'est pas l'enfant du mari de la mère.*»

Cette proposition, adoptée sans difficulté par le Conseil-d'État, a été décrétée par le Corps-Législatif.

Ainsi il est aujourd'hui bien constant (1) qu'à l'égard de l'enfant qui n'a *ni titre ni possession*, la preuve de la maternité de la femme n'emporte plus

---

(1) M. Merlin, *Répertoire*, v° *Légitimité*, sect. 2, §. 4, le dit aussi formellement.

nécessairement celle de la paternité du mari. « La
« raison en est, disait M. Duverryer (1), que dans
« ce cas il ne s'agit plus de combattre la présomp-
« tion qui n'existe pas, puisqu'il n'y a ni titre, ni
« possession d'état, ni acte de naissance, ni relation
« connue de parenté et de famille. »

D'où il faut conclure que cet article 325 se réfère seulement aux deux précédens, et ne s'applique point à l'enfant qui a titre ou possession
d'état; car, après avoir trouvé sa mère dans son
acte de naissance, cet enfant ne s'aurait, quant à la
paternité, être repoussé par *tous les moyens* propres
à établir qu'il n'est pas l'enfant du mari. Peut-être
serait-il dans le cas d'être désavoué, mais précisément, il aurait par cela même en sa faveur la règle
Pater is est.

138. Aussi importe-t-il de bien se fixer sur le
sens de l'article 323 lui-même, quand il suppose
que l'enfant a été inscrit *sous de faux noms, ou
comme né de père et mère inconnus,* ce qu'on ne
peut dire, selon nous du moins, ni selon M. Merlin,
d'un enfant inscrit sous les noms de famille ou de
femme de sa mère, avec ou sans cette addition,
non libre, ou *femme mariée,* ou toute autre semblable, encore qu'il ait été inscrit comme enfant
né d'un père *inconnu,* ou d'un autre individu que
le mari. Inscrit sous le nom de sa mère, il n'est
point inscrit sous de *faux noms,* ni comme né de

---

(1) Discours au Corps-législatif sur le projet de loi.

père ET mère inconnus. L'essentiel pour lui est de connaître sa mère ; la loi fait le reste en lui désignant son père (art. 312). En un mot, l'article 325 n'est applicable qu'à l'enfant qui, *sans titre ni possession constante*, a été admis à prouver sa filiation par témoins, soit à l'aide d'un commencement de preuve par écrit, soit au moyen de présomptions graves résultant de faits dès-lors constans; et l'enfant n'est pas sans titre quand il en produit un qui lui fait connaître sa mère, et qu'il justifie parfaitement de l'identité de celle-ci, et de sa propre identité avec l'individu dénommé au titre (1).

139. Lorsqu'un individu, n'ayant pas une possession d'état constante, prétend avoir été inscrit sous de *faux noms* dans l'acte de naissance qu'on lui oppose comme sien sur sa réclamation d'état, peut-il attaquer cet acte par la voie du faux principal ou criminel, si l'auteur du prétendu faux vit encore et que le crime ne soit pas éteint par la prescription, ou ne peut-il que s'inscrire en faux incident ou civil?

Et s'il ne peut attaquer l'acte que par cette dernière voie, lui faut-il un commencement de preuve par écrit, ou du moins pouvoir invoquer des présomptions ou indices graves résultant de faits dès-lors constans, propres à faire admettre la preuve par témoins, conformément à l'article 323?

Cette double question s'est présentée à la Cour de Paris à l'égard d'un individu qui n'avait pas une

---

(1) *Voy.* ce qui a été dit *suprà* n°ˢ 114 et suivans.

possession d'état complète, mais qui en avait cependant une imparfaite, résultant des soins qu'il avait reçus de sa mère, dont le mari était alors en démence, et qui prétendait avoir été inscrit sous de faux noms. Son acte de naissance le nommait simplement *Saint-Armand*, et il prétendait s'appeler réellement *Faudoas*, comme fils légitime du sieur Faudoas. S'étant inscrit en faux principal contre son acte de naissance, ce qui donna lieu à l'arrestation de celui qui avait fait la déclaration de naissance, son inscription fut rejetée, parce qu'elle s'analysait, en définitive, en une réclamation d'état, qui ne pouvait être jugée que par les tribunaux civils (art. 326). L'action criminelle ne pouvait donc commencer qu'après le jugement définitif sur la question d'état. (Art. 327.) (1)

140. Ainsi, Saint-Armand ne pouvait attaquer

---

(1) *Voy.* l'arrêt de la Cour de cassation rendu en ce sens *classibus consultis*, le 20 prairial an XII. Sirey, an XII, part. 1, pag. 318.

Ces principes avaient déjà été consacrés plusieurs fois, notamment dans l'affaire du nommé Houel. Cet individu avait fait inscrire comme nés de lui et de son épouse, trois enfans qu'il avait eus d'une autre femme avec laquelle il vivait en mauvais commerce. Le ministère public instruit de ce crime, qui renfermait tout à la fois celui de faux et celui de supposition de part, poursuivit d'office Houel comme faussaire. La Cour spéciale du département de l'Eure se déclara compétente pour connaître du faux ; mais son arrêt fut cassé le 10 messidor an XII (Sirey, 12, 1, 366), attendu que la question d'état n'était point encore jugée par les tribunaux civils, bien que le crime pût ainsi rester impuni.

Au tome Ier, no 307, note, nous citons un autre arrêt de la Cour suprême, rendu absolument dans le même sens.

l'acte que par l'inscription de faux incident, et c'est en effet ce qu'il fit ensuite.

Mais il ne fut pas plus heureux, parce qu'aux termes de l'article 323, l'enfant qui n'a ni titre ni possession constante, ou qui a été inscrit *sous de faux noms*, ou comme né de père et mère inconnus, doit avoir un commencement de preuve par écrit, ou s'appuyer sur des présomptions ou indices graves résultant de faits dès-lors constans, propres à déterminer l'admission de la preuve testimoniale : or Saint-Armand avait été, selon lui, inscrit sous de faux noms ; il n'avait aucun commencement de preuve écrite, et les présomptions alléguées par lui parurent insuffisantes (1).

141. Quant aux cas prévus à l'article 46, celui où il n'a pas existé de registres et celui où ils ont été perdus, nous avons dit, en parlant *des Actes de l'état civil* (2), 1° que la preuve de ces faits peut avoir lieu par des certificats délivrés par l'autorité compétente, ou par témoins ; 2° que celle du fait de la *naissance* peut aussi avoir lieu par témoins ou par les registres et papiers émanés des père et mère décédés ; 3° qu'en principe, la *filiation*, si elle était contestée, ne pourrait être prouvée par témoins, à moins qu'il n'y eût un commencement de preuve écrite, ou des circonstances propres à

---

(1) *Voy.* l'arrêt de la Cour de Paris, du 29 juin 1807, et celui de rejet du pourvoi, rendu le 28 mai 1809. Sirey, 1809, 1, 455.

(2) Tom. Ier, n° 293.

déterminer l'admission de ce genre de preuve; mais, 4° que, dans certains cas, et attendu que la non-existence ou la perte des registres est elle-même une circonstance grave, reposant sur *un fait constant*, les tribunaux pourraient admettre la preuve offerte. On peut recourir à l'endroit cité pour juger de la démonstration de ces diverses propositions, que nous ne motivons pas ici afin d'éviter d'inutiles répétitions. On peut voir aussi au même volume, n° 296, le cas où le feuillet qui contenait un acte de naissance a été supprimé (1).

SECTION IV.

De l'Action en Réclamation d'état.

SOMMAIRE.

142. *Division de la section.*

§. Ier.

De la Nature et des Effets de l'action en réclamation d'État.

143. *L'état des personnes est inaliénable : en conséquence, l'action en réclamation d'état est imprescriptible à l'égard de l'enfant.*
144. *Autres conséquences du principe.*
145. *L'état ne peut pas plus s'acquérir que se perdre par prescription.*
146. *Les enfans de celui qui a joui, même pendant plus de trente ans, d'un état qui n'était pas le sien, pourraient en être expulsés.*

---

(1) Et au tom. II, n° 249, ce que nous avons dit quant à la suppression du feuillet sur lequel avait été inscrit un acte de mariage.

147. *A cet égard, nous n'avons pas admis , par analogie , les principes de la législation romaine.*

148. *Celui qui a joui d'un état qui n'était pas le sien peut toutefois prescrire les biens qu'il a recueillis en vertu de sa fausse qualité.* $\mathfrak{y}^*$

149. Vice versâ, *la prescription par rapport aux biens peut courir contre l'enfant qui néglige de réclamer son état.*

150. *Les paiemens faits à celui qui, en vertu de sa fausse qualité, a recueilli des successions , ainsi que les transactions faites avec lui, sont valables, si les tiers ont agi de bonne foi.*

§. II.

Qui peut exercer l'action en réclamation d'état.

151. *Si l'enfant décède âgé de plus de vingt-six ans , sans avoir réclamé , il est censé avoir reconnu qu'il n'avait aucun droit, et ses héritiers quelconques , même ses enfans, n'ont point d'action.*

152. *Ce principe ne s'applique point aux héritiers de l'enfant dans l'acte duquel il s'est seulement glissé des erreurs , et qui avait la possession d'état.*

153. *Si l'enfant qui n'a pas réclamé est mort avant l'âge de vingt-six ans, il a transmis son action à ses héritiers.*

154. *A leur égard , elle est prescriptible ; et elle se prescrit par trente ans du jour de la mort de l'enfant.*

155. *Les héritiers de l'enfant peuvent suivre son action lorsqu'elle a été introduite par lui, à quelque époque qu'il soit décédé. Le principe reçoit deux limitations.*

156. *La première a lieu quand l'enfant s'est formellement désisté de son action.*

157. *La seconde, lorsque l'enfant a discontinué ses poursuites pendant trois ans. Controverse sur le sens de cette limitation.*

158. *Les donataires et légataires universels ou à titre universel de l'enfant sont compris sous la dénomination d'héritiers :* ils ont l'action dans les cas déterminés par la loi et dans les limites de leur intérêt.

159. *L'enfant naturel légalement reconnu par celui qui avait*

l'action en réclamation d'état, peut aussi l'exercer dans les mêmes cas.

160. Quid *des créanciers et des légataires à titre particulier de l'enfant? Distinction.*

161. *Effet du jugement rendu sur la réclamation d'état.*

§. III.

Des Tribunaux compétens pour statuer sur l'action en réclamation d'état.

162. *Les tribunaux civils sont seuls compétens pour statuer sur les réclamations d'état.*

163. *L'action criminelle contre un délit de suppression d'état ne peut commencer qu'après le jugement définitif sur la question d'état.*

164. *Il n'en est pas ainsi en matière de suppression de l'état d'époux par la suppression de l'acte de mariage. Raison de cette différence.*

165. *En matière de filiation, le principe est tellement absolu, que l'action du ministère public est elle-même arrétée tant qu'il n'a pas été statué par les tribunaux civils sur la question d'état, encore que le crime puisse ainsi facilement demeurer impuni.*

166. *Il en est autrement lorsqu'il n'y a pas de question d'état à juger, et qu'il y a un crime de suppression du titre à punir.*

142. D'après ce qui précède, il ne nous reste plus à parler que de la nature et des effets de l'action en réclamation d'état,

Des personnes qui peuvent l'exercer,

Et des tribunaux qui doivent en connaître.

Ce sera l'objet des trois paragraphes suivans.

§. Iᵉʳ.

De la Nature et des Effets de l'action en réclamation d'état.

143. L'état des personnes est un objet hors

III.   10

du commerce : c'est une chose inaliénable, d'où
il suit,

1° Que l'action en réclamation d'état est imprescriptible, du moins à l'égard de l'enfant. (Art. 328.)

144. 2° L'enfant ne peut compromettre sur son
état. (Art. 1004, Cod. de procéd.)

3° Par l'effet du même principe, il n'en peut
faire l'objet d'une transaction, il n'y peut renoncer en aucune manière, quoiqu'il puisse transiger sur les intérêts pécuniaires qui y seraient
attachés.

4° Le désistement qu'il donnerait sur l'action
par lui formée ne détruirait nullement son droit,
encore que ce désistement ne fût pas simplement
de la demande, mais bien de l'action elle-même :
ce serait une renonciation à l'état, et la loi ne la
reconnaît pas. Si, dans le cas prévu par l'art. 330,
et que nous expliquerons bientôt, le désistement
a effet par rapport aux héritiers de l'enfant, il n'en
produit aucun à son égard. Aussi l'adversaire, qui
craindrait de voir renouveler l'action, pourrait-il
exiger que la réclamation fût jugée sur la procédure actuelle, afin d'obtenir en sa faveur l'autorité
de la chose jugée. Mais il faudrait toujours que le
ministère public fût entendu. (Art. 83, Cod. de
procéd.)

5° L'acquiescement formel donné par l'enfant
au jugement qui aurait rejeté sa demande, ne
serait point un obstacle à ce qu'il en interjetât

appel dans les délais de droit. S'il en est autrement de l'acquiescement tacite, qui peut s'induire de l'expiration de ces mêmes délais sans qu'il y ait eu d'appel interjeté, c'est par l'effet du principe que la chose jugée est considérée comme la vérité même (1), et parce que l'enfant ne s'étant point pourvu contre le jugement, il est censé avoir reconnu qu'il n'avait aucun moyen de le faire réformer.

145. 6° L'état des personnes étant un objet hors du commerce, il ne peut pas plus s'acquérir que se perdre par prescription (art. 2226). En conséquence, l'individu qui serait, même depuis plus de trente ans, en possession paisible d'un état qui ne lui appartiendrait pas, pourrait en être expulsé, quoique cet état usurpé ne fût celui d'aucune autre personne qui vivrait encore, et qui, d'après les principes ci-dessus, pourrait toujours le réclamer.

146. Il en serait ainsi, lors même que celui qui jouissait d'un état qui n'était pas le sien, serait décédé en paisible possession de cet état. On enlèverait encore à ses enfans et descendans le nom et les droits de famille qu'ils tiennent de lui. A cet égard, nous n'avons pas admis, par analogie, les principes de la législation romaine.

147. Suivant cette législation, l'état de liberté en la possession duquel un homme était décédé

_____

(1) *Res judicata pro veritate habetur.*

devait, après les cinq ans qui avaient suivi sa mort, être considéré comme lui ayant légitimement appartenu (1).

Il n'était pas même permis, tant cette prescription avait paru favorable, d'attaquer l'état d'une personne morte depuis moins de cinq ans, ou même vivant encore, si, pour décider de sa qualité, il fallait mettre en question l'état d'une autre personne décédée depuis plus de cinq ans (2). Cette prohibition s'étendait même aux actions d'un intérêt purement pécuniaire *(quæstionem nummariam)*, si le jugement sur la question pouvait porter atteinte à l'état d'un homme mort cinq ans ou plus auparavant (3). Le Code est muet sur tous ces points; par conséquent, le principe que l'état des personnes est hors du commerce, qu'à ce titre il n'est pas susceptible de se perdre ni de s'acquérir par prescription, exerce son empire de la manière la plus illimitée.

148. Toutefois, ce qui vient d'être dit sur celui qui a joui d'un état qui n'était pas le sien, n'est relatif qu'à l'état lui-même. Quant aux biens qu'il a recueillis en vertu de sa fausse qualité, l'action pour les réclamer est soumise aux règles ordinaires

(1) L. 1ère, ff. *Ne de statu defunctorum post quinquennium quæratur.*
Mais s'il était décédé comme esclave, quand il était cependant de condition libre, on pouvait, même après les cinq ans de sa mort, rechercher et prouver quel était son véritable état. L. 3, *ibid.*
(2) L. I, §. 2, *ibid.*
(3) L. 4, §. 1, *ibid.*

de la prescription : conséquemment, pour les successions, l'action en pétition d'hérédité aura pris naissance à l'égard de chacune d'elles du jour où il en aura pris possession, et elle sera soumise à la prescription de trente ans (1), sans préjudice des suspensions et interruptions telles que de droit.

149. *Vice versâ*, l'enfant peut sans doute toujours réclamer l'état qui lui appartient; mais quant aux biens qui y étaient attachés, les tiers qui les ont recueillis à sa place les prescriront aussi suivant les règles ordinaires; car il ne s'agit plus que de choses aliénables. La prescription commencera de courir contre l'enfant, pour chaque succession, du jour où elle aura été recueillie par d'autres; sans préjudice aussi des suspensions et interruptions pour minorité ou autres causes.

150. Dans ces cas, les tiers qui auront payé à celui qui a recueilli des successions ou autres droits en vertu de sa fausse qualité, ou qui auront transigé avec lui, le tout de bonne foi, auront payé ou transigé valablement. (Art. 1240.) (2)

§. II.

Qui peut exercer l'action en réclamation d'état.

151. Il n'est pas besoin de dire que celui à qui appartient principalement cette action est l'enfant lui-même.

---

(1) *Voyez* tom. Ier, n° 580.
(2) *Voy.* au tom. Ier, n° 575.

Mais elle fait partie de son patrimoine, puisque des droits pécuniaires y sont presque toujours attachés : aussi passe-t-elle à ses héritiers.

Néanmoins cela n'est vrai qu'avec une distinction :

Si l'enfant est mort après l'âge de vingt-six ans révolus (1) sans avoir élevé de réclamation, la loi suppose qu'il n'a jamais eu de droit, qu'il l'a reconnu lui-même, par conséquent, il n'en a point transmis. (Art. 329.)

Cette décision s'appliquerait même au cas où les héritiers de l'enfant qui serait décédé après l'âge de vingt-six ans sans avoir réclamé, offriraient de prouver qu'il est mort dans l'ignorance de son droit; la loi s'est aussi déterminée par la considération de ce qui arrive le plus souvent et par la nécessité d'assurer le repos des familles. Elle ne fait aucune distinction : il y a présomption que l'enfant connaissait parfaitement son état, et qu'il a jugé lui-même n'avoir à élever aucune réclamation fondée pour en obtenir un autre.

Ses enfans eux-mêmes seraient écartés, encore qu'ils ne prétendissent pas aux biens qu'aurait eus leur père s'il eût réclamé avec succès, qu'ils res-

---

(1) L'article 329 dit : « L'action ne peut être intentée par les héritiers de l'enfant qui n'a pas réclamé, qu'autant qu'il est décédé mineur ou *dans les cinq années après sa majorité.* » La majorité étant fixée pour l'un et l'autre sexe à vingt-un ans accomplis (art. 488), nous disons la même chose, et plus brièvement. Cependant, si, par une loi postérieure, la majorité était fixée à un âge plus avancé, il faudrait conserver la rédaction de l'article.

treignissent leur prétention à l'avantage du nom qu'il avait, selon eux, le droit de porter, et à celui d'entrer dans la famille afin d'y recueillir les droits qui s'ouvriraient dans la suite : la disposition de l'article 329 est absolue, elle ne fait, non plus, aucune distinction entre les enfans et les autres héritiers. La raison est la même pour tous : leur auteur est censé mort sans avoir eu de droit à l'état prétendu.

152. Mais cet article n'est applicable aux héritiers de l'enfant qui n'a pas réclamé, que lorsqu'il n'a eu de son vivant ni titre ni possession constante, et non aux héritiers de celui dans l'acte duquel il s'est seulement glissé des erreurs ou omissions : dans ce cas, l'action n'est point celle en réclamation d'état; c'est simplement la demande en rectification des registres (1).

Cependant si l'enfant n'avait pas joui de la possession d'état, s'il avait seulement un titre dont il n'a pas fait usage, et que son identité avec l'individu dénommé au titre ne fût pas constante, l'action qu'il avait n'étant en réalité qu'une action en réclamation d'état, elle se serait éteinte par sa mort s'il était décédé à l'âge de vingt-six ans accomplis, sans l'avoir intentée. Mais la simple contestation d'identité ne la rendrait pas incertaine pour cela; ce serait

(1) *Voy.* à l'appui de cette décision un arrêt de la Cour d'Aix, du 17 août 1808 (Sirey, 1809, 2, 272), qui, à la vérité, a été rendu sur une question régie par les lois antérieures au Code civil; mais qui a reconnu, et avec raison, qu'il en doit être de même sous le Code.

un point que les tribunaux jugeraient dans leur
sagesse, et leur décision à cet égard déterminerait
la nature de l'action qu'avait l'enfant. Car si son
état était incontestable d'après son titre de naissance, il aurait transmis tous les droits qui y étaient
attachés, à quelque époque qu'il fût décédé (1).

153. Si, au contraire, l'enfant qui n'a pas réclamé est mort en minorité ou dans les cinq ans
qui ont suivi sa majorité, il a transmis son action
à ses héritiers (art. 329.). La loi ne suppose pas,
comme dans le premier cas, qu'il a reconnu lui-
même n'avoir aucun droit.

154. Et comme leur action a généralement plutôt pour objet les biens attachés à la qualité de
l'enfant que l'état lui-même, elle n'est point imprescriptible. L'article 328, en la déclarant telle à
l'égard de l'*enfant*, fait clairement entendre qu'il
en est autrement par rapport à ses héritiers, quels
qu'ils soient. Aussi pourraient-ils valablement transiger sur leurs intérêts pécuniaires ; et ce que nous

---

(1) Par exemple, s'il avait été laissé en très-bas âge dans les colonies
par ses père et mère, qui y sont morts, événement qui ne lui a pas
permis d'acquérir une possession d'état aussi constante que s'il les eût
perdus dans un âge plus avancé, ses enfans ou autres héritiers, en
justifiant clairement de son identité avec l'individu dénommé à l'acte
de naissance, pourraient exercer ses droits dans sa famille, en France,
quoiqu'il ne fût jamais venu les y exercer lui-même. Ce ne serait pas
là une réclamation d'état du chef de l'enfant ; ce serait l'exercice des
droits qui appartenaient incontestablement à un fils de famille reconnu pour tel par ses père et mère, intéressés eux-mêmes à ne pas
lui donner un titre qui ne lui appartenait pas.

avons dit aux n⁰ˢ 143 et suivans, ne leur est, en général, pas applicable.

La durée de leur action n'étant point déterminée par une disposition spéciale, elle est soumise à la règle générale, par conséquent elle est de trente ans (art. 2262) à partir de la mort de l'enfant, puisque la prescription n'a pu courir contre lui. Elle renfermera, pour l'ordinaire, la pétition d'hérédité qu'il aurait pu exercer lui-même par rapport aux successions ouvertes de son vivant : mais la prescription relative à cette dernière action aura commencé son cours à l'égard de chacune de ces successions à partir de l'époque où elle aura été recueillie par un autre ; le tout, sans préjudice des suspensions et interruptions telles que de droit.

155. D'après la règle *omnes actiones quæ morte aut tempore pereunt, semel inclusæ judicio salvæ manent* (1), les héritiers de l'enfant peuvent suivre son action lorsqu'elle a été commencée par lui, à quelque époque qu'il l'ait intentée. (Art. 330, combiné avec le précédent.)

Ce principe reçoit deux exceptions :

1° Lorsque l'enfant s'est formellement désisté de son *action*;

2° Lorsqu'il a laissé passer trois années sans poursuites, à compter du dernier acte de la procédure. (*Ibid.*)

156. Quant à la première exception, elle doit

_____
(1) L. 139, ff. *de Regulis juris.*

s'entendre du désistement de l'*action*, comme l'article le dit de la manière la plus claire, car s'il n'y avait eu de la part de l'enfant qu'un simple désistement de *procédure*, la demande et ses suites seraient seulement anéanties, et les choses seraient remises de part et d'autre au même état qu'elles étaient avant la demande (art. 403, Code de procédure). En sorte que s'il était mort avant l'âge de vingt-six ans, ses héritiers pourraient la renouveler. Mais s'il était décédé après cet âge, ceux-ci ne pourraient plus agir. Toutefois, ce simple désistement de procédure aurait besoin d'être accepté pour produire son effet. (*Ibid.*)

157. La seconde exception a fait naître une question controversée, non pas assurément celle de savoir si la discontinuation de poursuites pendant trois ans est autre chose par rapport à l'enfant qu'une simple péremption de procédure, car évidemment ce n'est que cela; mais celle de savoir si, à l'égard de ses héritiers, cette discontinuation de poursuites opère l'extinction de l'action elle-même, du droit, encore qu'il fût mort avant d'avoir accompli sa vingt-sixième année?

On a professé cette opinion, en l'appuyant sur ce que l'article 330 ne fait pas de distinction; en disant que c'est là une espèce de péremption particulière, fondée sur ce que l'enfant a reconnu, par la discontinuation de ses poursuites, n'avoir aucun droit : et l'on a assimilé ce cas à celui où il est mort à l'âge de vingt-six ans révolus sans avoir réclamé.

L'article, il est vrai, ne distingue pas. Mais lorsqu'une loi appliquée à un cas est en harmonie avec les autres lois de la matière, et qu'étendue à un autre elle les blesse ouvertement, la raison et les principes du droit veulent que l'on en restreigne l'application au premier. Or, comme la disposition aurait très-bien son effet au cas où l'enfant qui a discontinué ses poursuites serait mort après les cinq ans qui ont suivi sa majorité, sans les avoir reprises, parce qu'il serait censé, aux termes de l'article 401 du Code de procédure, ne les avoir jamais commencées, et que s'appliquerait alors l'article 329 du Code civil, il n'y a pas nécessité de supposer que le législateur a entendu s'écarter des principes ordinaires sur la péremption d'instance. On ne doit pas croire qu'il a voulu donner plus d'effet à cette discontinuation de poursuites, qu'au simple désistement de la demande ; d'autant mieux que le Code de procédure assimile l'une à l'autre. Si donc l'enfant meurt avant l'âge de vingt-six ans, sa procédure étant seulement réputée non avenue (art. 399, *ibid.*), ses héritiers, suivant ce même article 329, Code civil, pourraient intenter une action qui a si peu été éteinte qu'on ne conteste pas à l'enfant lui-même le droit de la reprendre. En un mot, l'assimilation de la discontinuation de poursuites pendant trois ans, à une renonciation du droit ou à une reconnaissance qu'il n'existe pas, nous paraît

mal fondée. Si elle est repoussée par la loi quand
il ne s'agit que d'un modique intérêt pécuniaire,
comment pourrait-on l'adopter dans une matière
qui n'admet aucune transaction, et où la difficulté
de se procurer les preuves suffisantes, et mille
autres causes, ont pu occasionner l'interruption de
la procédure? Nous avouerons que l'article 33o ne
parle que de la simple discontinuation de poursuites pendant trois ans, qu'il ne prononce pas
même le mot de *péremption;* mais il est évident
que c'est une périphrase employée pour exprimer
la péremption d'instance elle-même, et déterminer
le temps nécessaire à son accomplissement. Cette
opinion trouve encore un appui dans la combinaison des deux articles qui régissent le droit des héritiers : le premier ne leur donne l'action qu'autant
que l'enfant est mort mineur ou dans les cinq années qui ont suivi sa majorité, et le second a pour
objet de la leur attribuer dans un autre cas, celui
où l'enfant décédé l'a introduite après l'âge de
vingt-six ans; sans cela, il n'ajouterait rien au précédent. Il doit donc s'entendre du cas où l'enfant
est mort âgé de plus de vingt-six ans, et nous convenons bien qu'alors la péremption a pour effet
indirect d'éteindre l'action, qui, sans elle, eût passé
aux héritiers, puisqu'elle avait été introduite. Enfin si le successeur, qui avait lui-même l'action,
discontinuait ses poursuites pendant trois ans, il
ne serait pas déchu, car la loi ne le dit pas : on
resterait à son égard dans les principes du droit

commun. Or devrait-il être traité plus favorablement lorsque ce serait lui-même qui aurait négligé ses poursuites, que lorsque c'est son auteur ? Il n'y aurait aucune raison solide de cette différence, et cependant il faudrait l'admettre dans le système contraire, puisqu'on ne pourrait, sans le faire arbitrairement, étendre à la discontinuation des poursuites de l'héritier l'espèce de péremption particulière que, selon cette opinion, l'article 330 du Code civil établit relativement à celle des poursuites de l'enfant lui-même.

158. En donnant, dans les cas qu'ils prévoient, l'action en réclamation d'état aux héritiers, les articles 329 et 330 n'entendent-ils parler que des héritiers légitimes ?

Nous pensons qu'ils entendent aussi parler des légataires ou donataires universels ou à titre universel : ces donataires ou légataires représentent en quelque sorte l'enfant comme les héritiers légitimes, quoiqu'en général ils ne soient pas saisis de droit. Ils succèdent à ses droits et à ses obligations, et l'on ne peut nier que cette action ne fît partie de son patrimoine, puisque des intérêts pécuniaires y sont attachés.

Mais comme ils n'ont intérêt que relativement aux droits ouverts au profit de l'enfant au moment de sa mort, qu'ils ne peuvent entrer dans sa famille, que tout se borne aux biens, leur action serait renfermée dans ces limites. Tandis que celle de ses enfans ou descendans légitimes aurait pour effet de les placer dans la famille de leur père ou aïeul, et de leur attribuer non seulement pour le passé, mais aussi pour l'avenir, tous les droits at tachés à la qualité de parent légitime.

159. L'enfant naturel légalement reconnu par celui qui avait l'action en réclamation d'état serait assimilé à un légataire à titre universel, quant aux intérêts pécuniaires déjà acquis à son père lors de sa mort, et dans les limites déterminées par l'article 757. Il aurait de plus droit au nom qui lui appartenait.

160. M. d'Aguesseau était d'avis que les créanciers de l'enfant pouvaient, dans les bornes de leur intérêt, exercer de son chef l'action en réclamation d'état. « Admettra-t-on, disait ce savant magistrat, « par rapport à un créancier qui prétendait toucher « la portion à laquelle sa débitrice aurait eu droit « dans la succession de son père, si elle eût été lé- « gitime; admettra-t-on les argumens d'un étran- « ger peu instruit de l'état d'une famille, incapable « de donner des marques certaines de la vérité des « faits qu'il avance, contre le suffrage des parens, « contre la voix de la famille, contre cette espèce « de jugement domestique qu'elle a prononcé? Ce- « pendant, quand on considère que le titre de la « dette est juste, légitime, favorable, que l'appe- « lant est un créancier de bonne foi, qui, pendant

« que Jacquette de Senlis était abandonnée de ses
« parens, ou prétendus ou véritables, l'a secourue
« dans ses longues infirmités ; que s'il est moins
« favorable dans une question d'état que sa débi-
« trice, il n'en est pas moins partie légitime, etc. ; »
et M. Merlin adopte cette doctrine.

Elle nous paraît fondée toutes les fois que l'enfant avait en sa faveur la possession d'état ou un
titre incontestable, parce qu'alors ce n'est plus
une réclamation d'état, mais le simple exercice du
droit qu'ont les créanciers, en vertu de l'art. 1166
combiné avec l'art. 788, d'accepter la succession
échue à leur débiteur, jusqu'à concurrence du
montant de leurs créances.

Mais nous avouerons, malgré une aussi grave
autorité, qu'il nous paraît contraire aux principes
que des créanciers puissent exercer l'action en réclamation d'état proprement dite, même après le
décès de leur débiteur mort avant l'âge de vingt-
six ans. Si cette action comprend les biens, ce
n'est que par voie de conséquence (1) : le droit
principal, c'est l'état. Or, ce droit ne doit pouvoir être exercé que par la personne, ou par
ceux qui la représentent dans ses droits et obligations, ce qu'on ne peut dire des créanciers par rapport à un droit de cette nature ; aussi la loi ne le
leur accorde-t-elle pas, du moins expressément,
comme elle le fait dans le cas de renonciation à

---

(1) *Voy.* notre *Traité des Contrats*, tom. II, n° 410.

succession ou communauté : elle ne parle que des héritiers.

Et ce que nous disons des créanciers de l'enfant doit s'appliquer à ses légataires à titre particulier : ils ne représentent pas davantage sa personne.

161. Si la question d'état est jugée avec le contradicteur ou tous les contradicteurs légitimes, le jugement passé en force de chose jugée fait loi pour ou contre toute la famille. S'il n'est rendu que contre l'un de ces derniers seulement, il ne fait pas loi pour les autres (1).

§. III.

Des Tribunaux compétens pour statuer sur l'action en réclamation d'état.

162. Aux termes de l'article 326, les tribunaux civils sont seuls compétens pour statuer sur les réclamations d'état (2).

163. Et pour que cette disposition ne soit pas éludée par l'application du droit commun, suivant lequel une personne lésée par un crime ou un délit peut porter plainte aux tribunaux crimi-

---

(1) *Voy.* au tom. Ier, n°s 341, 345 et 346; et *suprà*, n° 102.

(2) Comme c'est ordinairement à l'occasion de l'ouverture d'une succession que s'élève la réclamation d'état, le tribunal compétent pour statuer sur la pétition d'hérédité ou sur la demande à fin de partage, est aussi compétent pour juger la question d'état, qui, dans ce cas, est une *question préjudicielle*, devant, par conséquent, être décidée la première.

nels, et se rendre partie civile sur la poursuite du ministère public (1), la loi actuelle (2) ne permet pas, en matière de filiation, que l'action criminelle contre un délit de suppression d'état puisse commencer avant le jugement définitif sur la question d'état (art. 327). Le Code civil déroge en ce point au droit criminel.

On a pensé qu'un individu sans titre ni possession d'état, même sans commencement de preuve écrite, voulant entrer dans une famille à laquelle il est étranger, aurait pu se porter audacieusement à prendre la voie criminelle, ou la preuve testimoniale toute nue et admise, en prétendant que son acte de naissance a été détruit par fraude, ou qu'aussitôt sa naissance il a été détourné par celui qui devait le présenter à l'officier de l'état civil, et qu'ainsi son état a été supprimé; crimes prévus par les articles 173, 345 et 439 du Code pénal. De cette manière il eût rendu vaine la disposition de l'article 323 du Code civil, et peut-être, à l'aide d'une preuve testimoniale, si dangereuse de sa nature, son audace aurait été couronnée du succès par la condamnation d'un innocent.

164. S'il en est autrement en matière de mariage (art. 198), c'est que le danger que nous venons de signaler n'existe pas : la célébration d'un mariage est un fait public; l'état de deux époux est aussi

_____

(1) Art. 1, 2 et 3, Code d'instruct. crimin.
(2) C'est en effet une disposition du Droit nouveau.

III.   11

une chose notoire : l'audace de celui qui se plain-
drait faussement qu'un mariage a existé et qu'on en
a détruit la preuve, serait donc aisément confondue.
Tandis que la naissance d'un enfant étant un fait
secret, l'allégation de cette naissance et de ce qui
en a été la suite ne serait pas susceptible d'être
aussi facilement démentie.

165. Le principe consacré par l'article 327 est
d'une si haute importance, qu'il ne s'applique pas
seulement à l'individu qui voudrait intenter, d'abord
au criminel, par la voie de la plainte, une action en
réclamation d'état ; il s'applique même au ministère public qui croirait devoir poursuivre d'office
le crime de suppression d'état ou celui de supposition de part, qui renferme le premier, puisque le
véritable état de l'enfant supposé se trouve par cela
même supprimé (1). Ce point, qui a fait difficulté,
n'en fait plus aujourd'hui (2); et le principe une
fois admis, il n'en faut point récuser les conséquences, encore que le crime pût ainsi rester im-

_____

(1) Toute supposition de part ne renferme toutefois pas une suppression d'état. Il n'y a, en effet, pas suppression d'état dans la
fabrication d'un acte de naissance par lequel on suppose un enfant à
une femme qui n'est point accouchée.

Mais si l'on présente, comme né d'Élisabeth, l'enfant dont Marie
est accouchée, il y a évidemment supposition de part et suppression
d'état.

(2) Voy. *suprà*, n° 139, note. Toutefois, la Cour de cassation a
plusieurs fois jugé, notamment le 8 avril 1820, que le détournement
de l'enfant lui-même donne lieu de suite à la poursuite criminelle ;
que l'art. 337 du Code civil n'est point applicable à ce cas.

. puni par la mort ou la fuite du coupable, la prescription de l'action criminelle, ou le silence de l'enfant.

166. S'il n'y a pas question d'état, parce que celui dont le titre a été supprimé est en possession du sien, l'action du ministère public n'en est pas moins suspendue tant que toutes les parties intéressées ne se plaindront pas : la question d'état peut s'élever un jour, et la possession n'être pas alors établie avec tous les caractères voulus par la loi, cas dans lequel le jugement criminel exercerait nécessairement sur le sort de la prétention une influence que la loi a voulu prévenir.

Mais si toutes les parties intéressées se plaignent de la suppression d'état, par exemple, les père et mère quand l'enfant est encore mineur, ou tous de concert lorsqu'il est majeur, le motif de la loi, en suspendant l'action du ministère public, cesse entièrement, puisqu'il n'y aura point de question d'état, et le principe général que le ministère public doit poursuivre la répression des délits, reprend son empire.

CHAPITRE III.

Des Enfans naturels.

Ce chapitre traite de la légitimation des enfans naturels, et de leur reconnaissance.

Nous le diviserons, comme l'ont fait les rédacteurs du Code, en deux sections.

SECTION PREMIÈRE.

De la Légitimation des Enfans naturels.

SOMMAIRE.

167. *Ce qu'est la légitimation.*
168. *Pour en déterminer les effets il n'est pas besoin d'adopter toutes les fictions de l'école.*
169. *Division de la matière.*

§. Ier.

Quels sont les Enfans habiles à recevoir le bienfait de la légitimation.

170. *Les enfans doivent être nés des deux personnes qui s'unissent.*
171. *Ceux qui doivent le jour à un commerce adultérin ou incestueux sont incapables d'être légitimés.*
172. *L'existence d'un mariage intermédiaire n'est point un obstacle à la légitimation.*
173. *L'enfant né dans les cent quatre-vingts jours du mariage, et non désavoué, mais évidemment conçu à l'époque où le mari était engagé dans les liens d'une première union, est-il légitime ou au moins tacitement légitimé? Renvoi.*
174. *L'enfant né ou même simplement conçu durant un premier mariage n'est pas légitimé par un second, quoique valable, encore qu'au temps de sa conception l'un des époux ignorât que l'autre fût marié. Renvoi.*
175. *L'enfant naturel simple peut-il être légitimé par un mariage putatif? Controverse et Renvoi.*
176. *Anciennement le mariage contracté entre personnes qui ne pouvaient s'unir qu'en vertu de dispenses, légitimait les enfans dans les cas où elles s'obtenaient facilement.*
177. *Le mariage contracté par l'oncle et la nièce, en vertu de*

dispenses, *légitime-t-il les enfans qu'ils ont eus aupa-*
ravant? Sens de l'article 331 *à cet égard, et vice de sa*
disposition.

178. *Suivant l'ancienne jurisprudence, la légitimation s'opérait*
de plein droit par le mariage; aujourd'hui il faut
pour cela que les enfans soient légalement reconnus par
leurs père et mère au plus tard dans l'acte de célé-
bration.

179. *Lorsque les père et mère ont légalement reconnu l'enfant,*
sa légitimation résulte de plein droit du mariage.

180. *L'enfant légalement reconnu par le père avant le mariage,*
et qui recherche avec succès la maternité après la célé-
bration, est-il légitimé? Le jugement a-t-il un effet ré-
troactif?

181. *La légitimation peut avoir lieu en faveur d'enfans décédés*
qui ont eux-mêmes laissé des enfans.

§. II.

Des Effets de la légitimation.

182. *Les enfans légitimés ont les mêmes droits que s'ils étaient*
nés du mariage qui a opéré leur légitimation.

183. *D'où il suit qu'ils n'ont aucun droit sur les successions*
des parens morts avant le mariage, quoiqu'ils fussent
conçus, ou même nés, lors de l'ouverture desdites suc-
cessions.

184. *L'enfant légitimé est l'aîné des enfans du mariage, mais*
il est civilement le puîné de ceux nés d'un mariage an-
térieur ou légitimés par cette union, encore qu'il fût
naturellement leur aîné.

185. *Les descendans d'un enfant naturel mort avant le ma-*
riage de ses père et mère, et légitimé, profitent du
bénéfice de sa légitimation.

186. *L'enfant légitimé fait nombre pour régler la quotité dis-*
ponible.

187. *La légitimation révoque les donations dans le cas prévu à*
l'article 960.

188. *Les père et mère acquièrent par elle l'usufruit légal sur les biens des enfans légitimés.*

189. *L'enfant peut-il répudier la légitimation ? Oui, suivant le Droit romain. Chez nous il ne le peut qu'en faisant tomber la reconnaissance, comme ayant été faite sans droit. Arrêt sur ce point.*

167. La légitimation est un bienfait de la loi, dont l'effet est de faire considérer comme nés du mariage des enfans nés du concubinage.

168. Pour en expliquer les règles et en déterminer les effets, nous n'aurons pas besoin de recourir à toutes les fictions de l'école, créées surtout par les interprètes du droit canonique; il nous suffira de nous attacher aux seules dispositions de la loi actuelle. Et pour ne point entraver le développement de ce sujet important, nous passerons sous silence ce qui est purement historique et dont l'exposé ne serait d'aucune utilité pour l'intelligence de la matière.

169. Nous verrons,

1° Quels sont les enfans habiles à recevoir le bienfait de la légitimation ;

2° Quels en sont les effets.

§. 1er.

Quels sont les Enfans habiles à recevoir le bienfait de la légitimation.

170. La légitimation ayant pour objet de faire considérer les enfans légitimés comme étant nés

dans le mariage, il est nécessaire, pour que la fiction réponde à la vérité, et l'effet à la cause,

1° Que les enfans soient issus des deux personnes qui s'unissent;

2° Que les père et mère aient pu se marier ensemble au moment de la conception des enfans, du
moins généralement.

171. La loi ne reconnaît pas, en effet, la légitimation de tout enfant naturel quelconque; c'est
une faveur qu'elle accorde, et elle ne l'étend point
au fruit de l'inceste ou de l'adultère : « Les enfans
« nés hors mariage, autres que ceux nés d'un com-
« merce incestueux ou adultérin, porte l'article 331,
« pourront être légitimés par le mariage subséquent
« de leurs père et mère, lorsque ceux-ci les auront
« légalement reconnus avant leur mariage, ou qu'ils
« les reconnaîtront dans l'acte même de célébra-
« tion. »

Ainsi Paul, marié à Élisabeth, ne pourrait, après
la mort de celle-ci, en épousant Marie, légitimer
l'enfant qu'elle a eu durant le mariage d'Élisabeth;
car de deux choses l'une : ou cet enfant a été conçu
des faits de Paul, ou il l'a été des faits d'un autre.
Dans la première hypothèse, il est adultérin, il ne
peut être reconnu, il ne peut être légitimé; dans
la seconde, il ne le peut pas davantage, et par un
autre motif, c'est qu'il n'est pas né des deux époux.

La circonstance que sa naissance n'aurait été
constatée que depuis que ses père et mère sont

devenus libres de s'unir, ne change en rien le principe ; l'enfant n'est pas moins adultérin, et dès-lors incapable du bienfait de la légitimation (1). Peu importe qu'en général l'acte de naissance ne fasse foi de l'âge ou du jour de la naissance, qu'autant qu'il est fait dans le délai prescrit par le Code, ainsi que l'a jugé la Cour de Paris (2) ; cette fraude faite à la loi, de n'avoir pas présenté l'enfant à l'officier de l'état civil dans le délai déterminé, ne saurait servir de motif à une autre fraude : l'enfant reste toujours avec le vice de sa naissance.

172. Mais si Marie avait conçu des faits de Paul avant le mariage de celui-ci avec Élisabeth, l'enfant, quoique né durant ce mariage, pourrait être légitimé par l'union de ses père et mère : l'existence d'un mariage intermédiaire n'est point un obstacle à la légitimation.

173. Si l'enfant était né avant le cent quatre-vingtième jour du mariage de Marie, et que l'époque de sa conception remontât évidemment au temps où celui d'Élisabeth subsistait encore, il ne serait point tacitement légitimé (3).

174. Pareillement, l'enfant né ou même simplement conçu durant un premier mariage n'a pu être légitimé par une seconde union, même contractée depuis la dissolution de la première, en-

---

(1) *Voy.* l'arrêt de la cour d'Angers, du 13 août 1806. Sirey, 7, 2, 49.
(2) *Voir* au tom. Ier, n° 313.
(3) Voy. *suprà* , nos 24 et 27.

core que le nouvel époux ignorât, au temps de la conception et au temps de son union, que son conjoint était engagé dans les liens d'un autre mariage. Dans tous les cas, l'enfant n'en est pas moins adultérin, et la loi est inflexible à son égard (1).

175. Mais nous pensons, contre l'opinion commune (2), qu'il en doit être autrement de l'enfant conçu à l'époque où ses père et mère auraient pu licitement s'unir, quoiqu'ils ne le pussent au moment de leur mariage, parce qu'alors l'un d'eux était marié. Dans ce cas, la bonne foi de l'autre faisant produire à son union tous les effets civils, et la légitimation étant au nombre de ces effets, l'enfant dont il s'agit peut l'invoquer puisqu'il n'en est point incapable : en d'autres termes, un mariage putatif peut aussi conférer la légitimation aux enfans qui ne sont ni incestueux ni adultérins.

Aux raisons que nous avons données à l'appui de notre sentiment, à l'endroit précité, nous ajouterons, comme développement, que si l'enfant n'est pas légitimé parce que, dit-on, la légitimation est une faveur de la loi qui n'attache cette faveur qu'à un mariage véritable, et que le mariage putatif ne produit les effets civils qu'à l'égard de l'époux de bonne foi et des enfans *issus du mariage*, il est faux de dire que cette union produit *tous* ses effets civils en *faveur de l'époux* lui-même :

(1) *Voir* au tome précédent , n° 354 et suiv.
(2) Voy. *ibid.* n° 356.

car un des effets civils du mariage est la légitimation des enfans naturels légalement reconnus, légitimation très-avantageuse aussi à l'époux, ne fût-
ce que sous les rapports purement civils, sans
parler des rapports moraux, bien autrement importans. Elle lui est avantageuse, puisqu'il acquiert
par elle les droits de successibilité légitime et régulière à l'égard de l'enfant comme parent légitime, ainsi que l'usufruit légal. Donc, si cet enfant
n'est pas légitimé, l'époux lui-même ne retire pas
du mariage putatif *tous* les effets civils, comme il
le doit d'après l'article 202, que l'on invoque cependant contre l'enfant. Et comme la légitimation
confère une qualité, et que cette qualité est *indivisible*, en admettant, ce que nous n'admettrons
point, que l'enfant ne pût par lui-même en invoquer le bienfait, il pourrait toujours le réclamer
du chef de son auteur de bonne foi, attendu qu'il
ne peut être légitimé pour partie. Il aurait toujours
ainsi le droit qu'on prétend qu'il n'a pu personnellement acquérir, ce qui n'est pas sans exemple
dans les lois.

Enfin, si les deux époux étaient de bonne foi, ce
ne serait pas l'article 202, mais bien le précédent,
qui serait applicable : or, il parle *des enfans* d'une
manière absolue, et encore une fois, un des effets
civils du mariage est de légitimer les enfans nés auparavant, lorsqu'ils sont habiles à l'être. Ce serait
donc le cas de dire : *Fictio idem operatur in casu
ficto, quàm veritas in casu vero.* Mais ce que l'on

devrait décider dans ce cas, même en ne s'attachant qu'à la *lettre* de la loi, on devrait aussi le décider dans le premier, puisque, à raison de l'indivisibilité de l'état des personnes et de la faveur due à la légitimité, les enfans jouissent de tous les effets civils du mariage, quoique l'un de leurs auteurs seulement fût de bonne foi.

176. Anciennement le mariage contracté entre personnes qui ne pouvaient s'unir qu'en vertu de dispenses légitimait les enfans nés auparavant, dans les cas où elles s'obtenaient facilement. Ce point, après avoir été fort controversé, avait fini par passer en jurisprudence. De Lacombe, au mot *Légitimation*, rapporte un arrêt du parlement de Paris, en date du 11 août 1738, qui a jugé que l'enfant né d'Antoine et de Marguerite d'Aubusson, cousins germains, et depuis mariés avec dispenses, avait été valablement légitimé par le mariage de ses père et mère, parce que les dispenses avaient un effet rétroactif.

177. Mais aujourd'hui un enfant issu de parens capables de s'unir n'est incestueux qu'autant qu'il est né du concubinage de l'oncle et de la nièce, de la tante et du neveu. Et quant à la légitimation de celui qui naît de tous autres parens ou alliés, de deux choses l'une : ou le mariage est absolument prohibé entre eux, et alors la légitimation ne peut s'opérer, puisqu'elle ne peut résulter que du mariage; ou il n'est point interdit, et dans ce cas le

concubinage ne constitue point l'inceste. En disant que les enfans *incestueux* ne peuvent être légitimés par le mariage de leurs père et mère, l'article 331 dit donc par cela même que l'enfant de l'oncle et de la nièce, de la tante et du neveu, mariés en vertu de dispenses, puisqu'ils ne peuvent l'être valablement sans elles, est inhabile à recevoir le bienfait de la légitimation. C'est à lui, et uniquement à lui, que peut s'appliquer ce mot *incestueux;* appliqué à tout autre, il n'aurait aucun sens, et c'est ce qui a fait dire à plusieurs auteurs, au nombre desquels est M. Merlin, que la légitimation n'a pas lieu au profit de cet enfant; que l'on n'a pas, à son égard, suivi la tolérance de l'ancienne jurisprudence pour les cas où les dispenses s'obtenaient facilement.

Cela ne résulte que trop évidemment de la *lettre* de cet article 331. Néanmoins nous sommes bien persuadé que c'est moins par l'effet d'une volonté réfléchie, que par l'habitude d'assimiler l'enfant incestueux à l'enfant adultérin, d'appliquer au premier les prohibitions générales portées contre le second : comme celles que l'on trouve aux articles 335, 342, 762 et 764, où l'assimilation est fondée sur la parité des motifs, mais motifs qui sont loin d'avoir la même force par rapport à la légitimation.

Car enfin, puisque le mariage est permis, que les mêmes individus vont donner le jour à d'autres enfans qui seront légitimes, et que ce n'a peut-être été qu'en considération d'un enfant conçu que les dispenses ont été accordées, il est dur et impolitique tout à la fois de laisser sans famille, et pour ainsi dire perdus dans la société, des enfans qui auront la même origine que ceux qui jouiront de tous les effets de la légitimité. Une si grande disparité de condition a quelque chose d'affligeant : elle n'est pas, comme on pourrait le croire, à l'avantage des mœurs. En frappant tous les regards, elle réveille le souvenir de faits qui devraient rester inconnus, parce que leur exemple est toujours pernicieux. Elle flétrit les père et mère aussi bien que les fruits de leur commerce illicite, elle les empêche pour ainsi dire de se réhabiliter dans l'estime publique, et elle rejaillit même sur les enfans nés du mariage. Si la loi doit être entendue en ce sens, il faut le dire, elle est bien sévère. Un retard dans l'obtention des dispenses pourra faire que tel enfant soit à jamais bâtard incestueux, tandis qu'il eût été légitime, ou si l'on veut, légitimé, si les dispenses étaient arrivées quelques jours plus tôt, car probablement on ne prétendrait pas qu'il serait incapable de la légitimation tacite s'il naissait après la célébration (1). Or, précisément, c'est en sa faveur que les dispenses ont été principalement accordées. La possibilité d'un tel résultat sollicite donc un changement à l'article 331, qui le mette plus en harmonie avec l'esprit dans lequel a été conçu l'article 164, relatif aux dispenses de mariage entre l'oncle et la nièce. L'effet de ces dispenses devrait

(1) Voy. *suprà*, n° 26.

purger le vice de la naissance des enfans, comme
il le purgeait jadis ; et nous sommes bien convaincu
que telle a été la pensée du législateur. Mais il faut
le dire, si un arrêt rejetait la légitimation, comme
il serait rendu en conformité de la *lettre* de la loi,
il serait à l'abri de la censure de la Cour suprême ;
et probablement, s'il l'avait admise, il ne serait
point non plus cassé.

178. La légitimation des enfans habiles à en recevoir le bienfait s'opérait jadis de plein droit par
le seul fait du mariage des père et mère : *Tanta vis
est matrimonii, ut qui anteà sunt geniti, post con-
tractum matrimonium legitimi habeantur* (1).

Aujourd'hui que la recherche de la paternité est
interdite, excepté dans le cas d'enlèvement lorsque
l'époque du rapt coïncide avec celle de la conception, on a dû établir d'autres règles, et exiger,
comme le veut l'article 331, que les enfans aient
été légalement reconnus avant le mariage, ou qu'ils
le soient au plus tard dans l'acte même de célébration. Il importait d'ailleurs, dans l'intérêt des familles, d'empêcher que la légitimation ne devînt
un moyen facile d'adoption. C'est d'après ces principes que la Cour de Douai a jugé, le 13 mai 1816
(Sirey, 16, 2, 337), que la reconnaissance faite par
le père, pendant le mariage, n'avait pu servir de

---

(1) Décrétale du pape Alexandre III, chap. VI, *Extrà qui filii
sint legitimi.*

base à la légitimation de l'enfant naturel, encore qu'elle fût soutenue de la possession d'état.

179. L'article 331 exige, pour que les enfans soient légitimés par le mariage, qu'ils soient légalement reconnus par l'un et l'autre époux; mais s'ils l'ont été, la légitimation s'opère de plein droit, sans qu'il soit besoin d'une manifestation de volonté à cet égard de la part des père et mère. La maxime *tanta vis est matrimonii*, que l'on n'a certainement point voulu abroger, mais seulement subordonner, dans ses effets, à la condition de la reconnaissance des enfans, exerce alors son empire comme elle l'exerçait anciennement sans cette reconnaissance, lorsque les enfans recherchaient avec succès la paternité et la maternité. Les discours des Orateurs qui ont exposé le projet de loi ne laissent aucun doute sur ce point. Les mots *pourront être légitimés*, employés par cet article, indiquent donc l'aptitude des enfans légalement reconnus, à recevoir le bienfait de la légitimation, et non un libre arbitre, dans les père et mère, de les légitimer, ou non, après cette reconnaissance.

180. Mais on peut toutefois demander si, lorsque le père a reconnu authentiquement l'enfant avant le mariage, que la mère, retenue peut-être par un sentiment de pudeur ou par la crainte de s'aliéner l'affection de parens trop austères, ne l'a pas avoué, et que l'enfant recherche ensuite avec succès la maternité, il aura acquis la légitimation

comme s'il avait été spontanément reconnu par sa mère avant la célébration?

Si l'on s'attache à la lettre de l'article 331, sa prétention pourra paraître mal fondée; et cependant, si l'on se pénètre bien de l'esprit dans lequel a été conçu cet article, tel que les Orateurs qui ont parlé sur le projet de loi l'ont développé, si l'on considère surtout la disposition de l'art. 341, on cessera de s'en étonner.

En effet, cet enfant a toujours eu le droit, dès sa naissance, de rechercher sa mère. Celle-ci n'a pu, par son mariage, le lui ravir : c'est un droit imprescriptible, inaliénable, indépendant par conséquent de la volonté d'autrui; et le jugement qui reconnaît la maternité n'est que *déclaratif* de ce fait. Ce jugement remonte, quant à ses effets, au jour de la naissance de l'enfant; il est censé l'expression d'une déclaration libre, spontanée de maternité, faite à cette époque : dès-lors l'enfant a en sa faveur la double reconnaissance du père et de la mère, antérieure au mariage, et réunit ainsi en sa personne toutes les conditions exigées par l'article 331. Cette opinion paraîtra hardie, peut-être, à ceux qui ne se sont pas suffisamment pénétrés des règles de la légitimation et des motifs pour lesquels on a, quant à la nécessité de reconnaître les enfans pour qu'elle pût s'opérer, dérogé à l'ancienne jurisprudence; mais nous la croyons en parfaite harmonie avec ces mêmes motifs, puisqu'au moyen de la reconnaissance du père, antérieure au mariage, aucune fraude aux dispositions de la loi n'est à craindre, et qu'enfin le système contraire est incompatible avec le droit que l'article 341 accorde à l'enfant, sous les conditions qu'il exprime, de rechercher la maternité, droit qu'il a toujours, à toutes les époques de sa vie, et avec tous les effets qui y sont attachés (1).

181. La légitimation peut avoir lieu, même en faveur d'enfans décédés légalement reconnus, qui étaient habiles à être légitimés et qui ont laissé des descendans; dans ce cas, elle profite à ceux-ci. (Art. 332.)

§. II.

Des Effets de la Légitimation.

182. Les enfans légitimés par le mariage subséquent de leurs père et mère ont les mêmes droits que s'ils étaient nés de ce mariage (art. 333). En sorte qu'il faut rejeter cette fiction de l'ancienne école, que le mariage est censé remonter au jour de la conception des enfans. La légitimation n'a point au contraire d'effet rétroactif.

De là les conséquences suivantes :

---

(1) *Voy.* au surplus, au n° 255, *infrà*, un arrêt de la Cour royale de Paris, qui a admis, conformément à ces principes, la recherche de la maternité après le mariage de la mère, quoiqu'il en existât des enfans, attendu que l'article 337 n'est point un obstacle à ce qu'un enfant naturel recherche sa mère, et obtienne à ce titre la quotité de biens réglée par les articles 757 et 758.

III.   12

183. 1° Les enfans légitimés n'ont aucun droit sur les successions des parens morts *avant* le mariage qui a produit leur légitimation, quoiqu'ils fussent conçus et même nés lors du décès de ces parens.

Ce point a été décidé en ce sens par arrêt de cassation (1), relativement à la succession d'une sœur utérine morte quinze jours avant le second mariage de sa mère, d'où résultait la légitimation tacite d'un frère né cent quarante-deux jours seulement depuis ce mariage. L'enfant était cependant évidemment conçu lors de l'ouverture de l'hérédité; mais il n'a pu, par sa légitimation postérieure, enlever aux tiers un droit qui leur avait été une fois légitimement acquis, puisque, lors de son ouverture, l'enfant, comme enfant naturel, n'y était point appelé.

184. 2° L'enfant légitimé serait bien censé l'aîné des enfans nés du mariage qui a opéré sa légitimation, mais il ne serait point l'aîné des enfans nés d'un mariage antérieur, quoiqu'il le fût naturellement. Ainsi, Paul a d'Élisabeth un enfant naturel; il épouse Antoinette et en a des enfans; devenu veuf, il épouse ensuite Élisabeth en légitimant l'enfant qu'il a eu d'elle : cet enfant sera le puîné de ceux d'Antoinette, et s'il existe un majorat ou tout

---

(1) Du 11 mars 1811 (Sirey, 11, 1, 129). La cour de Paris, à laquelle l'affaire fut renvoyée, a jugé dans le même sens le 21 décembre 1812. Sirey, 13, 2, 88.

autre droit transmissible par ordre de primogé-
niture, il appartiendra de préférence à ces derniers, suivant leur droit d'aînesse respectivement.
Ce ne serait qu'à défaut d'eux et de leurs descendans qu'il passerait à l'enfant légitimé.

La décision serait la même encore que les enfans d'Antoinette ne fussent eux-mêmes que des
enfans légitimés, et qu'ils fussent nés après celui
d'Élisabeth; car ce n'est pas à l'époque de la naissance, mais à celle du mariage, que l'on doit s'attacher pour déterminer le droit d'aînesse dans ses
effets légaux.

185. 3° Puisque la légitimation a généralement
pour objet de faire considérer comme né du mariage l'enfant qui en reçoit le bienfait, il suit aussi
que s'il est mort avant d'avoir pu être légitimé, ses
enfans et descendans en profiteront (art. 332) par
le bénéfice de la représentation. Mais c'est lui qui
doit être reconnu; par conséquent il faut qu'il ait
été capable de l'être.

186. 4° L'enfant légitimé fait nombre pour régler
la quotité disponible; cette quotité ne se détermine
en effet qu'au jour du décès du disposant, eu égard
au nombre et à la qualité de ses héritiers. (Art. 922.)

187. 5° Les donations entre vifs faites par des personnes qui n'avaient point d'enfans ou de descendans vivans au temps où elles ont eu lieu, sont révo-
quées de plein droit par la légitimation d'un enfant
naturel, s'il est né *depuis* lesdites donations (art. 960).

Le Code a dérogé en ce point à l'ordonnance de 1731, qui prononçait la révocation, quoique l'enfant naturel fût né avant la donation.

Il ne fallait toutefois pas inférer de là que la légitimation était censée remonter au jour de la conception; car précisément la révocation n'aurait pas dû avoir lieu, attendu qu'elle n'agit que sur les donations antérieures à la naissance de l'enfant. On devait au contraire supposer que la conception redescendait à une époque postérieure à la donation.

Mais le Code a rejeté cette fiction, à l'aide de laquelle seulement on pouvait appliquer le principe de la révocation pour *survenance* d'enfant. Et dans son système, la donation, pour pouvoir être révoquée par la légitimation d'un enfant naturel, devant toujours être *antérieure* à sa naissance, on est bien mieux dans l'esprit qui a dicté l'article 960.

108. 6° Par la légitimation, les père et mère acquièrent, non la puissance paternelle sur l'enfant, s'il était déjà reconnu, car ils l'avaient déjà, aux termes des articles 158 et 383; mais ils acquièrent, à partir du mariage, la jouissance accordée par l'article 384 aux père et mère légitimes, dans les cas, selon le mode et sous les conditions déterminés par la loi.

189. Nous terminerons cette matière par la question de savoir si l'enfant peut répudier la légitimation.

Suivant le droit romain, il le pouvait incontestablement, parce qu'elle le réduisait à la condition
de fils de famille avec toutes ses conséquences :
aussi fallait-il son consentement pour qu'elle s'o-
pérât (1).

Chez nous, la puissance paternelle sur les enfans
naturels légalement reconnus étant la même que
sur les enfans légitimes, sauf l'usufruit légal, on
est généralement d'accord que l'enfant ne peut directement répudier la légitimation en elle-même.
Il ne serait même pas reçu à venir dire qu'il est
adultérin, qu'il offre de le prouver, et en conséquence qu'il n'a pu être légitimé. En général on
argumenterait très-bien contre lui du vice de sa
naissance, mais il lui serait interdit de s'en prévaloir pour la flétrir et pour flétrir aussi ceux
auxquels il la doit. Sa prétention serait, nous le
croyons, écartée par fin de non-recevoir (2).

Mais comme il ne serait pas impossible que, dans
la vue de conférer à son enfant naturel les avantages attachés à la légitimité, et d'acquérir la jouissance des biens qui lui auraient été donnés ou légués purement et simplement, une femme ne con-
tractât mariage pour le légitimer, quoique son mari
n'en fût pas le père; dans ce cas, l'enfant peut incontestablement réclamer contre cette fraude faite
à ses droits. Pour cela, il devrait attaquer et dé-

---

(1) L. 11, ff. *de His qui sui vel alieni juris sunt.* Voy. Heinneccius,
Elementa juris, n° 172.

(2) Voy. *suprà*, n° 78.

truire la reconnaissance du mari. En disant que toute reconnaissance de la part du père ou de la mère pourra être contestée par tous ceux qui y auront intérêt, l'article 339 lui donnerait ce droit en principe, non pas en ce sens qu'un désaveu péremptoire de filiation soit suffisant pour anéantir les effets d'une reconnaissance de paternité ou de maternité, mais en ce sens que la sincérité de cette même reconnaissance peut être appréciée par les tribunaux et méconnue (ou reconnue) par eux, comme dans l'affaire *Tissidre*, dont voici le cas.

Le 25 juin 1784 un enfant fut baptisé à Paris, paroisse Saint-Sulpice, sous le nom d'Antoinette Marie-Jeanne. L'acte de naissance portait : « fille « de Marie-Magdeleine Monroy et d'Antoine Delé- « tang, marchand, demeurant rue du Colombier..., « le père absent. »

Le 18 juillet 1791 acte de mariage de Pierre Tissidre et de Marie-Magdeleine Reyneau, à la suite duquel on lisait : « Et à l'instant, les susdits com- « parans ont reconnu être issue de leurs faits et « œuvres une fille née le 24 juin 1784, et baptisée « le lendemain à la paroisse Saint-Sulpice, sous les « noms d'Antoinette Marie-Jeanne, fille d'Antoine « Delétang, marchand, demeurant rue du Colom- « bier, et de Marie-Magdeleine Monroy, et ont « signé. » Tissidre et sa femme mirent *alors* la fille Antoinette dans une pension. La femme Tissidre mourut le 29 floréal an II, et Tissidre fut nommé tuteur d'Antoinette par un conseil de famille. Il contracta un second mariage, et ensuite un troisième.

Antoinette, par suite de faits qu'il serait inutile de rapporter, n'ayant pas eu d'ailleurs une possession bien constante de l'état de fille Tissidre, même depuis sa légitimation, crut devoir la critiquer contre Tissidre lui-même. La Cour royale a accueilli sa prétention en ces termes : « Attendu « que l'acte de naissance et la possession d'état « d'Antoinette Delétang la présentent comme fille « de Marie - Magdeleine Monroy ; que dès - lors « Pierre Tissidre et Marie - Magdeleine Reyneau « n'ont pu, par un mariage et une reconnaissance « postérieure, lui donner malgré elle un état « autre que celui qui résultait de son acte de nais- « sance et de sa possession conforme ; met l'appel- « lation au néant (1). »

Ainsi, par cette décision, la Cour de Paris a reconnu en principe que la légitimation peut être attaquée par l'enfant lui-même, en combattant la reconnaissance qui lui a servi de base. Quant à l'application du principe, elle doit évidemment être subordonnée aux faits et aux circonstances de la cause. Tel est le sens de l'article 339, sur lequel nous reviendrons.

---

(1) Arrêt du 28 décembre 1811. Sirey, 12, 2, 67.

SECTION II.

De la Reconnaissance des Enfans naturels.

SOMMAIRE.

190. *Aux yeux de la loi les enfans naturels n'ont pas de père tant qu'ils n'ont pas été reconnus par lui.*

191. *Aujourd'hui cette reconnaissance est volontaire, tandis qu'anciennement elle pouvait résulter d'un jugement.*

192. *Division de cette Section.*

§. Ier.

Des diverses sortes d'enfans naturels, et quels sont ceux qui peuvent être légalement reconnus.

193. *Il y a trois sortes d'enfans naturels : les naturels simples, les incestueux et les adultérins.*

194. *C'est l'époque présumée de la conception que l'on considère pour déterminer la qualité de l'enfant naturel, comme celle de l'enfant né dans le mariage ; conséquences.*

195. *La loi prohibe la reconnaissance des enfans incestueux ou adultérins, et cependant elle leur accorde des alimens comme étant reconnus. Conciliation des articles 335 et 762 par divers exemples de reconnaissances forcées.*

196. *Un enfant peut être de fait le fruit de l'inceste, sans être aux yeux de la loi enfant incestueux, précisément parce qu'il n'a pu être reconnu par un individu dont la paternité, par sa corrélation avec la maternité constante, établirait le vice d'inceste.*

197. *Si cet enfant, inscrit comme né de père et mère inconnus, est ensuite reconnu par le père seulement, il sera censé naturel simple, et les héritiers de ce dernier ne pourront rechercher la maternité pour lui imprimer la*

qualité d'enfant incestueux et le réduire à de simples alimens.

198. *Même après cette reconnaissance, la mère peut avouer son enfant, et repousser par simple dénégation de paternité celle faite par le prétendu père, comme l'enfant pourra la repousser lui-même lorsqu'il se présentera à la succession de sa mère.*

199. *Reconnu par le père et la mère, il ne pourrait prétendre sur la succession du premier les droits fixés par les articles 757 et 758, sans avoir prouvé qu'il n'est pas l'enfant de celle qui s'est avouée sa mère.*

200. *Mais il pourrait, sans avoir fait préalablement tomber la reconnaissance de celle-ci, réclamer les libéralités qui lui auraient été faites par celui qui s'est reconnu le père avant ou depuis l'aveu de la mère.*

201. *Nonobstant la reconnaissance faite par le père, l'enfant qui a un commencement de preuve par écrit peut rechercher la maternité; et si on lui oppose la première reconnaissance, il la repoussera par voie d'exception, comme nulle aux termes de l'article 335. L'article 342 n'est pas contraire.*

202. *Les mêmes principes doivent s'appliquer aussi au cas où les deux reconnaissances auraient été faites par le même acte : l'enfant peut toujours repousser celle qui, au mépris de la loi, a été faite par celui qui s'est avoué le père.*

203. *Un enfant peut être adultérin dans trois cas.*

204. *Dans celui d'un enfant désavoué par un mari, cet enfant ne peut recevoir de sa mère que des alimens.*

205. *Mais son incapacité de recevoir n'est point absolue comme celle d'un mort civilement; elle n'est relative qu'à sa mère; elle ne s'étend même point au complice prétendu de celle-ci.*

206. *L'enfant né d'une femme libre et reconnu par un homme marié, l'a été contre le vœu de la loi : malgré la reconnaissance il peut en recevoir des libéralités, parce qu'il est censé né ex soluto et solutâ. Arrêts.*

207. *A plus forte raison, ne pourrait-on rechercher la paternité contre l'enfant prétendu incestueux ou adultérin,*

pour faire annuler les libéralités qui lui ont été faites.

208. *Les enfans nés d'un mariage contracté de mauvaise foi par les deux époux avant la dissolution d'une première union, sont adultérins par rapport au père et à la mère: conséquences.*

209. *La reconnaissance volontaire d'un enfant incestueux ou adultérin lui donne-t-elle au moins le droit d'exiger des alimens ? Analyse de divers arrêts.*

§. II.

En quelle forme les enfans naturels peuvent-ils être reconnus.

210. *La reconnaissance d'un enfant naturel doit être faite par un acte authentique, lorsqu'elle ne l'a pas été dans son acte de naissance.*

211. *Le père peut reconnaître l'enfant pendant la grossesse de la mère.*

212. *La loi n'ayant pas désigné l'officier public pour recevoir l'acte de reconnaissance, les notaires et les juges de paix sont compétens, comme les officiers de l'état civil.*

213. *Il n'est pas de rigueur que l'acte soit* ad hoc.

214. *La reconnaissance pourrait résulter de termes énonciatifs, sauf à la faire annuler pour surprise, fraude ou dol.*

215. *Un testament olographe n'est pas un acte authentique, dans le sens de l'article* 334, *quoique la coutume de Paris le qualifiât testament solennel.*

216. *Si l'on donne à l'enfant reconnu par un testament olographe la quotité de biens réglée par les articles* 757 *et* 758, *il pourra la réclamer comme légataire ; mais il ne pourra porter le nom.*

217. *La reconnaissance faite par un testament mystique est censée authentique, comme participant à l'authenticité de l'acte de suscription.*

218. *Celle faite dans un testament olographe déposé chez un*

notaire par le testateur, devient authentique par l'acte de dépôt.

219. *Le testateur par acte public peut-il, en révoquant son testament, révoquer aussi la reconnaissance qu'il y a faite ?*

220. *La reconnaissance faite sur poursuites pour l'obtenir est valable, si elle n'est nulle pour autre cause.*

221. *Celle faite au bureau de paix est authentique, nonobstant la disposition de l'article 54 du Code de procédure.*

222. *La procuration à l'effet de reconnaître un enfant naturel doit être donnée par acte authentique si la reconnaissance a lieu devant l'officier de l'état civil ; si elle a lieu devant un notaire, on reste dans les termes généraux du droit.*

223. *La simple remise d'une lettre au notaire, sans mandat exprimé à l'effet de reconnaître l'enfant, ne suffit pas.*

224. *Diverses questions sur l'effet d'une reconnaissance sous seing-privé.*

225. *Si l'acte sous seing-privé est volontairement reconnu dans un acte authentique, la reconnaissance de l'enfant est valable.*

226. *On ne peut conclure, contre celui qui a fait un aveu de paternité par acte sous seing-privé, à la reconnaissance ou à la vérification de l'écriture.*

227. *Il en est autrement à l'égard de la mère : l'acte sous seing-privé ne prouve pas, il est vrai, par lui-même la maternité ; mais il donne à l'enfant le droit de conclure à la reconnaissance ou vérification d'écriture ; et l'écriture reconnue ou tenue pour reconnue, la maternité en sera la conséquence, si l'identité est prouvée.*

228. *La reconnaissance faite par le père, par acte sous seing-privé, donne-t-elle au moins à l'enfant le droit d'en exiger des alimens ?*

229. *L'acte qui, sans renfermer une reconnaissance formelle, emporte la promesse de payer une pension alimentaire ou une somme fixe, est généralement obligatoire comme ayant une juste cause.*

230. *La reconnaissance de l'enfant dans l'acte ne vicierait point la promesse de lui payer ce qui a été convenu.*

231. *Mais la simple reconnaissance sous seing-privé, sans promesse de payer des alimens, ne donne pas à l'enfant le droit d'en exiger : raison de cette différence. Arrêts.*

§. III.

De la Recherche soit de la paternité, soit de la maternité.

232. *En principe, il n'y a qu'un acte libre, émané du père, qui atteste sa paternité.*

233. *On ne peut rechercher la paternité contre l'enfant.*

234. *Dans le cas d'enlèvement de la mère, lorsque l'époque de la conception coïncide avec celle du rapt, le ravisseur peut être déclaré père de l'enfant.*

235. *Même dans ce cas, la recherche de la paternité ne serait pas admise, si le résultat devait être une paternité adultérine ou incestueuse.*

236. *L'acte de naissance d'un enfant naturel, auquel n'est point intervenue la femme qui y est désignée comme mère, ne prouve point la maternité, puisqu'il peut s'appliquer à tout autre qu'au réclamant.*

237. *Cet acte ne fait même pas contre elle un commencement de preuve par écrit, puisqu'il lui est étranger, encore que l'enfant eût été présenté à l'officier de l'état civil par une sage-femme. Arrêt.*

238. *La possession publique et constante de l'état d'enfant naturel prouve la filiation par rapport à la mère qui l'a conférée à l'enfant; mais celle conférée par le père ne prouve pas la paternité.* Note.

239. *A plus forte raison, la possession conforme à l'acte de naissance prouve-t-elle la maternité.*

240. *Comment la preuve de l'accouchement doit-elle être faite dans le cas prévu à l'article 341 ? Trois opinions différentes sur ce point.*

241. *Disposition de l'article 342.*

242. *Peut-on rechercher la maternité contre l'enfant, pour faire réduire à la mesure fixée par les articles 757 et 758 les libéralités qui lui ont été faites par une femme qui ne l'a pas reconnu ?*

§. IV.

Des Effets de la reconnaissance volontaire ou forcée des
enfans naturels.

après la dissolution du mariage, encore qu'il en existât des enfans.

255. *L'enfant peut rechercher la maternité, soit après la dissolution du mariage de sa mère, soit pendant ce mariage, et avoir, nonobstant l'article 337, tous les droits d'enfant naturel.*

256. *Même décision, par voie de conséquence, quant à l'effet de la recherche de la paternité dans le cas d'enlèvement.*

257. *Pour reconnaître son enfant naturel, la femme mariée n'a pas besoin d'être autorisée par son mari ou justice.*

258. *Un mineur peut valablement reconnaître un enfant naturel, sauf à faire annuler la reconnaissance comme étant le résultat de la fraude ou de la séduction.*

259. *Texte de l'article 339, relatif au droit de contester la reconnaissance.*

260. *L'enfant lui-même peut la combattre comme n'étant pas fondée sur la vérité, ou comme réprouvée par la loi.*

261. *Dans le premier cas, il réussirait difficilement si la mère gardait le silence.*

262. *Si c'est elle qui conteste la déclaration de paternité, sa contestation aura généralement pour effet de la détruire.*

263. *Quid si deux individus ont reconnu le même enfant ?*

264. *La reconnaissance d'un enfant naturel peut avoir lieu après sa mort s'il a laissé des enfans, même naturels.*

265. *S'il n'en a pas laissé, généralement elle ne produira pas d'effet, même contre l'État, surtout celle du père.*

190. La présomption de paternité résultant du mariage ne pouvant avoir lieu à l'égard des enfans naturels, ces enfans, aux yeux de la loi, sont considérés comme n'ayant pas de père tant qu'ils n'ont pas été reconnus par lui.

191. Aujourd'hui cette reconnaissance est volontaire, sauf le cas d'enlèvement prévu à l'article 340.

Mais anciennement elle pouvait être tenue pour faite volontairement, parce que la recherche de la paternité était admise comme celle de la maternité elle-même.

Le Code a tari cette source de procès scandaleux sur un fait nécessairement incertain, et qui n'était bien souvent affirmé que par une femme hardie, intéressée à donner au fruit de sa conduite licencieuse le père le plus opulent ou le plus considéré. On a pensé qu'il était plus juste, plus moral et plus conforme à l'ordre social de laisser à un individu la liberté de manifester son opinion personnelle sur un fait de cette nature, et de s'en constituer le juge souverain. Ainsi la règle du président Favre, *virgini asserenti creditur*, est formellement rejetée par notre Code.

192. Nous diviserons cette section en quatre paragraphes.

Dans le premier, nous verrons combien il y a de sortes d'enfans naturels, et quels sont ceux qui peuvent être reconnus;

Dans le second, en quelle forme ils peuvent l'être;

Dans le troisième nous parlerons de la recherche, soit de la paternité, soit de la maternité;

Et dans le quatrième, des effets de la reconnaissance volontaire ou forcée des enfans naturels.

§. 1er.

Des diverses sortes d'enfans naturels, et quels sont ceux qui peuvent être légalement reconnus.

193. Il y a trois sortes d'enfans naturels :

Les enfans naturels simples,

Les enfans incestueux,

Les enfans adultérins.

Les premiers sont ceux qui sont nés d'individus capables de s'unir par mariage au moment de la conception desdits enfans.

Les seconds sont ceux qui sont nés d'individus entre lesquels le mariage était prohibé pour cause de parenté ou d'alliance.

Enfin ceux de la troisième classe sont les enfans nés d'une personne qui était mariée au temps de leur conception, et d'une autre personne que son conjoint.

194. C'est en effet l'époque présumée de la conception que l'on considère pour déterminer la qualité de l'enfant naturel, comme pour régler celle de l'enfant né d'une femme mariée. En sorte que celui qui naît avant le cent quatre-vingtième jour du mariage, et qui est désavoué, est naturel simple; comme celui qui naîtrait dans les trois cents jours depuis la célébration, d'une autre femme que l'épouse, et qui serait reconnu par le mari, serait de cette qualité et placé dans la classe des enfans

dont l'article 337 règle les droits, s'il était reconnu pendant le mariage. En effet, dès que la loi suppose à l'égard de l'enfant né d'une femme mariée que la gestation peut durer trois cents jours, elle doit aussi le supposer, sous peine d'inconséquence, à l'égard de l'enfant né d'une femme libre; *et vice versâ*, puisqu'elle admet, par rapport au premier, que la grossesse peut ne durer que cent quatre-vingts jours, elle doit aussi admettre la même chose par rapport au second. D'où nous concluons qu'un mari veuf peut licitement reconnaître l'enfant né après le cent quatre-vingtième jour de la mort de son épouse; car cet enfant a pu être conçu depuis cet événement. Et si l'on disait que la loi s'est prêtée à ces suppositions en faveur de la légitimité, et qu'il n'y a pas les mêmes raisons d'en appliquer les con-séquences aux enfans nés hors mariage, nous ré-pondrions qu'il y a également de puissantes raisons de le faire. D'abord, parce qu'il vaut infiniment mieux que l'enfant soit naturel simple, que d'être adultérin : l'intérêt général, comme celui de l'en-fant, le veut ainsi. En second lieu, il vaut mieux croire que le commerce auquel il doit le jour est un simple fait de concubinage qu'un adultère : le crime ne se présume pas.

195. L'article 335 prohibe la reconnaissance des enfans nés d'un commerce incestueux ou adulté-rin. Cependant la loi suppose (art. 762 et suiv.) qu'ils peuvent être reconnus, qu'ils l'ont même été,

III.   13

puisqu'elle leur accorde des alimens sur les biens
de leurs père et mère ; car, sans cela, comment
pourraient-ils en réclamer ? A quel titre se présen-
teraient-ils lors de l'ouverture d'une succession ?
Il faut bien pour cela qu'ils signalent l'auteur de
leur naissance, et assurément ce ne peut être par
une recherche de paternité, proscrite même à l'é-
gard des enfans naturels simples (art. 340), et proscrite à leur égard par l'article 342.

Mais cette défense de reconnaître les enfans incestueux ou adultérins aurait - elle été portée,
comme on l'a répété souvent, uniquement pour
empêcher ceux qui seraient reconnus, nonobstant
la prohibition, de venir réclamer sur les successions de leurs père et mère les droits attribués aux
enfans naturels, et pour les réduire à de simples
alimens ? Serait-il vrai que, hormis cette interprétation, l'article 762 n'aurait aucun sens, en ce qu'il
accorderait un droit dont l'exécution ne pourrait
jamais avoir lieu, et qu'ainsi le législateur n'aurait
offert à ces enfans qu'une vaine illusion ?

Nous répondrions qu'il n'était pas besoin, pour
empêcher qu'ils ne vinssent réclamer les droits déterminés par les articles 757 et 758, de déclarer
qu'ils ne *pourront être reconnus* : il suffisait d'établir, comme on l'a fait par l'article 762, que leur
droit est borné à de simples alimens. D'ailleurs,
pour les obtenir, il est même nécessaire qu'ils
soient reconnus d'une manière quelconque. La loi
a donc eu un autre but : elle a voulu interdire,

autant qu'il était en elle, la reconnaissance des enfans incestueux ou adultérins, parce que cette reconnaissance emporte avec elle la manifestation
d'une action que, dans l'intérêt des mœurs, elle
voudrait du moins ensevelir dans l'oubli, n'ayant
pu l'empêcher et ne pouvant que rarement la punir. Son motif a été de prévenir des débats scandaleux et affligeans pour la société, et c'est dans cette
vue qu'elle a sévèrement proscrit, dans les mêmes
cas, toute recherche, soit de la paternité, soit de
la maternité elle-même.

Mais des circonstances extraordinaires l'emportent quelquefois sur le vœu du législateur,
parce qu'alors la filiation étant certaine, publique,
notoire pour tous, le motif de la prohibition cesse.
Alors les enfans restent avec le vice de leur naissance, et ainsi reconnus, pour ainsi dire malgré
la loi, par la force des choses et la position particulière des père et mère, ils ont droit à des alimens, parce qu'enfin ils sont hommes, et que c'est
bien le moins qu'ils aient le droit d'exiger de ceux
qui leur ont donné la vie ce qui est absolument
nécessaire pour la conserver.

Ainsi, deux personnes parentes ou alliées au degré prohibé pour le mariage, et connaissant d'ailleurs les rapports qui les unissent, ont néanmoins
contracté mariage ensemble; ils ont donné le jour
à des enfans qui ont été inscrits aux actes de l'état
civil sous leurs noms; le mariage est ensuite annulé : ces enfans sont évidemment incestueux, et

il leur est dû des alimens; mais il ne leur est dû que cela.

Ainsi encore, un second mariage est contracté avant la dissolution d'un premier par deux individus de mauvaise foi ; des enfans en sont issus, et le mariage est annulé : ces enfans sont adultérins.

On voit par ces seuls exemples que l'article 762 peut très-bien recevoir son application sans qu'il soit nécessaire de supposer qu'en proscrivant la reconnaissance des enfans incestueux ou adultérins, le législateur ait uniquement voulu les empêcher de venir réclamer les droits attribués aux enfans naturels simples.

196. Mais pour faire une juste application du principe consacré par l'article 335, il faut voir les différens cas qui peuvent se présenter.

D'abord, quant aux enfans incestueux, ils peuvent être tels en effet, sans que néanmoins, aux yeux de la loi, ils doivent avoir cette qualité, et précisément parce qu'elle prohibe toute reconnaissance qui la leur imprimerait.

Par exemple, un enfant naturel est inscrit aux registres de l'état civil sous le nom de sa mère et comme né de père inconnu; le frère ou l'oncle de la mère le reconnaît ensuite : il est évident que cette reconnaissance est nulle, ou du moins qu'elle pourra être annulée, soit sur la demande de la mère, soit sur celle de l'enfant, en vertu des articles 335, 336 et 339 analysés et combinés. L'enfant sera donc censé né de tout autre individu : il sera naturel simple.

197. Que l'on suppose qu'il ait été inscrit comme né de père et mère inconnus, et que le frère ou l'oncle de la mère l'ait ensuite avoué, il est clair que s'il n'est jamais reconnu par sa mère, volontairement ou juridiquement, il ne sera point civilement incestueux, encore que, de fait, il fût le fruit de l'inceste ; car le vice de sa naissance ne se manifesterait que par la corrélation de la maternité avec la paternité.

Les héritiers de celui qui a fait la reconnaissance ne pourront même pas, pour priver l'enfant de la quotité de biens fixés par les articles 757 et 758, et le réduire à de simples alimens, rechercher contre lui la maternité pour en conclure qu'il est né d'un commerce incestueux. L'article 342, analysé, s'y opposerait.

198. Mais après cette reconnaissance, la mère peut-elle ensuite reconnaître efficacement l'enfant? Pour cela, faut-il qu'elle fasse préalablement tomber la déclaration de celui qui s'en est prétendu le père? ou peut-elle rendre vaine cette reconnaissance par une simple dénégation de paternité?

De plus, dans le cas où elle ne reconnaîtrait pas l'enfant et que celui-ci aimerait mieux être reconnu par elle que de l'être par celui qui l'a déjà reconnu, peut-il, à l'aide d'un commencement de preuve par écrit, rechercher la maternité? Et si on lui oppose la première reconnaissance et l'article 342, sa demande sera-t-elle absolument non-recevable, ou ne le sera-t-elle que jusqu'à ce qu'il ait fait tomber cette reconnaissance?

La maternité est un fait matériel, certain, ou du moins susceptible d'être établi avec toute la certitude qui peut accompagner la démonstration des autres choses humaines. La paternité, au contraire, ne repose que sur des probabilités, des conjectures. La déclaration faite par un individu qu'il est le père de tel enfant, en admettant même qu'elle fût faite de bonne foi, n'a d'autre base que son opinion personnelle, opinion plus ou moins fondée, mais qui, par cela même qu'elle n'est pas de nature à être contredite, n'en est que plus incertaine : aussi ne peut-elle contre-balancer celle de la mère. Il n'a donc pu dépendre d'un tiers, en la faisant, d'empêcher celle-ci de reconnaître son enfant, quand d'ailleurs la loi dit positivement que la reconnaissance faite par ce tiers est sans effet à l'égard de la mère (art. 336), et que, dans l'espèce, elle ne pouvait même avoir lieu. Car si elle est fondée sur la réalité et que l'enfant soit bien né de celle qui s'en prétend la mère, cette reconnaissance a nécessairement eu pour objet un enfant né d'un commerce incestueux. Au lieu que celle de la mère n'emporte point les mêmes conséquences, puisque l'enfant peut être né de tout autre individu que celui qui s'en est reconnu le père, et c'est même ce que la loi suppose. Il faudrait donc, pour la rendre sans effet, prouver qu'elle est mensongère, qu'elle n'a été faite que pour rendre nulle la première. Ce serait sous le rapport de sa sincérité, et non sous celui de sa qualité, qu'elle devrait être combattue ; tandis que celle du père est aussi susceptible de l'être sous ce dernier rapport que sous le premier.

D'après ces principes, la mère peut efficacement reconnaître l'enfant, et lorsqu'il se présentera à sa succession pour y recueillir la portion attribuée aux enfans naturels, si on lui oppose la première reconnaissance, il la repoussera par voie de simple exception, comme nulle et de nul effet, comme n'ayant pu avoir lieu aux termes des articles précités. En un mot, ce que l'enfant pourrait dire contre une reconnaissance postérieure à celle faite par sa mère, il peut le dire contre une reconnaissance antérieure. Son état doit dépendre de la nature et de la loi, et non d'une priorité de date, c'est-à-dire du hasard.

199. Sans doute, reconnu aussi par sa mère, il ne pourrait se présenter à la succession de celui qui s'est déclaré son père pour y réclamer les droits fixés par les articles 757 et 758, sans avoir préalablement fait tomber la reconnaissance faite par la mère, et il ne pourrait réussir qu'en prouvant qu'il est né d'une autre femme, ou qu'il n'a pu naître de celle qui l'a reconnu.

200. Mais il pourrait, sans cela, réclamer les li-

béralités qui lui auraient été faites par celui qui
s'en est avoué le père, attendu qu'il n'a pu en être
valablement reconnu, pas plus avant la reconnaissance de la mère que depuis : il est toujours censé
né de tout autre individu, supposition qui est peut-
être une réalité. C'est ce qui va être démontré
par la jurisprudence de la Cour suprême, comme
conséquence nécessaire du principe prohibitif de
toute reconnaissance qui imprimerait à l'enfant le
sceau de l'inceste. Or, c'est celle du père qui, par
sa corrélation avec la maternité reconnue, produirait ce résultat.

201. Quant au second point, celui de savoir si,
nonobstant la reconnaissance faite par le prétendu
père, l'enfant peut, à l'aide d'un commencement
de preuve écrite, rechercher la maternité, nous
dirons aussi que, par le fait de sa naissance, il
avait, d'après l'article 341, le droit de rechercher
sa mère, et ce droit n'a pu lui être enlevé par une
reconnaissance de paternité fausse ou réprouvée
par la loi. Il la repousserait par voie d'exception,
si elle lui était opposée sur sa demande, ou à tout
autre époque. Il est vrai que l'article 342 porte
qu'un enfant ne sera jamais admis à la recherche
soit de la paternité, soit de *la maternité*, dans les
cas où, suivant l'article 335, la reconnaissance
n'est pas admise : or, peut-on dire, par la recherche
de la maternité et son rapprochement avec la paternité reconnue, l'enfant serait incestueux, il se-

rait un enfant dont la reconnaissance est proscrite par l'article 335. Mais l'objection n'est qu'un cercle vicieux ; c'est la supposition de ce qui est en question, la paternité réelle de celui qui s'est reconnu le père, et c'est ce que l'enfant nie. Il ne peut sans doute être légalement reconnu par l'un et l'autre ; mais c'est précisément pour cela qu'il peut très-bien prétendre être l'enfant de celle qu'il recherche pour sa mère, sans être celui de l'individu qui s'en est reconnu le père. La maternité, nous l'avons dit, est un fait certain ou du moins très-susceptible de le devenir, tandis que la paternité est couverte d'un voile impénétrable ; c'est un fait conjectural, c'est l'opinion personnelle de celui qui l'a avouée ; mais un fait qui ne saurait jamais, sous le rapport de la certitude, balancer celui de la maternité. L'article 342 n'a donc pas pour objet de déterminer l'état de l'enfant d'après une priorité de reconnaissance ; ce serait injuste, absurde, puisque ce serait faire dépendre le sort d'un enfant du caprice ou de l'intérêt, de la haine ou de la vanité d'un tiers. Ce qu'il veut, c'est que la recherche de la maternité ne puisse avoir lieu quand l'enfant voudrait en faire subsister les effets avec ceux de la paternité reconnue par un individu parent ou allié de la mère au degré prohibé pour le mariage. C'est ce concours qu'il proscrit, afin que le principe de l'article 335 soit respecté. Mais précisément il le sera, si la reconnaissance de paternité est sans effet, et elle doit l'être, puisqu'elle ne devait pas

avoir lieu. Car enfin, en reconnaissant un enfant
naturel, un homme ne fait pas un acte d'adoption;
il n'est le père de cet enfant que parce qu'il l'a eu
de TELLE femme, qu'il connaît, qu'il peut désigner;
or, l'enfant de cette femme ne pouvait être reconnu
par lui, et la reconnaissance qui aurait évidemment été sans effet, si elle eût eu lieu après celle
de la mère ou la recherche de la maternité, ne doit
pas changer l'état de l'enfant parce qu'elle a été
faite auparavant. La date des actes ne doit exercer
aucune influence sur la condition de cet enfant,
qui peut, comme sa mère, repousser une déclaration de paternité, peut-être chimérique, peut-être
frauduleuse, qui lui nuit, qui les flétrit tous trois,
et qui n'a eu lieu qu'au mépris de la disposition de
la loi, s'il parvient en effet, comme il le demande,
à prouver que cette femme est sa mère.

Mais alors il aura perdu tout droit de successibilité à l'égard de celui qui l'avait reconnu; et s'il en
avait *exigé* des alimens étant majeur, il l'aurait par
cela même avoué pour père, et ne pourrait plus
rechercher la maternité elle-même. A ce cas s'appliquerait très-bien l'article 342, en ce qui concerne la prohibition de rechercher la *maternité*.

202. Ces principes doivent aussi recevoir leur
application au cas où les deux reconnaissances auraient été faites par le même acte, soit par celui
de naissance, soit par un postérieur: l'enfant peut
toujours combattre celle de paternité, comme incompatible avec celle de la mère.

2o3. Voyons quant aux enfans adultérins. Trois cas peuvent se présenter.

Un enfant peut être né d'une femme mariée et d'un individu autre que le mari ;

Ou d'un individu marié et d'une femme libre ;

Ou enfin de deux personnes qui ont contracté de mauvaise foi mariage ensemble, pendant que l'une d'elles, ou toutes deux, était engagée dans les liens d'une première union.

2o4. Dans la première hypothèse, celle d'un enfant désavoué par le mari (1), cet enfant ne pourra recevoir de sa mère que des alimens.

2o5. Mais son incapacité est seulement relative à sa mère : tout autre personne pourra lui donner. Il n'en est pas de lui comme d'un mort civilement, dont l'incapacité de recevoir est absolue. Le complice même de la mère n'a pu légalement le reconnaître (art. 335), de même qu'on ne pourrait rechercher sa paternité (art. 342 analysé) (2) ;

---

(1) Non pas dans le cas où il serait né avant le cent quatre-vingtième jour de la célébration du mariage, car il serait naturel simple ; mais dans ceux prévus aux articles 312 et 313.

(2) On dira sans doute qu'ici l'adultère étant constant, le motif qui a dicté la disposition de cet article 342 ne se fait plus sentir ; par conséquent qu'on doit pouvoir prouver contre l'enfant qu'il est l'enfant adultérin de celui qui lui a fait des libéralités, lequel, à ce titre, ne pouvait lui donner que de simples alimens, d'autant mieux qu'en disant : « *l'enfant* ne sera jamais admis à la recherche, soit de « la paternité, soit de la maternité, dans les cas où la reconnaissance « n'est pas admise, » l'article restreint la prohibition de cette recherche à l'enfant. Mais on répondrait que le principe est absolu ; dès que la reconnaissance est proscrite, la recherche de la paternité l'est

en sorte que cet enfant peut en recevoir des libéralités, comme de tout autre individu.

206. Dans le second cas, celui d'un enfant né
d'une femme libre et d'un homme marié, et lorsqu'il a été reconnu par lui, s'applique tout ce que
nous avons dit relativement à l'enfant reconnu par
le frère ou l'oncle de la mère. Il sera réputé naturel simple par rapport à la sienne, et la reconnaissance du prétendu père ne pourra même lui être
opposée pour faire annuler les libéralités faites à
son profit par ce dernier (1).

207. A plus forte raison ne serait-il pas permis

également, et c'est ce qui explique pourquoi l'article précité ne parle
que de celle que voudrait faire l'enfant. La raison est absolument la
même pour interdire celle que l'on voudrait faire contre lui, comme
celle qu'il voudrait faire lui-même, et le principe une fois établi, il
n'en faut point éluder les conséquences.

(1) *Voy.* l'arrêt rendu par la Cour de Paris, le 13 août 1812, en
faveur des enfans reconnus par le sieur de Lanchère, qui était marié
à l'époque de leur naissance, et même à celle où il les avait reconnus.
Nonobstant la réclamation des collatéraux, fondée sur ce que les
enfans adultérins ne peuvent recevoir que de simples alimens, les
libéralités qu'il leur avait conférées furent maintenues, attendu qu'il
n'avait pu les reconnaître, que sa reconnaissance était nulle et de
nul effet, qu'elle ne pouvait leur préjudicier, et par conséquent, que
ces enfans étaient capables de recevoir de lui comme de tout autre.
Le recours contre cette décision a été rejeté par arrêt de la Section
civile, du 28 juin 1815, fondé sur les mêmes motifs. (Sirey, 15,
1, 329.)

La Cour de cassation, par sa décision du 11 novembre 1819 (Sirey,
20, 1, 122), a encore reconnu le principe que la déclaration de paternité adultérine est contraire au vœu de la loi et incapable de nuire
à l'enfant.

Enfin par arrêt de cassation du 9 mars 1824 (Sirey, 24, 1, 114),

de rechercher la paternité contre l'enfant pour faire annuler les dispositions faites à son profit par l'individu que l'on prétendrait en être le père adultérin, et le réduire à de simples alimens. Cette recherche, comme nous l'avons dit, est proscrite par des motifs de morale publique, d'intérêt général (1).

208. Enfin, quant aux enfans nés d'un mariage contracté de mauvaise foi de la part des deux époux avant la dissolution d'une première union, ces enfans sont adultérins par rapport au père et à la mère; ils n'en pourront recevoir que de simples alimens. Ce n'est point ici une reconnaissance prohibée par la loi; le mariage, quoique nul pour vice

---

la même Cour a encore jugé, probablement *in terminis*, que, nonobstant la reconnaissance d'un enfant adultérin par le prétendu père, cet enfant lui reste absolument étranger; qu'il en peut recevoir des libéralités comme de toute autre personne; que cette reconnaissance ne peut ni nuire ni profiter à l'enfant, attendu que le but de la loi ayant été de prévenir les révélations scandaleuses d'inceste et d'adultère, la nullité de ces reconnaissances n'en laisse subsister aucun effet.

(1) *Voy.* les arrêts de cassation des 14 mai 1810 (Sirey, 10, 1, 272) et 17 décembre 1816 (Sirey, 17, 1, 191) : attendu, porte ce dernier arrêt, « que les articles 335 et 342 du Code civil interdisent d'une « manière absolue la *recherche de la paternité* et *la reconnaissance des* « *enfans adultérins*, et qu'en statuant, sans preuve *légale*, qu'il est « reconnu qu'Adélaïde Gillet est enfant adultérin, l'arrêt a admis une « *recherche* de paternité et une *reconnaissance prohibées* par ces ar- « ticles, la Cour casse. »

Nouvelle confirmation du principe que la reconnaissance faite par un individu qui serait père incestueux ou adultérin, est sans effet contre l'enfant, soit qu'elle ait eu lieu dans l'acte même de naissance, soit qu'elle ait été faite par un acte postérieur, et soit qu'elle ait précédé celle de la mère, ou qu'elle l'ait suivie.

de bigamie, subsistait néanmoins tant que l'annulation n'en était pas prononcée, et les enfans nés d'un mariage doivent être inscrits aux actes de l'état civil sous les noms de leurs père et mère; la loi le recommande expressément. La reconnaissance de ces enfans n'était donc point faite au mépris de ses dispositions; ce n'était point une de ces reconnaissances *volontaires* qu'elle prohibe dans l'intérêt des bonnes mœurs; c'était une reconnaissance forcée, résultat nécessaire de la position particulière de ceux qui l'ont faite : tellement que, lors même que les actes de naissance n'auraient été signés ni par le père ni par la mère, ils n'en détermineraient pas moins la paternité et la maternité jusqu'à inscription de faux, puisqu'il s'agit d'enfans nés dans le mariage, dont la filiation se prouve pas les actes de naissance inscrits sur les registres de l'état civil.

209. Nous avons dit qu'en prohibant la reconnaissance des enfans incestueux ou adultérins, le législateur avait eu en vue la conservation des bonnes mœurs, qu'il a été mú par le désir de prévenir des procès scandaleux, et nous avons conclu du principe qu'il consacre que si la reconnaissance faite par le père ne leur donne cette qualité que par sa corrélation avec celle de la mère, de manière que, sans elle, on pourrait croire qu'ils sont issus d'individus qui étaient capables de s'unir par le mariage, on ne peut la leur opposer avec

effet; qu'ils peuvent la combattre comme les enfans *Lanchère* ont combattu avec succès celle qu'on
leur opposait. Mais cette reconnaissance est-elle
également sans force par rapport aux alimens? C'est
selon nous, et d'après ce que la jurisprudence de
la Cour de cassation a définitivement fixé sous le
premier rapport, le seul point qui puisse maintenant être l'objet d'une sérieuse difficulté. Voici ce
que disait à cet égard M. Siméon au Corps-Législatif :

« Quoique les enfans adultérins ou incestueux
« ne puissent être légalement reconnus, leur exis-
« tence est un fait qui peut quelquefois être évi-
« dent. Un enfant aura été valablement désavoué
« par un mari; il aura été jugé le fruit de l'adultère
« de l'épouse : le crime de sa mère ne saurait la dis-
« penser de lui donner des alimens (1). Un homme
« aura signé comme père un acte de naissance sans
« faire connaître qu'il est marié à une autre femme
« que la mère du nouveau-né, ou que la mère est
« sa sœur, il aura voulu faire *fraude à la loi* (2) :
« l'enfant, ignorant le vice de sa naissance, se pré-
« sentera dans la succession pour y exercer les

_____

(1) Il ne peut y avoir aucun doute sur ce cas, puisqu'il ne s'agit
pas d'une reconnaissance volontaire, prohibée par la loi, mais bien
d'une reconnaissance forcée.

(2) *Voy.* pour le cas où l'officier de l'état civil serait instruit de ces
circonstances, ce qui a été dit au tom. Ier, n° 316, relativement aux
déclarations qu'il ne doit pas consigner dans l'acte, d'après la disposition que les actes de l'état civil ne doivent contenir que *ce qui doit
être déclaré par les comparans.* (Art. 35.)

« droits (légaux) d'enfant naturel : on le repoussera
« par la preuve qu'il est né d'un père qui ne pouvait
« légalement l'avouer (1). Mais l'aveu, de fait, écrit
« dans son acte de naissance, lui restera et lui pro-
« curera des alimens. Cette disposition est conforme
« à l'ancien droit, et il était nécessaire de la con-
« server ; car enfin, les enfans adultérins ou inces-
« tueux n'en sont pas moins des hommes, et tout
« homme a droit de recevoir au moins des alimens
« de ceux qui lui ont donné la vie. »

La question s'est présentée plusieurs fois.

D'abord à la Cour de Montpellier, dans l'espèce
d'un enfant adultérin. Le père l'avait reconnu par
son testament olographe, et par le même acte il
lui avait donné une certaine quotité de ses biens :
la Cour a décidé que des alimens lui étaient dus.
Mais il n'y a rien à conclure de cet arrêt, car de
deux choses l'une : ou l'acte valait comme reconnaissance, ou il fallait l'écarter à ce titre ; or, dans
ce dernier système, le legs était valable. Il n'y avait
pas de raison pour scinder les dispositions pour les
détruire l'une par l'autre. Tout ce qu'on pouvait
faire contre l'enfant, c'était de réduire à de simples
alimens la quotité de biens qui lui avait été léguée.

---

(1) Oui, quand il sera né d'un homme marié à une autre femme ; il
suffira alors de comparer sa naissance avec le mariage de celui qui
s'est reconnu le père, pour l'écarter de sa succession. Mais si l'on
prétend que l'enfant est né de la sœur de celui qui l'a reconnu, et qui
ne l'a point elle-même avoué, on ne pourra le repousser, même en
offrant de prouver qu'elle est sa mère ; car la recherche de la maternité incestueuse est interdite. (Art. 342.)

Sur le recours en cassation (1), M. l'avocat-général Daniels disait, comme nous, que l'acte valait sinon comme reconnaissance, au moins comme legs.

Mais la Cour de Bruxelles (2) a réellement jugé la question. Elle a décidé que la reconnaissance, par acte authentique, d'un enfant adultérin, lui donnait droit à des alimens, attendu que cet acte était valable en la forme, aux termes de l'art. 334, et valable au fond, nonobstant l'art. 335, qui n'a pu, selon cette Cour, vouloir autre chose, en prohibant la reconnaissance des enfans adultérins, si ce n'est de les empêcher de venir réclamer les droits attribués aux enfans naturels simples par les articles 757 et 758; motif que l'on prête gratuitement au législateur, ainsi que nous croyons l'avoir démontré. Il eût bien mieux valu dire, avec M. Siméon, que la loi civile n'a pas voulu faire taire les lois de la nature; qu'elle désavoue, il est vrai, ces reconnaissances, et qu'elle proscrit, par le même motif, la recherche de la paternité dans les mêmes cas; mais cependant quand de fait elles ont eu lieu, les lois de l'humanité et de la nature reprennent leur empire.

Enfin celle de Nanci a décidé (3) qu'une reconnaissance, sous seing-privé (4), d'un enfant adul-

---

(1) *Voy.* l'arrêt du 28 prairial an XIII. Sirey, tom. V, part. 1, p. 357. Mais plus haut, n° 78, nous en rapportons un de la Cour de Rouen rendu en sens contraire.

(2) *Voir* l'arrêt du 29 juillet 1811. Sirey, 11, 2, 484.

(3) Par arrêt du 20 mai 1816. Sirey, 17, 2, 149.

(4) Qui n'était même pas représentée, mais dont l'existence avait été avouée.

III.   14

térin, faite par un mari, donnait à cet enfant le droit d'en exiger des alimens. Ils avaient été fixés par l'acte à une certaine quantité de mesures de blé par an : le procès roulait sur le paiement de cette obligation. La Cour a péniblement motivé son arrêt sur la prétendue impossibilité d'appliquer l'article 762 si l'on a aucun égard aux reconnaissances faites par les père et mère des enfans incestueux ou adultérins, et surtout sur ce que l'article 335 a uniquement pour objet d'empêcher les enfans de cette qualité de venir réclamer les droits de successibilité accordés aux naturels simples. Mais il n'était pas besoin de tant d'efforts : il suffisait de déclarer l'obligation valable comme ayant une juste cause, et d'en ordonner l'exécution, d'autant mieux que la pension était infiniment modique, et la demande extrêmement digne de faveur. Pour cela, il n'y avait pas nécessité de juger, en principe, qu'une reconnaissance sous seing-privé d'un enfant adultérin est valable, à l'effet de lui donner le droit d'exiger des alimens. Cela n'est peut-être pas vrai, même lorsqu'elle est faite au profit d'un enfant naturel simple, si elle n'est accompagnée de la promesse expresse de payer une pension alimentaire, puisque l'article 334 exige que les reconnaissances aient lieu par acte authentique (1). Ce système peut avoir de dangereuses conséquences; si les alimens étaient refusés, les débats scandaleux que le législ-

---

(1) Mais nous reviendrons sur ce point, n° 231, *infra.*

lateur a voulu prévenir s'élèveraient malgré ses sages précautions.

§. II.

En quelle forme les enfans naturels peuvent-ils être reconnus.

210. L'article 334 porte : « La reconnaissance « d'un enfant naturel sera faite par un acte authen- « tique, lorsqu'elle ne l'aura pas été dans son acte « de naissance. »

On a voulu prévenir le danger des surprises et des séductions, danger moins grave lorsque l'acte est reçu par un officier public. On a pensé aussi qu'il fallait donner à l'état de l'enfant une base plus solide que celle offerte par un acte sous signature privée, si facile à supprimer. Mais ce dernier mo- tif, qui a certainement influé sur la décision du législateur, n'est pas le principal ; autrement on n'aurait pu raisonnablement le rétorquer contre l'enfant, en lui opposant le défaut d'authenticité de l'acte, comme on le peut incontestablement d'a- près les principes actuels.

211. Au reste, il ne faut pas inférer de ces mots, *lorsqu'elle ne l'aura pas été dans son acte de nais- sance,* que la reconnaissance d'un enfant naturel ne peut avoir lieu pendant la grossesse de la mère : l'article 334 ne détermine aucune époque où elle peut être faite. Il n'y avait d'ailleurs aucun motif

raisonnable d'empêcher un individu, qui se voit sur le point de mourir, de reconnaître l'enfant qui lui devra le jour (1). Il est vrai qu'on ne peut, dans ce cas, déterminer son sexe, ni indiquer ses prénoms; que le père ne peut déclarer autre chose, si ce n'est qu'il se reconnaît le père de l'enfant dont TELLE femme est enceinte; mais le sexe et les prénoms seront constatés par l'acte de naissance, et celui de reconnaissance s'y référera par la mention qui en sera faite en marge du premier.

212. La loi n'ayant pas désigné l'officier public compétent pour revoir l'acte authentique de reconnaissance, on doit conclure de son silence à cet égard, que non-seulement l'officier de l'état civil, mais aussi les notaires et les juges de paix assistés de leurs greffiers, ont qualité à cet effet (2).

213. Il n'est pas nécessaire que l'acte authentique soit *ad hoc.* Ainsi la reconnaissance est valablement faite dans l'acte de mariage de l'enfant.

---

(1) *Voy.* l'arrêt de la Cour de cassation, du 16 décembre 1811, rendu en ce sens. (Sirey, 12, 1, 81.)

(2) Cela ne saurait être douteux quant aux notaires, puisqu'ils sont spécialement chargés de recevoir les actes authentiques volontaires; et quant aux juges de paix, leur compétence fut formellement reconnue par M. Tronchet, lors de la discussion au Conseil d'État. Il a même été jugé par la Cour d'Amiens, et ensuite en cassation par arrêt de rejet, que la reconnaissance d'un enfant naturel constatée par un greffier de juge de paix, hors la présence et sans le concours du juge, au moyen d'un procès-verbal placé au rang des minutes des actes de la justice de paix, est authentique dans le sens de l'art. 334. Arrêt du 15 juin 1824. (Sirey, 24, 1, 338.)

214. La Cour de Riom a même jugé qu'elle pouvait résulter de termes énonciatifs : en conséquence, elle a décidé qu'un enfant naturel avait été authentiquement reconnu dans son contrat de mariage, où il avait pris la qualité de fille d'un TEL, qui avait approuvé et signé le contrat (1). Cette décision est conforme aux principes; car c'était là une énonciation qui avait un rapport direct avec les dispositions principales de l'acte, dans lequel le père figurait pour doter l'enfant. Elle faisait donc foi, suivant l'article 1320, sans préjudice néanmoins du droit de la faire annuler pour surprise ou dol, conformément à l'article 1116.

215. Mais qu'entend-on par acte authentique en matière de reconnaissance d'enfant naturel?

On a écrit qu'il n'était pas douteux qu'un testament olographe ne fût un acte authentique dans le sens de la loi, parce que l'article 289 de la coutume de Paris le réputait acte *solennel*, et que le Code civil confie pareillement au testateur et l'autorité pour disposer, et un caractère pour rédiger sa volonté (2).

---

(1) *Voy.* l'arrêt du 29 juillet 1809. Sirey, 10, 2, 266.

(2) C'est d'après ce motif que la Cour de cassation, par son arrêt du 3 septembre 1806 (Sirey, 1806, 1, 409) et que l'on cite à l'appui de cette opinion, a considéré comme valable la reconnaissance insérée dans un testament olographe, fait à Paris, *antérieurement* au Code. Ce testament avait d'ailleurs été déposé chez un notaire et mis au rang de ses minutes. Enfin, l'enfant était institué légataire universel, et selon nous, et comme l'a jugé la Cour de cassation elle-même dans d'autres circonstances, il aurait pu avoir les biens comme

Mais de ce que sous l'empire de la coutume de Paris le testament olographe était réputé solennel, il n'était pas pour cela *acte authentique;* il était solennel en tant que les formes prescrites pour tester valablement de cette manière étaient solennellement remplies, et voilà tout. Aujourd'hui ce testament, dans toute la France, est un acte privé, tellement que si l'écriture est méconnue, c'est au légataire à prouver qu'elle est l'ouvrage du testateur. Sa date seule fait foi comme celle d'un acte authentique. On peut aussi disposer de ses biens par acte sous seing-privé : la loi permet de les vendre en cette forme; elle donne au vendeur autorité pour déclarer et attester sa volonté à cet effet, et certes il n'en faut pas inférer que la reconnaissance d'un enfant naturel dans un acte de vente sous seing-privé serait valable, quand cependant elle le serait incontestablement si l'acte était authentique.

216. Au surplus, comme il y aura presque toujours quelques dispositions de biens en faveur de l'enfant reconnu par ce testament, il les recueillera comme légataire, si on lui conteste sa qualité d'enfant (1), attendu qu'en principe la fausse qualifi-

---

légataire, dès qu'on lui disputait la qualité d'enfant naturel légalement reconnu. Il n'y a donc rien à conclure de cet arrêt. *Voy.* aussi le n° suivant, note 1ʳᵉ.

(1) La Cour de Rouen a jugé en ce sens le 20 juin 1817 : elle a décidé qu'une reconnaissance sous seing-privé, entièrement écrite, datée et signée par le père, et qui donnait, en outre, à l'enfant la

cation du légataire et la fausse cause du legs ne le vicient pas (1). Mais il ne pourra porter le nom.

217. Quant au testament mystique, on doit le regarder comme une reconnaissance authentique dans le sens de l'article 334 : l'acte de souscription est authentique et imprime en quelque sorte l'authenticité à l'écrit présenté au notaire. On peut sans doute élever à cet égard quelques objections, tirées notamment de ce que ce testament a besoin d'être présenté au président du tribunal pour être mis à exécution, comme le testament olographe lui-même; mais cette formalité n'est prescrite que pour l'exécution du testament : la déclaration de volonté et d'intention n'est pas moins authentique par la corrélation de l'acte de suscription avec celui qui a été présenté au notaire. Le danger des surprises et des séductions, principal motif qui a dicté la disposition de l'article 334, ne se fait d'ailleurs pas sentir dans un acte présenté comme un testament à un officier public en présence de six témoins.

218. D'après cela, nous pensons que si un testament olographe, contenant reconnaissance d'un enfant naturel, a été déposé chez un notaire par le testateur, et qu'il y ait acte de dépôt qui con-

---

quotité de biens déterminée par l'article 757 du Code, devait être regardée comme un testament olographe, et exécutée en conséquence. (Sirey, 17, 2, 423.)

(1) §§. 30 et 31, INSTIT. *de Legatis.*

state la présentation par lui-même, surtout avec déclaration qu'il renferme un aveu de paternité, cet acte donne l'authenticité à la reconnaissance. La jurisprudence est conforme à ce principe (1). En faisant le dépôt, l'auteur de l'acte jouit de toute sa liberté.

219. Si la reconnaissance a été faite dans un testament par acte public, le testateur peut-il la révoquer?

D'abord, le notaire ne peut lui remettre la minute de l'acte : la loi du 25 ventôse an xi, sur *le Notariat,* oblige les notaires de garder les minutes des actes qu'ils reçoivent, et qu'ils ne sont pas autorisés à délivrer en brevet; et elle ne fait pas d'exception pour les testamens. On a fait tout ce qu'il fallait en permettant au testateur de révoquer son testament par un acte authentique portant déclaration de changement de volonté, ou par un testament postérieur. (Art. 1035.)

Mais peut-il, en révoquant celui qui renferme la reconnaissance, en détruire l'effet?

Il nous semble que l'état de l'enfant ne peut lui être enlevé; la reconnaissance n'est rien autre chose que la déclaration du fait de paternité. Elle n'est pas, comme la disposition des biens, subordonnée à une condition, la persévérance de volonté du dé-

---

(1) En effet, les Cours de Caen et de cassation, notamment, ont jugé que la convention d'hypothèque, qui, aux termes de l'art. 2127, doit, pour être valable, être faite par acte authentique, produit néanmoins son effet quand elle est consignée dans un acte sous seing-privé déposé par le débiteur lui-même chez un notaire, qui en dresse un acte de dépôt. *Voy.* les Arrêts des 15 janvier 1814 et 11 juillet 1815, dans Sirey, 15, 1, 336.

clarant, parce qu'elle n'est point une libéralité. Les effets pécuniaires qui en dérivent viennent de la loi plutôt que de l'homme, qui, en la faisant, n'a fait que rendre hommage à ce qu'il a cru être la vérité. Le principe de cette déclaration n'est point dans le testament, il est dans le fait de la paternité; l'acte n'est que le mode de manifestation de ce fait, et puisqu'il est authentique, il a fixé l'état de l'enfant comme si la reconnaissance avait eu lieu par tout autre acte public. L'état est acquis, et il ne doit pas dépendre des variations du testateur, de l'instabilité de sa volonté. Qu'il en soit ainsi pour les dispositions de biens, rien de mieux, la loi l'a voulu et avec raison; mais ce n'est qu'en cela que consiste le testament (art. 895); tandis que la reconnaissance de l'enfant n'est pas une disposition de biens, quoique la loi, par voie de conséquence, y attache des effets pécuniaires : ce n'est que l'aveu du fait de paternité. Or, comme cet aveu serait irrévocable s'il avait eu lieu par tout autre acte authentique, il doit l'être également quoiqu'il ait eu lieu dans un testament.

Sans doute l'enfant ne pourra s'en prévaloir du vivant du testateur, parce qu'un testament est un acte dont le secret n'appartient qu'à celui qui l'a fait; mais après sa mort, l'aveu de paternité doit produire son effet, nonobstant la révocation.

220. Comme aujourd'hui la reconnaissance d'un enfant naturel ne peut, en général, être exigée de

celui qui ne la veut pas faire, il faut en conclure que celle qui a lieu sur poursuites dirigées afin de l'obtenir est très-valable, si d'ailleurs elle est exempte du vice de violence. Ces poursuites n'ont pas par elles-mêmes un caractère de contrainte capable de la vicier. Cette reconnaissance est toujours réellement volontaire, puisque celui qui l'a faite savait ou était censé savoir qu'il pouvait se refuser à la faire (1).

221. Nonobstant la disposition de l'article 54 du Code de procédure, qui porte que les *conventions* des parties, insérées au procès-verbal de conciliation, ont force d'*obligation privée*, nous pensons également que la reconnaissance faite au bureau de paix est valable (2). Personne n'ignore que cette disposition nouvelle n'a été introduite qu'afin que dans les ventes et constitutions d'hypothèques le ministère des notaires ne fût pas éludé. Mais le procès-verbal est si bien authentique, qu'il fait foi jusqu'à inscription de faux, parce qu'en effet il est

---

(1) *Voy.* l'arrêt de la Cour de Pau et celui de rejet du pourvoi, en date du 6 janvier 1808 (Sirey, 1808, 1, 86). Nous n'ignorons pas qu'il en existe qui ont décidé qu'une reconnaissance faite par transaction sur recherche de la paternité, est nulle, comme n'étant pas *volontaire*; mais c'est, selon nous, abuser du sens de ce mot. La loi ne dit pas que l'aveu de paternité doit être *spontané*; elle dit seulement qu'il doit être authentique, et, comme tout autre contrat, exempt du vice de violence ou de dol, et que la recherche (judiciaire) de la paternité est interdite.

(2) Dans l'espèce de l'arrêt ci-dessus, elle avait été faite en cette forme.

dicté par un magistrat et rédigé par un officier public. D'ailleurs, l'article parle des *conventions*, ce ce qui s'entend des accords, des traités intervenus entre les parties sur des objets qui pouvaient devenir entre elles la matière d'un litige ; tandis que la reconnaissance de paternité n'est que le simple aveu d'un fait, qui n'était même pas le sujet d'une contestation fondée, puisqu'en principe la recherche de la paternité est interdite.

222. La procuration (1) à l'effet de reconnaître un enfant naturel doit être spéciale et authentique, si la reconnaissance est faite devant l'officier de l'état civil. (Art. 36.) (2)

Si elle est reçue par un notaire, on reste dans les termes généraux du droit ; et le pouvoir par acte sous seing-privé, même par lettre, suffit, pourvu qu'il soit spécial (art. 1985), et, conformément à la loi de ventôse an XI, qu'il soit annexé à l'acte.

Pour plus de régularité, il devrait être enregistré.

223. Mais une simple lettre remise au notaire,

---

(1) Une femme pourrait être mandataire ; la loi ne le défend pas.

(2) La Cour de Riom a jugé en ce sens, en décidant que la reconnaissance faite devant l'officier de l'état civil, par un tiers, en vertu d'un mandat contenu dans une lettre, était nulle, bien que la lettre eût été déposée et annexée à l'acte. Arrêt du 26 février 1817. (Sirey, 18, 2, 25.)

Celle de Bruxelles a jugé le contraire le 11 juillet 1808 (*Recueil de Jurisprudence du Code civil*, tom. XI, pag. 269); mais il n'est pas inutile d'observer qu'il s'agissait d'une reconnaissance faite en 1782.

sans mandat spécial conféré au porteur, doit être regardée comme insuffisante : elle pourrait être le fruit de la séduction, d'une surprise, de l'abus d'un blanc seing. Le notaire n'attesterait rien autre chose, si ce n'est qu'une lettre lui a été remise; il n'attesterait pas qu'une déclaration lui a été faite *au nom* de celui qui avouerait l'enfant en cette forme, comme il le fait quand la lettre emporte pouvoir exprès de le reconnaître. Dans ce dernier cas, l'abus d'un blanc seing est bien moins à craindre, parce que celui qui en ferait usage après l'avoir rempli d'un mandat à l'effet d'avouer la paternité, s'exposerait à toutes les suites d'une déclaration fausse. Au lieu que la simple remise d'une lettre ne présente pas les mêmes garanties contre la fraude, et surtout contre le danger des séductions.

224. Voyons maintenant quel est l'effet d'une reconnaissance sous seing-privé.

Celui qui l'a faite peut-il être contraint de reconnaître en justice son écriture ou sa signature, de manière que s'il s'y refuse, la vérification en puisse être ordonnée et la reconnaissance devenir authentique par le jugement qui tiendrait l'acte pour reconnu ?

Doit-on, à cet égard, distinguer entre celle faite par la mère et celle faite par le père ?

Et en admettant qu'une telle reconnaissance ne confère pas à l'enfant les droits attachés à la qualité d'enfant naturel légalement reconnu, tels que le nom de celui ou de celle qui l'a faite, et la quotité de biens réglée par les articles 757 et 758, lui donne-t-elle au moins le droit d'exiger des alimens?

225. Sur le premier point, nous ferons d'abord remarquer que si l'acte sous seing-privé était ensuite volontairement reconnu dans un acte authentique, il ferait la même foi que s'il avait été passé en cette forme. (Art. 1322.)

226. Mais s'il n'est pas reconnu, on ne peut conclure, contre celui qui l'a souscrit, à la reconnaissance ou à la vérification d'écriture; car, puisque cet acte est insuffisant par lui-même, la demande à fin de reconnaissance ou de vérification ne serait rien autre chose qu'une véritable recherche de paternité, basée, il est vrai, sur l'acte, mais indistinctement proscrite par le Code, sauf le cas d'enlèvement.

S'il en était autrement, autant aurait-il valu dire que la reconnaissance pourrait être faite sous seing-privé, attendu que le résultat serait toujours ou devrait être toujours le même, dans la supposition que l'acte sous seing-privé serait sincère, comme nous supposons qu'il l'est en effet : on aurait du moins évité un procès aux parties. Mais dans ce système, le but de la loi, qui est de préserver les citoyens des dangers des surprises et des séductions, serait tout-à-fait manqué. Le défendeur peut donc se refuser à reconnaître l'acte et se contenter d'opposer la fin de non-recevoir tirée des dispositions des articles 334 et 340, combinés.

Vainement on dirait que la reconnaissance de paternité n'est que le simple aveu d'un fait ; on répondrait toujours que la loi n'ajoute foi à cet aveu qu'autant qu'il est exprimé par acte authentique. Et le raisonnement déduit de ce que l'article 334 ne prescrit pas de faire la reconnaissance en cette forme, *sous peine de nullité*, tandis que l'article 931, dans le cas qu'il prévoit, porte cette peine, ne mérite pas une sérieuse réfutation. Un contrat de mariage, une constitution d'hypothèque sous signature privée, ne seraient certainement pas valables, quoique les articles 1394 et 2127 ne prononcent pas non plus expressément la nullité, et l'on ne violerait pas impunément l'article 1326, qui ne la prononce pas davantage (1).

227. La seconde question doit se décider en faveur de l'enfant, non pas en ce sens que la reconnaissance sous-seing privé de la mère prouve directement la maternité, comme une déclaration authentique la prouverait, quand d'ailleurs l'identité serait constante ; mais en ce sens que la recherche de la maternité étant admise, l'enfant peut conclure à la reconnaissance de l'acte ou à la vérification. Et si l'acte est reconnu ou tenu pour re-

---

(1) Les Cours de Limoges et de cassation ont jugé la question en ce sens. *Voy.* l'arrêt du 4 octobre 1812 (Sirey, 13, 1, 139). Nous aurons encore occasion de les citer sous un autre rapport, n° 231.

connu, il aura, d'après l'article 1322, la force d'un acte authentique de déclaration de maternité. Pour pouvoir conclure à la reconnaissance ou à la vérification de l'écriture, l'enfant n'a pas même besoin de posséder un commencement de preuve par écrit en dehors de l'acte : l'article 341 ne l'exige que pour l'admission de la preuve testimoniale. La lecture attentive de l'article ne laisse aucun doute à cet égard. Il sera sans doute obligé de justifier de son identité; mais il serait également tenu de le faire, quoiqu'il produisît une reconnaissance authentique. Cette preuve se fera donc par tous les moyens propres à établir qu'il est celui auquel s'applique l'acte, c'est-à-dire qu'il porte le nom de l'individu qui y est dénommé, que c'est bien lui que cet acte indique. Il n'aura pas non plus besoin d'un commencement de preuve par écrit pour faire cette preuve par témoins : 1° parce que l'article 341 ne l'exige que de celui qui veut établir sa filiation au moyen de la preuve testimoniale, cas dans lequel le commencement de preuve par écrit porte sur l'identité, et par conséquent présuppose que l'accouchement doit être également prouvé, tandis qu'ici l'accouchement est établi par l'acte de reconnaissance : il ne s'agit que d'en justifier l'application, comme le porteur d'un acte quelconque serait tenu de prouver, si on l'exigeait, qu'il est bien l'individu au profit duquel a été consenti l'engagement contenu dans cet acte; 2° parce que s'il fallait, pour prouver cette application, un commencement de preuve écrite, il en faudrait un aussi pour prouver celle de ce commencement de preuve lui-même, et, contre toute raison, l'on enfermerait ainsi le réclamant dans le cercle de Popilius.

228. La troisième question, celle de savoir si la reconnaissance par acte sous seing-privé donne au moins à l'enfant le droit d'obtenir des alimens, est comme la première, l'objet d'une controverse.

Elle présente principalement de l'intérêt quand il s'agit de celle faite par le père, puisque celle de la mère ferait presque toujours obtenir à l'enfant un jugement de déclaration de maternité dans les cas où on lui contesterait sa filiation.

229. D'abord, il nous semble que l'écrit par lequel un individu, sans faire une reconnaissance formelle, accorderait à son enfant naturel une pension alimentaire, ou lui promettrait, ou à sa mère pour lui, une somme annuelle ou fixe, devrait être regardé comme obligatoire. Les tribunaux pourraient le juger ainsi sans contrevenir à aucune loi; car l'obligation n'est pas moins valable, quoique la cause n'en soit pas exprimée (art. 1132). Et si le souscripteur de celle dont il s'agit soutenait qu'elle est nulle, parce qu'elle repose, dit-il, sur un fait chimérique de paternité, qu'ainsi elle est sans cause, et que c'est au demandeur, s'il prétend qu'elle en a une, à le prouver, son système de défense, en le supposant fondé en principe (1), pourrait bien

_____

(1) Selon nous, c'est en effet au porteur d'un acte qui n'a pas de

n'avoir aucun succès, parce que les juges verraient très-probablement la cause de l'obligation dans le fait de paternité, quoique non légalement reconnue (1). Ils auraient à examiner si cette promesse n'a pas été arrachée à l'incontinence par l'immoralité, à la faiblesse par la séduction, et ils prendraient sans doute aussi en considération le montant de l'obligation, relativement à l'état et à la fortune de celui qui l'a consentie.

230. Cela posé, comment pourrait-il en être autrement parce que l'acte constitutif de la pension alimentaire contiendrait aussi la reconnaissance de paternité? Cette déclaration serait au contraire une preuve évidente de l'obligation naturelle de fournir les alimens promis, et elle ne saurait vicier la cause de la promesse. La question devrait se décider d'après les principes des obligations en général, et non d'après le règles relatives à la reconnaissance des enfans naturels.

231. Mais nous ne concluons pas de là que, si l'acte sous seing-privé porte simplement reconnais-

---

cause exprimée, à prouver qu'elle existe réellement, parce que c'est lui qui argumente de la disposition de l'article 1132, suivant lequel l'obligation est valable, quoique la cause n'en soit pas exprimée dans l'acte, si toutefois elle existe réellement, ainsi que le décide l'article 1131. Mais plusieurs auteurs sont d'une opinion contraire. *Voy.* au surplus, notre *Traité des Contrats*, tom. Ier, n° 307.

(1) La Cour de Paris et celle de Cassation ont jugé absolument en ce sens. (Sirey, 8, 1, 231.) *Voy.* aussi, *suprà*, n° 209, ce que nous avons dit sur l'arrêt rendu par la Cour de Nanci; et au n° 216, celui de la Cour de Rouen; note.

III.   15

sance de l'enfant, cet enfant pourra réclamer les
alimens : c'est au surplus un point très-controversé
et digne de l'être. Ce qui nous fait incliner à cette
opinion, c'est que dans ce cas l'enfant ne les demanderait pas en vertu d'une promesse, mais seulement en vertu d'une qualité que la loi ne lui reconnaît pas. Son titre de créance résiderait tout
entier dans cette qualité; au lieu que dans les deux
cas précédens, il réside dans la *promesse*, dont la
cause, exprimée ou non, n'a rien que la loi désavoue, puisqu'elle est fondée sur le droit naturel.

On pourra bien dire que cette distinction est
plus spécieuse que solide, parce que l'acte portant
simplement reconnaissance contient aussi virtuellement l'obligation, pour celui qui le signe, de
nourrir l'enfant, et, dès-lors, que les effets devraient être les mêmes; mais on peut répondre
qu'il n'emporte cette obligation qu'autant qu'il est
conforme au vœu de la loi, attendu que, hors de là,
l'enfant n'est pas *reconnu*, et qu'il n'y a pas d'effet
sans cause. Tandis que dans le cas où il y a aussi
promesse directe de payer les alimens, la volonté
de s'obliger est suffisante, parce qu'elle est fondée
sur une cause qui existe très-probablement en fait,
quoique la loi ne fasse pas produire à la simple reconnaissance d'effet par elle-même.

Cette distinction, encore une fois, quelque sub-
tile qu'elle paraisse, semble cependant avoir servi
de base à la jurisprudence de la Cour de cassation
sur ce point; car si, comme on vient de le voir,

cette Cour a maintenu l'arrêt qui avait ordonné l'exécution de la promesse de payer des alimens à l'enfant, d'un autre côté elle a jugé que la reconnaissance sous seing-privé ne lui donnait pas le droit d'en réclamer juridiquement, « attendu, porte « l'arrêt du 4 octobre 1812 (Sirey, 13, 1, 141), que « la paternité et les effets civils ou naturels qui en « découlent étant indivisibles, l'interdiction indé- « finie de la recherche de la paternité, prononcée « par l'article 340 du Code civil, reçoit son appli- « cation à tous les cas où le titre de la demande dé- « rive de la paternité non reconnue légalement, etc.»

Si ce principe de l'indivisibilité des effets de la paternité naturelle est reconnu par plusieurs jurisconsultes, il est toutefois contesté par d'autres; mais les exemples contraires invoqués par ses adversaires ne le combattent pas victorieusement, parce qu'ils prouvent seulement que la loi, dans les cas cités, a plus ou moins restreint les effets attachés à telle ou telle qualité, effets qui n'en sont pas moins indivisibles dans la mesure de leur étendue.

Nous devons, au reste, faire observer que l'arrêt ci-dessus paraît contraire à la distinction que nous avons établie, car l'individu qui avait fait la reconnaissance avait aussi promis de payer une pension à l'enfant, et cependant la promesse a été déclarée nulle; mais la Cour de cassation a considéré que l'obligation était conditionnelle et éventuelle, et elle a décidé que la condition prévue n'étant pas arrivée, la Cour d'appel, en proscrivant la demande, n'avait fait qu'une juste application de la loi. La promesse était en effet subordonnée à certaines conditions, notamment à celle du décès de l'obligé.

§. III.

De la Recherche de la paternité ou de la maternité.

232. On a vu par ce qui précède que la simple désignation, dans l'acte de naissance d'un enfant naturel, d'un individu comme père de cet enfant, est sans effet à son égard (1) : la recherche de la paternité étant interdite, du moins en principe (art. 340), il n'y a qu'un acte de reconnaissance libre émané du père qui puisse l'attester.

233. Aussi ne peut-on la rechercher contre l'enfant lui-même, pour faire réduire à la mesure fixée par les articles 757 et 758 les libéralités qui lui ont été faites par un citoyen que l'on prétendrait être son père. La loi ne fait aucune distinction, elle dit d'une manière absolue : « La recherche de la pa- « ternité est interdite, » parce qu'en effet son exis- tence dans tel individu est aussi peu sûre dans le cas où ses héritiers voudraient la rechercher contre l'enfant, que dans celui où ce serait l'enfant lui- même qui prétendrait avoir cet individu pour père. L'article 908, qui interdit aux enfans naturels de recevoir par donation entre vifs ou par testament

(1) *Voy.* aussi au tom. Ier, nos 284 et 306.

au-delà de ce qui leur est accordé au titre *des Successions*, n'est pas contraire; il suppose que ces enfans sont *reconnus*, puisque le titre des Successions n'accorde une quotité des biens qu'à ceux qui l'ont été. La restriction qu'il apporte à la capacité de recevoir n'est relative qu'à l'enfant naturel de TELLE personne. Or, aux yeux de la loi, un enfant naturel n'est l'enfant de tel individu que lorsqu'il a été reconnu par lui : sans cette reconnaissance il lui est étranger; et il y aurait inconséquence d'appliquer une loi faite pour l'enfant naturel de tel ou tel homme, à un enfant que cette même loi ne reconnaît pas pour l'enfant de cet homme. Si la question a pu être d'abord dans le domaine de la controverse, elle en est sortie depuis long-temps. La jurisprudence, comme on l'a vu, au n° 207 *suprà*, l'a même tranchée à l'égard des enfans adultérins, qui ne peuvent cependant légalement recevoir que des alimens. Nous aurons à l'agiter aussi sous le rapport de la maternité (1).

234. Au surplus, le principe reçoit exception en faveur de l'enfant dans le cas d'enlèvement de la mère, lorsque l'époque du rapt se rapporte à celle de la conception; dans ce cas, le ravisseur, sur la demande des parties intéressées, peut être déclaré père de l'enfant. (*Ibid.*)

Les tribunaux ont, à cet égard, un pouvoir discrétionnaire. Si la femme était en effet accouchée

_____

(1) Voy. *infrà*, n° 242.

dans les premiers jours du septième mois du rapt, et que l'enfant fût tellement constitué qu'au rapport des gens de l'art il dût être regardé comme venu au monde au terme ordinaire, ou si l'accouchement n'avait eu lieu que vers la fin du dixième mois depuis qu'elle a recouvré sa liberté, le ravisseur pourrait n'être pas déclaré le père, attendu que les naissances accélérées, comme les naissances tardives, ne sont que des exceptions aux lois de la nature. La paternité n'est point une peine, c'est un fait. On devrait aussi avoir égard aux mœurs de la mère et aux autres circonstances qui ont précédé ou suivi l'enlèvement.

235. La recherche de la paternité serait même interdite dans ce cas, si le résultat devait être une filiation adultérine ou incestueuse. L'article 342 n'aurait aucun sens quant à ce point, si on ne l'entendait aussi du cas d'enlèvement, puisque l'article 340 avait déjà interdit cette recherche dans les cas ordinaires, et à plus forte raison lorsqu'elle aurait pour objet de constituer une filiation couverte du vice d'adultère ou d'inceste. Or, il faut entendre une loi dans un sens où elle a un effet, plutôt que de supposer qu'elle n'est que la répétition inutile d'une autre loi.

236. L'acte de naissance qui désigne telle femme comme mère d'un enfant naturel, et auquel elle n'est point intervenue elle-même ou par un fondé de pouvoir, ne prouve nullement sa maternité ;

elle peut le repousser par simple dénégation du fait, sans être obligée de le combattre par l'inscription de faux. L'article 45 n'est point applicable à ce cas (1), car ce que cet acte prouve, c'est qu'un enfant a été présenté à l'officier de l'état civil tel jour par telle personne; qu'on lui a donné tel nom, qu'il est de tel sexe; qu'on a *déclaré* qu'il était né de telle femme; mais l'officier de l'état civil n'a pas vu l'accouchement : il ne connaît le nom de la mère que sur le rapport d'un tiers; par conséquent, s'il a caractère pour imprimer l'authenticité au fait de cette déclaration, il ne peut de même en attester la véracité (2). D'ailleurs, l'identité du réclamant avec celui dénommé à l'acte n'est nullement prouvée par l'acte lui-même, qui peut aussi bien s'appliquer à tout autre qu'à lui, puisque chacun peut se faire délivrer des extraits des actes de l'état civil.

237. Bien mieux, cet acte ne peut même servir de commencement de preuve par écrit à l'enfant pour se faire admettre à la recherche de la maternité par le moyen de la preuve testimoniale, attendu qu'il est étranger à la femme réclamée pour mère, et que la loi exige, pour qu'un acte puisse servir de commencement de preuve, qu'il émane de celui à qui on l'oppose, ou de son auteur. (Art. 324-1347.)

---

(1) *Voy.* au tome Ier, n°s 307, 315 et 317, note.

(2) Il en est autrement en matière de filiation légitime : on a été obligé, dans ce cas, de faire fléchir les principes ; l'intérêt social le voulait ainsi. *Voir* au tome Ier, n° 308, et *suprà*, n° 113.

Ces principes ont été consacrés par la Cour suprême, dans la cause du mineur Abel Hamelin, par l'annulation d'une décision de la Cour de Rennes, qui s'en était écartée sous un rapport (1).

Cette dernière Cour n'avait pas, il est vrai, décidé que l'acte de naissance fait pleine preuve de la maternité, bien que dans l'espèce la mère réclamée y eût été parfaitement désignée, et que l'enfant eût même été présenté à l'officier de l'état civil par une *sage-femme* (2); mais elle en avait admis la recherche par le secours de la preuve testimoniale,

---

(1) Arrêt de cassation du 28 mai 1810 (Sirey, 10, 1, 202), dont nous citons les dispositions au n° 240, *infrà. Voy.* aussi ce que nous avons dit au tome Ier, n°s 307 et 315.

(2) Aussi la distinction que fait à cet égard M. Toullier est-elle sans fondement. Selon ce jurisconsulte, l'acte de naissance en matière de filiation naturelle *fait pleine preuve de la maternité*, quoique la mère n'y soit point intervenue, si l'enfant a été présenté à l'officier de l'état civil par les docteurs en médecine ou en chirurgie, officiers de santé, accoucheurs, sages-femmes, ou *toute autre personne ayant assisté à l'accouchement.* Mais, comme nous l'avons dit *suprà*, n° 119 et suivans, la loi ne prescrit pas de faire dans l'acte mention que cette *personne* a été présente à la naissance, et dans la pratique elle n'a généralement pas lieu ; en sorte que, même dans ce système, l'état de l'enfant dépendrait d'une preuve puisée hors de l'acte, et d'une extrême fragilité. D'ailleurs, cet acte ne peut jamais prouver l'identité du réclamant avec celui qui y est dénommé, comme l'a très-bien dit la Cour de cassation par l'arrêt précité : conséquemment, il ne peut faire preuve *complète de la maternité*, quoique l'enfant eût été présenté par une sage-femme. Il pourrait tout au plus prouver l'*accouchement* de la femme réclamée pour mère, ce qui est bien différent, et il ne le prouve même pas, suivant les vrais principes, puisque l'officier ne l'atteste que sur le rapport d'un tiers.

La distinction de ce jurisconsulte est tellement arbitraire, que, si le père, qui a le premier mission par l'article 56 de faire la déclaration de naissance, l'avait faite avec reconnaissance de l'enfant, l'indi-

sur le double fondement de cet acte comme commencement de preuve par écrit et de présomptions ou indices graves; appliquant ainsi à la filiation naturelle l'article 323, qui ne statue que sur
les cas de filiation légitime, et faussant de la sorte
l'article 341, qui n'admet l'enfant à la recherche
de la maternité par le moyen de la preuve par témoins, qu'autant qu'il s'appuie sur un commencement de preuve par écrit.

La commission de rédaction avait d'abord inséré

cation de la mère , sans son aveu , serait sans effet à son égard.
(Art. 336.) D'après cela , comment l'acte de naissance prouverait-il
pleinement la maternité ? Mais admettons que, dans ce système , il
fasse au moins preuve de l'accouchement : l'enfant n'en sera pas plus
avancé ; car, pour être reçu à la recherche de la maternité , il lui faudra toujours avoir un commencement de preuve par écrit pour établir
par témoins qu'il est identiquement le même que celui dont est accouchée la femme qu'il réclame pour mère : or, la preuve de l'identité
ne peut être faite sans emporter aussi celle de l'accouchement , parce
qu'on ne peut prouver que l'on est identiquement le même enfant
que celui dont telle femme est accouchée , sans prouver qu'elle est
accouchée : d'où il suit que s'il n'a pas un commencement de preuve
écrite, l'acte de naissance est insignifiant ; que s'il en a un, l'acte
est superflu, et la question se réduit à de vains mots. Dès lors , on ne
peut supposer que la loi ait voulu, sans résultat quelconque , déroger au principe qu'un officier public ne peut imprimer l'authenticité qu'à ce qu'il voit ou entend, *propriis sensibus*, comme disent
les auteurs, et non à ce qui ne lui est attesté que par un tiers. Enfin
les dangers seraient par trop graves , l'abus par trop révoltant, si le
premier venu pouvait flétrir l'honneur d'une personne vertueuse et
lui imprimer la tache d'une maternité illicite. Si l'on a été forcé d'établir le contraire en matière de filiation légitime (art. 319), c'est ,
comme nous l'avons dit avec M. d'Aguesseau , parce que l'intérêt
général l'a voulu ainsi ; mais précisément parce que la loi ne le dit
que pour la filiation légitime, on doit conclure qu'elle n'a pas voulu
la même chose pour la filiation naturelle.

dans l'article 36 du projet de loi les deux dispositions suivantes :

« 1° Que la preuve testimoniale serait admise
« lorsque l'enfant aurait une possession constante
« de fils naturel de la mère qu'il réclame;

« 2° Que le registre de l'état civil qui constate la
« naissance d'un enfant né de la mère réclamée, et
« duquel le décès n'est pas prouvé, pourrait servir
« de commencement de preuve par écrit (1). »

Cette dernière disposition fut retranchée sur ces
observations : « Le principe de cette disposition en-
« traînerait de grands inconvéniens, s'il donnait
« trop de facilité pour prouver la filiation contre
« une mère de famille et une fille honnête dont la
« faiblesse serait ignorée : on a donc eu raison d'en
« circonscrire l'application de manière qu'elle ne
« dépendît pas de preuves arbitraires. Les condi-
« tions dont on l'a fait dépendre sont bien choisies;
« mais on les affaiblit, si l'on décide que le registre
« qui constatera la naissance d'un enfant né de la
« mère réclamée, et duquel le décès ne sera pas
« prouvé, *pourra servir de commencement de preuve*
« *par écrit.* Voici l'abus qui peut résulter de cette
« disposition : Un aventurier qui trouvera sur les
« registres l'inscription d'un enfant dont le décès
« ne sera pas prouvé, prétendra qu'il est cet enfant,
« et à l'aide de quelques témoins subornés il réus-
« sira dans sa demande, etc. » Ainsi, aucun doute

---

(1) *Voy.* M. Locré, *Esprit du Code civil*, tom. IV, pag. 221 et suiv.

ne peut s'élever sur le motif qui a fait supprimer cette seconde partie de la proposition des commissaires chargés de la rédaction du projet de loi.

238. Mais sur la première, M. Portalis s'exprima en ces termes : « Toutes les fois qu'on jouit de son « état constamment, publiquement et sans trouble, « on a le plus puissant de tous les titres : il serait « donc absurde de présenter la possession constante « comme un simple commencement de preuve, « puisque cette sorte de possession est la plus com- « plète de toutes les preuves. Des faits de possession « isolés, passagers et purement indicatifs peuvent « n'être qu'un commencement de preuve; mais « encore une fois, il y a preuve entière lorsqu'il y « a possession constante (1). » Et M. Locré dit que, sur cette observation, la rédaction fut changée.

La suppression a toutefois été interprétée bien différemment. M. Delvincourt dit avec M. Portalis « que la possession d'état constante prouve pleinement la maternité; que l'on avait proposé au Conseil-d'État un article portant qu'elle serait regardée comme un commencement de preuve suffisant pour faire admettre la preuve testimoniale, mais que cet article a été supprimé, sur le fondement que cette possession étant le plus puissant de tous les titres, elle devait, par conséquent, faire preuve entière (2). »

(1) Procès-verbal du 26 brumaire an x.
(2) M. Proudhon (tom. II , pag. 100) est du même sentiment. « Il

Tout en citant l'observation de M. Portalis,
M. Toullier dit au contraire que « *cette opinion ne
fut point admise;* que l'article 341 n'admet l'enfant
naturel à la preuve testimoniale que lorsqu'il a un
commencement de preuve par écrit. » Mais ce qu'il
était nécessaire de démontrer, c'est le motif de la
suppression ; car tout se réduit à savoir si l'on a
considéré la proposition de la commission comme
superflue, ou si on l'a envisagée comme inadmissible, même dans les limites où elle était circonscrite; et c'est ce que cet auteur ne prouve nullement. En invoquant, comme il le fait, à l'appui de
sa décision, la disposition générale de l'article 341,
il prouve la question par la question. Et quant à ce
qu'il ajoute, que l'enfant naturel non reconnu par
sa mère sera rarement privé d'un commencement
de preuve par écrit, nous croyons, au contraire,
que dans les classes inférieures de la société, où les
femmes sont généralement illettrées, surtout dans
les campagnes, il sera rare que l'enfant ait ce commencement de preuve. Aussi pensons-nous avec
MM. Portalis, Locré, Delvincourt et Proudhon,
que l'état de l'enfant naturel qui a été publiquement nourri et élevé par sa mère, lui est assuré par
rapport à celle-ci, si l'on ne prouve pas qu'elle ne

---

faut tenir pour certain, dit-il, qu'un enfant naturel est très-léga-
lement reconnu par la mère qui l'a allaité, nourri et élevé, sans qu'il
y ait eu aucun acte authentique de sa part pour confesser la maternité et pour constater l'identité autrement que par une possession
d'état constante et avérée. »

lui a donné que des soins mercenaires. La possession d'état, quoique le Code n'en parle pas au chapitre qui traite *des Enfans naturels*, est le plus certain de tous les titres, car elle emporte toujours avec elle la preuve de l'identité de l'enfant. Pendant bien des siècles, et dans beaucoup de pays encore, elle a été et elle est le seul véritable titre de la filiation (1).

239. A plus forte raison, lorsqu'elle est conforme à l'acte de naissance (cas dont ne parle pas non plus le Code au chapitre *des Enfans naturels*), prouve-t-elle pleinement la filiation, même contre la mère elle-même; car celle-ci ne peut dire que cet acte la désigne arbitrairement comme mère, puisqu'elle en a reconnu la véracité par les soins qu'elle a donnés, en cette qualité, à l'enfant qui y est dénommé. Elle ne peut pas davantage prétendre qu'il peut s'appliquer aussi bien à un autre qu'au réclamant, puisque la possession d'état, que nous supposons constante, est inséparable de l'identité. Ce cas est donc bien différent de celui du mineur Abel Hamelin, mentionné *suprà*, n° 237.

240. Comment la preuve de l'accouchement doit-elle être faite dans le cas prévu à l'article 341? Trois opinions se sont élevées à cet égard.

---

(1) Mais celle conférée par un citoyen à un enfant qu'il a nourri et élevé comme son enfant, et auquel il a même permis de porter son nom, n'établit point pour cela sa paternité; il faut un acte de reconnaissance authentique.

Suivant l'une, l'enfant n'est admis à la recherche de la maternité par la preuve testimoniale, qu'autant qu'il a une preuve écrite du *fait de l'accouchement lui-même*, et un commencement de preuve par écrit de son identité avec l'enfant dont la femme est accouchée, attendu, dit-on, que l'article ne permet de prouver par témoins que le fait d'*identité* et non celui de l'*accouchement*, et que *qui dicit de uno, negat de altero.*

Cette opinion est celle de M. Toullier, qui cite même à l'appui de son sentiment l'arrêt de la Cour de cassation, du 28 mai 1810, dont nous avons parlé (1). Mais cet arrêt est absolument muet sur ce point : il a simplement jugé, 1° « que, suivant « l'article 341 du Code, l'enfant naturel ne peut « être reçu à prouver par témoins qu'il est le même « que l'enfant dont la mère qu'il réclame est « accouchée, s'il n'a déjà un commencement de « preuve par écrit de cette *identité;*

2° « Qu'un acte de naissance ne forme point « commencement de preuve, puisqu'il peut être « appliqué à un autre individu que le réclamant;

3° « Que ce n'est que dans le cas de la filiation « légitime que l'article 323 permet de recevoir la « preuve par témoins, lorsque les présomptions et « indices résultant de faits dès-lors constans sont « assez graves pour déterminer l'admission; qu'au- « cun article du Code n'étend cette faculté à la

_____

(1) *Suprà*, n° 237.

« filiation naturelle. » Ainsi cet arrêt ne dit ni explicitement ni implicitement que l'*accouchement* doit être prouvé *par écrit;* mais seulement que pour prouver par témoins l'*identité*, il faut un *commencement* de preuve par écrit; ce que personne ne conteste. L'article 341, ni aucun autre, ne le dit pas non plus, puisqu'il ne parle que de l'identité du réclamant avec l'enfant dont la femme est accouchée; ce n'est donc pas le cas d'appliquer l'adage *qui dicit de uno, negat de altero.*

La seconde opinion est celle de M. Delvincourt.

Ce jurisconsulte pense que la preuve de l'*accouchement* peut se faire par témoins; que l'art. 341 n'exige un commencement de preuve par écrit que pour établir l'*identité.*

Et, selon nous, le commencement de preuve par écrit doit porter, et sur le fait de l'identité, et sur celui de l'accouchement. L'article veut en effet que l'enfant prouve, à l'aide du commencement de preuve par écrit, son identité avec l'enfant dont la femme est accouchée : or l'identité ne peut être séparée du fait de l'accouchement; la relation est intime. Car, sans la preuve de l'identité, qu'importerait que l'accouchement fût prouvé? La loi exige donc la double preuve de l'accouchement et de l'identité, dans celle du simple fait d'identité. La première ne renferme assurément pas la seconde, mais la seconde emporte nécessairement avec elle la condition de faire la première. Et comme pour pouvoir être admis à la preuve par témoins l'article n'établit qu'un seul mode, celui du commencement de preuve écrite, ce mode s'étend nécessairement à la preuve de l'accouchement lui-même. D'ailleurs, presque toujours le commencement de preuve relatif à l'identité sera aussi indicatif de l'accouchement. Les lettres, par exemple, qu'une femme écriraità son enfant ou à la personne qui en prendrait soin, dans des termes qui rendraient vraisemblable l'identité, indiqueraient par cela même le fait de l'accouchement de cette femme.

241. L'article 342 porte : « Un enfant ne sera « jamais admis à la recherche soit de la paternité, « soit de la maternité, dans les cas où, suivant « l'art. 335, la reconnaissance n'est pas admise. » Nous avons suffisamment expliqué le sens de cette disposition (1).

242. C'est une grave question que celle de savoir si l'on peut rechercher la maternité contre un enfant pour faire réduire à la mesure fixée par les articles 757 et 758 les libéralités qui lui ont été faites par une femme qui ne l'a pas reconnu, et lui appliquer la disposition de l'article 908. Il faut d'abord supposer deux choses pour que cette question puisse se présenter avec les difficultés qui l'accompagnent réellement : 1° Il faut qu'il n'y ait pas un acte de naissance

---

(1) Voy. *suprà*, n° 193 à 210 et 235.

qui désignerait parfaitement cette femme comme mère de l'enfant dont l'identité serait constante ; car si cet acte existait, et qu'elle l'eût connu sans le démentir, il prouverait la filiation (1), et s'appliquerait alors incontestablement l'article 908.

2º Il faudrait que ceux qui voudraient rechercher la maternité contre l'enfant et être admis à la prouver par témoins, eussent eux-mêmes un commencement de preuve par écrit pour établir son identité avec celui dont ils prétendraient que la femme est accouchée, puisqu'il ne serait lui-même admis à cette recherche, par ce genre de preuve, que sous la même condition.

Cela posé, on peut dire contre l'enfant que si, en principe, la recherche de la paternité est interdite, au contraire, en principe, celle de la maternité est admise ; ce qui rend sans influence sur le sort de la question les nombreux arrêts rendus en faveur de l'enfant contre lequel on voulait rechercher la paternité pour le réduire, soit à des alimens, soit à la quotité réglée par les articles 757 et 758 (2).

On peut ajouter que le principe de l'article 341 est absolu : « La recherche de la maternité est « admise. »

Et en effet, si la recherche de la paternité contre

---

(1) *Voy.* au tome Iᵉʳ, nº 315 ; mais *voy.* aussi, *suprà*, 236, pour le cas où la mère elle-même méconnaît cet acte, auquel elle n'a point participé.

(2) Voy. *suprà*, nº 207.

l'enfant doit être interdite, comme celle qu'il voudrait faire lui-même, parce que la paternité est
aussi incertaine dans un cas que dans l'autre, on
ne peut dire la même chose à l'égard de la maternité : elle repose sur des faits positifs, matériels,
très-susceptibles par conséquent d'être établis avec
évidence.

Enfin, on peut encore dire qu'il paraîtrait déraisonnable que, sous le rapport des intérêts pécuniaires, l'enfant naturel non reconnu pût être traité
plus favorablement que celui qui a été l'objet d'une
reconnaissance légale ; ce qui aurait cependant
lieu, contre le vœu de l'article 908, si on ne pouvait rechercher et prouver contre lui la maternité
pour le réduire à la mesure fixée par cet article.

Quelque graves qu'elles soient, ces raisons ne
sont néanmoins pas sans réplique.

Si l'article 341 porte d'une manière absolue que
la recherche de la maternité est admise, n'est-ce
pas parce que le précédent dit que celle de la paternité est interdite ? En établissant cette prohibition, le législateur a eu principalement en vue
l'enfant ; c'est contre lui qu'elle est portée, par
dérogation aux anciens principes : et comme les
raisons n'étaient pas les mêmes quant à la recherche de la maternité, il l'a autorisée. Mais ne
peut-on pas raisonnablement croire qu'il ne l'a fait
qu'en faveur de l'enfant, comme il a établi, en
sens inverse, que cet enfant ne pourrait rechercher
cher la paternité ? Ces deux dispositions ne sont-

elles pas corrélatives, quoique différentes dans leurs effets? Et s'il en est ainsi, comme on peut le penser, l'enfant aurait bien le droit de rechercher sa mère, sans qu'on dût pour cela pouvoir la rechercher contre lui, puisque la disposition a été établie en sa faveur; car il n'est pas conforme aux principes de rétorquer contre un individu ce qui n'a été établi que pour son avantage. L'on conçoit parfaitement que l'enfant lui-même réclame celle qui lui a donné le jour; c'est l'exercice du droit naturel le plus évident, et il en serait de même quant au père, si le père pouvait être connu avec la même certitude. Mais quand ce sont des tiers qui viennent rechercher la maternité dans une femme qui ne s'est pas fait connaître pour mère, femme qui était cependant le premier juge du fait, et qui n'est pas là pour les démentir; des tiers, en un mot, qui n'agissent que par des motifs d'intérêt pécuniaire, sans égard pour la mémoire de leur parente, qu'ils flétrissent ainsi, il faut le dire, ils sont peu dignes de faveur.

Ce raisonnement reçoit une nouvelle force de la considération que, peut-être en expliquant sa conduite, en détruisant des apparences trompeuses, cette femme aurait pu repousser la réclamation de l'enfant si c'eût été lui qui eût recherché la maternité, tandis que ce même enfant est privé de ce moyen de défense lorsque c'est contre lui qu'on la recherche. Son rôle est tout passif, par conséquent difficile à soutenir, puisque le seul moyen péremptoire qu'il pourrait opposer à ses adversaires, serait de prouver qu'il est né d'une autre femme, preuve très-difficile à faire, du moins généralement.

Enfin ne peut-on pas dire aussi avec quelque fondement que c'est parce que la loi n'a envisagé, au chapitre *des Enfans naturels,* que les rapports qui existent entre eux et leurs père et mère, qu'il n'y est nullement question des tiers? Ce silence est, sans contredit, favorable à l'enfant; il dénote que le législateur n'a pas supposé que ces tiers voudraient leur imposer une filiation que les père et mère eux-mêmes n'ont pas avouée. L'esprit de la loi actuelle tend à repousser toutes ces recherches, qui ont pour résultat nécessaire de flétrir la mémoire des personnes, en divulguant leurs faiblesses ignorées. On pourrait encore faire valoir d'autres raisons à l'appui de cette opinion; on réfuterait aussi sans peine l'objection tirée de ce que, dans ce système, l'enfant naturel non reconnu serait traité plus avantageusement que celui qui l'a été : on y répondrait surtout en disant que l'état de l'un est du moins assuré, tandis que celui de l'autre n'existe pas. Mais c'en est assez pour faire connaître notre sentiment sur une question aussi délicate (1).

---

(1) Elle s'est présentée en 1825 au tribunal de la Seine; les juges ont évité de se prononcer, en déclarant simplement les adversaires de l'enfant non - recevables, faute de commencement de preuve. Mais que l'on ne croie pas qu'ils l'aient, par là, préjugée contre lui : leur intention n'a point été de la juger en droit. Ils se sont décidés par le moyen péremptoire tiré du défaut de commencement de preuve, suivant un usage assez suivi par les tribunaux, de se décider par fin

§. IV.

Des Effets de la reconnaissance volontaire ou forcée des enfans naturels.

243. On a vu que les enfans naturels légalement reconnus par leurs père et mère qui ont depuis contracté mariage ensemble, sont légitimés par le seul fait du mariage, s'ils ne sont pas dans la classe de ceux que la loi déclare incapables du bienfait de la légitimation ; mais c'est sous d'autres rapports que nous avons à considérer ici les effets de la reconnaissance légale des enfans naturels.

Ces effets sont différens selon qu'elle a lieu avant ou après le mariage de celui ou celle qui l'a faite, ou qu'elle a lieu pendant son mariage.

Dans le premier cas (1), la reconnaissance produit tous ses effets, pourvu que l'enfant ne soit ni adultérin ni incestueux. Cet enfant aura le droit de porter le nom de celui ou de celle qui l'a reconnu (2). Il aura droit aussi à la quotité de biens réglée par les articles 757 et 758.

S'il est dans le besoin, il pourra réclamer des

---

de non-recevoir, lorsqu'il n'y a pas nécessité de statuer en droit sur un point difficile et nouveau.

(1) Et quoique faite *après* le mariage, elle produit aussi tous ses effets, lors même qu'il existerait des enfans du mariage, ainsi que nous le démontrerons tout à l'heure.

(2) S'il n'est reconnu par le père qu'après l'avoir été par la mère, il quitte le nom de celle-ci pour prendre celui du père.

alimens, même de leur vivant (1). L'article 158, relatif au mariage de l'enfant naturel, et l'article 383 qui règle la puissance paternelle ou maternelle sur les enfans de cette qualité, lui seront aussi applicables.

244. La reconnaissance du père, sans l'indication et l'aveu de la mère, ne produit d'effet qu'à l'égard du père (art. 336). A plus forte raison, puisque la recherche de la paternité est interdite (art. 340), la reconnaissance de la mère, sans l'aveu du père, n'a-t-elle d'effet qu'à l'égard de la mère.

245. Il y a cependant cette différence que l'aveu du père, même quand il y a reconnaissance de la mère, n'a d'effet qu'autant qu'il est exprimé par acte authentique, conformément à l'article 334; tandis que l'aveu de la mère, lorsqu'il y a reconnaissance du père avec indication de la mère, a effet contre elle en quelque forme qu'il ait eu lieu, attendu que l'article 336 n'en détermine aucune. Cet aveu est le complément de la reconnaissance du père; il s'identifie avec elle et participe ainsi à son authenticité, sauf le cas de fraude (2). Cela est surtout particulièrement vrai lorsque, comme dans

---

(1) Voir au tome précédent, n° 377; et pour le cas où le père a simplement reconnu par acte sous seing-privé, ce qui a été dit *suprà*, n°ˢ 228 à 231.

(2) *Voy.* l'arrêt de cassation du 26 avril 1824 (Sirey, 24, 1, 317), rendu en ce sens. Nous le citons encore plus bas, au n° 265; mais c'est sous un autre rapport.

Il en existe un autre, qui a confirmé une décision de la Cour de

l'espèce de l'arrêt de cassation cité ci-contre, la reconnaissance du père est faite par l'acte de naissance,
qui porte formellement l'indication de la mère.

246. Quant à la reconnaissance faite pendant le
mariage, par l'un des époux, au profit d'un enfant
qu'il a eu d'un autre que de son époux, la bonne
foi qui doit présider à l'union conjugale ne permet
pas qu'elle nuise à ce dernier ni aux enfans nés
de son union; voici ce que porte à cet égard l'article 337 :

« La reconnaissance faite pendant le mariage,
« par l'un des époux, au profit d'un enfant naturel
« qu'il aurait eu avant son mariage d'un autre que
« de son époux, ne pourra nuire ni à celui-ci, ni
« aux enfans de ce mariage.

« Néanmoins elle produira son effet après la
« dissolution de ce mariage, s'il n'en reste pas
« d'enfans. »

247. Les conséquences de ces dispositions sont :
1° Que, puisque la loi ne limite les effets que
de la reconnaissance faite pendant le mariage, on
reste dans les termes du droit commun pour celle
qui aurait eu lieu *avant* le mariage, encore que le
conjoint l'eût ignorée. Cette dissimulation est sans
doute un tort grave, c'est un dol; mais l'enfant

Bruxelles, qui avait pareillement jugé que si la reconnaissance du
père doit être authentique, il n'en est pas de même de l'*aveu* que la
mère joint à la reconnaissance dans laquelle le père l'a désignée
comme telle. Du 22 juin 1813. Sirey, 13, 1, 281.

n'en doit point souffrir : son droit était acquis et il n'a pu lui être enlevé par ce mariage.

248. 2° Si l'enfant est reconnu par les *deux* époux, parce qu'il est né de l'un et de l'autre, et qu'il soit capable d'être reconnu, il aura les droits d'enfant naturel, encore qu'il y eût des enfans du mariage; mais il n'aura point ceux d'enfant légitimé, puisqu'il n'a été reconnu que *pendant* le mariage. (Art. 331.)

Les enfans qui sont nés de cette union n'ont pas plus à se plaindre que si leurs père et mère avaient eu séparément des enfans, et les avaient reconnus avant leur mariage, cas dans lequel la reconnaissance produirait assurément tous ses effets.

249. 3° Si la reconnaissance a été faite par l'un des époux seulement, mais d'un enfant qu'il a eu de son conjoint, alors il faut distinguer : ou c'est la femme qui a reconnu, ou c'est le mari.

Dans le premier cas, la reconnaissance est sans effet à l'égard du mari et à l'égard des enfans issus de ce mariage, parce que la recherche de la paternité étant interdite, la reconnaissance du père doit être libre et volontaire.

Dans le second, si l'enfant recherche la maternité et réussit dans sa réclamation, c'est comme s'il avait été reconnu par sa mère : alors il est dans la même position que celui qui a été volontairement reconnu par le mari et la femme (1).

(1) Cette décision serait encore fondée, lors même que l'on pense-

250. 4° La légitimation donnant aux enfans légitimés les mêmes droits que s'ils étaient nés du mariage (art. 333), la reconnaissance faite par l'un des époux, pendant le mariage, d'un enfant né d'un autre que son conjoint, ne peut pas plus nuire à ces mêmes enfans qu'à ceux qui sont nés de ce mariage.

251. 5° Mais elle produit ses effets vis-à-vis des collatéraux, des ascendans de l'époux qui l'a faite, et même vis-à-vis des enfans nés d'un mariage antérieur ou postérieur, encore qu'il en existe de celui pendant lequel elle a eu lieu (1).

252. 6° Elle donnerait aussi à l'enfant le droit d'obtenir des alimens, quoiqu'il existât des enfans du mariage (2), ou, s'il n'en existait pas, que l'uni-

---

rait que l'enfant non reconnu par le mari ne peut, dans le cas de l'article 337, rechercher la maternité à l'effet d'obtenir les droits d'enfant naturel; et nous allons démontrer que cette opinion n'est même pas conforme à l'esprit général de la loi.

(1) Le partage de la succession se fera entre les enfans de ces différens lits comme si l'enfant naturel n'existait pas ; et sur la part attribuée aux enfans du mariage antérieur ou postérieur, cet enfant aura la quotité réglée par l'article 757, mais eu égard au nombre d'enfans issus des différens mariages, suivant ce que nous dirons au titre *des Successions.*

(2) Les alimens sont une dette sacrée : l'article 337 n'a point entendu étendre aux alimens l'inefficacité de la reconnaissance par rapport aux enfans du mariage. Cette reconnaissance est sans effet à leur égard, en ce sens que l'enfant naturel ne pourra réclamer la quotité de biens fixée par l'article 757, mais voilà tout. Ainsi, celui des époux qui l'a faite a acquis par elle la puissance paternelle sur l'enfant, le droit de consentir à son mariage ou de s'y opposer, suivant les distinctions établies par la loi, comme s'il l'avait reconnu

versalité des biens de celui qui l'a faite appartint
après son décès au conjoint, même en vertu du
contrat de mariage. Cela est encore moins douteux,
si c'est la femme qui a reconnu, car elle n'a peut-être
fait en cela que prévenir une recherche de maternité, dont les effets auraient été bien plus importans encore pour l'enfant, s'il eût réussi dans sa
réclamation, ainsi que nous allons le démontrer.

253. 7° Quoique l'article 337 dise dans sa disposition finale que la reconnaissance produira tous
ses effets après la dissolution du mariage, *s'il n'en
reste pas d'enfans*, cela doit néanmoins s'entendre
dans le sens de la disposition principale, c'est-à-dire
sans préjudice aussi des droits du conjoint. En sorte
que s'il est donataire ou légataire universel, il n'y
aura pas lieu à réduire la donation ou le legs pour
fournir à l'enfant la quotité de biens réglée par la
loi : il lui sera seulement dû des alimens (1).

---

avant le mariage ; sauf à l'enfant, peu favorisé par cette reconnaissance, à la combattre sous le rapport de sa sincérité, conformément
à l'article 339.

(1) On pourrait cependant penser que la reconnaissance postérieure
au testament opère la révocation du legs jusqu'à concurrence de la
quotité réglée par l'article 757 : on pourrait dire que c'est là une révocation tacite, résultant de la volonté du testateur et de l'incompa-
tibilité de la disposition universelle avec la part qu'il a voulu conférer à l'enfant en le reconnaissant, puisqu'il savait que la loi lui en
assignait une ; mais ce serait supposer par là que la reconnaissance
a effet contre le conjoint, tandis que l'article 337 porte le contraire.
La prétention de l'enfant serait donc un cercle vicieux : elle péche-
rait par la base. Au reste, si l'époux, en le reconnaissant, avait fait
aussi à son profit un legs régulier, postérieur à celui fait au profit du
conjoint, l'enfant pourrait en obtenir la délivrance ; ce qu'il ne

254. 8º L'article 337, statuant uniquement sur la reconnaissance faite pendant le mariage, laisse par conséquent sous l'empire du droit commun l'enfant reconnu *depuis* sa dissolution. La Cour d'appel de Pau l'a jugé en ce sens, et sa décision a été confirmée en ces termes par la Cour de cassation (1) : « Considérant que toute discussion sur « l'esprit d'une loi est inutile, lorsque son texte « est clair; qu'il est évident que l'article 337 du « Code civil ne parle que des reconnaissances d'en- « fans naturels faites pendant le mariage; que ce « sont uniquement les reconnaissances faites pen- « dant le mariage, qui, dans les cas prévus par « l'article 337, ne peuvent opérer d'effet en faveur « des enfans naturels; que la reconnaissance dont « il s'agit n'a pas été faite pendant le mariage de « Léon-François Picot, mais bien après la mort de « son épouse; d'où il suit que l'article 337 n'est « pas textuellement applicable à l'espèce, etc. »

Cependant cette décision est critiquée par un estimable jurisconsulte (2). Il ne regarde pas, et avec raison, comme bien concluant ce motif qui a déterminé la Cour d'appel de Pau, que le législateur a eu pour objet, par l'article 337, d'empêcher que la paix des ménages ne fût troublée, puisque

---

pourrait toutefois prétendre, si le conjoint était donataire par contrat de mariage, attendu que la donation serait irrévocable.

(1) Arrêt du 6 janvier 1808 (Sirey, 1808, 1, 86). Nous avons eu occasion de le citer sous un autre rapport ; nº 220 *suprà*.

(2) M. Delvincourt.

la reconnaissance n'est point interdite, que ses effets sont seulement modifiés. Mais il y en a de plus
solides, et qui nous semblent la justifier complète-
ment. Les voici : N'est-il pas incontestable que si
le sieur Picot, devenu veuf, avait épousé celle
dont il avait eu l'enfant naturel avant son mariage,
il aurait pu le légitimer nonobstant l'existence des
enfans nés de ce même mariage (1)? Or s'il eût pu
de cette manière attribuer à cet enfant les droits
d'enfant légitimé, comment nierait-on qu'il ait
pu lui conférer les simples droits d'enfant naturel? De plus, n'aurait-il pas pu également, depuis son mariage, avoir des enfans naturels et les
reconnaître? Il n'y a en effet point de loi qui dé-
fende à un veuf ou à une veuve d'assurer l'état de
l'enfant qui lui doit le jour; et si cette loi existait,
elle serait plus que rigoureuse : elle établirait une
différence capitale entre des enfans de même condition. Or, si un homme veuf peut reconnaître
l'enfant naturel qu'il a eu depuis son veuvage,
pourquoi ne pourrait-il pas reconnaître celui qu'il
a eu avant son mariage? La position des enfans légitimes est absolument la même dans un cas que
dans l'autre. Que l'on suppose d'ailleurs que ce soit
une femme qui fasse la reconnaissance, la question
se présente sous un aspect bien plus favorable encore à l'enfant. Celui-ci peut dire que cette recon-

---

(1) L'existence d'un mariage intermédiaire n'est point, en effet,
un obstacle à la légitimation. Voy. *suprà*, n° 172.

naissance a prévenu une recherche de maternité que la nature et la loi, de concert, lui donnaient le droit d'exercer, et que sa mère n'a pu lui enlever par son mariage, parce que ce droit lui était acquis dès sa naissance. Elle pouvait le reconnaître ou ne pas l'avouer, et la loi a déterminé les effets de la reconnaissance volontaire faite pendant le mariage; mais quant au droit de rechercher la maternité, elle n'a pu le lui ravir, parce qu'il ne dépendait aucunement de sa volonté.

Enfin l'article 337, quelque raisonnable que soit le motif qui l'a dicté, n'est qu'une dérogation aux principes du droit général qu'ont les père et mère de reconnaître leurs enfans, et même de l'obligation que la nature leur impose à cet égard, dérogation qui doit par conséquent être circonscrite dans les termes qui l'ont établie.

255. 9° D'après ce qui précède, on voit que nous attribuons à la recherche de la maternité, même pendant le mariage, tout l'effet d'une reconnaissance volontaire faite auparavant ou depuis sa dissolution.

D'abord l'article 337, dans sa disposition restrictive, ne parle *que de la reconnaissance*, mot qui exprime naturellement une déclaration spontanée, volontaire, puisque le législateur ne la confond jamais avec la *recherche* de la maternité, admise, par l'article 341, dans les termes les plus absolus, sans aucune distinction.

En second lieu, ce droit de rechercher la maternité est acquis à l'enfant dès sa naissance; il est
imprescriptible de sa nature, et le système contraire le soumettrait à une prescription arbitraire.
Il le ferait dépendre de la volonté de celle qui
doit moins que toute autre pouvoir le lui ravir.
Oui sans doute le pacte de famille en sera altéré,
et c'est un grave inconvénient; mais cet inconvénient résulte de la nature des choses et de l'exercice d'un droit au moins aussi puissant, et qui a
pour lui l'antériorité. N'existerait-il pas d'ailleurs
également, si la mère avait fait *avant* son mariage
une reconnaissance qu'elle aurait tenue secrète ?

Nous adoptons donc entièrement le principe
reconnu par l'arrêt de la Cour royale de Paris
du 27 juin 1812 (Sirey, 12, 2, 418), dont voici la
teneur :

« Considérant que, suivant le Code, la recher-
« che de la maternité étant admise, la preuve de
« la filiation et la reconnaissance judiciaire qui en
« résulte ont tous les effets d'une reconnaissance
« volontaire, et donnent à l'enfant naturel, dans la
« succession de sa mère, les droits des articles 756,
« 757 et 758 du Code civil, a mis et met l'appella-
« tion au néant. »

Dans l'espèce, la recherche de la maternité n'a
eu lieu, il est vrai, qu'après la mort de la mère;
mais le principe reconnu par la Cour est évidemment général, et s'applique également au cas où
elle est exercée avec succès pendant le mariage.

Dans ce cas aussi on ne doit pas déterminer les effets de la reconnaissance forcée par ceux d'une reconnaissance volontaire faite pendant l'union conjugale, dont on peut suspecter plus ou moins la sincérité. Le jugement n'est pas attributif de la maternité, il est *déclaratif* de ce fait : il a un effet rétroactif au jour de la naissance de l'enfant, parce que l'enfant avait, dès ce jour, le droit de rechercher sa mère. C'est absolument comme si elle l'avait reconnu lors de sa naissance : le jugement tient lieu de déclaration de maternité. Aussi la mère serait-elle incontestablement tenue de payer les frais de nourriture et d'entretien faits antérieurement. Dans l'esprit de cette décision, il est si vrai que le jugement qui reconnaît la maternité a un effet rétroactif au jour de la naissance, et qu'on ne peut le considérer comme une reconnaissance volontaire faite au moment où il a été rendu, que la mère était morte à cette époque. On ne peut pas davantage l'assimiler à un aveu de maternité fait pendant le mariage de celle-ci, puisque, dans ce système, on aurait placé l'enfant sous l'empire de l'article 337, qu'on a précisément déclaré ne lui être pas applicable. Il faut donc tenir pour principe que les effets du jugement remontent à l'époque de la naissance de l'enfant (1).

256. Par voie de conséquence, on doit décider

(1) Voir au n° 180 *suprà*, où nous appliquons ces principes à la legitimation, lorsque l'enfant a été authentiquement reconnu par son père avant le mariage.

aussi que l'article 337 n'est point applicable au cas
où la recherche de la paternité étant admise, le
ravisseur, qui s'est ensuite marié à une autre femme,
a été déclaré père de l'enfant : cet enfant doit avoir
tous les droits d'enfant naturel.

257. Au surplus il est clair que pour reconnaître volontairement son enfant, et lui conférer
les droits éventuels déterminés par l'article 337,
la mère n'a pas besoin de l'autorisation de son mari,
ou, à son défaut, de celle de la justice : elle ne fait
par là qu'user d'un droit naturel, indépendant de
la volonté d'autrui, et pour l'exercice duquel probablement elle n'obtiendrait pas l'assentiment de
son époux. Mais pour plaider sur la recherche de
la maternité, elle doit être dûment autorisée, conformément à l'article 215.

258. La reconnaissance de paternité ou de maternité n'est que l'aveu d'un fait, et si l'enfant acquiert par elle des droits éventuels aux biens de
ses père et mère *décédés*, c'est la loi qui attache
ces conséquences à la paternité ou à la maternité
elle-même ; car cet aveu n'est point en soi un acte
d'aliénation : d'où il faut conclure, en principe,
qu'il n'est pas moins valable, quoiqu'il ait été fait
par un mineur. Les mineurs sont sans doute resti-
tuables pour cause de lésion ; mais il n'y a pas de
lésion dans la déclaration de paternité, si elle n'est
que la manifestation de la vérité : c'est uniquement
l'accomplissement d'un devoir. Toute la question

revient donc à ceci : la reconnaissance n'est-elle que l'expression fidèle du fait de paternité? Or si, d'une part, les mineurs sont encore plus exposés que les autres citoyens aux surprises et aux séductions, et si ce danger s'accroît pour eux en raison de la faculté de reconnaître un enfant qui est encore dans le sein de sa mère; d'autre part, leur intérêt et l'ordre public trouvent une suffisante garantie dans la disposition de l'article 339, qui donne à tous ceux qui ont intérêt à contester la reconnaissance le droit de la combattre (1). Les tribunaux prendraient en considération les circonstances de la cause, l'âge du mineur, la fréquence et l'époque de ses rapports avec la mère, et surtout les mœurs de celle-ci.

259. Quant à ce droit de contester la reconnaissance, il est consacré par l'article précité, en ces termes : « Toute reconnaissance de la part du « père ou de la mère, de même que toute récla- « mation de la part de l'enfant, pourra être con- « testée par tous ceux qui y auront intérêt. »

260. Comme premier intéressé, l'enfant peut combattre l'acte par lequel un homme ou une femme qu'il croirait lui être étrangers l'auraient reconnu; mais hors les cas où la reconnaissance était prohibée par la loi (2), sa dénégation de

---

(1) *Voy.* l'arrêt de la Cour de cassation, du 22 juin 1813, rendu d'après ces principes. Sirey, 13, 1, 281.

(2) Voir *suprà*, n° 195 et suivans.

filiation ne saurait être péremptoire, il faut qu'elle soit fondée ; par conséquent, que les motifs en soient jugés. La paternité ne se forme pas par un contrat, qui exige un consentement réciproque, elle est l'ouvrage de la nature seule : l'acte de reconnaissance en est seulement la manifestation; et si elle est réelle, il n'appartient pas plus à l'enfant de la répudier qu'il n'appartiendrait au père de la méconnaître après l'avoir avouée. C'est donc sur le fait même de la paternité que peut rouler la contestation.

261. Lorsque la mère elle-même approuvera la reconnaissance, ne fût-ce que par son silence, la réclamation de l'enfant ne pourra que difficilement réussir : généralement il devrait prouver qu'au temps où a pu avoir lieu la conception, toute cohabitation entre sa mère et celui qui s'est reconnu son père a été physiquement impossible.

262. Mais si la mère se réunissait à lui, et même, généralement, si elle contestait seule la paternité, nous croyons que son désaveu devrait faire loi. Toute femme n'est sans doute pas toujours à même de porter un jugement certain sur la paternité de tel individu ; mais du moins, mieux que tout autre, elle peut avoir sur ce fait une opinion positive. Il y a d'ailleurs en faveur de sa déclaration une présomption naturelle puisée dans l'attachement qu'elle a pour son enfant, car on ne peut raisonnablement supposer qu'elle veuille le

priver de l'avantage de connaître son père véritable. Ajoutez que si la reconnaissance de paternité ne pouvait être combattue par la déclaration de la mère, il dépendrait du premier aventurier de se reconnaître le père de l'enfant d'une fille ou d'une veuve opulente qui aurait eu le malheur de faillir. En disant que la reconnaissance du père sans l'indication et l'aveu de la mère n'a d'effet qu'à l'égard du père, l'article 336 n'entend pas établir qu'elle a un effet indestructible par rapport à ce dernier : sa disposition s'explique par celle de l'article 339, qui attribue à tous ceux qui y ont intérêt le droit de contester la reconnaissance de paternité. La mère ne serait même point obligée, pour combattre et détruire celle qui a eu lieu, de signaler un autre individu comme père de l'enfant : elle ne pourrait même légalement le faire, puisque la recherche de la paternité est interdite. Disons donc, en principe, que la déclaration de la mère détruira l'effet de la reconnaissance du prétendu père, surtout quand l'intérêt de l'enfant se joindra à ce désaveu, et que ce ne sera que dans des cas très-rares qu'elle ne prévaudra pas sur cette reconnaissance, encore que celui qui l'aura faite offrirait de prouver qu'il a eu des liaisons avec la mère. Des lettres ou autres pièces pourraient toutefois seconder puissamment la prétention de ce dernier. Les tribunaux se décideraient d'après les circonstances.

263. On a vu dans le dernier siècle deux individus se disputer le privilége d'avoir donné le jour
à l'enfant d'une courtisane. Ce qui s'est vu peut se
voir encore. Ainsi, deux hommes non engagés dans
les liens du mariage reconnaissent chacun TEL enfant : est-ce la première reconnaissance qui doit
toujours prévaloir ?

Cette décision serait bien le résultat du système
que la seconde n'a pu être faite tant que la première subsistait, puisque celle-ci ne pouvait être
attaquée par l'individu qui avait fait la dernière,
qu'autant qu'il aurait été le père de l'enfant et
qu'on lui contesterait précisément le droit d'avoir
pu se reconnaître pour tel.

Mais il n'en peut être ainsi : l'état de l'enfant ne
saurait dépendre d'une priorité de date. Le témoignage de la mère, si elle est connue, si elle vit
encore et si elle veut le manifester, doit être décisif, du moins quand elle aura pu cohabiter à
l'époque de la conception de l'enfant avec celui
qu'elle déclare en être le père. Si l'on ne peut
avoir sa déclaration, les circonstances, les probabilités, les soins donnés à l'enfant par chacun de
ceux qui réclament la paternité, et, à toutes choses
égales, l'intérêt de cet enfant (1), dicteraient probablement la décision des magistrats.

_____

(1) En matière de filiation légitime, nous n'avons pas décidé la
question par l'intérêt de l'enfant, comme le font les lois anglaises sur
le cas de confusion de *part*, et nous en avons donné la raison au
n° 63, *suprà* ; mais ici cet intérêt mérite quelque considération, parce

264. La reconnaissance d'un enfant naturel peut avoir lieu après sa mort s'il a laissé des enfans, même naturels, et elle leur profite. L'article 759 serait applicable à ces derniers, comme l'art. 332, relatif à la légitimation, s'applique aux enfans d'un enfant naturel décédé.

265. S'il ne laissait pas d'enfans, la reconnaissance ne saurait enlever, même à l'État, les biens qui lui seraient dévolus s'il n'en avait disposé. La loi n'a pas, il est vrai, déterminé de délai pour faire la reconnaissance, mais la raison veut que, pour produire ses effets éventuels en faveur du père ou de la mère, elle puisse au moins être utile à l'enfant, qu'elle ne soit pas l'objet d'une spéculation intéressée (1). Cependant la question pourrait dépendre des circonstances, surtout s'il s'agissait de la reconnaissance faite par la mère.

_____

que l'incertitude est absolue, et qu'aucun de ceux qui ont reconnu l'enfant n'est plus digne que l'autre d'en être cru sur sa seule affirmation.

(1) *Voy.* dans Sirey, tom. XXIV, part. Ire, pag. 317, l'arrêt de la Cour de Cayenne, rendu conformément à ces principes. Cet arrêt, il est vrai, a été cassé ; mais c'est par un autre motif, car la Cour de cassation s'est déterminée précisément parce qu'il y avait eu reconnaissance valable par la mère du vivant de l'enfant. Nous avons déjà eu occasion de citer l'arrêt de cette dernière Cour, au n° 245, *suprà*, mais c'est sous un autre rapport.

TITRE VIII.

De l'Adoption et de la Tutelle officieuse.

————

Observations préliminaires.

SOMMAIRE.

266. Par une conséquence facile à sentir, les rédacteurs du Code ont fait suivre immédiatement la loi sur la parenté qui naît du mariage ou de la nature seule, de celle qui renferme les règles relatives à la parenté civile ou résultant de l'adoption.

267. L'adoption, telle que le Code la consacre,

peut être généralement (1) définie un contrat solennel revêtu de la sanction de l'autorité judiciaire, qui établit entre deux personnes des rapports de paternité et de filiation purement civils.

268. L'origine de l'adoption remonte à la plus
haute antiquité : elle était connue chez les Hé-
breux, les Assyriens et les Égyptiens. Les Grecs la
leur avaient empruntée ; mais c'est surtout chez
les Romains qu'elle était honorée et puissamment
encouragée. Ses conditions, ses formes et ses effets
sont constamment l'objet de l'attention du législateur de ce grand peuple.

269. Elle a été imaginée, dit Théophile, comme
un moyen de consolation pour ceux à qui la nature a refusé le bonheur d'avoir des enfans, ou qui
ont eu le malheur de les perdre.

270. Dans les principes de la législation romaine,
on connaissait deux sortes d'adoption : l'adrogation, et l'adoption proprement dite, qui n'était
que l'espèce par rapport au genre, auquel cependant elle avait donné son nom, comme il est arrivé
quelquefois sur d'autres objets (2).

Par la première, un citoyen romain non soumis à la puissance paternelle, *sui juris,* passait sous

---

(1) *Généralement*, parce que l'adoption conférée par testament,
dans le cas de l'article 366, n'est point un *contrat*, puisqu'elle est ré-
vocable à volonté, et qu'elle n'est point d'ailleurs revêtue de la sanction des tribunaux.

(2) L. 1, ff. *de Adoptionibus et Emancipationibus.*

la puissance d'un autre avec ses enfans et ses biens.
Au temps de Rome république l'adrogation s'opérait en vertu d'une loi particulière rendue dans les
comices, et de l'assentiment des pontifes (1); sous
les empereurs, d'après un rescript du prince (2).

L'adoption proprement dite s'exerçait envers un
fils de famille, *alieni juris*, que celui sous la puissance duquel il était placé, son père ou son aïeul,
donnait en adoption à un père de famille, en vertu
de l'autorité des magistrats (3). L'adopté passait
ainsi sous la puissance de l'adoptant, et perdait
les droits de successibilité dans sa propre famille;
en sorte que si, après la mort de son père, il venait
à être émancipé par l'adoptant, il était privé des
deux hérédités. C'est ce qui a porté Justinien à
changer la législation en ce point, comme il l'a fait
en tant d'autres, avec plus ou moins de bonheur.

271. Il a décidé (4) que, à la vérité, lorsque le
fils de famille serait donné en adoption par son
père naturel (5) à son aïeul paternel (6) ou mater-

---

(1) Cicero *pro Domo*, cap. 13. *Voy.* Heinneccius, *Elementa juris*,
no 179, note.

(2) *Voy.* aux *Institutes* de Justinien, tit. de *Adoptionibus*, les formalités et conditions nécessaires pour l'adrogation des impubères.

(3) Instit., *loco citato*.

(4) Par sa constitution, qui est la loi pénultième au Code, *de Adoptionibus. Voir* aussi ses Instit., §. 2, à ce titre.

(5) Nous prenons ce mot par opposition au père adoptif; car le
père purement naturel n'avait pas la puissance paternelle sur l'enfant.

(6) On suppose que le père lui-même avait été émancipé, et qu'il
avait eu l'enfant depuis son émancipation : autrement, celui-ci eût
été sous la puissance de l'aïeul, et non sous celle du père.

nel, ou autre ascendant, l'adopté passerait sous la puissance de l'adoptant avec tous les droits attachés à la qualité de fils de famille; mais que si l'adoption était faite par un autre qu'un ascendant, par exemple, par un oncle paternel ou maternel, l'adopté resterait dans sa famille, en acquérant toutefois le droit de succéder *ab intestat* à l'adoptant.

C'est cette espèce d'adoption que le Code prussien (1) a admise, avec quelques différences dans les conditions, les formes et les effets, et c'est aussi celle qui a servi de type à la nôtre.

272. Le principe de l'adoption avait été décrété par la législature connue sous le nom d'*Assemblée nationale*, le 18 janvier 1792. Néanmoins cette assemblée n'en détermina ni la nature, ni les formes, ni les effets.

273. Mais le principe reconnu, l'adoption fut pratiquée sous les diverses formes jusqu'à la publication de ce Titre du Code civil, et ce fut pour en régulariser et déterminer les effets qu'a été rendue la loi du 25 germinal an XI (2), dont nous ne rap-

---

(1) Ce Code, adopté définitivement en 1791, a été revu et promulgué en 1794. On y remarque, en grand nombre, des dispositions pleines de sagesse. Les rédacteurs du nôtre y ont puisé en grande partie le titre de l'adoption. Mais ce n'est pas là, comme le dit un auteur, qu'ils ont pris l'idée d'une adoption qui ne rompt pas les liens de famille entre l'adopté et ses parens naturels, qui ne fait point entrer l'adopté dans la famille de l'adoptant : l'adoption établie par Justinien, que les docteurs appellent *adoption imparfaite*, leur en avait fourni le modèle, comme elle l'avait fourni aux rédacteurs du Code prussien eux-mêmes.

(2) Promulguée le 5 floréal suivant. *Bulletin des Lois*, n° 271.

pellerons par les dispositions, comme étant transi-
toires.

274. Le Code civil a introduit, de plus, une
espèce de tutelle qu'il qualifie *tutelle officieuse*,
comme un moyen propre à préparer l'adoption et
à la faciliter; mais, il faut le dire, elle a été jusqu'à ce jour d'un usage bien peu fréquent. Cette
innovation atteste sans doute la sollicitude de nos
législateurs pour tout ce qui peut contribuer à
améliorer le sort des citoyens; cependant, pourquoi faut-il que les dispositions qu'ils ont portées
à ce sujet ne soient, pour ainsi dire, qu'un objet
de luxe dans le Code? La raison s'en offre d'elle-
même : on ne veut pas contracter de pareils engage-
gemens sans avoir acquis la certitude morale que
l'enfant sera digne du bienfait qu'on veut lui conférer. On espère avoir toujours le moyen de lui témoigner son attachement par la voie de l'adoption
ordinaire, sans se lier dès à présent envers lui.

275. Nous diviserons, comme le Code, la matière de l'adoption en deux chapitres :

Le premier traitera de l'adoption proprement
dite ;

Le second, de la tutelle officieuse.

Et nous subdiviserons ce sujet selon que l'ordre
des idées nous paraîtra le demander.

CHAPITRE PREMIER.

De l'Adoption.

SOMMAIRE.

276. *Division du chapitre.*

276. Nous aurons à voir, dans une première section, quelles sont les conditions et qualités requises et de la part de l'adoptant et du côté de l'adopté pour que l'adoption puisse légalement s'opérer;

Dans la seconde, quelles sont les formes prescrites;

Dans la troisième, les effets de l'adoption;

Et dans une quatrième, nous verrons si l'adoption consommée par l'inscription de l'arrêt sur les registres de l'état civil peut être révoquée, si l'annulation peut en être demandée par les héritiers de l'adoptant, et par quelle voie.

SECTION PREMIÈRE.

Des conditions et Qualités requises de la part de l'adoptant et de la part de l'adopté, pour que l'adoption ordinaire puisse légalement s'opérer.

SOMMAIRE.

§. Ier.

Des Conditions et Qualités de la part de l'adoptant.

277. *Pour adopter un Français il faut être Français ou jouir des droits civils en France, ou appartenir à une nation avec laquelle il existerait des traités à cet égard.*

278. *Il faut aussi n'avoir aucun enfant ou descendant légitime né ou même simplement conçu au moment de l'adoption.*

279. *Et avoir cinquante ans révolus , si ce n'est dans le cas où l'adoption est le prix du dévouement de l'adopté envers l'adoptant.*

280. *Celui-ci doit avoir au moins quinze ans de plus que l'adopté , sauf aussi le cas où l'adoption est rémunératoire.*

281. *Si l'adoptant est marié , il doit obtenir le consentement de son conjoint , sauf le cas de l'adoption testamentaire.*

282. *Il n'a pas besoin du consentement de ses père et mère , encore bien , dans le cas de l'adoption rémunératoire , qu'il eût moins de vingt-cinq ans.*

283. *L'adoptant doit avoir donné à l'adopté , durant sa minorité , et pendant six ans au moins , des soins et des secours non interrompus.*

284. *La règle souffre exception dans le cas de l'adoption rémunératoire.*

285. *L'adoptant doit jouir d'une bonne réputation.*

286. *Un prêtre catholique ne peut adopter.*

§. II.

Des Conditions et Qualités requises de la part de l'adopté , dans l'adoption ordinaire.

287. *L'adopté, comme l'adoptant, doit être Français ou jouir des droits civils en France , ou appartenir à une nation avec laquelle il existerait des traités à cet effet.*

288. *Il doit être majeur.*

289. *Il doit , même dans le cas de l'adoption rémunératoire , obtenir, s'il n'est pas âgé de vingt-cinq ans accomplis , le consentement de ses père et mère , ou du survivant , et après cet âge , requérir leur conseil.*

290. *Il faut qu'il n'ait pas été adopté par un autre , à moins que ce ne fût par le conjoint de l'adoptant.*

291. *Mais on peut adopter plusieurs individus.*

292. *Si la personne qui se propose d'être adoptée est mariée, a-t-elle besoin du consentement de son conjoint ?*

293. *L'adoption des enfans naturels (reconnus ou non) par*

leurs pères ou mères, est-elle contraire à l'esprit du Code ?

Nous traiterons séparément des conditions et qualités requises par rapport à chacune des parties : ce sera l'objet des deux paragraphes suivans.

§. Ier.

Des Conditions et Qualités requises de la part de l'adoptant.

277. 1° Il faut que celui qui adopte soit Français, n'ayant point perdu cette qualité; ou s'il est étranger non naturalisé, qu'il jouisse au moins des droits civils en France, conformément à l'art. 13, ou qu'il existe entre la France et la nation à laquelle il appartient des traités qui autorisent l'adoption, suivant la disposition générale de l'art. 11 (1).

L'adoption est un acte solennel qui établit entre l'adoptant et l'adopté des rapports de paternité et de filiation qui les constituent civilement l'un envers l'autre dans un état personnel permanent et irrévocable, un contrat du pur droit civil du peuple qui l'a admis au nombre de ses institutions, et qui ne peut par conséquent avoir lieu qu'entre

---

(1) *Voy.* l'arrêt de cassation, du 5 août 1823. (Sirey, 23, 1, 353.) Cet arrêt, il est vrai, n'a eu à juger que le cas où un étranger devenu Français avait adopté un étranger; mais le principe est absolument le même, quoique les considérations soient plus puissantes en faveur de l'adoption quand elle a lieu au profit d'un Français. Elles l'étaient surtout avant la loi du 14 juillet 1819.

ceux qui jouissent du bienfait de ces mêmes institutions.

278. 2° Celui ou celle (1) qui se propose d'adopter ne doit avoir ni enfans ni descendans légitimes
(art. 343). Le motif de la loi ne se fait plus sentir
quand la personne peut reposer ses affections sur
ceux auxquels elle les doit sans réserve.

D'après la règle que l'enfant conçu est réputé né
toutes les fois que son intérêt le demande, l'adoption ne pourrait légalement avoir lieu si la femme
qui adopte ou dont le mari adopte était enceinte
au moment où se forme le contrat; car l'enfant a
évidemment intérêt à repousser l'adoption.

On supposerait, comme la loi le suppose en principe (art. 312 et 315), que la grossesse a pu durer
dix mois, ou, pour parler plus exactement, trois
cents jours. Toutefois ces dix mois commenceraient,
non du jour de l'arrêt qui a admis l'adoption, mais
du jour du contrat passé devant le juge de paix,
dont l'arrêt n'est que l'homologation. En effet, l'a-
doption a son principe dans cet acte; c'est à l'époque
où il est passé que l'adoptant doit réunir en sa
personne toutes les conditions requises par la loi:

---

(1) Car l'adoption est permise aux personnes de deux sexes, tandis
que, suivant le droit romain, elle n'était permise aux femmes qu'en
considération de la perte des enfans qu'elles avaient eus, et il fallait
un rescript du prince pour qu'elle pût s'opérer. INSTIT., §. 10, *de
Adopt.* L'adoption avait généralement pour effet de faire acquérir à
l'adoptant la puissance paternelle sur l'adopté; sous ce rapport,
c'était en quelque sorte une institution politique, et les femmes
n'avaient point la puissance paternelle.

c'est cette époque qu'il faut considérer pour estimer sa capacité, et un événement postérieur qui la lui enlève ne détruit point l'effet du contrat ; tellement que sa mort même, arrivée depuis que cet acte a été porté devant les tribunaux, n'empêche point d'en poursuivre l'homologation (art. 360). En un mot, c'est un contrat formé sous la double condition que les tribunaux lui imprimeront leur sanction et que l'arrêt homologatif sera transcrit dans les trois mois de sa date sur les registres de l'état civil, condition dont l'accomplissement a un effet rétroactif au jour du contrat lui-même (art. 1179).

Si l'adoptant se mariait après l'acte, et que sa femme accouchât avant le cent quatre-vingtième jour du mariage, la naissance de l'enfant, quoique non désavoué et quoique né dans les trois cents jours du contrat d'adoption, ne l'annulerait pas : car la conception remontant évidemment à une époque antérieure au mariage, c'est un enfant tacitement légitimé, et voilà tout. Or, la légitimation n'a pas d'effet rétroactif (art. 333) (1) : elle ne révoque point l'adoption, lors même que l'enfant légitimé aurait été né au moment de l'acte passé devant le juge de paix. C'est l'existence d'enfans légitimes, et non celle d'enfans naturels, qui forme obstacle à l'adoption (art. 343), et la survenance d'enfans, même légitimes, n'en détruit pas les effets (art. 350).

279. 3° La personne qui se propose d'adopter doit

_____

(1) Voy. *suprà*, n° 182 et suivans.

être âgée de plus de cinquante ans (art. 343), c'est-
à-dire avoir cinquante ans révolus au moment où
l'acte est passé devant le juge de paix.

L'adoption, avons-nous dit, a été imaginée comme
un moyen de consolation pour ceux qui n'ont pas
d'enfans, et elle contrarierait le but principal de la
loi, si elle était permise aux personnes qui sont encore dans l'âge où généralement on peut espérer
d'en avoir par le mariage.

Cependant la règle souffre exception dans le cas
où l'adoption est le prix du dévouement de l'adopté
envers l'adoptant : dans ce cas il suffit que celui-ci
soit majeur et plus âgé que l'adopté (art. 345), ne
fût-ce que d'un mois, et moins encore.

280. 4° La personne qui adopte doit avoir au
moins quinze ans de plus que celle qui se propose
d'être adoptée (art. 343), sauf le cas d'exception
ci-dessus. L'adoption ayant pour effet d'établir des
rapports de paternité et de filiation entre ceux qui
forment ce contrat, il est convenable, pour que la
fiction soit en harmonie avec la réalité, que l'on
puisse raisonnablement supposer que l'un est le
père de l'autre (1).

___

(1) *Adoptio enim naturam imitatur ; et pro monstro est ut major sit filius
quàm pater.* §. 4, Instit. *de Adopt.* Il fallait, dans le droit romain,
que l'adoptant eût dix-huit ans de plus que l'adopté.

Il est vrai que, chez nous, l'homme ne peut contracter mariage qu'à
l'âge de dix-huit ans révolus, et que le Code exige seulement que
l'adoptant ait quinze ans de plus que l'adopté ; mais la loi n'a pas entendu s'asservir rigoureusement à une fiction, dont le principe

281. 5° Il faut que l'adoptant ait le consentement de son conjoint, s'il est marié (art. 344); sauf le cas de l'adoption testamentaire, dont nous parlerons plus loin.

282. Les bienséances et le respect que l'homme à tout âge doit aux auteurs de ses jours commanderaient sans doute à l'adoptant de solliciter l'agrément de ses père et mère, s'ils vivaient encore; mais il ne lui est point prescrit, comme pour le mariage, de requérir en forme leur conseil.

Et dans le cas de l'adoption rémunératoire, il n'est pas rigoureusement tenu d'obtenir leur consentement, encore qu'il eût moins de vingt-cinq ans, tandis que jusqu'à cet âge il lui serait indispensable pour pouvoir se marier.

Nous ne justifierons pas cette différence en disant que, par son mariage, l'individu donnerait des successeurs à ses père et mère, et par conséquent qu'il est juste que ceux-ci approuvent son union, au lieu que l'adoption n'établira aucun rapport entre eux et l'adopté : car la faiblesse de cette raison se ferait sentir tout de suite, en considérant que la fille de famille âgée de vingt-un ans révolus n'a même pas besoin, pour se marier, du consentement de ses ascendans (il suffit qu'elle requière leur conseil), et que l'adoption, si elle n'établit, il est vrai, aucun rapport entre les père et mère de l'adoptant et de l'adopté,

raisonnable en soi, est susceptible de modification dans l'intérêt de l'institution elle-même.

peut du moins avoir pour effet de les priver de la
succession de leur enfant; mais nous dirons que la
loi ne prescrit dans aucun cas à l'adoptant d'obtenir le consentement de ses père et mère, quoiqu'elle exige de l'adopté âgé de moins de vingt-
cinq ans qu'il obtienne celui des siens.

283. 6° Pour être pure dans son principe, l'adoption ne doit point être l'effet d'un premier mouvement, d'un caprice, d'un sentiment d'humeur envers les parens; la loi veut qu'elle soit le résultat
d'une volonté réfléchie et de l'affection de l'adoptant envers l'adopté : en conséquence, « elle ne peut
« être exercée qu'envers l'individu à qui l'on a,
« durant sa minorité et pendant six ans au moins,
« fourni des secours et donné des soins non inter-
« rompus. » (Art. 345.)

284. Mais cette condition n'est pas exigée quand
l'adoption est la récompense du dévoûment de l'a-
dopté envers l'adoptant, qui lui a sauvé la vie soit
dans un combat, soit en le retirant des flammes ou
des flots. Dans ce cas il suffit, du côté de l'adoptant,
d'être majeur, plus âgé que l'adopté, et, s'il est
marié, d'avoir le consentement de son conjoint.
(*Ibid.*)

Mais comme la loi n'autorise l'adoption, dans ce
cas, que pour récompenser le dévoûment de l'a-
dopté envers l'adoptant, le patronage qu'il lui
aurait prêté dans une accusation capitale, comme
avocat, ou les secours qu'il lui aurait donnés

comme médecin n'étant que l'accomplissement
des devoirs de sa profession, ne motiveraient point
l'exception à la règle générale. Il pourrait en être
autrement, si la maladie était contagieuse et que
le dévoûment fût manifeste. De même, si l'adopté
avait, au péril de sa vie, sauvé celle de l'adoptant
dans la ruine d'un bâtiment, cas dont ne parle pas
non plus le Code, les juges pourraient y voir une
cause suffisante de dérogation au principe. L'article n'est pas rigoureusement limitatif; ce qu'il
exige, c'est un dévoûment généreux et manifeste
dans le but de sauver la vie à l'adoptant qui était
en danger de la perdre.

Si la cause était simulée, les héritiers de celui-ci
pourraient, après sa mort, attaquer le contrat
d'adoption (1).

285. 7° Enfin l'adoptant doit jouir d'une bonne
réputation (art. 355) : conséquemment celui qui
a subi une condamnation déshonorante et qui n'a
point été réhabilité ne peut adopter. Quant aux
autres faits dont la réputation de l'adoptant serait
plus ou moins entachée, les tribunaux en seraient
les appréciateurs souverains.

286. Un prêtre catholique ne pourrait non plus
adopter. Sous plusieurs rapports, l'adoption est une
image de la paternité résultant du mariage; elle
attribue à l'adopté les droits d'enfans légitimes,

_____

(1) Voy., *infrà*, n° 330 et suiv., quant à la voie qu'ils devraient
suivre.

et on ne peut supposer la capacité de les conférer à celui qui ne peut se marier, sans blesser l'esprit des institutions civiles, sans violer la loi religieuse et sans trahir ses sermens.

Il en serait autrement d'un ministre protestant : le mariage lui étant permis, la fiction, à son égard, ne serait point un grossier mensonge, comme elle le serait à l'égard d'un prêtre catholique.

§. II.

Des Conditions et Qualités de la part de l'adopté dans l'adoption ordinaire.

287. 1° L'adopté, comme l'adoptant, doit être Français, ou jouir des droits civils en France, ou appartenir à une nation avec laquelle il y aurait des traités relatifs à l'adoption (1). La question n'a pas changé de face par la loi du 14 juillet 1819, qui permet aux étrangers de succéder, recueillir et disposer en France comme les nationaux; car l'adoption ne confère pas seulement à l'adopté les droits de successibilité sur les biens de l'adoptant : elle établit entre eux des rapports de paternité et de filiation qui ont d'autres conséquences, notamment la prohibition de s'unir par mariage (prohibition qui s'étend même à d'autres personnes), l'obligation de se fournir réciproquement des alimens, etc., etc.

---

(1) Voy. *suprà*, n° 277.

288. 2° Il doit être majeur, sauf le cas où l'adoption lui est conférée, suivant l'article 366, par le testament de son tuteur officieux.

289. 3° S'il n'est pas âgé de vingt-cinq ans accomplis, il doit, même dans le cas où l'adoption serait rémunératoire, rapporter le consentement de ses père et mère, ou du survivant; et après cet âge, il doit requérir leur conseil. (Art. 346.)

Le consentement des autres ascendans n'est pas exigé. Les règles tracées pour le mariage ne sont point applicables à l'adoption.

Ainsi, la volonté du père, en cas de dissentiment, ne prévaut pas, comme pour le mariage : la loi dit le consentement des père ET mère. Le mariage est favorable; l'adoption est une institution spéciale ; et si l'on songe qu'en s'étendant à un plus grand nombre d'objets, l'affection s'affaiblit naturellement, on ne sera pas étonné que la loi ait exigé que la mère fût aussi juge de l'utilité, pour son enfant, comme pour elle-même, du contrat d'adoption.

Toutefois, si l'un des père et mère était dans l'impossibilité de manifester sa volonté, le consentement de l'autre ferait loi.

Ainsi encore, il n'y a aucune différence à faire quant au sexe de la personne qui veut être adoptée: la fille de famille a aussi besoin, jusqu'à l'âge de vingt-cinq ans, du consentement de ses père et mère, ou du survivant.

Quant à la réquisition de leur conseil, elle doit avoir lieu dans la même forme que pour le mariage; mais il ne serait besoin que d'un seul acte.

290. 4° Il faut que l'adopté n'ait pas été déjà adopté par un autre, à moins que ce ne fût par le conjoint de l'adoptant :

« Nul ne peut être adopté par plusieurs, si ce n'est par deux époux (1). » (Art. 344.)

Mais il n'est pas nécessaire que l'adoption faite par deux époux ait lieu simultanément : la loi ne l'exige pas.

291. De ce qu'un individu ne peut être adopté par plusieurs, si ce n'est par deux époux, il n'en faut pas conclure que la même personne ne puisse avoir plusieurs enfans adoptifs : l'article 348 suppose le contraire, puisqu'il dit : « que le mariage « est prohibé entre les enfans adoptifs du même « individu. » Si l'on ne peut avoir deux pères de la

---

(1) On conçoit très-bien qu'un individu ne puisse être adopté par deux hommes ou deux femmes, même quand le premier adoptant serait mort au moment où le second voudrait adopter : l'adoption est une image, quoique imparfaite, de la paternité, et l'on ne peut avoir deux pères de la même qualité. Cette raison ne peut s'appliquer, il est vrai, au cas où les deux adoptions seraient faites par des personnes de sexe différent ; mais le législateur s'est déterminé par d'autres motifs : il n'a pas voulu que les effets attachés à la filiation légitime, et qui sont attribués à l'adopté, eussent lieu, et quant à la paternité, et quant à la maternité adoptives, lorsque les adoptans ne seraient pas unis par le mariage ; il n'a pas voulu, et avec raison, qu'on pût atteindre, par la voie de l'adoption, à un résultat qu'on ne pourrait obtenir par la légitimation elle-même.

même qualité, on peut avoir plusieurs enfans de la même condition.

Néanmoins le même individu ne pourrait adopter deux époux : ils seraient frère et sœur par adoption; et le mariage qui serait interdit entre eux, s'ils étaient déjà adoptés, est, par la même raison, un obstacle à l'adoption (1). Mais rien ne s'opposerait à ce qu'une personne mariée n'adoptât un époux, et que le conjoint de celui-ci ne fût aussi adopté par le conjoint de cette personne.

292. Si la personne qui se propose d'être adoptée est mariée, a-t-elle besoin du consentement de son conjoint?

Y a-t-il une distinction à faire à cet égard entre le mari et la femme?

D'abord, le mari n'est point tenu d'obtenir le consentement de son épouse : l'adoption est favorable à celui qui en est l'objet. Et quant à ce que l'adopté joint à son nom celui de l'adoptant, et que la femme prend celui de son mari, ce qui l'obligerait ainsi, dit-on, à prendre, quoique additionnellement, un nom qu'elle ne s'est point soumise à porter, cette objection n'est point invincible; car elle ne serait point tenue de le joindre au sien : la loi ne le dit qu'à l'égard de l'adopté. Le nom de celui-ci ne change point, il reçoit seulement une addition, *surnomen*, transmissible, il est vrai, mais qui n'est point le nom lui-même. La

---

(1) §. 2, INSTIT. *de Nuptiis.*

femme d'ailleurs ne prend pas le nom de son mari dans les actes, si ce n'est pour faire connaître sa qualité d'épouse de TEL individu ; elle signe de son nom personnel, et dans la société elle est désignée par le nom de son mari qui, encore une fois, n'est pas celui de l'adoptant, puisque ce dernier n'est qu'une simple addition au premier. Enfin, la loi ne prescrit point à l'adopté d'obtenir le consentement de son conjoint ; elle exige seulement, s'il n'a pas vingt-cinq ans accomplis, qu'il ait celui de ses père et mère, ou du survivant ; comme elle exige, pour pouvoir adopter, que l'adoptant ait l'assentiment de son conjoint, s'il est marié. Or, l'adoption d'un époux était aussi facile à prévoir que celle faite par un époux ; et puisque la loi s'est expliquée sur un cas et qu'elle a gardé le silence sur l'autre, il faut en conclure qu'elle a voulu laisser ce dernier dans les termes du droit commun.

Si c'est la femme qui se propose d'être adoptée, l'objection relative au nom n'a même plus d'application, et l'adoption n'étant qu'un contrat, la nécessité d'obtenir le consentement du mari, pour pouvoir légalement le consentir, n'est pas plus rigoureusement imposée à la femme, qu'elle ne lui est imposée pour accepter une donation ou une succession, avec lesquelles l'adoption a tant de rapports. Elle peut donc, conformément à l'art. 219, qui ne fait aucune distinction, demander à la justice, pour passer l'acte devant le juge de paix, l'autorisation que son mari lui refuse. Le tribunal, après que celui-ci aura été entendu ou dûment appelé, accordera ou refusera l'autorisation, suivant sa prudence et ses lumières; ce qui ne préjugera en rien l'admission ou le rejet de l'adoption (1).

293. L'adoption d'un enfant naturel par son père ou sa mère est-elle contraire à l'esprit de la loi?

Le Code a fait naître peu de questions aussi controversées.

Si la négative doit prévaloir, on sent que celle de savoir si le ministère public peut rechercher la paternité d'un individu pour s'opposer à ce qu'il adopte son fils naturel non reconnu est par cela même tranchée.

Dans le cas de l'affirmative, la prétention du ministère public serait encore opposée au vœu de la loi, puisque la recherche de la paternité naturelle est formellement proscrite, sauf le cas d'enlèvement quand l'époque de la conception coïncide avec celle de la naissance (art. 340). Aussi, sentant bien que leur système n'aurait qu'un faible résultat si cette recherche ne pouvait avoir lieu, parce qu'on ne reconnaîtrait pas les enfans naturels qu'on se proposerait d'adopter un jour, quel-

---

(1) Si toutefois le mari n'a pas consenti à l'adoption, et qu'elle ait cependant été admise (ce qui nous paraît raisonnable et conforme aux principes, puisqu'il serait injuste qu'il pût, par son refus, priver sa femme des avantages qui y sont attachés), les biens de la communauté ne pourront jamais être affectés de l'obligation de fournir des alimens à l'adoptant.

ques-uns des nombreux adversaires de l'adoption
des enfans naturels par leurs père ou mère pensent
qu'on peut rechercher et prouver les rapports de
paternité et de filiation entre ceux qui se proposent
de former ce contrat, pour en faire résulter un empêchement légal à son accomplissement. Mais cette
opinion est par trop contraire à la disposition de
l'article précité et à la jurisprudence constante de
la Cour suprême, pour qu'elle puisse prévaloir. La
question ne présente donc du doute que lorsque
l'enfant a été reconnu, d'autant mieux que si les
tribunaux le croient enfant naturel de celui qui se
propose de l'adopter, et qu'ils pensent aussi que
l'esprit du Code repousse l'adoption dans ce cas,
leur décision, soit qu'elle rejette, soit qu'elle ad-
mette, ne devant pas être motivée, elle sera évidemment souveraine, comme on le verra tout-à-
l'heure.

Après avoir été, implicitement du moins, jugée
en sens contraire par les tribunaux, et résolue di-
versement par les auteurs, elle s'est présentée à
la Cour de cassation (1), relativement au rejet
d'une adoption par la Cour de Nîmes, qui s'était
très-probablement déterminée par la considération
que l'individu qui se proposait d'être adopté était
enfant naturel de celui qui voulait se l'attacher
par ce moyen.

Le respectable magistrat qui dans cette occasion

---

(1) *Voy.* l'arrêt du 14 novembre 1815. (Sirey, 16, 1, 45.)

porta la parole au nom du ministère public (1), fit d'honorables efforts, suivant sa manière de voir, pour déterminer la Cour suprême à reconnaître en principe que l'adoption d'un enfant naturel par son père ou sa mère est incompatible avec l'esprit de nos lois; et pour donner plus de poids encore à ses conclusions, il jugea devoir invoquer l'autorité du droit romain. Il s'exprima en ces termes :

« Les Romains auraient cru absurde de mettre « en question si l'on pouvait adopter son fils na- « turel ; une telle pensée ne leur est JAMAIS venue « dans l'esprit; mais ils se sont demandé si l'on « pouvait *légitimer par adoption* son enfant naturel; « cela est bien différent : entre l'état d'enfant na- « turel et la légitimation il n'y a rien d'incompa- « tible; et les Romains, en recherchant si on ne « pourrait point, par *l'adoption*, mettre un en- « fant naturel au rang des enfans légitimes, n'ont « point fait une recherche absurde. C'est à ce sujet « que nous trouvons des explications dans la No- « VELLE 74, intitulée *de Legitimatione per adoptio- « nem* (2), et dans la NOVELLE 89, relative au même « sujet. On demandait donc si on pouvait adopter

---

(1) M. le procureur-général Mourre. *Voy.* son plaidoyer dans Sirey, à l'endroit ci-dessus cité.

(2) Nous croyons devoir faire remarquer que c'est par pure inadver- tance que le ministère public dit ici que les Romains admettaient la légitimation des enfans naturels par le moyen de *l'adoption* : ces deux modes de conférer étaient tout-à-fait différens ; et quant aux enfans les droits attribués généralement aux enfans légitimes à l'intitulé de la NOVELLE 74, le voici : QUIBUS MODIS NATURALES

« son enfant pour lui conférer la légitimité, etc. »

Comme l'autorité du droit romain, appuyée de celle du respectable magistrat qui l'a invoquée en cette circonstance, peut avoir une grande influence sur la solution d'une question tant controversée, nous croyons devoir faire observer, ne fût-ce que par hommage pour la science et la vérité, que ce ne peut être aussi que par inadvertance que M. le procureur général a dit que *jamais* les Romains n'avaient permis à un citoyen d'adopter son fils naturel (1). Voici ce que porte à cet égard la loi 46, ff. *de Adoption.* : *In servitute meâ quæsitus mihi filius in potestatem meam redigi beneficio principis potest; libertinum tamen eum manere non dubitatur.* Assurément l'enfant né pendant l'esclavage de son père était un enfant naturel, et cependant après l'affranchissement du père (2) il a pu être adopté par rescrit du prince, c'est-à-dire adrogé (3).

FILII EFFICIANTUR LEGITIMI ET SUI, SUPRA ILLOS MODOS QUI IN SUPERIORIBUS CONSTITUTIONIBUS CONTINENTUR. Le chapitre III de cette même NOVELLE a pour rubrique, il est vrai, ces mots : *De Legitimatione per adoptionem;* mais ces mots appartiennent aux glossateurs, et ont été mis par eux pour signifier, quoique bien improprement, la manière de conférer aux enfans naturels les droits d'enfans légitimes par l'*adoption;* ce qui, certes, est loin d'être la même chose.

(1) Sans doute, dans ce cas, l'*adoption* proprement dite ne pouvait avoir lieu, et par une raison toute simple, c'est que l'enfant naturel était *sui juris,* tandis que l'adoption s'exerçait envers un fils de famille donné en adoption par l'ascendant sous la puissance duquel il était placé; mais l'adrogation des enfans naturels par leurs pères était très-fréquente, et l'adrogation était bien une véritable adoption.

(2) Et son propre affranchissement, s'il était né d'une mère esclave.

(3) Aussi Pothier, PANDECTÆ JUSTINIANEÆ, tit. *de Adopt.*, n° 22, s'exprime-t-il ainsi : *Etiam filius naturalis adoptari potest,* et il tran-

Il est donc plus exact de dire que, jusqu'à Justinien (1), qui a changé ce point (2) comme tant d'autres, l'adoption des enfans naturels par leur père, loin de paraître absurde aux Romains, avait *toujours* été dans leurs mœurs et autorisée par leurs lois. La fiction que l'adoption est une image de la paternité réelle, et conséquemment que cette fiction ne peut se prêter au cas où l'adoptant est père de l'adopté, ne les arrêtait pas : ils y voyaient une fiction, et voilà tout. C'est ainsi qu'après avoir émancipé son fils de famille ou l'avoir donné en adoption à un citoyen, le père, dans le premier cas, pouvait très-bien l'adroger, et, dans le second, le recevoir lui-même à son tour en adoption, ou l'adroger si l'enfant était devenu *sui juris* (3). Pourquoi cela? parce que par l'émancipation le père n'ayant plus la puissance paternelle, la recouvrait

---

scrit cette même loi 46, en faisant toutefois observer que, par sa Novelle 74, chap. III, Justinien a décidé que les enfans naturels ne pourraient à l'avenir acquérir par l'adoption les droits attribués aux enfans légitimes. Mais nous ferons observer, de notre côté, que Justinien vivait au sixième siècle de l'ère chrétienne et qu'il régnait à Constantinople : sa décision est donc sans influence sur la question agitée suivant les principes du véritable Droit romain, ou, si l'on veut, du Droit de Rome.

(1) Nous nous trompons : son prédécesseur, Justin, avait déjà prohibé l'adoption des enfans naturels par leur père, ainsi que nous l'apprend Justinien lui-même par la Novelle 74, chap. III, précitée.

(2) *Voy.* la loi 7, au Code, *de Naturalibus liberis*, par laquelle il abroge la Constitution de l'empereur Anastasius, qui avait jugé utile d'autoriser spécialement l'adrogation des enfans naturels par leur père, en accordant à ces enfans les droits d'enfans légitimes.

(3) Lois 12 et 41, ff. *de Adoption. et Emancip.*

par l'adrogation, et l'enfant lui-même, rentré dans sa famille, y recouvrait aussi tous ses droits civils.

Cependant, comme les jurisconsultes qui repoussent l'adoption dans ce cas citent à l'appui de leur sentiment l'arrêt de la Cour de cassation, qui, en effet, a rejeté le pourvoi formé contre celui de la Cour de Nîmes (1), il nous paraît utile de le rapporter textuellement, et d'en rapprocher les

---

(1) M. Toullier, notamment, s'exprime ainsi dans sa troisième édition, tome II, page 261 : « Enfin, l'adoption des enfans naturels « par leurs pères ou mères naturels, étant aussi contraire aux prin- « cipes de l'adoption *qu'à la morale* et aux dispositions du Code, a « été *rejetée et proscrite* par l'arrêt de la Cour de cassation du 14 « novembre 1815, sur les conclusions que donna M. Merlin (l'auteur « a voulu dire M. Mourre) à cette occasion. »

Ce jurisconsulte avait écrit tout le contraire dans une précédente édition, même à l'égard des enfans adultérins. « Attendu, disait-il, « que le Code ne défend pas d'adopter les enfans naturels reconnus ou « non-reconnus, quoique l'adoption puisse devenir un moyen d'éluder « les dispositions du Code, qui défendent aux enfans naturels, surtout « *aux adultérins*, de rien recevoir au-delà de ce qui leur est accordé « au Titre des Successions. »

Il est toujours louable de rétracter l'erreur dans laquelle on croit être tombé ; mais, nous l'avouerons, nous ne voyons pas sans quelque étonnement que ce qui paraissait à M. Toullier juste, moral, puisque la loi, selon lui, l'admettait, est devenu tout à coup contraire à la morale et aux dispositions de la loi elle-même. La morale ne varie pas ainsi, et nous sommes bien persuadé que si l'adoption d'un enfant naturel par son père était empreinte d'un caractère d'immoralité si grave que M. Toullier veut le faire entendre aujourd'hui, cet estimable jurisconsulte en eût été frappé tout le premier, et n'aurait pas professé d'abord une doctrine favorable à son admission. Ce changement de langage et de principes est, au surplus, honorable, si l'auteur, mieux éclairé sur cette importante question par le discours du ministère public devant la Cour suprême, a cru apercevoir dans les conséquences de son opinion des inconvéniens et des dangers qu'il n'y avait pas vus d'abord.

considérans du passage par lequel le ministère public a terminé ses conclusions. On verra par-là que cet arrêt est bien loin d'être décisif, ainsi qu'on l'a prétendu; on en tirera peut-être une conclusion tout opposée.

« Cette audience serait à jamais mémorable, di-
« sait M. le procureur général, si la Cour pouvait
« placer, du moins incidemment, ou hypothéti-
« quement, dans ses motifs, la déclaration des prin-
« cipes dont elle est animée. Quel beau jour pour
« la société! quel triomphe pour la morale! quel
« avantage pour tous les tribunaux, qui pendant
« long-temps avaient entendu la loi d'une manière
« uniforme, et qui ne se sont divisés que lorsqu'un
« écrit nouveau est venu ouvrir devant eux une
« source d'erreurs et de calamités!

« Mais la Cour pèsera les observations de M. le
« rapporteur. Elle verra que la Cour de Nîmes a
« pu rejeter l'adoption par d'autres motifs que celui
« de la qualité de l'enfant. Peut-être croira-t-elle
« ne devoir point s'expliquer sur la question dont
« il s'agit. Son silence nous laisserait de grands re-
« grets. »

Les vœux de M. le procureur général n'ont pas été exaucés, quoique, conformément à ses conclusions, le pourvoi ait été rejeté. La Cour suprême n'a pas cru devoir consacrer le principe dont la proclamation était si vivement sollicitée. Voici l'arrêt :

« La Cour : attendu que le demandeur ne pro-

« pose aucun moyen tendant à prouver que les
« formes établies par la loi aient été violées dans
« l'espèce;

   « Attendu, quant au fond, qu'en matière d'a-
« doption la loi défend aux tribunaux et aux Cours
« de motiver leurs jugemens et leurs arrêts;

   « Attendu que lorsqu'une Cour déclare n'y avoir
« lieu à adoption, *elle peut y être déterminée par*
« *des circonstances particulières que l'article 355 du*
« *Code civil autorise et abandonne à la conscience*
« *des juges* (1); qu'ainsi des arrêts portant refus
« d'adoption dont on ne peut connaître les motifs,
« ne peuvent, quant au fond, former l'objet d'un
« pourvoi en cassation : d'où la conséquence qu'il
« est inutile de s'occuper de la question élevée par
« le demandeur; rejette le pourvoi. »

   Assurément, cette décision n'est pas propre à
trancher les doutes, comme on l'a prétendu. En
l'analysant bien, et en la rapprochant de ce que
disait, en terminant, le ministère public, on pourrait bien n'y pas voir ce que plusieurs auteurs ont
cru y découvrir. Quoi qu'il en soit, tant qu'il n'y
aura pas annulation d'un arrêt qui aurait admis
l'adoption d'un enfant naturel par son père ou sa
mère, on ne pourra réellement rien inférer de la jurisprudence de la Cour de cassation sur ce point (2).

_____

   (1) Ce considérant est remarquable ; il semble par là que la Cour
de cassation cherche plutôt à justifier l'arrêt de la Cour de Nîmes,
qu'elle n'entend approuver le motif particulier qui a porté cette
dernière Cour à rejeter l'adoption.

   (2) Cette Cour a bien également rejeté le pourvoi formé contre un

Les Cours royales, jusque-là, conserveront donc un pouvoir discrétionnaire : les unes se détermineront par le silence du Code et les discussions du projet de loi, qui paraissent en effet favorables à l'admission de l'adoption. Elles seront peu touchées de l'argument tiré de ce que l'article 908 sera éludé, puisque ce ne sera point à titre d'enfant naturel, mais à titre d'enfant adoptif, que celui-ci aura sur la succession de l'adoptant les droits d'enfant légitime, et qu'il n'est pas étonnant qu'un nouveau titre produise de nouveaux droits. Elles ne verront probablement pas un outrage à la morale dans ce que les Romains admettaient sans difficulté, même sous leurs Censeurs; peut-être même penseront-elles que l'intérêt général gagne quelque chose dans l'emploi d'un moyen qui assure un état à un enfant, au lieu de le laisser comme pour ainsi dire perdu dans le vague d'une société immense. Enfin, les nombreuses conditions exigées par la loi pour que l'adoption puisse être admise, l'âge surtout que doit avoir l'adoptant, leur paraîtront un préservatif suffisant contre le danger qu'elle ne dé-

arrêt de celle de Nanci qui avait annulé une adoption, et on le cite aussi en preuve que l'adoption des enfans naturels par leur père ou mère est contraire à l'esprit du Code; mais c'était l'adoption d'un enfant adultérin, adoption régie par la loi du 25 germinal an XI, et dont le titre lui-même reconnaissait l'enfant comme adultérin. *Voy.* les arrêts dans Sirey, tomes 15, 2, 209 et 17, 1, 164.

La Cour de Bordeaux ayant, au contraire, maintenu une pareille adoption, celle de cassation a rejeté le pourvoi formé contre l'arrêt (Sirey, 24, 1, 195); en sorte que sa jurisprudence n'est pas même fixée sur ce dernier point.

III.   19

tourne du mariage (1). Et c'est en effet la jurisprudence de plusieurs Cours royales, même depuis
l'arrêt précité (2).

D'autres Cours penseront probablement le contraire : leurs décisions ne seront pas non plus opposées à la loi, du moins à la loi écrite, puisque,
muette sur ce point, elle laisse à la conscience des
magistrats d'admettre ou de rejeter l'adoption, suivant qu'elle leur paraît utile ou nuisible, leur défendant même expressément de donner les motifs
de leur détermination. Mais il résultera toujours de
cette divergence que la morale n'est pas blessée
par l'adoption d'un enfant naturel par son père ou
sa mère; car s'il en était ainsi, nos tribunaux seraient unanimes pour la proscrire. Et, disons - le,

---

(1) Cette considération , qui a touché de bons esprits , parce que ,
disent-ils , celui qui n'a pas encore passé l'âge où l'homme peut être
porté à contracter mariage par inclination , sachant qu'il peut un
jour adopter son enfant naturel , se refusera peut-être à former un
lien que la loi cherche toujours à favoriser ; cette considération ,
disons-nous , perd beaucoup de sa force à l'égard de la mère. Le législateur, du moins nous le pensons , désire peu , surtout dans l'état
actuel de la population , qu'une femme qui a eu le malheur de faillir
forme des nœuds avec tout autre que l'auteur de sa faute ; et la possibilité d'adopter un jour son enfant ne la détournera jamais du dessein de le légitimer par son mariage avec celui-ci : le refus ne viendra
pas de son côté, du moins il aurait un autre motif.

(2) Ainsi , la Cour d'Angers a admis , par son arrêt du 29 juin 1824
(Sirey , 24, 2, 205), l'adoption d'un enfant naturel par son père qui
l'avait authentiquement reconnu. La Cour a même affecté de mentionner cette circonstance : on dirait qu'elle a voulu donner à la Cour
suprême l'occasion de faire sa profession de foi sur la question.

Celle de Douai a pareillement admis , et cinq fois dans l'année 1824,
l'adoption d'enfans naturels reconnus par leur père ou mère. *Voy.* Sirey, même volume , part. II, pag. 318.

il est fâcheux que l'on ait placé la question sur ce terrain : c'est inspirer une grande défiance à ceux qui ne se pardonneraient jamais d'avoir contribué au triomphe d'une opinion qui, dans son application, pourrait porter atteinte aux principes de la saine morale; c'est les réduire au silence. Au lieu que si on ne l'agitait que comme une pure question de droit, ils seraient beaucoup moins timides à la discuter sous toutes ses faces, et peut-être parviendraient-ils à démontrer qu'elle ne doit pas être décidée dans un sens contraire à l'admission de l'adoption.

SECTION II.

Des Formes de l'Adoption.

SOMMAIRE.

294. *L'adoption s'opère de deux manières : par contrat homologué, ou par le testament d'un tuteur officieux.*

§. Ier.

Des Formes de l'adoption par contrat.

295. *L'acte renfermant les consentemens respectifs est reçu par le juge de paix du domicile de l'adoptant.*
296. *Une expédition en est remise dans les dix jours au procureur du Roi.*
297. *Le tribunal prononce en la chambre du conseil, et sans énoncer de motifs.*
298. *Dans le mois, le jugement est soumis à la Cour royale, qui prononce également sans énoncer de motifs.*
299. *L'arrêt qui admet l'adoption doit être prononcé à l'audience et affiché.*

3oo. *Il doit être inscrit sur les registres de l'état civil du domicile de l'adoptant dans les trois mois de sa date, sinon l'adoption est réputée non-avenue.*

3o1. *Jusqu'à cette inscription, les parties peuvent, d'un commun accord, résilier le contrat : après, elles ne le peuvent plus.*

3o2. *La mort de l'adoptant, après que l'acte reçu par le juge de paix a été porté devant les tribunaux, n'empêche pas l'adopté de poursuivre l'homologation.*

3o3. *Si une demande à fin d'adoption est rejetée, les mêmes parties, en passant un nouvel acte, peuvent en présenter une autre soit devant les mêmes tribunaux, soit devant d'autres si l'adoptant a changé de domicile.*

§. II.

De l'Adoption testamentaire.

3o4. *Le tuteur officieux peut adopter son pupille par acte testamentaire : différences de ce mode d'adoption d'avec le mode par contrat.* Note.

3o5. *Il n'importe en quelle forme soit fait le testament.*

3o6. *Mais il faut qu'au moment où il est fait, la tutelle officieuse dure déjà depuis cinq ans.*

3o7. *Le consentement du conjoint, nécessaire pour former le contrat de tutelle officieuse, ne l'est pas pour que le tuteur confère à son pupille l'adoption par testament.*

294. L'adoption s'opère de deux manières :

Ou par acte passé devant le juge de paix et homologué par les tribunaux;

Ou par le testament d'un tuteur officieux.

Nous traiterons séparément de chacun de ces modes.

§. Ier.

Des formes de l'Adoption par contrat.

295. La personne qui se propose d'adopter et celle qui se propose de l'être doivent se présenter devant le juge de paix du domicile de l'adoptant pour y passer acte de leurs consentemens respectifs (Art. 353.)

296. Mais l'adoption n'est pas un contrat ordinaire, elle attribue des qualités civiles; dès-lors il est nécessaire que ce contrat soit revêtu de la sanction des tribunaux pour lui imprimer un caractère permanent et pur, qui le rende respectable aux yeux de tous les citoyens.

En conséquence, une expédition de l'acte reçu par le juge de paix est remise, dans les dix jours suivans, par la partie la plus diligente, au procureur du Roi près le tribunal de première instance dans le ressort duquel se trouve le domicile de l'adoptant, pour être soumise à l'HOMOLOGATION de ce tribunal. (Art. 354.)

297. Le tribunal, réuni à la chambre du conseil, et après s'être procuré les renseignemens convenables, vérifie :

1° Si toutes les conditions de la loi sont remplies;

2° Si la personne qui se propose d'adopter jouit d'une bonne réputation. (Art. 355.)

Après avoir entendu le procureur du Roi, et

sans aucune autre forme de procédure, le tribunal prononce, sans énoncer de motifs (1), en ces
termes : *il y a lieu*, ou *il n'y a pas lieu à l'adoption* (2). (Art. 356.)

298. Dans le mois qui suit le jugement du tribunal de première instance, ce jugement est, sur
les poursuites de la partie la plus diligente, soumis
à la Cour d'appel (3), qui instruit dans les mêmes
formes que le tribunal de première instance, et
prononce, sans énoncer de motifs : *Le jugement
est confirmé*, ou *le jugement est réformé; en conséquence il y a lieu*, ou *il n'y a pas lieu à l'adoption.*
(Art. 357.)

299. Tout arrêt de la Cour d'appel qui ad-

---

(1) On n'a pas voulu gêner l'indépendance des magistrats par l'obligation d'énoncer, dans le cas de rejet, les causes de leur refus : c'eût
été les exposer à la haine des parties, surtout à celle de l'adoptant.
On a aussi voulu par là sauver des humiliations à celui-ci, dans le
cas où ces causes auraient été peu honorables pour lui. Et pour que
le public ne tirât pas de fâcheuses inductions, lorsqu'une demande
à fin d'adoption aurait été rejetée, il fallait que les jugemens même
d'admission ne fussent pas non plus motivés; et c'est ce que prescrit
également la loi.

(2) Ainsi chez nous, comme chez les Romains, l'adoption par contrat est ce qu'ils appelaient, ACTIO LEGIS, c'est-à-dire un acte s'opé-
rant d'après un mode spécialement déterminé par la loi.

Il y a aussi cette conformité, que, pas plus dans notre législation
que dans la leur, l'adoption ne pourrait être faite sous condition ni à
temps ; mais le contrat pourrait être fait par un fondé de pouvoir,
tandis que les *actes légitimes*, auxquels les actions de la loi étaient as-
similées, sous plusieurs rapports, ne pouvaient être faits par procureur. L. 77, ff. *de Regul. juris.*

(3) Cela est nécessaire si le jugement a admis l'adoption et que les
parties n'aient pas mutuellement changé de sentiment ; mais l'on sent

met (1) une adoption, doit être prononcé à l'audience, et affiché en tels lieux et en tel nombre d'exemplaires que la Cour le juge convenable. (Art. 358.)

3oo. Le contrat, ainsi sanctionné par les tribunaux, doit être mis au nombre des actes qui règlent l'état des citoyens, puisqu'il a pour effet d'attribuer de nouvelles qualités aux parties.

En conséquence, dans les trois mois qui suivent l'arrêt d'admission, l'adoption doit être inscrite, à la réquisition de l'une ou de l'autre, sur le registre de l'état civil du lieu où l'adoptant est domicilié.

Cette inscription n'a lieu que sur le vu d'une expédition en forme de l'arrêt, et l'adoption reste sans effet si elle n'a été inscrite dans ce délai. (Art. 359.)

3o1. On voit par là que, jusqu'à l'inscription opérée, les parties peuvent, par leur consentement mutuel, annuler le contrat d'adoption; car ce qu'elles peuvent faire tacitement, en ne faisant point inscrire l'arrêt qui l'a homologué, elles peuvent, par la même raison, le faire expressément.

---

que si la demande a été rejetée, il n'y a lieu à soumettre le jugement à la Cour d'appel, qu'autant que les parties, ou l'une d'elles, voudraient poursuivre l'adoption, ainsi qu'elles en ont le droit.

(1) Celui qui rejette l'adoption doit être rendu à la Chambre du conseil, afin que le public l'ignore et n'en puisse rien inférer de désavantageux aux parties sous le rapport de leur moralité. Aussi, le jugement de première instance doit-il être rendu de cette manière, lors même qu'il admet l'adoption ; car il peut n'être pas confirmé par la Cour d'appel, et alors se présenterait l'inconvénient que le législateur a sagement voulu éviter.

Mais lorsque l'arrêt a été inscrit, l'adoption est accomplie, tout est consommé : les qualités de père et de fils adoptifs leur sont irrévocablement imprimées (1).

302. Bien plus, « Si l'adoptant vient à mourir « après que l'acte constatant la volonté de former « le contrat d'adoption a été reçu par le juge de « paix ET porté devant les tribunaux (2), et avant « que ceux-ci eussent définitivement prononcé, « l'instruction est continuée et l'adoption admise, « s'il y a lieu. (Art. 360.)

---

(1) Nous verrons plus loin, n° 326, si, comme sous le Code prussien, l'adoption une fois accomplie peut être dissoute du commun accord des parties, revêtu de l'approbation des tribunaux, suivant cette règle de droit : *Nihil tàm naturale est, quàm eo genere quidquid dissolvere quo colligatum est.* L. 35, ff. de *Regul. juris.*

(2) Il paraît, pour que l'instruction soit continuée, qu'il faut le concours des deux circonstances : que l'acte ait été reçu par le juge de paix et qu'il ait été porté devant les tribunaux; la rédaction de l'article laisse peu de doute à cet égard. Le législateur a bien pu attacher à la mort de l'adoptant, arrivée avant que l'acte n'eût encore reçu aucun commencement d'exécution, une condition résolutoire, qui ne lui a pas paru avoir le même motif lorsque cet événement a lieu après que l'acte a déjà été présenté à la justice; et, selon nous, il est présenté à la justice dès que l'expédition en a été remise au procureur du Roi, quoique ce magistrat ne l'eût pas encore présentée au tribunal.

Au surplus, il ne faut pas inférer de ce qui vient d'être dit, que l'acte reçu par le juge de paix n'est qu'un simple projet, une simple *pollicitation*, à l'accomplissement de laquelle l'adoptant pourrait se refuser sans de justes motifs survenus depuis cet acte ; car c'est là véritablement le contrat, le dépôt du vœu et des *consentemens respectifs* des parties (art. 353), et qui, par conséquent, les engage, sous la double condition, et de la sanction des tribunaux, et de l'inscription de l'arrêt sur les registres de l'état civil, condition dont l'accomplissement a un effet rétroactif au jour de l'acte (art. 1179).

« Néanmoins les héritiers de l'adoptant peu-
« vent (1), s'ils croient l'adoption inadmissible,
« remettre au procureur du Roi tous mémoires et
« observations à ce sujet. » (*Ibid.*)

303. Si une demande à fin d'adoption a été rejetée,
les mêmes parties peuvent-elles en présenter une
nouvelle, soit devant les mêmes tribunaux, soit
devant d'autres si l'adoptant a changé de domicile ?

Nous ne voyons rien dans la loi qui s'y oppose.
En cette matière, les magistrats ne motivant pas
leur décision, on ne peut savoir quelle a été la cause
du rejet, ni par conséquent si cette cause n'a pas
cessé. Par exemple, s'il avait eu lieu parce que l'a-
dopté, âgé de moins de vingt-cinq ans lors de la
première requête, ne produisait pas le consentement du survivant de ses père et mère, qui maintenant est décédé ou qui l'accorde, on ne voit pas
pourquoi une nouvelle demande ne pourrait être
présentée. Un jugement qui rejette une adoption ne
peut prononcer qu'une sorte de fin de non-recevoir
quant à présent; il n'établit pas plus d'incapacité
qu'un jugement qui maintient une opposition à un
mariage, opposition que l'on fait lever en produisant
la preuve que la cause en a cessé. D'ailleurs les tribunaux ont un pouvoir souverain pour apprécier
le mérite de la nouvelle demande. Le ministère

Aussi avons-nous dit (n° 278) que c'est l'époque où il est passé, qu'il
faut considérer pour estimer la capacité des contractans.

(1) Mais dans ce cas seulement, sauf le droit, s'il y échet, d'attaquer
l'adoption après la mort de leur auteur.

public ne devrait donc point conclure au rejet, sur le seul motif qu'une première tentative de la part des parties a été sans succès : l'autorité de la chose jugée ne saurait s'appliquer à ce cas.

Mais comme les dix jours dont parle l'art. 354 se trouveraient expirés, il faudrait un nouvel acte devant le juge de paix.

§. II.

De l'*Adoption testamentaire.*

304. La tutelle officieuse a été imaginée par les rédacteurs du Code, comme un moyen propre à faciliter les adoptions; mais cette innovation, qui, jusqu'à ce jour, a si peu rempli le vœu du législateur, eût été bien imparfaite, si elle n'eût accordé au tuteur officieux, que la mort peut surprendre avant la majorité du pupille, le droit de lui conférer le bienfait de l'adoption par un acte de dernière volonté. Il n'en est pas ainsi.

Suivant l'art. 366, « Si le tuteur officieux, après « cinq ans (1) révolus depuis la tutelle, et dans la

---

(1) C'est une première différence d'avec l'adoption par contrat, laquelle exige, en général, que l'adoptant ait donné à l'adopté des soins et fourni des secours pendant *six* ans au moins durant sa minorité.

Une autre différence, c'est que l'adoption testamentaire a lieu au profit d'un mineur, tandis que celle par contrat ne peut s'exercer qu'envers un majeur.

Au reste, puisque c'est un acte testamentaire, le pupille peut renoncer au bénéfice de l'adoption, tant qu'il ne l'a pas acceptée en majorité, en en recueillant les avantages, ou autrement. Au lieu que

« prévoyance de son décès avant la majorité du
« pupille (1), lui confère l'adoption par acte testa-
« mentaire, cette disposition est valable, pourvu
« que le tuteur ne laisse pas d'enfans. »

305. Il n'importe en quelle forme ait lieu l'acte
testamentaire ; même en la forme olographe il produira l'adoption, si d'ailleurs toutes les conditions
de la loi sont accomplies, et si les formalités requises
pour la validité du testament, comme testament,
ont été remplies. Il n'est pas nécessaire au surplus
qu'il contienne aucune disposition de biens : cette
disposition, qui forme la substance du testament
(art. 895), est virtuellement renfermée dans le don
de l'adoption.

306. Mais il faut qu'à l'époque de la date de l'acte
la tutelle officieuse dure au moins depuis cinq ans
avec ce caractère, tellement que si le testament
était fait auparavant, l'adoption n'aurait pas lieu,
quoique le tuteur mourût après les cinq ans. La loi
a voulu qu'elle ne fût que le résultat d'une affection
éprouvée. On appliquerait, du moins nous le croyons,
la célèbre règle catonienne, créée précisément pour
les dispositions testamentaires (2), au nombre des-

---

l'adopté par contrat ne peut répudier un titre qu'il a lui-même sollicité, et qu'il a scellé de son propre consentement. *Vice versâ*, le
tuteur officieux peut révoquer l'acte testamentaire, parce que c'est
son ouvrage, à lui seul, tandis que l'adoptant par contrat ne peut
anéantir l'adoption.

· Il existe encore quelques autres différences.

(1) *Voy.* la note au n° 342, *infrà*, *in fine.*

(2) Cette règle est ainsi conçue : *Quod si testamenti facti tempore*

quelles est assurément le don de l'adoption par testament, puisqu'elle confère les droits de succession.

3o7. Le consentement du conjoint du tuteur officieux, nécessaire pour que le contrat de tutelle officieuse pût légalement se former (art. 362), n'est pas exigé pour conférer au pupille l'adoption par testament; elle ne produira son effet qu'à une époque où il n'y aura plus de mariage. D'ailleurs un acte testamentaire doit être l'ouvrage du testateur seul : aussi, comme nous l'avons dit, peut-il être révoqué.

SECTION III.

Des Effets de l'Adoption.

SOMMAIRE.

3o8. *L'adopté prend le nom de l'adoptant en l'ajoutant au sien; mais il reste dans sa famille : conséquences.*
3o9. *Prohibition de mariage entre l'adoptant et l'adopté,* etc.
31o. *Obligation réciproque de se fournir des alimens.*
311. *L'adopté acquiert sur la succession de l'adoptant tous les*

---

decessit testator, inutile foret : id legatum quandòcumque decesserit, *non valere*. L. 1, ff. *de Regula catoniana.*

Elle souffrait toutefois exception dans plusieurs cas, qui sont expliqués dans les lois suivantes; et dans notre législation, elle en souffre même une qui n'était point admise dans le Droit romain; car il suffit, pour être capable de recevoir par testament, d'être conçu à l'époque du décès du testateur (art. 9o6), quoiqu'on ne le fût pas encore au temps où le testament a été fait. Mais notre article 366 disant formellement que c'est *après cinq ans révolus depuis la tutelle,* que le tuteur officieux peut, dans la prévoyance de son décès, conférer l'adoption par acte testamentaire, et ce mode étant d'ailleurs une exception aux principes sur la matière, il faut en conclure que le testament fait avant les cinq ans ne remplit pas le vœu de la loi.

droits attribués aux enfans nés en mariage, quand meme
il y aurait des enfans de cette dernière qualité nés
depuis l'adoption.

312. Il exclut les ascendans de l'adoptant, même du droit de
réclamer la réserve.

313. Il n'acquiert aucun droit de successibilité sur les biens des
parens de l'adoptant, même par représentation de
celui-ci.

314. Les enfans de l'adopté prédécédé le représentent dans la
succession de l'adoptant.

315. L'adoption ne révoque pas les donations entre-vifs faites
par l'adoptant.

316. Si la donation est révoquée par la survenance d'un enfant
légitime, l'adopté profite de la révocation.

317. L'adopté a droit à une réserve sur les biens de l'adoptant,
comme l'enfant né en mariage ; diverses opinions sur
la manière de la calculer, et relativement aux biens sur
lesquels peut porter la réduction.

318. On comprend dans la masse les biens donnés entre-vifs
depuis l'adoption, et l'action en réduction s'exerce sur
ces biens, s'il y a lieu.

319. S'exerce-t-elle aussi sur les biens donnés antérieurement à
l'adoption, par exemple sur l'institution contractuelle
faite au profit du conjoint ?

320. L'adoption faite par le donataire ne fait pas évanouir le
droit de retour stipulé par le donateur pour le cas où
le premier mourrait sans enfans.

321. Droit de retour au profit de l'adoptant ou de ses descendans : texte des articles 351 et 352.

322. Ils ne reprennent les biens qu'autant qu'ils existent en
nature lors du décès de l'adopté mort sans descendans
légitimes.

323. Ils exercent aussi l'action en revendication, en rescision
ou tout autre action en reprise.

324. Mais ils n'ont pas, comme l'ascendant donateur dans le
cas de l'article 747, droit au prix des choses aliénées,
lors même qu'il serait encore dû.

325. Quid si l'adopté a légué les biens donnés par l'adoptant
ou recueillis dans sa succession ?

3o8. Voyons maintenant quels sont les effets de l'adoption.

1° L'adopté prend le nom de l'adoptant en l'ajoutant au sien. (Art. 347.)

Mais il reste dans sa famille (art. 348); il y conserve tous les droits de successibilité, comme, *vice versâ*, ses parens conservent les leurs à son égard.

L'obligation de fournir des alimens à ses père et mère et autres ascendans qui seraient dans l'indigence, ainsi que le droit d'en obtenir d'eux dans le même cas, continue de subsister. (Art. 349.)

C'est toujours du consentement de ses père, mère et autres ascendans, qu'il aura besoin pour contracter mariage, et c'est leur conseil qu'il devra requérir. En un mot, *l'adopté reste dans sa famille naturelle.*

3o9. 2° L'adoption établit une prohibition de mariage entre l'adoptant, l'adopté et ses descendans;

Entre les enfans adoptifs (1) du même individu (2);

Entre l'adopté et les enfans qui pourraient survenir à l'adoptant;

Entre l'adopté et le conjoint de l'adoptant, et réciproquement, entre l'adoptant et le conjoint de l'adopté (Art. 348.) (3).

_____

(1) Ce qui prouve qu'on peut adopter plusieurs personnes.

(2) En sorte que si un mari adoptait une personne, et sa femme une autre, le mariage ne serait point prohibé entre ces personnes.

(3) *Voy.* au tom. II, n° 173.

310. 3° Par l'adoption, l'adoptant et l'adopté contractent réciproquement l'obligation de se fournir des alimens dans le cas où l'un d'eux en aurait besoin et que l'autre serait en état de lui en fournir (Art. 349.) (1).

311. 4° L'adopté acquiert sur la succession de l'adoptant les mêmes droits que ceux qu'y aurait l'enfant né en mariage, même quand il y aurait d'autres enfans de cette dernière qualité nés depuis l'adoption (Art. 350.) (2).

Ce droit de successibilité n'est pas réciproque ; c'est une exception aux règles générales, sauf le droit de *retour* dont nous parlerons tout à l'heure.

312. Mais il est plein et entier à l'égard de l'adopté, tellement que celui-ci exclut les ascendans de l'adoptant, qui n'ont pas même droit à une réserve ; car, pour l'obtenir, il faut être héritier, et ils ne le sont pas (3).

---

(1) *Voy.* aussi au même volume, n° 376 et suivans, ce qui a été dit relativement aux alimens.

(2) *Nés depuis* l'adoption : ces mots ont été ajoutés pour prévenir les doutes, peu graves, il est vrai, qui auraient pu s'élever si, de ce que l'adoption renferme virtuellement une institution d'héritier par acte entre-vifs, une sorte de donation, elle ne se trouvait pas révoquée par la survenance d'enfans.

(3) Le Code prussien, part. II, tit. 2, art. 673, conserve aux ascendans leur légitime, lorsque l'adoption s'est opérée sans leur consentement. M. Delvincourt fait observer que cette distinction ne saurait être admise dans notre droit, qui confère à l'adopté, par rapport à l'adoptant, tous les droits d'enfan légitime ; mais ce jurisconsulte dit que le Code prussien est plus conséquent, parce qu'on ne voit pas comment celui qui ne peut, par aucune donation, préjudicier à

313. Le droit de successibilité, accordé par l'ar‑ticle 350 à l'adopté, n'a lieu qu'à l'égard de la suc‑cession de l'adoptant; il ne s'étend nullement à celles des parens de ce dernier.

L'adopté ne pourrait même représenter l'adop‑tant prédécédé dans la succession des ascendans de celui-ci; car, pour pouvoir invoquer la repré‑sentation, qui n'est qu'une fiction de la loi (ar‑ticle 739), il faut être soi-même successible, et la représentation alors fait monter le représentant au degré du représenté, lui fait prendre sa place et lui attribue les droits qu'il aurait eus lui-même, s'il fût venu à la succession. Or l'adopté n'est point successible par rapport aux parens de l'adoptant, pas plus à l'égard de ses ascendans qu'à l'égard des autres membres de sa famille. La loi ne fait aucune distinction. Oui, il est considéré comme enfant lé‑gitime, mais avec la restriction qu'elle apporte, c'est-à-dire qu'il est réputé tel par rapport à l'adop‑tant, mais seulement par rapport à lui, et il n'en faut point conclure qu'il a les droits qu'avait éven‑tuellement celui-ci par rapport aux successions de ses parens.

Mais si le droit s'était ouvert du vivant de l'a‑

---

la légitime des ascendans, peut l'anéantir par une adoption, qui, encore une fois, n'est autre chose qu'une donation de la succession.

Nous pensons que l'adoption n'est pas seulement le don de la suc‑cession, puisqu'elle confère le titre de descendant à celui qui n'est pas tel; et le Code français nous paraît, au contraire, plus consé‑quent que le Code prussien : il ne scinde pas ce qui ne doit pas être scindé.

doptant, ce dernier l'aurait recueilli et transmis à l'adopté comme faisant partie de son patrimoine. (Art. 781.)

314. Si l'adopté meurt avant l'adoptant, ses enfans auront-ils sur la succession de celui-ci les droits qu'il y aurait eus s'il lui eût survécu?

On prétend que non, sur le fondement que l'adopté n'a de droit que sur la *succession* de l'adoptant, et que ce droit ne s'ouvrant qu'à sa mort, l'adopté ne l'a pas transmis, puisqu'il ne l'a pas recueilli.

Nous ne saurions partager cette opinion.

Ce n'est point par droit de *transmission*, mais par droit de *représentation*, que les enfans de l'adopté réclament les biens, fiction qui suppose précisément qu'il ne les a pas recueillis. Quant à la succession de l'adoptant, l'adoption est une image de la parenté ordinaire : or, *fictio idem operatur in casu ficto, qnam veritas in casu vero :* donc les enfans de l'adopté doivent représenter leur père. Ce n'est pas là une institution d'héritier par testament, qui devient en effet caduque par le prédécès de l'institué. S'il était possible de faire une comparaison exacte entre des choses qui procèdent de causes diverses, et qui doivent nécessairement différer dans leurs effets, ce serait avec l'institution contractuelle qu'il faudrait, sous ce rapport, comparer l'adoption, et décider en conséquence qu'elle profite aux enfans de l'adopté prédécédé.

III.   20

Nous n'argumenterons pas, au surplus, de la raison donnée par plusieurs auteurs, qui partagent
notre sentiment, savoir, que, puisque d'après l'article 351, l'adoptant ne reprend les biens par lui
donnés à l'adopté qu'autant que celui-ci meurt sans
descendans légitimes, c'est une preuve que ces descendans, qui tiennent la place de l'adopté à l'effet
d'empêcher le droit de retour, doivent également
la tenir à l'effet de recueillir la succession de l'adoptant ; car, autre chose est *recouvrer* des biens aliénés,
autre chose est recueillir des biens non transmis.
Le droit de retour est exorbitant, et le législateur
a bien pu ne l'accorder à l'adoptant qui avait aliéné
irrévocablement, que sous la condition que l'adopté
ne laisserait pas de descendans légitimes, comme
il l'a fait dans un autre cas, celui régi par l'article 747. Mais nous nous appuyons sur l'esprit
général de la loi, qui est de donner à un individu
privé de postérité légitime, le moyen de s'en créer
une fictive et légale, semblable dans ses effets à la
descendance naturelle (1); ce qui est démontré par

---

(1) C'était assurément l'esprit des lois romaines : *Ex adoptivo natus
adoptivi locum obtinet in jure civili.* L. 27, ff. *de Adopt. et Emanc.*
Les Romains allaient bien plus loin encore : au lieu de circonscrire
les effets de l'adoption entre l'adoptant et l'adopté, ce qui lui aurait
ôté, à leurs yeux, toute dignité, et l'aurait transformée en une convention étroite, mesquine, en une affaire de pure convenance personnelle, sans rapport avec l'intérêt général, ils décidaient que l'a-
drogé de l'adrogateur passait sous la puissance de celui qui avait
adopté ce dernier, et acquérait par conséquent, par rapport à lui,
les droits de famille. C'est ainsi qu'Auguste voulant avoir la puissance
paternelle sur Germanicus, et se créer un successeur de plus, le fit

l'acquisition du nom de l'adoptant par l'adopté, nom que celui-ci transmet assurément à ses descendans, comme une portion de ses droits civils ; par les prohibitions de mariage portées entre l'adoptant et les descendans de l'adopté ; et enfin, ainsi que nous l'avons dit, par l'assimilation de l'adopté à l'enfant du mariage par rapport à la succession de l'adoptant (1).

315. L'adoption confère bien à l'adopté, en ce qui concerne la succession de l'adoptant, tous les droits qu'y aurait l'enfant né en mariage, mais elle ne révoque toutefois pas les donations, comme le fait la survenance d'enfans dans le cas prévu à l'article 960.

La révocation d'un acte valable, sans le concours des volontés qui l'ont créé, est une dérogation aux principes généraux du droit (art. 1134), principes particulièrement applicables aux donations entre-vifs, lesquelles sont formellement déclarées irrévo-cables (art. 953), sauf trois cas : inexécution des conditions, ingratitude du donataire, et survenance d'enfans au donateur. Or, l'article 960, qui régit ce dernier cas, n'attache pas à l'adoption l'effet de révoquer les donations. Il est tiré presque mot à mot de l'ordonnance de 1731, sous l'empire de laquelle l'adoption était inconnue.

---

adroger par Tibère avant d'adroger ce dernier, et devint ainsi son aïeul dans l'ordre civil. §. 11, INSTIT. *de Adoptionibus.*

(1) La question a été jugée conformément à ces principes par arrêt de cassation, le 2 décembre 1822. Sirey, 23, 1, 74.

316. Mais si la donation est révoquée par la survenance d'un enfant légitime à l'adoptant, les biens
donnés rentrent dans le patrimoine de celui-ci,
comme s'ils n'en étaient jamais sortis (art. 963),
et l'adopté y a des droits comme sur ses autres
biens (1). Il aura, par le moyen d'un autre, un
droit qu'il n'avait pas par lui-même, ce qui n'est
pas sans exemple en jurisprudence (2).

317. Il ne saurait y avoir de difficulté sur ces
points ; mais quant à la question de savoir comment
doit se former la réserve de l'adopté, sur quels
bien elle doit porter, les auteurs, d'accord sur le
principe de cette réserve, sont loin d'être unanimes quant aux biens sur lesquels l'adopté peut
la réclamer.

Ainsi, l'on convient généralement que, pour les
biens qui se trouvent au décès de l'adoptant,
l'adopté a le droit de réclamer sur eux sa réserve,
comme l'enfant né en mariage; mais on n'est pas
également d'accord sur le point de savoir si, pour
en calculer le montant, il faut réunir fictivement
aux biens existans lors du décès ceux dont l'a-
doptant a disposé par donations entre-vifs, soit

---

(1) Lors même que l'enfant dont la naissance a opéré la révocation
serait mort avant son père, avant même que les biens fussent ren-
trés dans la main de celui-ci. (Art. 964.)

(2) Tandis que pour la succession d'un parent de l'adoptant, de
son ascendant, par exemple, elle appartiendrait, exclusivement à
l'adopté, aux descendans légitimes de l'adoptant s'il en avait et s'il
était prédécédé, ou à ses autres parens.

avant l'adoption, soit depuis, comme il aurait incontestablement le droit d'exiger cette réunion
s'il était légitime (art. 922); et là les esprits se divisent encore. Les uns admettent bien cette réunion pour calculer la réserve, mais sans donner
pour cela à l'adopté le droit de faire réduire les
donations; en sorte que la réduction ne porterait
que sur les dispositions testamentaires. D'autres
rejettent même cette réunion, et ne reconnaissent
le droit de réserve que sur les biens laissés au décès; mais tel n'est point notre sentiment.

318. D'abord, il est incontestable que, pour calculer le montant de sa réserve, l'adopté a le droit
de réunir fictivement aux biens laissés au décès
ceux qui ont été donnés entre-vifs depuis l'adoption, et qu'il a aussi celui de l'exercer sur ces
mêmes biens en cas d'insuffisance des premiers.
S'il n'en était ainsi, l'adoptant pourrait éluder tous
les effets du contrat, et c'est ce que la bonne foi et
l'esprit de la loi repoussent de concert. L'adoption
n'est pas, chez nous, comme était, sous Justinien,
celle faite par tout autre qu'un ascendant, la simple
attribution de la succession quand l'adoptant n'en
avait pas disposé; c'est l'attribution complète des
droits d'enfant légitime par rapport au père adoptif. Vainement diroit-on que l'adopté n'a de droit
que sur la *succession* de l'adoptant, et que les biens
dont celui-ci a disposé de son vivant ne font plus
partie de son hérédité, car les enfans nés en ma-

riage aussi n'ont des droits que sur les successions
de leurs père et mère (art. 204), et cependant ils
font réduire, s'il y a lieu, les donations entre-vifs
faites par ces derniers. Or, l'enfant adoptif étant,
quant à la succession de l'adoptant, mis sur la
même ligne que l'enfant né en mariage, il doit
par conséquent avoir les mêmes droits. Le terme
succession, employé par l'article 350, a la même
signification par rapport à l'un que par rapport à
l'autre, du moins en ce qui concerne les donations faites par l'adoptant depuis le contrat d'adoption; dès cette époque l'adopté est réputé enfant
légitime.

319. Mais quant aux donations faites antérieurement à l'adoption, la question de savoir si l'action en réduction peut s'étendre à elles est vivement controversée, et elle est digne de l'être.

On peut dire, contre l'adopté, que s'il a le droit
d'attaquer ces donations, le donateur se crée par
l'adoption un moyen de révocation, sinon absolu,
du moins qui peut s'étendre jusqu'aux trois-quarts
des libéralités, puisque la même personne peut en
adopter plusieurs (art. 348) (1); que c'est éluder

---

(1) Il y aurait toutefois encore cette différence entre la révocation
et la réduction, que les effets de la première seraient définitifs, lors
même que l'adopté mourrait avant l'adoptant (art. 963), tandis que
le droit de réduction est essentiellement subordonné à la survie de
l'adopté; car, quant à la révocation, le droit réside dans la personne
du donateur, au lieu que celui de réduction appartient à ses enfans :
ces droits sont donc distincts.

ainsi le principe de l'irrévocabilité des donations ; que jamais l'adopté n'a dû, en formant le contrat d'adoption, compter sur des biens qui n'étaient plus dans le patrimoine de l'adoptant ; que s'il en est autrement à l'égard des donations postérieures à l'adoption, la raison en est simple, c'est parce que l'adopté a dû naturellement compter sur les biens qu'avait alors l'adoptant et sur ceux qui pourraient lui échoir par la suite, raison absolument sans force quant aux biens déjà donnés lors de l'adoption.

Nonobstant ces considérations, la Cour de Montpellier, assimilant absolument, quant à la succession de l'adoptant, l'enfant adoptif à l'enfant né en mariage, a décidé (1) que la réserve qui lui est attribuée par la loi s'étendait même à l'institution contractuelle que l'adoptant avait faite au profit de son conjoint, par son contrat de mariage, antérieur à l'adoption (2).

---

(1) Par arrêt du 8 juin 1823. Sirey, 23, 2, 95.

(2) La Cour a été, il est vrai, entraînée par la considération que le conjoint avait consenti à l'adoption, ce qui était absolument nécessaire pour qu'elle pût s'opérer (art. 344) ; mais elle n'a pu se laisser influencer par cette considération sans perdre de vue le triple principe, que toute renonciation à succession future est nulle, ainsi que tout pacte intervenu sur cette matière (art. 791 et 1130) ; que toutes conventions tendant à altérer celles du contrat de mariage sont pareillement sans effet (art. 1395) ; et enfin qu'un *simple* consentement à un acte fait par une autre personne n'entraîne point par lui-même l'altération des droits de celui qui le donne, lorsqu'il est commandé par un autre motif, comme dans l'espèce, où il était exigé par la loi pour la validité de l'adoption. C'est ainsi qu'en thèse générale un mari qui donne son consentement à un acte passé par sa femme ne

Cet arrêt a été déféré à la Cour suprême. Comme la question est grave, le pourvoi a d'abord été admis à la Section des requêtes ; mais par arrêt de la Section civile (1), il a été ensuite rejeté par les motifs suivans :

« Considérant qu'aux termes de l'article 350 du « Code civil, l'adopté a sur la succession de l'adop- « tant les mêmes droits que ceux qu'y aurait l'en- « fant né en mariage, même quand il y aurait « d'autres enfans de cette dernière qualité nés de- « puis l'adoption ; qu'ainsi, de même que l'enfant « légitime a une réserve sur la succession de son « père, de même l'adopté en a une sur la succes- « sion de l'adoptant ; qu'ainsi, de même qu'aux « termes de l'article 920 et suivans du Code civil, « l'enfant légitime peut faire réduire les donations « qui portent atteinte à sa réserve, et à quelque « époque que ces actes de libéralité aient été pas- « sés ; de même l'adopté, à qui ce droit est com- « mun, peut l'exercer sur toutes les donations « faites au préjudice de sa réserve, soit antérieure- « ment, soit postérieurement à son adoption ;

« Que vainement on oppose soit les lois relatives « aux contrats, soit l'article 960 du Code civil ; que « l'adoption n'est pas un simple contrat, mais un

---

se rend pas pour cela garant de l'exécution et des suites de cet acte. Il faut donc chercher d'autres motifs plus concluans à l'arrêt de la Cour de Montpellier.

(1) Du 29 juin 1825, Recueil de M. Dalloz, année 1825, part. I, pag. 222.

« acte de l'état civil régi par des principes qui lui
« sont propres, régi, dans l'espèce, par les dispo-
« sitions de l'article 35o et par les lois sur les suc-
« cessions, auxquelles cet article renvoie, ce qui
« rend inapplicable à la cause la législation relative
« aux conventions ordinaires ; que l'article 96o ne
« disposant, dans les cas qu'il prévoit, que sur la
« révocation pure et simple des donations, est
« étranger à l'espèce, où il s'agit d'une demande
« en réduction, différente, quant à son objet, ses
« effets, et surtout aux personnes qui en profitent,
« d'une demande en révocation, etc. »

Nous inclinons à cette décision, mais nous ne
pouvons nous empêcher de faire observer que ses
motifs laissent encore quelque chose à désirer pour
imprimer une profonde conviction (ı).

(ı) Au surplus, il importe de dire qu'on a pensé que le concours
des nombreuses conditions exigées pour que l'adoption ordinaire
puisse s'opérer, offre une suffisante garantie contre l'abus que des
donateurs pourraient en faire pour révoquer leurs libéralités, et que
si l'adoption rénumératoire est un moyen plus facile d'arriver à ce
résultat par la supposition d'un fait chimérique de dévouement, il resterait aux parties intéressées le droit de repousser les conséquences
d'un contrat frauduleux dont la sanction n'aurait été que l'effet de
la subreption ; en sorte que ces inconvéniens ne présentant que peu
de gravité, ils n'ont pas paru devoir faire taire le principe que l'adopté
a, par rapport à la succession de l'adoptant, tous les droits d'un enfant né en mariage.

Mais cet arrêt, qui paraît devoir former la jurisprudence sur ce
point délicat, et qui a été l'objet de beaucoup de critiques, est un
solennel avertissement pour l'époux, donataire des biens que son conjoint, qui se proposerait d'adopter, laissera lors de son décès; c'est
à lui de voir s'il lui convient de consentir ou de se refuser à l'adoption. Peut-être ne trouverait-il même pas dans la stipulation de la ré-

320. Au surplus, ces principes ne sont pas contraires à ceux que la même Cour a consacrés par son arrêt du 27 juin 1822. (Sirey, 22, 1, 422.)

Il s'agissait de savoir si le retour stipulé en faveur du donateur, dans un contrat ancien, pour le cas du *prédécès du donataire sans enfans*, devait avoir son effet nonobstant l'adoption d'un enfant par le donataire, bien que le donateur, en qualité d'époux de celui-ci, eût consenti à l'adoption. La Cour a jugé, et avec raison, en rejetant un pourvoi formé contre une décision de la Cour royale de Pau, qu'il est contraire à l'esprit de l'article 951 du Code civil et à l'intention de ceux qui stipulent un retour au cas où le donataire décèderait sans enfans, de prétendre que l'adoption puisse être considérée comme une survenance de postérité qui ferait obstacle à ce droit de retour; que, dans l'espèce, cette intention ne pouvait être douteuse, puisqu'il s'agissait d'un contrat qui datait de 1770, où on lisait que le retour aurait lieu en cas de *désavénement* du mariage *sans enfans d'icelui.* La question devait donc se décider d'après les principes sur l'interprétation de la volonté des contractans, et elle eût dû avoir la même solution, encore que la donation eût été faite sous le Code. Le cas d'adoption est si extraordinaire, comparativement à la masse des citoyens, qu'il est invraisemblable que les parties l'aient eu en vue.

---

serve de tous ses droits une suffisante garantie contre l'effet des principes reconnus par la Cour suprême.

321. « Si l'adopté meurt sans descendans légi-
« times, les choses données par l'adoptant, ou re-
« cueillies dans sa succession, et qui existeront en
« nature lors du décès de l'adopté, RETOURNERONT
« à l'adoptant ou à ses descendans, à la charge de
« contribuer aux dettes (1), et sans préjudice des
« droits des tiers. (Art. 351.)

« Le surplus des biens de l'adopté appartiendra
« à ses propres parens ; et ceux-ci excluront tou-
« jours, pour les objets même spécifiés au présent
« article, tous héritiers de l'adoptant autres que ses
« descendans. (*Ibid.*)

« Si du vivant de l'adoptant, et après le décès de
« l'adopté, les enfans ou descendans laissés par ce-
« lui-ci mouraient eux-mêmes sans postérité, l'a-
« doptant succédera aux choses par lui données,
« comme il est dit en l'article précédent ; mais ce
« droit sera inhérent à la personne de l'adoptant,
« et non transmissible à ses héritiers, même en
« ligne directe. (Art. 352.) »

322. La loi dit : *Les choses qui existeront en nature lors du décès de l'adopté,* etc.

Ainsi, les meubles ou immeubles à lui donnés et
qui sont encore dans sa succession ; les créances
qui n'ont point été éteintes par paiement, compen-

---

(1) C'est-à-dire que si les biens repris sont, par rapport à la masse,
dans la proportion de un à trois, les dettes générales seront payées
pour un tiers par l'adoptant ou ses descendans : c'est une contribu-
-tion *pro rata portione emolumenti.*

sation ou autrement, font retour, comme il est dit
ci-dessus, mais à la charge par l'adoptant ou ses
descendans de maintenir les droits d'usufruit ou
d'usage, ou les servitudes que l'adopté a constitués
sur les immeubles, sans avoir à cet égard aucune
indemnité à réclamer des héritiers de l'adopté. Ils
reprennent les biens *en nature*, c'est-à-dire tels
qu'ils se trouvent. Ces biens s'estimeront d'autant
moins pour fixer la contribution aux dettes, mais
voilà tout.

Quant à ceux qui sont grevés d'hypothèque,
l'adoptant ou ses descendans sont bien aussi tenus
de respecter les droits des créanciers hypothécaires ; mais l'hypothèque ne diminuant en rien
l'étendue du droit de propriété, n'étant qu'une
simple sûreté du paiement de l'obligation, les biens
s'estimeront comme s'ils n'étaient point grevés, et
les dettes hypothécaires feront partie de la masse
des charges, au paiement desquelles l'adoptant ou
ses descendans contribueront *pro ratâ portione
emolumenti.*

323. D'après la règle *qui actionem habet ad rem
recuperandam, rem ipsam habere videtur*, l'adopté
qui avait contre des tiers l'action en revendication
relativement à ces biens, étant censé avoir eu les
biens eux-mêmes, l'adoptant et ses descendans
exerceront, par droit de retour, cette action. L'article 747 le dit spécialement par rapport à l'ascendant donateur, et il le dit par application de la
règle ci-dessus.

L'on doit à cet égard assimiler à l'action en revendication l'action en réméré, celle en rescision pour violence, erreur, dol ou lésion ; celle en nullité pour vice de forme, incapacité ou autre cause.

Dans tous ces cas aussi les choses sont censées exister en nature dans la succession de l'adopté, puisqu'il avait l'action pour les recouvrer : conséquemment l'adoptant ou ses descendans ont droit à cette action. Mais ils ne l'exerceront qu'à la charge de payer, sans répétition envers les héritiers de l'adopté, ce qui pourrait être dû aux acheteurs ou autres afin de rentrer dans lesdits biens, et même d'indemniser les héritiers de l'adopté du prix qu'ils auraient touché de ces derniers, comme étant encore dû, si l'action en réméré ou en rescision pour cause de lésion n'eût pas été exercée.

324. En effet, le droit de retour, d'après l'art. 351, n'est pas, du moins selon notre opinion, aussi étendu que celui consacré par l'art. 747 : le premier de ces articles ne dit pas, comme le dernier, que l'adoptant ou ses descendans reprennent *le prix des biens aliénés qui pourrait encore être dû* ; il se borne à accorder à l'adoptant ou à ses descendans le droit de reprendre les biens qui existeront en nature : or, si l'action pour recouvrer la chose est considérée en droit comme la chose elle-même, on ne peut en dire autant du prix. La loi l'a si bien senti, qu'elle a soin de distinguer dans l'art. 747 cette action du prix des biens ; et comme le droit de retour est

une dérogation aux principes généraux sur l'effet
de la transmission de la propriété, il ne doit pas
s'étendre par analogie, surtout quand l'analogie
n'est pas parfaite, et certes elle ne l'est pas, puisque
la loi a dû être plus favorable à l'ascendant qui a eu
le malheur de perdre son enfant (1), qu'à l'adoptant, qui n'était lié à l'adopté que par un lien moins
fort que celui que forme le sang. Les biens n'existent *plus en nature* quand seulement *le prix* en est
dû. Si nous décidons le contraire par rapport à
l'action en reprise, ce n'est pas parce que l'art. 747
l'attribue à l'ascendant donateur, c'est par application du principe général que celui qui a une action
pour recouvrer une chose est censé avoir la chose
elle-même. Mais le prix de la chose n'est pas la chose,
si la loi, par une disposition spéciale, n'a pas établi
la subrogation.

325. *Quid* si l'adopté a légué les biens donnés ou
recueillis dans la succession de l'adoptant ?

M. Delvincourt pense que celui-ci et ses descendans n'y ont aucun droit, attendu que la loi ne
règle la succession qu'à défaut de manifestation de
volonté de la part de l'homme. Nous partageons
cette opinion.

---

(1) Ce droit de *retour* ou de *succession*, que nous n'entendons point
qualifier ici d'une manière spéciale, a son type dans la loi 6, ff. *de
Jure dotium*, ainsi conçue : *Jure succursum est patri, ut filiâ amissâ, so-
latii loco cederet, si redderetur ei dos ab ipso profecta, ne et filiæ amissæ
et pecuniæ damnum sentiret.*

SECTION IV.

Si l'Adoption peut être révoquée, et de son Annulation.

SOMMAIRE.

326. L'adoption consommée par l'inscription, sur le registre
de l'état civil, de l'arrêt qui l'a admise, ne peut être
résiliée, même par l'emploi des moyens suivis pour
l'opérer.

327. L'adopté peut être écarté de la succession de l'adoptant
pour cause d'indignité; s'il a des enfans ou descendans, ce sont eux qui la recueillent, et non les parens
de l'adoptant.

328. L'adoption n'est pas, comme une simple donation, ré-
vocable pour cause d'ingratitude.

329. Lorsqu'elle a été faite au mépris des dispositions de la loi,
les héritiers de l'adoptant peuvent, après sa mort, en
demander l'annulation.

330. Diverses opinions sur la voie judiciaire qu'ils doivent
prendre à cet effet.

331. C'est par action principale, portée devant le tribunal de
première instance.

326. Nous avons dit (1) que lorsque l'adoption
est consommée par l'inscription sur le registre
de l'état civil de l'arrêt qui l'a admise, il ne dépend plus des parties de l'anéantir, même d'un
commun accord.

Mais le peuvent-elles avec l'autorisation des tribunaux, et par l'emploi des mêmes formalités, ainsi
que le permet le Code prussien, suivant la maxime

─────────

(1) N° 301, *suprà.*

*nihil tàm naturale est quàm eo genere quidquid dis-
solvere quo colligatum est ?*

Nous ne balançons pas à nous prononcer pour
la négative, et voici nos raisons : 1° L'adoption confère des qualités aux parties, et de ce que ces qualités ont pu être le résultat de leurs conventions, il
ne s'ensuit pas qu'elles puissent de même se résoudre
et être détruites par des conventions contraires. Le
mariage aussi se forme par le consentement, et le
consentement des époux ne saurait l'anéantir, ce
qui prouve que la maxime ci-dessus n'est pas d'une
vérité absolue. D'ailleurs, elle ne dit pas que tout
engagement peut être résolu par l'emploi du moyen
qui a servi à le former; elle dit seulement qu'il n'y
a rien de plus naturel que de le résoudre par ce
moyen, mais c'est lorsqu'il est résoluble. 2° Le Code
ne confère point aux tribunaux le pouvoir de prononcer la révocation de l'adoption; il ne trace aucune forme à suivre à cet effet, il est absolument
muet sur ce point, et cependant on avait sous les
yeux le Code prussien : ce serait donc de leur part
un excès de pouvoir, et qui s'exercerait sur l'objet
que le législateur a été soigneux d'asseoir sur des
bases fixes, l'état des personnes. 3° L'adopté renoncerait ainsi à une succession future, ce qui est formellement interdit. 4° Il priverait ses enfans du droit
qu'ils ont, au cas de son prédécès, de le représenter
dans la succession de l'adoptant (1), et de porter le

_____

(1) Voy. *suprà*, n° 314.

nom de celui-ci en le joignant au leur : or, il ne peut pas plus les dépouiller de ces droits, qu'un père légitime ne pourrait, par des conventions et des renonciations, détruire les rapports de famille qui existent entre son père et ses enfans.

327. Mais l'adoption peut-elle être révoquée pour ingratitude de l'adopté?

Celui-ci peut-il du moins être écarté de la succession de l'adoptant pour cause d'indignité ?

Cette dernière question ne saurait être douteuse dans le cas où un héritier du sang, un enfant lui-même, pourrait être exclu pour cette cause. Ainsi l'art. 727, et sous la modification apportée par l'article suivant, serait incontestablement applicable à l'adopté. Mais les biens n'appartiendraient pas pour cela, dans tous les cas, aux parens de l'adoptant : ils seraient dévolus aux enfans ou descendans de l'adopté, s'il en existait; car aux yeux de la loi ils sont aussi les descendans de l'adoptant, et les enfans ne sont point exclus pour la faute de leur père : ils viendraient de leur chef (art. 730). En un mot, les art. 348 et 350 établissent évidemment entre l'adoptant, l'adopté et les descendans de celui-ci les mêmes rapports civils que ceux qui existent entre un père, son fils et les enfans de ce dernier.

328. Quant à la révocation pour cause d'ingratitude, nous ne pensons pas qu'elle puisse avoir lieu. L'adoption n'est pas un simple don de l'hérédité; c'est un acte qui imprime aux parties des qualités

III.   21

civiles, dont le caractère est d'être permanent, irrévocable, et de s'étendre, comme nous venons de le
dire, aux enfans de l'adopté. Ces enfans ne peuvent
être privés pour la faute de leur père des avantages
de l'adoption, parmi lesquels il en est un certain,
celui de porter le nom de l'adoptant. Que l'indignité
fasse exclure l'adopté de l'hérédité, s'il vit encore
lors de son ouverture, ce n'est là que l'application
des principes ordinaires; mais quant à la révocation
de l'adoption elle-même pour cause d'ingratitude,
comme elle entraînerait la perte de la qualité, transmissible aux enfans, elle ne saurait être prononcée
par les tribunaux, puisque la loi ne les y autorise
pas, comme elle le fait en matière de donations et
de legs.

329. Lorsque les conditions exigées par la loi
n'ont pas été observées, l'adoption, comme subreptice, peut être annulée après la mort de l'adoptant,
sur la demande de ses héritiers.

On ne peut leur opposer qu'ils n'ont que les
droits qu'avait leur auteur, et prétendre qu'ils sont
non-recevables à combattre un acte qu'il n'aurait
pu lui-même attaquer avec succès. A cet égard, ils
tirent moins leur droit de leur qualité d'héritiers,
que de leur qualité de parens, de la loi elle-même.
C'est ainsi que toute personne qui y a intérêt peut
attaquer la reconnaissance d'un enfant naturel
(art. 339); que, même dans les matières d'intérêt
purement pécuniaire, les héritiers peuvent dans

certains cas (et précisément en vertu de leur qualité d'héritiers), attaquer l'acte fait par leur auteur : par exemple, dans le cas de vente faite entre époux ils peuvent demander l'annulation de celle qui n'était point autorisée par la loi, ou l'annulation des avantages indirects si elle était permise (art. 1595). Les enfans peuvent aussi demander la réduction des donations entre vifs excessives faites par leur père, que lui-même n'aurait pu attaquer : il faut même pour cela qu'ils soient héritiers (1), bien loin que cette qualité fasse obstacle à l'exercice de leur droit à cet égard. Pourquoi cela? parce qu'il y a deux sortes d'actions : les unes qui ne peuvent être exercées par les héritiers qu'autant que leur auteur aurait pu les exercer lui-même (c'est assurément le plus grand nombre), ce sont les actions *hérédi-taires*; les autres qui leur viennent directement de la loi, comme celles dont nous venons de donner quelques exemples. Ainsi, nul doute que les héritiers de l'adoptant ne puissent attaquer l'adoption qui n'a eu lieu qu'au mépris de ses dispositions. La difficulté ne peut consister que dans le choix de la voie à suivre pour la faire annuler. Plusieurs opinions se sont élevées sur ce point : nous allons les retracer successivement, en combattant celles qui nous paraîtront contraires aux principes.

330. La première consiste à dire que, dans tous

(1) Telle est la jurisprudence, comme nous le démontrerons au titre *des Successions* et à celui *des Donations et des Testamens*.

les cas, c'est par voie de recours en cassation qu'il faut procéder, attendu que la Cour de cassation est seule compétente pour annuler un arrêt de Cour royale; qu'il ne peut y avoir lieu à la voie d'opposition, parce qu'elle n'est admise que contre les arrêts par défaut, et qu'on ne peut considérer comme tel l'arrêt qui confirme un jugement rendu en matière d'adoption (1).

A cette première opinion, qui est inadmissible, on répond que l'on ne peut se pourvoir par cassation contre un arrêt rendu dans une cause où l'on n'a pas été partie. On y répond aussi en disant que l'on ne peut d'ailleurs se pourvoir par cette voie que dans les trois mois de la signification de l'arrêt; et comme celui d'adoption ne peut être signifié que par son inscription sur le registre de l'état civil dans les trois mois de son obtention, et qu'il l'est réellement de cette manière, il est clair que cette voie serait illusoire. On y répond enfin par la disposition qui défend aux Cours de motiver leurs arrêts en matière d'adoption; de sorte que celle de cassation ne pourrait casser que sur des allégations de faits dont elle ne pourrait connaître l'exactitude,

---

(1) Cette opinion est celle de M. Toullier, qui renvoie même par une note à l'arrêt de la Cour de cassation, du 14 novembre 1815, dont nous avons parlé *suprà*, n° 293. Mais cet arrêt ne prouve rien du tout quant à la question : il n'a pas été rendu sur une demande en annulation d'un arrêt d'adoption, mais bien sur le pourvoi formé contre une décision de la Cour de Nîmes qui avait, au contraire, rejeté une demande à fin d'adoption. C'est une méprise de la part de M. Toullier d'invoquer cet arrêt à l'appui de son sentiment, et nous ferons obser-

la loi n'ayant pas placé dans ses attributions la connaissance des faits.

La seconde donne aux héritiers de l'adoptant
le droit d'attaquer l'adoption devant une Cour
royale (1). Ici les opinions se divisent encore.

Les uns pensent qu'elle peut être attaquée par
action principale. Mais ce système ne peut se soutenir ; soit que l'action fût portée à la Cour qui a
rendu l'arrêt d'adoption, soit qu'elle fût soumise
à une autre Cour. Car, dans le premier cas s'opposerait le principe qu'une Cour ne peut réformer
sa décision que par opposition simple, opposition
tierce ou requête civile, et dans le second, la règle
qu'une Cour n'a pas le droit de réformer l'arrêt
rendu par une autre Cour : c'est à celle de cassation qu'est attribué ce droit, s'il y a lieu à
l'exercer.

D'autres inclinent pour la requête civile, laquelle
serait par conséquent portée à la Cour qui a rendu
l'arrêt d'adoption, ce qui est également inadmissible, parce que, pour attaquer un arrêt par cette

---

ver ici, avec tous les égards dus à cet estimable jurisconsulte, qu'il
n'a pas toujours assez soigneusement vérifié les arrêts qu'il cite, ce
qui a le grave inconvénient de jeter dans l'erreur le lecteur qui ne les
vérifie pas lui-même. On a vu dans le cours de cet ouvrage d'assez
nombreux exemples de la vérité de cette remarque, que nous ne faisons qu'à regret, et dans le seul intérêt de la science.

(1) M. Grenier exprime cette opinion dans son traité *de l'Adoption*,
en faisant toutefois exception pour le cas prévu à l'article 360, cas
dans lequel ce serait, suivant ce savant et respectable magistrat, par
voie de cassation que les héritiers devraient se pourvoir, parce qu'ils
ont été contradicteurs à l'arrêt qui a admis l'adoption.

voie, il faut y avoir été partie par soi-même ou son auteur (art. 480, Code de procéd.), et que ceux qui attaquent l'adoption se présentent, moins comme héritiers de l'adoptant, que comme exerçant un droit personnel tiré de leur qualité de parens, et qu'ils tiennent directement de la loi. D'ailleurs, l'ouverture à requête civile, en matière d'adoption ne pourrait généralement être fondée que sur l'in-observation des formes prescrites à peine de nul-lité, et ce ne sera probablement point ce dont les héritiers se plaindront.

D'autres enfin leur ouvrent la voie de la tierce-opposition. On appuie ce sentiment sur ce que les héritiers n'agissent pas en cette qualité, qu'ils sont réellement des tiers par rapport à l'adoption, et, conséquemment, que l'article 474 du Code de pro-cédure, loin de faire obstacle à leur prétention, au contraire, la favorise. Et quant à ce que l'arrêt d'adoption n'a pas été rendu *entre parties*, mais obtenu sur requête, ils répondent que, quoique l'adoptant ou l'adopté seul l'ait sollicité, tous deux n'étaient pas moins *parties*, puisque, par l'acte passé devant le juge de paix, chacun d'eux avait mandat de l'autre de poursuivre l'homolo-gation.

331. Cependant nous croyons que cette opinion, qui est sans contredit la plus probable de toutes celles que nous venons d'exposer, ne doit pas être admise. Il ne s'agit réellement que d'un jugement

d'*homologation*, ainsi que le dit formellement l'article 354, d'un jugement sur requête, rendu, non en matière de juridiction contentieuse, mais bien en matière de juridiction volontaire ou *gracieuse*, comme disent les auteurs, d'un jugement enfin qui s'identifie avec le contrat qui en est la cause et la base. C'est ce contrat lui-même qui doit être attaqué comme nul, comme revêtu d'une sanction subreptice, qui ne doit pas le protéger plus long-temps au mépris des lois qui le prohibaient. En conséquence, l'action est principale, et, comme telle, elle doit être portée devant le tribunal de première instance (1).

Et quant à l'objection tirée de ce qu'il est contraire aux principes qu'un tribunal de première instance réforme la décision d'une Cour royale, nous y avons répondu d'avance, en disant que l'arrêt dont il s'agit n'est qu'un arrêt rendu sur requête. Tous les jours un tribunal de première instance peut être appelé, en vertu de l'article 100 du Code civil, à réformer un arrêt de cette nature, qui a ordonné, conformément à l'article 878 du Code de procédure, la rectification d'un acte de l'état civil, cas dans lequel il n'est pas même nécessaire de former tierce-opposition à l'arrêt, puisqu'il ne peut être invoqué contre ceux qui n'y ont pas été parties ou dûment appelés (même art. 100, Cod. civ.). On citerait encore d'autres exemples de cas où un tribunal

(1) C'est aussi le sentiment de M. Delvincourt.

de première instance peut, par action principale,
réformer la décision d'une Cour royale. Mais, encore une fois, en attaquant l'adoption, les héritiers
de l'adoptant ne le représentent nullement sous ce
rapport : ils tirent leur droit de leur qualité de parens, et directement de la loi. Aussi telle est la jurisprudence. Dans l'espèce citée *suprà*, n° 277, les
héritiers de l'adoptant ont demandé la nullité de
l'adoption devant le tribunal de première instance;
on s'est pourvu ensuite par appel contre ce jugement, et l'arrêt de la Cour de Colmar, qui avait
déclaré l'adoption valable, ayant été déféré à la
Cour suprême, a été cassé. Rien de plus régulier
que cette marche.

CHAPITRE II.

De la Tutelle officieuse.

SOMMAIRE.

332. La tutelle officieuse est un contrat de bienfaisance par lequel une personne se charge d'élever gratuitement un enfant et de le mettre en état de gagner sa vie.

333. C'est une création moderne, imaginée par les rédacteurs du Code dans la vue de faciliter l'adoption à ceux qui, voulant s'attacher un mineur par ce lien civil, craindraient d'être prévenus par la mort avant sa majorité, et de ne pouvoir ainsi la lui conférer ; tandis que, en qualité de tuteurs officieux, ils peuvent l'adopter par testament, après cinq ans depuis la tutelle (1).

Nous serons bref dans nos explications sur cette matière ; nous en avons donné la raison dans nos observations préliminaires sur ce titre.

_____

(1) Voy. *suprà*, n° 304 et suivans.

334. Les conditions du côté de la personne (1) qui veut se charger de cette tutelle sont :

1° D'être âgée de plus de cinquante ans (article 361);

2° De n'avoir ni enfans ni descendans légitimes (*ibid.*);

3° D'obtenir le consentement de son conjoint, si elle est mariée (art. 362);

4° D'être capable d'exercer la tutelle ordinaire (2).

335. Les conditions du côté du pupille sont :

1° D'être âgé de moins de quinze ans (article 364);

2° Il lui faut le consentement de ses père et mère, ou du survivant d'entre eux, ou, à leur défaut, d'un conseil de famille, ou enfin, s'il n'a point de parens connus, celui des administrateurs

---

(1) L'article 361 dit *tout individu,* tandis que pour l'adoption, l'article 343 parle des personnes *de l'un ou de l'autre sexe :* mais il ne résulte pas de là que la tutelle officieuse est interdite aux femmes, puisque l'adoption leur est permise, et que l'une a pour but de faciliter l'autre. Le législateur a pensé s'être suffisamment expliqué à cet égard ; aussi dit-il d'une manière générale, dans l'article 362, *qu'un époux* ne peut devenir tuteur officieux qu'avec le consentement de *l'autre conjoint.*

(2) Voir à cet égard les articles 28 et 42 du Code pénal, et 442 et suivans du Code civil, en observant que ces derniers ne sont applicables que sous les modifications que réclame la tutelle officieuse : par exemple, la disposition qui déclare les femmes, autres que la mère et les ascendantes, incapables d'exercer la tutelle ordinaire, ne s'applique point à la tutelle officieuse, du moins nous le croyons.

de l'hospice où il a été recueilli, ou de la munici-
palité du lieu de sa résidence. (Art. 361.)

336. Le juge de paix du domicile de l'enfant (1)
dresse un procès-verbal des demandes et consentemens relatifs à la tutelle officieuse. (Art. 363.)

337. Les effets de cette tutelle sont :

1° L'obligation, pour le tuteur, de nourrir le
pupille, de l'élever et de le mettre en état de gagner
sa vie (2). (Art. 364.)

338. 2° Si le pupille a quelque bien et s'il était
antérieurement en tutelle, l'administration de ses
biens, comme celle de sa personne, passe au tuteur
officieux, qui ne peut néanmoins imputer les dépenses de l'éducation sur les revenus du pupille.
(Art. 365.)

339. Mais les père et mère n'en conservent pas
moins la puissance paternelle avec tous ses attri-
buts, ainsi que l'administration et la jouissance des
biens de l'enfant. D'ailleurs, tant que les père et
mère existent tous deux, l'enfant n'est point en
tutelle. (Art. 390.)

340. Il n'est point nommé de subrogé-tuteur :
aucune disposition de ce titre ne prescrit d'en

---

(1) Parce que c'est une tutelle qui s'ouvre.
(2) Tandis qu'un tuteur ordinaire, si ce n'est point un ascendant
qui, en cette qualité, doit des alimens au pupille, n'est point tenu de
le nourrir à ses frais : *Tutor de suo pupillum alere non compellitur.* L. 3,
ff. *Ubi pupill. educ. vel mor. debeat.*

nommer un. C'est une tutelle particulière qui offre par sa nature de suffisantes garanties que les intérêts du pupille ne seront point compromis. La surveillance d'un subrogé-tuteur aurait pu paraître incommode aux personnes disposées à former ce contrat, et les en détourner.

341. Mais le pupille a une hypothèque légale sur les biens de son tuteur, conformément à l'article 2221, qui ne distingue pas : or, le tuteur officieux est un tuteur, et en général il administre les biens comme la personne.

342. 3° Si, comme nous l'avons dit (1), le tuteur officieux, après cinq ans révolus depuis la tutelle, et dans la prévoyance de son décès avant la majorité du pupille, lui confère l'adoption par acte testamentaire, cette disposition sera valable, pourvu que le tuteur officieux ne laisse point d'enfans légitimes (Art. 366) (2).

---

(1) N° 304 *suprà*, et suiv.

(2) On a écrit que la survenance d'enfans révoque ou annulle l'adoption testamentaire : si l'on entend dire par là que l'existence d'enfans au décès de l'adoptant la résout, ce n'est l'objet d'aucun doute ; mais si l'on veut dire, et c'est très-probable d'après les expressions dont on s'est servi, que la survenance d'enfans opère la révocation de l'adoption comme elle opérerait celle d'une donation entre vifs, encore que l'enfant mourût avant le donateur (art. 964), nous croyons que c'est une erreur qui se réfute par la simple lecture de l'article 366. D'ailleurs, chez nous, la survenance d'enfans ne révoque pas les dispositions testamentaires comme elle le faisait à Rome, où au surplus le Préteur donnait la possession des biens *secundùm tabulas*, si l'enfant dont la naissance avait rompu le testament mourait avant le testateur : elle peut seulement donner lieu à une réduction. Ce qui ren-

343. 4° Dans le cas où le tuteur officieux mourrait, soit avant les cinq ans, soit après ce temps, sans avoir adopté le pupille, il doit être fourni à celui-ci, durant sa minorité, des moyens de subsister, dont la quotité et l'espèce, s'il n'y a été antérieurement pourvu par une convention formelle, seront réglées, soit à l'amiable entre les représentans respectifs du tuteur et du pupille, soit judiciairement. (Art. 367.)

344. 5° Si, à la majorité du pupille, son tuteur officieux veut l'adopter, et que le premier y consente, il est procédé à l'adoption selon les formes ordinaires, avec la réunion des mêmes conditions, et les effets en sont en tous points les mêmes. (Art. 368.)

345. 6° Si, dans les trois mois qui ont suivi la majorité du pupille, les réquisitions par lui faites à son tuteur officieux, à fin d'adoption, sont restées sans effets, et s'il ne se trouve pas en état de gagner sa vie, le tuteur officieux peut (1) être condamné à l'indemniser de l'incapacité où il serait de pourvoir à sa subsistance.

Cette indemnité se réduit en secours propres à

---

drait caduque l'adoption testamentaire, ce serait la majorité du pupille arrivée du vivant du tuteur, ou l'existence d'un enfant légitime à ce dernier au moment de sa mort, et c'est ce qui résulte de la combinaison des articles 366 et 368.

(1) C'est un point laissé à la prudence des tribunaux, parce qu'il est possible que le pupille n'ait à se plaindre que de sa mauvaise volonté et de sa mauvaise conduite.

lui procurer un métier ; le tout sans préjudice des stipulations qui auraient pu avoir lieu dans la pré-voyance de ce cas. (Art. 369.)

346. Enfin 7° le tuteur qui a eu l'administration de quelques biens pupillaires en doit rendre compte dans tous les cas. (Art. 370.)

TITRE IX.

De la Puissance paternelle.

Observations préliminaires.

SOMMAIRE.

347. *Rapports de ce Titre avec plusieurs des précédens, et objet de la puissance paternelle.*
348. *Effets généraux de la puissance paternelle chez les Romains.*
349. *Division générale de ce Titre.*

347. Nous avons vu dans le titre du Mariage le moyen de créer la famille, et dans celui de la Paternité et de la Filiation les règles propres à faire connaître les membres qui la composent. Le législateur s'occupe ici des dispositions nécessaires pour y maintenir l'ordre et en faire respecter les chefs : tel est l'objet du titre de la Puissance paternelle, la plus ancienne et la plus sacrée des magistratures, qui ne doit aux conventions humaines que les formes de son exercice et son plus ou moins d'étendue, selon les temps et les mœurs de chaque peuple.

Dans l'esprit de nos lois, cette puissance est toute de direction et de protection ; elle est principalement établie dans l'intérêt des enfans eux-mêmes, comme un moyen salutaire de réprimer leurs écarts et de redresser leurs mauvais penchans : c'est la sauvegarde des bonnes mœurs. Au lieu que dans les principes de la législation romaine, ses effets, presqu'illimités, étaient tous à l'avantage du chef de la famille, qui pouvait à son gré en devenir, pour ainsi dire, le tyran, et qui du moins en était toujours le maître absolu.

348. Ainsi, les Romains en avaient fait découler le droit de vie et de mort sur la personne des enfans (1). Ceux-ci étaient la chose du père, qui

---

(1) *Endo liberis jus vitæ ac necis, venumdandique potestas ei esto.* L. XII Tab. *Voy.* aussi la loi 11, ff. *de Liber. et posthum.*, et DENYS D'HALICARNASSE, liv. 2, pag. 96.

Mais il faut toutefois rejeter cette opinion vulgaire, que le père pouvait arbitrairement, sans motifs, ordonner la mort de ses enfans. Il pouvait seulement sévir contre eux comme *magistrat domestique*, lorsqu'ils s'étaient rendus coupables ; alors il est vrai que, suivant la gravité de la faute, il pouvait ordonner leur mort. *Voy.* SÉNÈQUE, *Controv.*, lib. 2, *controv.* 3 ; *de Benef.*, lib. 3, cap. 2 ; et SUÉTONE, *Vie de Claude*, cap. 16.

C'est ainsi que VALÈRE MAXIME (liv. 3, chap. 8) rapporte l'exemple de Cassius, *qui, judicio domestico, filium verberari ac necari jussit;* SALLUSTE (conjuration de Catilina), celui de Fulvius, *qui filium in castra Catilinæ euntem necari jussit;* et enfin QUINTILIEN (déclam. 3) celui de Fabius Éburnius, *qui filium impudicum, causâ cognitâ, domi necavit.* Quant à Brutus, il rendit un jugement comme Consul.

Comment pourrait-on d'ailleurs concilier ce droit arbitraire de vie et de mort avec le trait rapporté par TITE-LIVE ? Manlius Torquatus avait un fils bègue et peu favorisé de la nature sous d'autres rapports : il l'avait relégué à la campagne, où il l'employait aux plus rudes travaux avec les esclaves. Un tribun saisit cette occasion pour accuser Manlius devant le peuple. Le jeune homme, instruit du malheur dont son père est menacé, accourt à Rome, parvient à parler en secret au tribun, et lui mettant le poignard sur la gorge, lui arrache le serment qu'il se désistera de son accusation : le tribun promit tout, mais le lendemain il instruit le peuple de ce qui s'était passé, et veut la

pouvait, d'après la loi de Romulus, les vendre jusqu'à trois fois, tellement qu'affranchis deux fois, ils retombaient encore sous sa puissance (1). L'enfant n'avait rien en propre ; tout ce qu'il acquérait était acquis au père, sauf que, dans la suite, le fils de famille pût avoir un pécule (2), c'est-à-dire

---

poursuivre. Le peuple, touché de ce trait de piété filiale, lui ordonne de s'en départir, et récompense le dévouement du jeune homme en lui donnant un emploi dans l'armée. Assurément, quelle que fût la haine que Manlius, comme personnage consulaire, inspirât aux tribuns du peuple, il n'avait rien à craindre d'une pareille accusation, si les lois lui donnaient le droit de tuer arbitrairement son fils, puisqu'on ne lui reprochait même que d'avoir usé de mauvais traitemens à son égard, et l'action de ce dernier n'eût point été pour le peuple romain un sujet d'éloge ni le motif d'une récompense. Aussi l'histoire ne nous donne-t-elle point d'exemple de ce prétendu droit arbitraire de vie et de mort. Manlius lui-même, en ordonnant celle de son fils, vainqueur, pour avoir combattu avant l'heure du combat, agit comme général ; ce fut de sa part un acte de discipline militaire, qu'il ne nous appartient pas de qualifier, mais non l'exercice du droit absolu de vie et de mort dans la personne du père sur ses enfans.

Au surplus, les pères n'ont plus eu dans la suite que celui de les châtier modérément, et la faculté, dans les grands crimes, de dicter au magistrat son jugement. L. 3, Cod. *de Patr. potest.* L. *unic.*, Cod. *de his qui par. vel lib. occid.*, et L. *unic.*, Cod. *de emend. propinq.*

(1) En cela, la condition du fils de famille était pire que celle des esclaves, qui devenaient *sui juris* par un seul affranchissement ; mais par la suite il ne fut plus permis aux pères de vendre leurs enfans, si ce n'était au moment de leur naissance, dans le cas d'une extrême misère, et sauf le droit de les racheter, par le remboursement du prix. L. 2, Cod. *de Patr. qui fil. distr.*

(2) Successivement il y en eut de quatre sortes :

1° Le pécule militaire ou castrense, imaginé par les empereurs pour inviter la jeunesse à la profession des armes. Il se composait de ce que le père donnait à son fils partant pour l'armée, du butin fait sur l'ennemi et des libéralités faites par un compagnon d'armes. L. 1, *princip.*, ff. *de Test. milit.* LL. 4 et 11, ff. *de Cast. pecul.*, et L. 4, Cod., *eod. tit.*

2° Le pécule quasi-castrense, créé à l'imitation du premier, et qui

III.   22

quelques biens séparés du patrimoine de son père.
Cette puissance, qui s'étendait sur toute la descendance par les mâles, ne s'éteignait pas, comme
chez nous, par le mariage de l'enfant, elle prenait
seulement fin par la mort du père ou l'émancipation du fils, ou son admission à certains emplois

---

se composait de ce que le fils de famille acquérait dans l'exercice des
charges publiques la profession d'avocat ou autre profession libé-
rale, ainsi que des dons faits par le prince. L. 14, Cod. *de Advoc.
divers. judic.* L. 6, ff. *de Re jud.* L. *ult.* Cod. *de inoff. Test.*

Ces deux pécules appartenaient en propre au fils de famille, qui,
par rapport à eux, était réputé père de famille, et pouvait en conséquence en disposer librement, entre-vifs ou par testament; il les
transmettait à ses héritiers *ab intestat .* INSTIT. *Quib. non est perm. fac.
test.* L. 6, ff. *de Bonis quæ lib.* L. 2, ff. *ad Senat.-Cons. Maced.*, et LL.
2 et 3, Cod. *de Cast. pecul.*

3° Le pécule profectif, qui se composait de ce qui venait du père
au fils, ou de ce qui était donné à celui-ci en considération de son
père. §. 1, INSTIT. *Per quas person. cuique adquir.*

Le père en avait la propriété, et le fils l'administration. Le père
pouvait la lui retirer quand bon lui semblait, mais à la charge de
payer les créanciers du fils, jusqu'à concurrence des forces du pécule.
§. 4, INSTIT. *Quod cum eo qui in alienâ potest.* Mais le fils en conser-
vait la jouissance quand le père était discuté dans ses biens par le
fisc : L. 3, §. 4, *in fine,* ff. *de Minorib. viginti quinq.*, ou lorsque le
père l'avait émancipé, sans le lui retirer. L. 31, §. 2, ff. *de Donat.*

4° Enfin le pécule adventif, qui se composait de ce qui était acquis
au fils par tout autre cause : par exemple, de l'hérédité maternelle,
des libéralités faites à l'enfant par sa mère ou toute autre personne,
de ce qu'il acquérait par son travail dans la profession des arts illibé-
raux, et des dons de la fortune. §. 1, INSTIT. *Per quas personas cuique
adquir.;* et L. 6, Cod. *de Bonis quæ lib.*

L'enfant était propriétaire de ce pécule, mais le père en avait ordinairement l'usufruit jusqu'à sa mort, ou jusqu'à l'émancipation de
l'enfant, auquel cas, jusqu'à Justinien, il en retenait le tiers en toute
propriété, comme prix de l'émancipation, et depuis Justinien, l'usufruit de la moitié seulement. §. 2, INSTIT. *dicto tit.* L. 6 précitée et L.
ult. Cod. *de Bonis quæ lib.*

Nous disons *ordinairement,* car quelquefois le père n'avait même

ou dignités. Le grand ou le moyen changement d'état de la part du père ou du fils la résolvait aussi.

Celle que le Code civil a consacrée n'a donc que fort peu de rapports avec ce despotisme intolérable : aussi ne pousserons-nous pas plus loin le parallèle.

349. Nous diviserons ce sujet en deux chapitres :

Dans le premier, nous verrons en quoi consiste la puissance paternelle, quant aux moyens de correction :

Et dans le second, quels droits elle attribue aux père et mère sur les biens de leurs enfans.

---

pas l'usufruit de tels ou tels biens qui entraient dans ce pécule : il ne l'avait pas sur les biens advenus à l'enfant par successions, fidéicommis, donations ou legs, quand le père avait refusé de l'autoriser à les accepter. L. *ult.* Cod. *de Bonis quæ lib.*; sur ceux qui avaient été donnés à l'enfant à condition que le père n'en jouirait pas : NOVELL. 117; ni sur ceux provenant de la succession d'un frère germain, à laquelle le père venait avec l'enfant : NOVELL. 118, cap. 2; enfin le père était privé de la jouissance, lorsqu'il s'était conduit avec fraude à l'égard des biens qu'il devait restituer à son fils. L. 50, ff. *ad Senat.-Cons. Trebell.*

C'est ce dernier pécule qui a le plus d'analogie avec l'usufruit que le Code civil accorde aux père et mère sur les biens de leurs enfans; et comme plusieurs dispositions des lois romaines à cet égard ont encore leur application dans notre législation, nous avons cru utile de retracer rapidement quelques observations générales sur la théorie des pécules.

CHAPITRE PREMIER.

En quoi consiste la Puissance paternelle, quant aux moyens de correction.

SOMMAIRE.

350. *Caractères généraux de la puissance paternelle dans nos mœurs.*

351. *Le père seul exerce l'autorité sur les enfans pendant le mariage : modifications que souffre la règle.*

352. *L'enfant ne peut quitter la maison paternelle sans le consentement de son père, si ce n'est pour enrôlement à l'âge de dix-huit ans révolus.*

353. *Moyens de correction que le père peut exercer envers l'enfant âgé de moins de seize ans commencés, qui lui donne de graves sujets de mécontentement.*

354. *Moyens de correction que le père peut exercer envers l'enfant âgé de plus de quinze ans révolus et non émancipé.*

355. *Cas dans lesquels le père est remarié, ou que l'enfant a des biens personnels, ou exerce un état.*

356. *Point de formalités judiciaires, si ce n'est l'ordre d'arrestation, qui ne doit même pas contenir les motifs.*

357. *Le père est toujours maître d'abréger la durée de la détention par lui ordonnée ou requise.*

358. *Pouvoir correctionnel de la mère non remariée.*

359. *Si la mère est remariée, elle n'a plus, sur les enfans d'un premier lit, le droit de correction comme mère ; mais si la tutelle lui a été conservée, elle agit à cet égard comme tutrice.*

360. *De l'autorité des pères et mères sur les enfans naturels légalement reconnus.*

350. L'exercice de la puissance paternelle considéré comme autorité propre à maintenir le bon ordre dans la famille, consiste dans l'emploi des

moyens de correction que la loi confère aux père et mère pour réprimer les écarts des enfans, et dont le mode et l'étendue varient avec l'âge de ceux-ci, ou à raison de certaines circonstances, comme on va le voir.

Mais cette puissance ne consiste pas toujours à punir : elle a des attributions plus douces; elle renferme aussi pendant un temps, et sous certaines conditions, la surveillance des enfans, ainsi que l'administration et la jouissance de leurs biens.

Un premier principe, puisé dans la loi divine, et dont les rédacteurs du Code ont fait comme le frontispice du titre de la Puissance paternelle, c'est que, A TOUT AGE, L'ENFANT DOIT HONNEUR ET RESPECT A SES PÈRE ET MÈRE (art. 371). Nous avons déjà vu, au titre du Mariage et à celui de l'Adoption, plusieurs conséquences de ce principe sacré : il en existe d'autres encore.

Ainsi, l'enfant ne peut jamais intenter contre ses père et mère une accusation déshonorante (1).

Il ne peut obtenir contre eux la contrainte par corps, ni exercer, comme cessionnaire de la créance d'un tiers, celle que celui-ci aurait fait prononcer contre eux. Mais il peut exercer toutes les exécutions sur les biens (2).

---

(1) *Voy.* notamment l'article 380 du Code pénal.

A Rome il devait, même en matière civile, obtenir du magistrat la permission de citer en justice ses ascendans : s'il les eût assignés sans permission, il était condamné à une amende de cinquante écus d'or. LL. 6 et 24, ff. *de In jus vocando.*

(2) *Voy.* tome précédent, n° 400.

Il reste sous leur autorité jusqu'à sa majorité ou son émancipation. (Art. 575.)

351. Le père seul exerce cette autorité pendant le mariage (art. 372). Ainsi, en principe, la mère n'a cette autorité que par survivance, et encore ne l'exerce-t-elle que dans des bornes plus étroites.

Il faut cependant excepter le cas où le père a disparu : alors c'est la mère qui a la surveillance des enfans mineurs, et qui exerce tous les droits du mari, quant à leur éducation et à l'administration de leurs biens (art. 141). Mais elle les exerce dans les limites qui lui sont tracées pour le cas où elle a, de son chef, la puissance paternelle, car il serait absurde qu'elle eût un pouvoir plus étendu quand elle ne l'a que par délégation de la loi, lorsque le mari est dans l'impuissance de l'exercer lui-même, que lorsqu'elle a ce pouvoir en propre (1).

Il faut aussi excepter le cas où le mari est interdit pour démence ou crime, ainsi que celui où il a été condamné pour avoir facilité la prostitution ou la corruption de ses enfans (art. 28 et 509 Cod. civ., et 29 et 335 Cod. pén.), cas dans lesquels s'applique aussi ce qui vient d'être dit.

352. Puisque l'enfant reste sous l'autorité de ses père et mère jusqu'à sa majorité ou son émancipation, et que c'est le père qui exerce cette autorité pendant le mariage, il suit que l'enfant ne

---

(1) *Voy.* ce que nous avons dit à cet égard au tom. Iᵉʳ, n° 519.

peut quitter la maison paternelle sans la permission de son père (art. 374), ou, lorsque c'est la mère qui exerce la puissance, sans la permission de celle-ci.

La règle souffre exception pour le cas d'enrôlement volontaire, lorsque l'enfant a dix-huit ans accomplis. (*Ibid.*)

De là, les pères et mères ne peuvent demander la résiliation de l'engagement de leur fils, si celui-ci avait dix-huit ans lorsqu'il l'a contracté; mais ils le peuvent s'il n'avait pas alors cet âge.

353. Le père qui a des sujets de mécontentement très-graves sur la conduite de son enfant a les moyens de correction suivans. (Art. 375.) (1)

Si l'enfant est âgé de moins de seize ans commencés, le père peut le faire détenir pendant un temps qui ne peut excéder un mois : à cet effet, le président du tribunal d'arrondissement (du domicile du père) doit, sur sa demande, délivrer l'ordre d'arrestation (art. 376). Dans ce cas, le père exerce une magistrature absolue, et s'il est obligé de demander au président l'ordre d'arrestation, c'est qu'il n'appartient qu'à la puissance publique de le délivrer.

354. Depuis l'âge de seize ans commencés, jus-

---

(1) Les dames charitables, dites du *Refuge Saint-Michel*, reçoivent dans leurs maisons les jeunes personnes qui y sont envoyées par les pères et les conseils de famille, dans les cas prévus par le Code civil. Décret du 30 septembre 1807, Bull. 165.

qu'à la majorité ou l'émancipation, le père peut
seulement requérir la détention de son enfant pendant six mois au plus : il doit aussi s'adresser au
président du tribunal, qui, après en avoir conféré
avec le procureur du roi, délivre l'ordre d'arrestation ou le refuse, et peut, dans le premier cas,
abréger le terme de la détention requis par le
père (art. 377). Celui-ci, par conséquent, est obligé
de faire connaître ses motifs, afin que le magistrat
puisse en apprécier la gravité.

Au premier coup-d'œil, cette disposition paraît
présenter une contradiction de principes avec la
précédente, en ce que, d'une part, elle donne à la
puissance paternelle moins d'étendue qu'elle n'en
a par rapport à l'enfant âgé de moins de quinze
ans révolus, puisque le père ne peut que requérir la détention et non la faire ordonner; tandis
que, d'autre part, il peut demander qu'elle s'étende
jusqu'à six mois, quand il ne peut la faire prononcer que pour un mois au plus, si l'enfant est âgé
de moins de seize ans commencés. Mais ces dispositions se co-ordonnent parfaitement : les écarts
d'un enfant au-dessous de quinze ans sont générale-
lement moins graves que ceux d'un enfant au-dessus de cet âge, ce qui explique tout à la fois et
la brièveté de la détention, et le pouvoir absolu
du père de la faire ordonner; car on ne peut naturellement penser que, trop sensible aux offenses
d'un enfant de cet âge, il cherche au moins autant
à venger son autorité méconnue et à satisfaire une

susceptibilité trop vive, qu'à redresser de mauvais penchans. Mais lorsque l'enfant a plus de quinze ans, cette supposition est moins dénuée de fondement, et voilà pourquoi le magistrat, placé entre l'enfant et le père qui pourrait peut-être vouloir plutôt punir que corriger, doit peser la gravité de ses motifs : s'ils sont réels, le châtiment devant être proportionné à la faute, la détention peut être plus longue qu'à l'égard de l'enfant au-dessous de quinze ans, parce que le discernement, plus développé chez le premier que chez le second, rend ses écarts plus répréhensibles.

355. Il est même trois cas dans lesquels le père ne peut faire détenir son enfant, quoique âgé de moins de seize ans commencés, que par voie de réquisition :

1° S'il est remarié et qu'il s'agisse d'un enfant d'un précédent mariage (art. 380). On ne voit malheureusement que trop souvent une belle-mère se prévenir contre les enfans d'un premier lit, et se faire d'un mari faible et aveuglé l'instrument docile de ses inimitiés (1).

2° Si l'enfant a des biens personnels (2). (Article 382.)

3° Lorsqu'il exerce un état. (*Ibid.*) Il présente

---

(1) *Est mihi namque domí pater, est injusta noverca.* Virg. *Ecl.* 3.

(2) Nous aimons mieux ne point donner de motifs à cette exception que de reproduire ceux qui ont été allégués, tant ils nous paraissent contraires à la nature de l'amour paternel. D'ailleurs ils sont vains.... Mais nous allions oublier notre résolution.

plus de garantie à la société, et lui-même en réclame davantage, afin que son état ne souffre pas
d'une détention trop légèrement ordonnée.

Dans ces deux derniers cäs (1), l'enfant détenu
peut même adresser un mémoire au procureur-général à la Cour royale. Ce magistrat se fait rendre
compte par le procureur du roi près le tribunal de
première instance, et fait son rapport au président
de la Cour, qui, après en avoir donné avis au père,
et après avoir recueilli tous les renseignemens,
peut révoquer ou modifier l'ordre d'arrestation
délivré par le président du tribunal de première
instance. (*Ibid.*)

356. Soit que le père fasse détenir son enfant
en vertu du pouvoir absolu qui lui est conféré par
la loi lorsque l'enfant a moins de seize ans commencés, soit qu'il agisse seulement à cet égard
par voie de réquisition, il n'y a aucune écriture
ni formalité judiciaire, si ce n'est l'ordre même
d'arrestation, dans lequel les motifs n'en doivent
pas être énoncés.

Il est seulement tenu de souscrire une soumission de payer tous les frais, et de fournir les alimens convenables. (Art. 378.)

357. Le père est toujours maître d'abréger la
durée de la détention par lui ordonnée ou requise;
et si, après sa sortie, l'enfant tombe dans de nou-

---

(1) **Mais cette faculté ne lui est point accordée dans le précédent.**

veaux écarts, la détention peut être de nouveau ordonnée ou requise suivant les distinctions ci-dessus. (Art. 379.)

358. Quant à la mère, elle n'exerce pas l'auto-rité sur les enfans pendant le mariage, si ce n'est. dans les cas de disparition, interdiction pour dé-mence ou crime, ou condamnation du père pour avoir facilité la corruption de ses enfans, cas dans lesquels elle l'exerce comme si elle lui appartenait en propre (1); mais lorsque le mariage est dissous par la mort naturelle ou civile du père, il faut distinguer :

Si la mère survivante n'est pas remariée, elle peut requérir la détention de l'enfant qui lui donne de graves sujets de mécontentement; mais elle a be-soin, pour cela, du concours des deux plus proches parens paternels (art. 381). Et, quel que soit l'âge de l'enfant, elle ne peut procéder que par voie de réquisition, conformément à l'article 377.

Si les deux plus proches parens paternels ne vou-laient pas consentir à la détention de l'enfant, et que la mère en eût conservé la tutelle, alors elle pourrait agir comme tutrice. A cet effet, elle con-voquerait un conseil de famille, lui porterait ses plaintes, et si elle y était autorisée par ce conseil, elle pourrait provoquer la détention du mineur (art. 468). Les deux plus proches parens paternels devraient sans doute être appelés à la composition

_____

(1) Voy. *suprà*, n° 351.

du conseil, mais leurs avis ne seraient comptés que comme ceux des autres membres, et ce serait la majorité qui formerait la délibération.

359. Si la mère survivante est remariée, elle n'a plus sur ses enfans d'un premier lit l'autorité comme mère : seulement, si elle a été maintenue dans la tutelle, elle peut, en sa qualité de tutrice, porter ses plaintes à un conseil de famille, et, si elle y est autorisée par ce conseil, provoquer la détention du mineur, ainsi qu'il vient d'être dit.

360. L'autorité paternelle sur la personne des enfans étant établie dans leur intérêt et dans celui des bonnes mœurs, le législateur l'a également con-férée aux pères et mères des enfans naturels. Voici ce que porte à cet égard l'article 383 : « Les ar-« ticles 376, 377, 878 et 379 seront communs aux « pères et mères des enfans naturels légalement re-« connus. »

Analysons cette disposition. On voit que quatre articles seulement du titre de la Puissance pater-nelle sont communs aux pères et mères des enfans naturels légalement reconnus.

Mais d'abord, est-ce que l'enfant naturel, comme l'enfant légitime, ne doit pas, à tout âge, honneur et respect à ses père et mère?

Est-ce qu'il reste sous leur autorité au-delà de sa majorité ou de son émancipation?

Est-ce qu'il pourrait valablement s'enrôler avant l'âge de dix-huit ans sans leur consentement? et après cet âge, est-ce que son enrôlement ne serait pas valable ?

Assurément ces questions n'en sont pas : les articles 371, 372 et 374 sont donc aussi communs aux pères et mères des enfans naturels légalement reconnus ; et si le législateur ne s'en est pas formellement expliqué, c'est parce que ce ne pouvait être l'objet d'aucun doute. Mais il n'en est pas ainsi des articles 380, 381 et 382 ; son intention, au contraire, a été évidemment de ne point les leur rendre applicables.

Pour l'article 381, le motif en est facile à saisir : dans l'ordre civil, l'enfant naturel étant étranger aux parens de ses père et mère, celle-ci ne devait nullement avoir besoin du concours des plus proches parens paternels pour le faire détenir ; et, quant aux deux autres, quoique la femme du père de l'enfant puisse aussi jusqu'à un certain point exercer sur l'esprit de son mari une influence peu bienveillante pour cet enfant, et que celui-ci puisse, tout aussi bien qu'un enfant légitime, exercer un état ou avoir quelques biens qui lui seraient provenus soit de la succession de sa mère, soit de la libéralité d'un tiers, néanmoins on ne pouvait se dissimuler que la position des enfans naturels, généralement mécontens de leur sort, ne tende nécessairement à les rendre moins soumis, moins respectueux envers leurs pères et mères, et que la surveillance de ceux-ci, pour ainsi dire forcément divisée, est par cela même moins efficace, ce qui favorise encore l'inclination de ces mêmes enfans à l'indépendance, surtout lorsqu'ils sentent qu'ils peuvent déjà se suffire à eux-mêmes. D'après ces considérations, l'autorité paternelle, déjà si faible dans nos mœurs, ne devait pas être encore affaiblie à leur égard, puisque instituée plutôt dans leur intérêt que dans celui de leurs pères et mères, ils ont besoin qu'elle conserve une force suffisante pour réprimer leurs écarts et corriger leurs mauvais penchans. Quel abus en peut-on craindre vis-à-vis d'un enfant âgé de moins de quinze ans, quand d'ailleurs la détention ne peut excéder un mois? Aussi pensons-nous que si le père est inconnu ou décédé, la mère exerce l'autorité comme il l'exercerait lui-même s'il avait reconnu l'enfant et qu'il vécût encore : en conséquence, si cet enfant a moins de seize ans commencés, elle peut le faire détenir sans le concours du magistrat (si ce n'est en ce qui touche la délivrance de l'ordre d'arrestation). C'est se méprendre, en effet, que de penser qu'il est immoral de lui donner à cet égard un pouvoir plus étendu qu'à la mère légitime.

Car, encore une fois, il s'agit moins de considérer l'exercice de ce pouvoir dans l'intérêt de la mère, que dans l'intérêt de l'enfant lui-même; et puis, en le considérant même dans l'intérêt de la mère, où serait l'inconséquence de donner plus d'autorité à celle qui sera généralement moins respectée, et qui n'a point, comme la mère légitime, un appui dans l'ascendant, toujours plus ou moins

fort, des parens paternels sur l'enfant qui l'outrage ? Ces considérations, que nous ne faisons
qu'indiquer, ont dû frapper le législateur, et voilà
pourquoi, selon nous du moins, il n'a pas rendu
commune à la mère naturelle la disposition de l'article 381, qu'il avait sous les yeux comme celle des
articles précédens, ce qui ne permet pas de supposer que c'est de sa part un pur oubli.

Lorsque le père qui a reconnu l'enfant vit encore, ainsi que la mère, l'autorité leur appartient
en commun, parce qu'il n'y a pas lieu d'appliquer
l'article 373, puisqu'il n'y a pas de mariage, et que
le Code est muet sur le point de savoir si elle doit
être exclusivement exercée par le père. D'après
cela, c'est celui qui a la garde et l'administration
de l'enfant et de ses biens qui doit l'exercer, sans
préjudice du droit sacré pour l'autre, et qui est
même un devoir, de surveiller la conduite de celui
qui lui doit aussi la vie.

Mais s'ils ne sont pas d'accord sur celui d'entre
eux qui en aura la garde et veillera plus spécialement à son éducation, le père doit-il nécessairement avoir la préférence, en supposant d'ailleurs
qu'il ne fût pas indigne d'exercer une tutelle ordinaire? ou les tribunaux peuvent-ils la confier
indifféremment à l'un ou à l'autre, suivant le plus
grand intérêt de l'enfant?

En faveur du père, on peut dire que c'est son
nom que porte cet enfant, et qu'il a ainsi, s'il est
possible, un plus grand intérêt à être chargé de sa

direction, pour ne point le lui laisser déshonorer par son inconduite. On peut ajouter que c'est sa volonté, comme celle du père légitime, auquel il est assimilé sous ce rapport, qui fait loi pour le mariage de l'enfant; qu'elle suffit pour l'autoriser comme pour l'empêcher; et ce ne serait point répondre que de dire que, s'il en est ainsi, c'est parce que la loi favorise le mariage; car précisément, dans le sens de cette réponse, la volonté de la mère, aussi bien que celle du père, devrait suffire aussi pour qu'il pût être célébré, et c'est ce qui n'est pas quand le père, en état de manifester sa volonté, n'y veut pas consentir, puisque l'article 158 déclare commune aux enfans naturels légalement reconnus la disposition de l'article 148. Or évidemment, suivant ce dernier article, c'est bien la volonté du père qui fait loi quant au mariage de l'enfant de famille mineur de vingt-un ans ou de vingt-cinq ans, soit à l'effet de l'autoriser, soit à l'effet de l'empêcher. Enfin, on peut encore dire que l'article 383 déclare également communes aux *pères* des enfans naturels les dispositions relatives au droit de correction sur leur personne, et si cet article en dit autant par rapport aux mères, toujours est-il vrai qu'il met les pères en première ligne : d'où l'on peut raisonnablement penser que c'est une conséquence du principe adopté quant au mariage de ces mêmes enfans, objet assurément qui intéresse le plus vivement le cœur d'un père, et qui est la marque évidente que, dans l'esprit de nos lois actuelles,

la puissance paternelle existe sur les enfans naturels légalement reconnus, comme sur les enfans
légitimes, sauf en ce qui touche l'usufruit légal (1).
Nonobstant ces raisons, qui ont toutefois prévalu
dans certains cas, plusieurs Cours se sont décidées
par le plus grand intérêt de l'enfant. C'est ainsi que
celle d'Agen, tout en paraissant reconnaître en
principe que l'article 383 et les autres dispositions
du Code *semblent* donner la préférence au père, a
néanmoins pensé que, la loi ne s'étant pas formellement expliquée à cet égard, les tribunaux peuvent
user du pouvoir discrétionnel que leur laisse son
silence ; en conséquence, par son arrêt du 16 fri-
maire an XIV (Sirey, 6, 2, 49), elle a ordonné que
l'enfant serait confié à la mère. La Cour de Pau a
jugé la même chose le 13 février 1822 (Sirey, 23,
2, 89). Sur la foi de l'auteur d'un Traité des enfans naturels, le père avait élevé la prétention,
selon nous bien mal fondée, de jouir, comme un
père légitime, des revenus des biens de l'enfant,
parce que, disait-il, le père naturel a la puissance
paternelle comme le père légitime, et que la jouissance des biens est une conséquence de la puissance
paternelle, ne songeant pas que cette puissance

---

(1) Voy. *suprà*, nᵒˢ 189 et 283, en observant toutefois qu'en parlant
de la puissance paternelle sur les enfans naturels légalement reconnus,
nous n'avons entendu faire une assimilation avec celle des pères et
mères légitimes que relativement au droit de correction et à celui de
consentir au mariage des enfans, ou de l'empêcher. Sous les autres
rapports, notamment sous celui de l'usufruit légal, cette puissance
diffère essentiellement de celle qui naît du mariage.

n'est pas de même nature, qu'elle est toute dans
l'intérêt de l'enfant, pour réprimer ses écarts, et
qu'elle ne doit jamais procurer au vice une récompense; oubliant d'ailleurs que si l'usufruit des
père et mère est une conséquence de leur puissance
paternelle, cette conséquence n'est pas forcée,
puisque dans plusieurs cas il n'a pas lieu, notamment dans celui prévu à l'article 1442. Au reste la
Cour a pensé, comme nous, que les droits de correction étant établis dans l'intérêt de l'enfant, la
loi, qui a assimilé à cet égard le pouvoir de la mère
à celui du père, lui en a accordé un plus étendu
qu'à la mère légitime elle-même.

CHAPITRE II.

De la Jouissance légale des père et mère des biens de leurs enfans.

SOMMAIRE.

361. Les enfans placés sous l'autorité paternelle peuvent avoir des biens personnels, provenant, par exemple, de la succession de leur père ou de leur mère, ou d'un ascendant, ou d'un frère décédé, ou des libéralités qui leur ont été faites, etc. etc. La loi (art. 384) en donne la jouissance aux pères et mères légitimes, comme une indemnité de leurs soins pour les enfans, et des dépenses qu'entraîne leur éducation.

362. Dans les pays de droit écrit, cette jouissance était régie par les principes du droit romain relatifs à l'usufruit du père sur le pécule adventif du fils de famille, et elle durait pendant la vie du père. Mais elle était réduite à moitié quand l'enfant était émancipé. La mère ne l'avait point.

363. Dans les pays de coutumes, cette jouissance était une conséquence du droit de garde; et la *garde* était une espèce d'administration qui participait de la tutelle et de la puissance paternelle (1). Dans quelques coutumes, elle s'appelait *bail;* dans d'autres, indifféremment *garde* ou *bail*, et dans plusieurs elle était inconnue (2). Il y avait dans quelques coutumes, notamment dans celle de Paris,

(1) *Voy.* de Lacombe, au mot *Garde.*
(2) *Voy.* de Lacombe , *loco citato.*

la garde noble et la garde bourgeoise, selon la qualité des personnes. D'autres coutumes, et c'était le plus grand nombre, n'admettaient que la garde noble, qui tirait son origine des fiefs, parce que le fief devait être *gardé* pendant la minorité du titulaire. Tout cela n'est plus qu'historique. La jouissance des père et mère des biens de leurs enfans est soumise à des règles simples et uniformes pour toute la France. En la consacrant, les rédacteurs du Code en ont puisé les principes dans la *garde* des pays coutumiers, mais sans rejeter absolument ceux du droit romain sur l'usufruit du père sur les biens adventifs : c'est ce que nous aurons occasion de faire remarquer dans l'explication du sujet.

364. La jouissance n'est établie qu'au profit des pères et mères légitimes (art. 383 et 384 analysés et combinés). La loi ne pouvait moralement l'attacher au concubinage. Si elle donne une autorité aux pères et mères naturels sur les enfans qu'ils ont légalement reconnus, c'est, comme nous l'avons dit, dans l'intérêt de ces mêmes enfans, comme un moyen de redresser leurs écarts et d'épurer leurs mœurs; mais les avantages attachés à la puissance paternelle ne devaient point devenir le prix du vice. Cependant elle s'étend sur les biens des enfans légitimés par mariage subséquent; mais c'est par l'effet du mariage.

365. Cette jouissance, durant le mariage, appartient au père, sous quelque régime qu'il soit

marié (art. 384). C'est lui qui est chargé des frais
d'éducation des enfans. Mais s'il est marié sous le
régime de la communauté, la mère en profite indirectement. La seconde femme du père pourrait
aussi en profiter de la même manière (art. 1401),
car le système de communauté est régi par des principes qui lui sont propres.

366. Elle dure jusqu'à ce que les enfans aient
dix-huit ans accomplis, ou jusqu'à l'émancipation
qui aurait eu lieu avant cet âge. (*Ibid.*)

L'émancipation fait cesser la puissance paternelle, et la puissance paternelle est le fondement
de cette jouissance : or l'émancipation peut avoir
lieu à quinze ans, soit par l'effet d'une volonté directe du père ou de la mère, comme il est dit à
l'article 477, soit par l'effet du mariage de la fille.
(Art. 144 et 476.)

La jouissance légale subsiste à l'égard de chaque
enfant individuellement jusqu'à son émancipation
ou l'âge de dix-huit ans, quoique les biens, par
exemple ceux du père ou de la mère prédécédé,
soient en commun entre tous les enfans. Ce sera un
compte particulier à faire avec chacun d'eux.

367. Après la dissolution du mariage, elle appartient au survivant. (Art. 384.)

Il est indifférent que le mariage soit dissous par
la mort civile ou par la mort naturelle : le conjoint
de l'époux mort civilement n'est pas moins *survivant*, dans le sens de l'article 384, puisqu'il lui suc-

céderait s'il n'y avait pas de parens au degré successible (art. 25, 718 et 723 combinés). D'ailleurs,
l'usufruit s'éteignant par la mort civile de l'usufruitier (art. 617), il est clair qu'à la mort civile du
père celui de la mère doit commencer; et c'est ce
qui fait que, bien que, suivant notre opinion (1), le
mariage ne soit pas dissous à l'expiration des cinq
ans donnés au condamné pour purger la contumace, mais seulement par la condamnation devenue définitive à la peine emportant mort civile
(art. 227), c'est-à-dire après vingt ans de la date
de l'arrêt (art. 635 et 641, Cod. d'instr. crim.), la
mère aurait néanmoins la jouissance au bout des
cinq ans. Mais si le père rentrait dans la vie civile
pour l'avenir, conformément à l'article 30, son
droit renaîtrait; car c'est là un usufruit constitué
par la loi pour chaque jour, comme étant attaché
à la puissance paternelle. Or, suivant les vrais
principes, l'usufruit constitué pour chaque jour
revit à l'expiration du temps pendant lequel il avait
cessé. Les lois romaines nous en offrent de nombreux exemples; notamment, la loi 1, §. 3, ff. *quib.
mod. Ususf. amitt.*, dit que si un usufruit a été constitué *in singulos annos, vel in singulos menses, vel
in dies,* l'usufruit de l'année, du mois ou du jour
dans lequel a lieu le changement d'état (2) est bien

---

(1) *Voy.* tom. Ier, n° 253; et tom. II, n° 520 et suivans.
(2) La mort civile, chez nous, ayant beaucoup de rapport avec le
grand et le moyen changement d'état des Romains, l'argument que
nous tirons de la loi romaine n'en a que plus de force.

éteint, mais qu'il ne l'est que pour cette année, ce mois ou ce jour. Pourquoi? *Quia sunt plures usus-fructus, id est, videtur repetitus ususfructus.* Or on doit en dire autant de l'usufruit attaché à la puissance paternelle : il est censé constitué par la loi pour autant de jours que doit durer cette puissance (1); et comme, dans l'espèce, le père l'a recouvrée, il a par la même raison recouvré la jouissance qui en dépendait.

368. Nous verrons, dans une première section, sur quels biens elle porte, et dans quels cas elle cesse;

Dans une seconde, quelles sont les charges de cette jouissance.

Nous l'appellerons indifféremment *jouissance* ou *usufruit*, parce que le Code se sert tantôt de l'une de ces expressions, tantôt de l'autre. (Art. 384, 385, 386, 389, 579, 601, 730.)

SECTION PREMIÈRE.

Sur quels biens porte la jouissance des père et mère, et dans quels cas elle cesse.

SOMMAIRE.

§. Ier.

Sur quels biens porte la jouissance des père et mère.

369. *La jouissance des père et mère comprend tous les produits qui entrent dans celle d'un usufruitier.*

---

(1) Sauf qu'il cesse lorsque l'enfant a dix-huit ans accomplis.

370. *Elle embrasse même les arrérages des rentes viagères appartenant aux enfans, encore que ces rentes soient venues à s'éteindre pendant son cours.*

371. *Elle comprend aussi les produits des biens dont les enfans sont simplement usufruitiers.*

372. *La mère a-t-elle les produits d'un bail à ferme que le père a laissé à ses enfans, ou des coupes de bois qu'il avait acquis le droit de faire sur le fonds d'autrui?*

373. *Différens cas relativement à la découverte d'un trésor.*

374. *La jouissance ne s'étend pas sur les biens que les enfans acquièrent par un travail et une industrie séparés ; mais lorsqu'ils sont en état de pourvoir à leurs besoins , les père et mère ne sont point tenus de les nourrir à leurs dépens.*

375. *Elle ne s'étend pas non plus sur les biens légués ou donnés aux enfans sous la condition que les père et mère n'en jouiront pas. Quid de la condition qui leur en interdit même l'administration? Note.*

376. *La condition ne pourrait pas priver le père ou la mère de la jouissance de la partie des biens que l'enfant tient plutôt de la loi, à titre de réserve, que du disposant.*

377. *Elle ne s'étend pas non plus sur les biens provenant d'une succession dont le père ou la mère a été déclaré indigne.*

378. *La disposition du droit romain qui privait le père de l'usufruit des biens advenus à l'enfant par successions, fidéicommis, donations ou legs qu'il n'avait pas voulu l'autoriser à accepter, n'a pas été admise par le Code.*

379. *La jouissance ne s'étend pas sur les biens composant les majorats.*

§. II.

Dans quels cas cesse la jouissance en général.

380. *La jouissance a cessé à l'égard de celui des père et mère contre lequel le divorce a été prononcé.*

381. *Le divorce par consentement mutuel a privé les père et mère de leur droit de jouissance.*

382. *La jouissance du père n'a cessé qu'à partir de la demande en divorce formée contre lui, ou, dans le cas du divorce par consentement mutuel, du jour de la première déclaration des époux.*

383. *La séparation de corps ne prive pas de la jouissance celui des père et mère contre lequel elle est prononcée.* Renvoi.

384. *Le père ou la mère qui a facilité la corruption de ses enfans est privé de la puissance paternelle et de l'usufruit légal à l'égard de tous les enfans quelconques, même nés d'un autre mariage.*

385. *La jouissance cesse au profit de la mère qui se remarie.*

386. *Elle ne revit pas par le nouveau veuvage de la mère.*

387. *Si le nouveau mariage de la mère est nul, et qu'il ne produise aucun effet civil, il n'a pas fait cesser sa jouissance.*

388. Quid *de la veuve qui vit dans une inconduite notoire et donne le jour à des enfans naturels?*

389. *L'époux survivant perd la jouissance dans le cas prévu à l'article 1442 du Code.*

390. *La disposition de cet article ne s'applique qu'au cas où les père et mère étaient mariés sous le régime de la communauté légale ou modifiée.*

391. *La jouissance cesse aussi par la mort du survivant des père et mère.*

392. *Et par celle de l'enfant.*

393. *Lorsque les père et mère n'ont plus la jouissance, ils ne sont point obligés de nourrir à leurs frais l'enfant qui a suffisamment les moyens de fournir à ses besoins.*

394. *La renonciation du père ou de la mère à sa jouissance ne peut être attaquée par ses créanciers, lorsqu'elle s'opère par l'émancipation de l'enfant; secùs dans le cas où elle a lieu sans l'émancipation.*

395. *D'après cette distinction, le rapport sera dû, ou non, par l'enfant, s'il est héritier du renonçant.*

396. *Si le bénéfice de l'émancipation est retiré à l'enfant qui en abuse, le père ou la mère ne recouvre pas pour cela la jouissance.*

§. 1er.

Sur quels biens porte la jouissance des père et mère.

369. Cette jouissance comprend tous les produits des biens sur lesquels elle porte.

De là y sont compris tous les fruits de la terre, naturels ou industriels, ou le prix des baux à ferme qui les représente ;

Le croît des animaux ;

Les coupes de bois, en suivant l'ordre de l'aménagement des coupes ;

Le produit des mines et carrières ouvertes ;

Les loyers des maisons ;

Les arrérages des rentes, les intérêts des sommes (art. 682 et suiv.) ;

En un mot, tout ce qui entre dans la jouissance d'un usufruitier ordinaire.

370. Les père et mère percevraient pour leur compte les arrérages mêmes des rentes viagères qui appartiennent aux enfans, et ils ne seraient tenus, à la cessation de leur jouissance, que de rendre le contrat tel qu'il se trouverait, éteint ou non. (Art. 688.)

371. Il faut en dire autant, par la même raison, des fruits perçus sur tous autres biens dont l'enfant aurait seulement l'usufruit : cet usufruit serait, par rapport à la jouissance des père et mère, considéré comme celui que la femme apporte en dot à

son mari, et dont les produits appartiennent intégralement à celui-ci pour l'aider à supporter les
charges du mariage. (Art. 1568.)

372. Il en est autrement des produits d'un bail
à ferme qu'un père en mourant laisse à ses enfans :
la mère a sans doute la jouissance des biens dont le
père était propriétaire, mais les fruits provenant
des biens affermés forment pour eux un capital re-
présentatif du prix du bail, qu'il ait été payé par
avance ou non par le père, n'importe. Elle jouit
seulement de ce capital jusqu'à la fin de son usufruit légal. S'il n'en était ainsi, elle ne représenterait pas la substance de la chose, comme le veut
l'art. 578. On doit donc au contraire assimiler les
fruits provenant des héritages affermés aux choses
dont parle l'art. 587, choses qui doivent, à la cessation de l'usufruit, être restituées en pareilles quantité, qualité et valeur, ou par leur estimation.

Cette différence entre la rente viagère ou l'usufruit et le bail à ferme tient à celle qui existe dans
la nature de ces divers droits. La rente et l'usufruit
sont des droits qui subsistent par eux-mêmes, abstraction de leurs produits; et c'est sur ces droits
qu'est fondé celui de l'usufruitier légal (art. 588 et
1568), comme de tout autre usufruitier. Ce dernier
droit consiste dans la perception des produits, à la
charge de conserver le titre en bon père de famille;
et si ce titre s'éteint pendant la jouissance de l'u-
sufruitier ou du mari (qui lui est assimilé quant aux

biens dotaux), il n'y a rien à leur reprocher, et il
n'y a rien non plus à leur demander, parce que,
quant à la perception des fruits, ils étaient *loco
domini.* Sans cela, l'usufruit d'une rente viagère,
ou la constitution d'un usufruit en dot, ne serait
presque d'aucune utilité pour l'usufruitier ou le
mari. C'est d'après cette considération que l'art. 588
a tranché la controverse qui existait anciennement
sur le point de savoir si l'usufruitier d'une rente
viagère ne devait pas restituer, avec le titre, les
arrérages perçus pendant sa jouissance, pour se
borner aux intérêts qu'il avait pu retirer de ces
mêmes arrérages, surtout quand la rente avait pris
fin pendant la durée de son usufruit. Le Code en a
décidé autrement : il n'a vu, comme formant la
substance de la chose, que le droit de rente viagère,
et il a vu les fruits de cette substance dans les arrérages de la rente, de même qu'il n'a vu l'objet de
la constitution de dot que dans le droit d'usufruit
apporté par la femme à son mari. Mais quant aux
produits d'un bail à ferme, ils forment par eux-
mêmes le capital du droit du fermier, et le bail qui
donne la faculté de les percevoir ne peut être considéré comme un droit d'usufruit : c'est plutôt une
créance, un simple *jus ad rem.* Il n'est pas, comme
l'usufruit des immeubles, rangé dans la classe des
choses immobilières; il n'est pas non plus susceptible d'hypothèque. Le droit qu'il comporte consiste
uniquement dans les produits du fonds affermé :
ces fruits forment donc la substance même de la

chose sur laquelle porte la jouissance légale de la mère; et si celle-ci n'en rendait aucun compte à ses enfans, qui sont d'ailleurs personnellement obligés envers le bailleur comme héritiers de leur père, il serait vrai de dire qu'elle ne conserverait pas la substance de la chose sur laquelle porte sa jouissance. De cette manière, elle aurait plus que l'usufruit, elle aurait réellement la propriété. Il serait possible que toute la fortune du père consistât dans le droit de percevoir des fruits sur le fonds d'autrui, soit à titre d'achat, soit à titre de louage : par exemple, s'il avait acquis le droit d'y faire une certaine quantité de coupes de bois, et qu'il en eût payé le prix d'avance, coupes qui sont réputées fruits par les articles 690 et 691 ; dans ce cas, et suivant le système contraire, tout le patrimoine des enfans passerait à leur mère, sous prétexte qu'il s'agirait de fruits. Il vaut donc bien mieux dire avec la Cour de Lyon et celle de cassation, qui a confirmé sa décision (1), que le droit de faire ces coupes est un capital pour les enfans, et que la mère n'a que la jouissance du produit (2). Or la raison est absolument la même pour un bail ordinaire.

---

(1) *Voy.* les arrêts des 26 avril 1822 et 7 mars 1824. Sirey, tom. 23, 2, 281, et tom. 25, 1, 125.

(2) Il a même été jugé , par arrêt du 30 août 1745 , que l'intérêt du prix des bois de haute futaie coupés pendant la *garde* sur les fonds qui y étaient soumis, n'appartenait point au gardien, attendu que ces bois n'auraient donné aucuns fruits. On les a considérés comme partie du fonds. Cette décision a pu être bonne dans un temps et sous l'empire d'une coutume où le droit de garde était bien moins étendu

373. Si le père trouve un trésor sur le fonds de l'enfant, il en a la moitié en propriété comme inventeur, et la jouissance de l'autre moitié comme usufruitier. Si l'enfant l'avait trouvé sur son propre fonds, la totalité lui en appartiendrait en propriété, mais le père en aurait la jouissance, comme il l'aurait de la moitié qui reviendrait à l'enfant, *jure inventionis*, si celui-ci avait découvert le trésor sur le fonds de tout autre. On ne peut en effet considérer la découverte d'un trésor comme étant un bien acquis par l'effet *d'un travail et d'une industrie séparés*, ce qui le soustrairait à l'usufruit des père et mère (art. 387), car l'idée de trésor, en droit, est exclusive de la supposition de l'emploi d'un travail ou d'une industrie; c'est ce qui est découvert par le pur effet du hasard, sans recherche, sans dessein. (Art. 716.)

374. Mais la jouissance ne s'étend pas :

1° Sur les biens que les enfans acquièrent par un travail et une industrie séparés (art. 387). Rien n'est plus propre à exciter le zèle des enfans pour se mettre de bonne heure en état de gagner leur vie (1).

---

que ne l'est aujourd'hui la jouissance des père et mère. Cette jouissance embrassant en général les produits de tous les biens des enfans, les intérêts de leurs capitaux comme les arrérages de leurs rentes, il est évident qu'elle s'étend par la même raison aux intérêts retirés du prix d'une futaie qui n'entrait point dans la jouissance; car c'est là un capital. *Voy.* l'arrêt dans de Lacombe, v° *Garde.*

(1) Le droit romain n'accordait pas non plus au père l'usufruit sur les biens que l'enfant avait acquis dans l'exercice des arts libéraux, et qui composaient généralement le pécule *quasi-castrense;* mais il n'a-

De cette disposition il faut conclure que, s'ils avaient d'autres biens dont jouirait le père, celui-ci ne pourrait imputer sur les frais de nourriture et d'éducation les revenus de ceux qu'ils ont acquis par un travail et une industrie séparés. S'il n'en était ainsi, l'exception établie par la loi n'aurait que des effets vains ou incomplets. En acceptant, quoique ce ne soit qu'implicitement, la jouissance légale, le père l'accepte avec toutes les charges qui y sont attachées (1), au premier rang desquelles est la nourriture et l'éducation des enfans, et il l'accepte aussi avec les restrictions apportées par la loi. Mais si les enfans n'avaient aucun bien dont le père eût la jouissance, comme il n'est tenu de les nourrir qu'autant qu'ils n'ont pas eux-mêmes des moyens suffisans à cet effet (art. 208), dans ce cas, il pourrait imputer sur les frais de nourriture et d'entretien non-seulement les revenus des biens qu'ils auraient acquis par un travail et une industrie séparés, mais les capitaux eux-mêmes, à la charge de le faire avec modération (2). Ne pourrait-il pas d'ailleurs

---

vait pas fait exception pour ceux qui, provenant des travaux ordinaires de l'enfant, faisaient partie de son pécule adventif.

(1) Nous verrons plus loin, n° 403, s'il peut l'abdiquer pour se dispenser d'en supporter plus long-temps les charges.

(2) *Voy.* au tom. II, n° 417, l'arrêt de la Cour de cassation, qui a jugé, conformément à ces principes, que le père avait pu licitement porter au chapitre des dépenses de son compte de tutelle le montant de la pension de sa fille, depuis qu'elle avait acquis une rente (dont le père n'avait pas la jouissance) qui pouvait fournir à ses besoins personnels. Or le principe est le même, qu'il s'agisse des biens que l'enfant a acquis par un travail et une industrie séparés, ou de tous autres

obliger ses enfans à travailler avec lui? Et dans ce
cas, le produit de leur travail lui appartiendrait incontestablement. La solution de la question pourrait au surplus dépendre des faits de la cause ; car
s'il était évident, par l'état de la fortune du père
ou autres circonstances, qu'il n'a point entendu se
faire payer des frais de nourriture et d'entretien
sur les revenus provenant des biens acquis par le
travail et l'industrie séparés des enfans, le compte
intégral leur en devrait être rendu (1); et dans aucun cas les frais faits antérieurement à l'époque
où ils ont commencé à exercer cette industrie ne
pourraient être réclamés par lui.

Ces observations s'appliquent aussi aux cas ci-
après et à ceux qui sont développés au paragraphe
suivant.

375. 2° La jouissance des père et mère ne s'étend
pas non plus sur les biens donnés ou légués aux
enfans sous la condition expresse que les père et
mère n'en jouiront pas (art. 387). Cette exception
est fondée sur le principe qu'il est permis à l'auteur d'une libéralité d'y mettre les conditions que
bon lui semble, lorsqu'elles n'ont rien de contraire
à la morale et à l'ordre public. Celle dont il s'agit
ne blesse en rien les bonnes mœurs, puisqu'elle a
seulement pour effet de rendre encore plus favorable aux enfans le don qui leur est fait. Les père

biens dont le père n'a pas non plus la jouissance par une autre
cause.

(1) *Voy.* au tom. II, n° 403.

et mère sont d'autant moins fondés à s'en plaindre, que cette libéralité n'aurait peut-être pas eu lieu si le donateur n'eût pu en limiter ainsi les effets (1).

Si la condition n'est relative qu'à la mère, le père aura la jouissance comme dans les cas ordinaires, et la mère en profitera indirectement si elle est mariée en communauté. *Vice versâ*, si la condition n'est relative qu'au père, la mère aura la jouissance des biens lorsqu'elle s'ouvrira à son profit.

376. De plus, la condition ne pourrait pas priver les père et mère de la jouissance de la partie de biens que l'enfant tient plutôt de la loi que de

_____

(1) Mais c'est une question très-controversée, que de savoir si le donateur ou le testateur peut, comme suivant le droit romain (No-VELLE 117, chap. I), interdire aux père et mère la simple *administration* des biens donnés aux enfans. Nous pensons que cette condition ne doit pas, dans tous les cas quelconques, être réputée non écrite comme contraire au respect dû aux pères et mères et aux lois qui leur défèrent la tutelle de leurs enfans. Il peut se présenter telle circonstance, par exemple, le cas d'un père dissipateur menacé de tomber dans une profonde insolvabilité, où la précaution du disposant n'aurait rien que de très-naturel. Les tribunaux auraient donc à concilier le principe de la puissance et de la tutelle paternelle avec les justes craintes que l'auteur de la libéralité a pu concevoir sur le sort de son bienfait, surtout s'il consistait en choses mobilières dont la dissipation est si facile, et ils devraient prononcer en conséquence. Cependant la Cour de Besançon, par arrêt du 15 novembre 1807, a décidé que la condition, comme contraire aux bonnes mœurs et aux lois, était réputée non écrite. Dans l'espèce, elle n'avait réellement été dictée que par l'inimitié du disposant envers le père, et sous ce rapport, l'arrêt a très-bien jugé en la déclarant nulle et de nul effet; mais selon nous, il est allé trop loin en proclamant en principe qu'une telle condition est toujours contraire au vœu de la loi : c'est enchaîner la libéralité ; c'est nuire aux enfans. *Voy.* l'arrêt dans Sirey, tom. VIII, part. 2, pag. 97.

III. 24

la volonté du disposant, c'est-à-dire de la réserve. Par exemple, si en mourant la mère donne tous ses biens à son fils à condition que son mari n'en jouira pas, *vel vice versâ;* ou si un aïeul maternel dispose de tous ses biens en faveur de son petit-fils, dont la mère est morte, à condition que le père n'en aura pas l'usufruit; dans ces cas, le père ne doit pas moins jouir de la partie de biens dont se compose la réserve. Telle est la disposition de la Novelle 117, *princip.*, et elle est si juste, que nonobstant la généralité des termes de l'article 387, elle nous paraît devoir être admise sans difficulté. Que, pour les biens qu'il peut donner à qui bon lui semble, le disposant impose la condition que les père et mère n'en jouiront pas, rien de mieux : sa volonté à cet égard doit être respectée; il ne leur fait aucun tort, et c'est là le motif de la loi. Mais il leur ferait évidemment tort si la condition pouvait aller jusqu'à les priver de la jouissance de ceux qui devaient appartenir aux enfans malgré sa volonté. C'est moins de lui qu'ils les tiennent, ces biens, que de la loi qui règle le droit de réserve.

En réalité, il n'en est point donateur, il ne l'est que *nomine tenùs*, et c'est ce qui répond à l'objection tirée de ce que le légataire universel a la totalité des biens, sauf la réserve, mais que la réserve a besoin d'être demandée au moins par voie de retenue; qu'elle est établie dans l'intérêt de l'enfant, et que dans l'espèce l'enfant ayant la totalité, on tournerait contre lui un droit uniquement introduit en sa faveur : car le droit à la réserve réside dans sa personne par la seule force de la loi; ce droit lui est acquis *ipso jure* dès la mort de l'ascendant. La demande afin de l'obtenir, au moins par voie de retenue, n'est qu'une affaire d'exécution, comme la demande à fin de paiement de tout autre droit quelconque. L'enfant n'y peut donc pas renoncer pour priver son père de son droit de jouissance, pas plus qu'un héritier, qui aussi n'a droit à l'hérédité qu'autant qu'il l'accepte, ne peut y renoncer au préjudice de ses créanciers (art. 788); pas plus que, dans le droit romain, l'héritier testamentaire et légitime tout à la fois ne pouvait répudier le testament pour rendre ainsi caducs les legs et fidéicommis, en acceptant la succession comme si elle lui avait été déférée *ab intestat* (1).

377. 3° Sur les biens provenant d'une succession dont le père ou la mère a été exclu pour cause d'indignité. (Art. 730.)

Si c'est le père qui a été déclaré indigne, la mère jouira des biens de l'hérédité comme des autres, lorsque la jouissance s'ouvrira pour elle.

Si c'est elle qui a été écartée de la succession pour cette cause, le père n'aura pas moins l'usufruit légal, encore que par l'effet du système de la

(1) Du moins le préteur avait porté un édit pour prévenir ce genre de fraude, en obligeant l'héritier à payer les legs comme s'il eût accepté en vertu du testament. *Voy.* au DIGESTE le titre : *Si quis, omissâ causâ testamenti, ab intestato vel alio modo possideat hereditatem.*

communauté la mère en profitât. L'article 730 ne l'en prive que comme mère, et non comme commune en biens : la communauté est régie par des règles qui lui sont propres.

Et si l'enfant qui a recueilli l'hérédité mourait, l'indigne lui-même, appelé à lui succéder en vertu des articles 751 et suivans, exercerait ses droits sur les biens provenant de cette hérédité comme sur les autres biens; il les recueillerait en vertu d'une cause nouvelle : le vice qui l'en a privé lors de la première transmission n'existerait point quant à la seconde.

378. Nous n'avons pas admis la disposition du droit romain (1) suivant laquelle le père n'avait pas l'usufruit des biens advenus à l'enfant par succession, fidéicommis, donation ou legs, quand il avait refusé de l'autoriser à les accepter; nos lois ne contiennent rien de semblable. Le principe que les père et mère ont la jouissance des biens de leurs enfans jusqu'à l'âge de dix-huit ans, ou jusqu'à l'émancipation qui aurait lieu avant cet âge, ne souffre que les seules exceptions formellement établies par elles. En conséquence, si, la mère étant décédée, le père a été d'avis de la répudiation de son hérédité, et que la délibération du conseil de famille, nécessairement consulté sur le parti à prendre (art. 461 et 776), ait été pour l'acceptation, ou s'il a refusé d'accepter une donation faite à son en-

(1) L. ult., Cod. *de Bonis quæ lib.*, etc.

fant; et qu'un autre ascendant, conformément à l'article 935, ait jugé utile pour celui-ci de l'accepter : dans tous ces cas et autres semblables, le père n'en aura pas moins la jouissance des biens dont il s'agit. L'opinion, erronée peut-être, dans laquelle il était touchant l'utilité qu'il y avait pour l'enfant d'accepter la succession ou la donation, ne doit point lui être imputée à crime; elle ne saurait le rendre indigne de jouir des biens qui en font partie. Il n'y a aucune parité de ce cas avec celui de l'hérédité dont il a été écarté pour cause d'indignité ; et l'on ne peut non plus inférer de son refus une renonciation au droit de jouir de ces biens, puisque ce refus pouvait avoir un tout autre motif, celui puisé dans l'intérêt de l'enfant lui-même.

379. Enfin, 4° suivant un avis du Conseil d'État, approuvé le 30 janvier 1811 (1), la jouissance légale des père et mère ne s'étend pas aux biens composant les majorats.

Maintenant nous avons à voir dans quels cas cesse cette jouissance considérée par rapport à tous les biens; c'est l'objet du paragraphe suivant.

§. II.

Dans quels cas cesse la jouissance en général.

380. Indépendamment des limites générales que la loi a posées à la jouissance des père et mère,

---

(1) Bullet., n° 6505.

c'est-à-dire l'âge de dix-huit ans révolus dans les enfans, ou leur émancipation avant cet âge, ce droit cesse dans plusieurs cas.

1° Il n'a pas lieu (1), porte l'article 386, au profit de celui des père et mère contre lequel le divorce a été prononcé.

Le divorce ne subsiste plus; mais il n'y a pas assez long-temps qu'il a été aboli pour que cette disposition soit maintenant sans application : il y a encore des comptes à rendre aux enfans.

Si le divorce a été prononcé contre la mère, le père a naturellement conservé la jouissance.

Si c'est contre lui, la mère ne l'a pas eue pour cela à partir de la dissolution du mariage, puisque la loi ne l'accorde qu'à la mère *survivante* (art. 384), et que d'ailleurs le divorce n'a pas dû être pour elle le moyen de faire un gain. Elle ne l'a eue qu'à partir de la mort naturelle ou civile de son mari. Les enfans ont profité des fruits perçus dans l'intervalle, ou de l'extinction absolue de l'usufruit, si leur père a survécu.

381. Dans le cas où le divorce a eu lieu par consentement mutuel, il est vrai de dire qu'il a été prononcé contre tous deux, puisque chacun l'a demandé contre l'autre; et d'ailleurs il serait contradictoire que les époux qui ont perdu, à partir de leur première déclaration, la propriété de moitié

---

(1) Elle n'a pas lieu au profit de la mère, si c'est contre elle que le divorce a été prononcé; elle cesse à l'égard du père, si c'est contre lui.

de leurs biens (art. 3o5), comme une indemnité pour les enfans du tort que leur a causé le divorce, eussent conservé la jouissance des biens des enfans eux-mêmes.

382. Au reste, jusqu'à la demande en divorce pour cause déterminée (1), ou jusqu'à la première déclaration des époux dans le cas du divorce par consentement mutuel, le père a eu les fruits en propre. Il a mesuré ses dépenses en conséquence, ainsi que celles qu'il a faites pour l'entretien et l'éducation des enfans. Il doit être assimilé à un possesseur dont la bonne foi vient à cesser, et il y aurait de l'injustice à l'obliger à restituer les fruits qui lui étaient déjà acquis à ces époques. Vainement, pour l'y contraindre, prétendrait-on que la jouissance ne lui était accordée que sous la condition qu'il ne donnerait pas lieu à faire prononcer le divorce contre lui, et que, cette condition ayant manqué, la jouissance est censée n'avoir jamais existé à son profit; et vainement aussi argumenterait-on à cet égard de la rédaction de l'article 386, qui porte : « Elle *n'a pas lieu* au profit de celui des « père et mère contre lequel le divorce a été pro- « noncé, et elle *cessera* à l'égard de la mère dans « le cas d'un second mariage; » ce qui semble en effet indiquer que, dans le premier cas, elle n'a pas eu lieu du tout, et que dans le second elle a

---

(1) Les effets du jugement remontent à cette époque ; et même jusqu'à l'ordonnance mentionnée à l'art. 238. *Voy.* les art. 270 et 271.

seulement cessé. Car d'abord, quant à la rédaction
de l'article, pour être parfaitement exacte, elle ne
devait pas être conçue autrement : il ne fallait pas
dire, en effet, d'une manière générale, que la jouissance *cesserait* au profit de celui des père et mère
contre lequel le divorce serait prononcé, puisqu'elle n'avait point encore commencé pour la
mère; il valait donc mieux dire qu'elle n'*aurait
pas lieu*, ce qui s'appliquait au cas où le divorce
serait prononcé contre la mère, comme au cas où
il le serait contre le père. Et quant à la première
partie de l'objection, on y répond aussi facilement.
Il est bien certain que la jouissance de la mère ne
cesse que par son convol : l'article précité le dit
positivement. Jusqu'alors elle a gagné les fruits,
parce que, jusque-là, elle ne les portait pas dans
une autre famille; et cependant, si l'objection faite
contre le père était fondée, s'il était vrai que la
jouissance ne lui était accordée que sous une condition qui, étant venue à défaillir, a fait que cette
jouissance est censée n'avoir jamais eu lieu, le
même raisonnement serait sans contredit applicable à la mère. On pourrait lui dire également :
La loi ne vous accordait la jouissance des biens de
vos enfans que sous la condition que vous ne vous
remarieriez pas; vous avez passé à de secondes
noces, vous devez leur tenir compte des fruits que
vous avez perçus depuis la mort de leur père jusqu'au jour de votre second mariage; peu importe
que vous les ayez perçus et consommés de bonne

foi. Mais cette prétention, qui serait insoutenable vis-à-vis de la mère, est également mal fondée vis-à-vis du père. La jouissance ne lui était pas accordée sous une condition suspensive, *si le divorce n'était pas prononcé contre lui;* elle lui était accordée d'une manière pure et simple, seulement, la résolution de son droit, mais pour l'avenir, c'est-à-dire la cessation de ce même droit, devait s'opérer par le divorce. Il en est de lui comme d'un donataire, dont la donation est révoquée pour cause d'ingratitude, et qui bien certainement n'avait la jouissance des biens donnés que sous la condition qu'il ne se rendrait pas ingrat envers le donateur; et néanmoins, ce donataire n'est tenu, quant aux fruits, que de restituer ceux-là seulement qu'il a perçus depuis le jour de la demande en révocation (art. 958). La loi serait donc en contradiction avec ses propres principes, si, en révoquant la jouissance qu'elle avait accordée au père, elle l'obligeait à la restitution des fruits perçus antérieurement à l'événement qui est la cause de cette révocation.

383. Nous avons dit, en traitant de la séparation de corps (1), que la loi ne privant point celui des époux contre lequel elle a été prononcée de la jouissance des biens des enfans, comme elle avait fait pour le cas de divorce, cette peine ne saurait s'étendre sans arbitraire d'un cas à l'autre, d'autant mieux que les raisons ne sont pas les mêmes. Le

_____

(1) Tom. II, n° 635.

divorce causait aux enfans un préjudice irréparable, infiniment plus grave que celui que leur cause la séparation, quoiqu'il le soit beaucoup; car il donnait à chacun des époux la liberté entière de former de nouveaux nœuds, de se créer ainsi une nouvelle famille. On sait d'ailleurs avec quelle facilité les tribunaux accueillent les demandes en séparation, lorsqu'ils sont persuadés que la vie commune est devenue insupportable aux époux. Celui qui a le plus de torts à se reprocher n'attend pas toujours d'être prévenu; on le voit souvent, au contraire, prendre l'offensive, persuadé que son conjoint n'opposera qu'une faible résistance pour éviter un résultat qu'il désire peut-être aussi vivement. C'est sans doute un mal que d'autoriser ainsi le relâchement du lien conjugal hors des cas formellement déterminés par la loi; mais ce mal, dans beaucoup de circonstances, est, pour ainsi dire, d'autant plus inévitable, qu'il prévient un mal plus grand. D'où il faut conclure que toutes les déchéances, toutes les peines qui avaient été établies pour le cas de divorce sont loin d'avoir des motifs aussi puissans en matière de séparation de corps. Aussi la jurisprudence les repousse-t-elle (1).

384. 2° Le père ou la mère qui a excité, favorisé ou facilité la prostitution ou la corruption de ses enfans, est privé des droits et avantages

(1) Nous en avons donné plusieurs exemples en traitant cette matière.

accordés par la loi sur leur personne et leurs biens. (Art. 335, Code pénal.) (1).

Cette privation, selon nous, ne s'étend pas seulement à la jouissance des biens de ceux des enfans dont les mœurs ont été corrompues, elle s'applique à celle des biens de tous les enfans du corrupteur, même des biens de ceux nés d'un mariage antérieur ou postérieur. La puissance paternelle, dont il a fait un si criminel usage, et dont cette jouissance était une conséquence, lui étant enlevée indéfiniment, la jouissance est aussi perdue pour lui sans retour. Mais, de même que la privation des droits civils et de famille mentionnés à cet article ne date que du jugement de condamnation, de même la privation de la jouissance des biens a son point de départ au jour où il est rendu. S'il l'est contre le père, la mère n'aura pas pour cela l'usufruit sur-le-champ, mais seulement à l'époque déterminée par la loi, ainsi que nous l'avons dit sur le cas de divorce prononcé contre le père.

385. 3° La jouissance cesse au profit de la mère qui passe à de nouvelles noces. (Art. 386.)

Il n'était pas juste qu'elle portât dans une autre famille les revenus de ses enfans. La même raison n'existant pas à l'égard du père, qui est toujours le chef de sa famille, son convol ne lui fait point perdre l'usufruit.

386. Quand bien même la mère redeviendrait

(1) Sans préjudice des autres peines portées par cet article.

veuve avant que les enfans eussent dix-huit ans ou fussent émancipés , elle ne recouvrerait pas pour cela la jouissance de leurs biens pour l'avenir. La cessation en est attachée au seul fait de son nouveau mariage, et ses effets sont définitifs et absolus, puisqu'un droit éteint ne peut revivre qu'autant que la loi déclare sa volonté à cet égard ; or, elle est muette sur ce point. Ce mariage, quoique maintenant dissous, n'a pas moins été préjudiciable aux enfans, surtout s'il en a produit lui-même.

387. Mais la perte de l'usufruit pour la mère ne résulte que de son second mariage ; d'où il faut conclure que s'il était nul et annulé, il devrait être considéré comme n'ayant pas eu lieu, et la jouissance comme n'ayant pas cessé. Il en serait toutefois autrement, si, attendu la bonne foi des époux, il produisait les effets civils, conformément aux articles 201 et 202.

388. La Cour de Limoges a jugé deux fois (1) que, puisque la mère remariée perd la jouissance des biens de ses enfans, il en doit être ainsi, à plus forte raison, de la mère qui, vivant notoirement en mauvais commerce, donne le jour à des enfans naturels, et que la tutelle doit lui être retirée. Ce dernier point ne saurait être l'objet d'un doute ; l'article 444 porte : « Sont aussi exclus de la tutelle, « et même destituables s'ils sont en exercice, les

_____

(1) *Voy.* l'arrêt du 16 juillet 1807, et celui du 2 avril 1810. Sirey, 13, 2, 290.

« gens d'une inconduite notoire. » Mais quant à la
privation de la jouissance des biens, c'est réellement une peine, et toute peine, pour être appliquée sans arbitraire, a besoin d'être formellement
prononcée par la loi; elle ne peut l'être par analogie d'un cas à un autre, car les analogies sont
toujours plus ou moins contestables. Or, la loi est
muette sur ce point; c'est peut-être une lacune
qu'il faudrait combler, mais enfin la loi garde le
silence. On peut donc dire avec la Cour d'Aix (1),
« que le législateur, ne pouvant ignorer que l'an-
« cienne jurisprudence destituait la veuve impu-
« dique du droit de garde, n'a cependant pas
« compris cette inconduite dans la privation de
« jouissance; que le parallèle entre le mariage et
« l'impudicité de la veuve, et la conséquence *à*
« *fortiori* que l'on pourrait soutenir en morale, ne
« sont cependant plus exacts, d'après les motifs
« de l'article 386, puisque la mère qui se remarie
« ne perd cette jouissance que parce que, cessant
« d'être chef, et passant sous l'autorité du second
« époux, elle ne doit pas transporter dans une
« autre famille les revenus de ses enfans; tandis
« que la veuve coupable d'incontinence ne cesse

---

(1) *Voy.* son arrêt du 30 juillet 1813. Sirey, 14, 2, 70. En vain a-t-on
invoqué devant elle ceux de la Cour de Limoges, en vain le ministère
public a-t-il conclu contre la veuve impudique, à laquelle, par un
précédent arrêt, elle avait retiré la tutelle, la Cour s'est attachée au
principe que la loi ne prononce pas, dans ce cas, la déchéance de
l'usufruit, et que toute peine qui n'est pas écrite dans la loi ne saurait
être appliquée sans arbitraire.

« pas d'être veuve et chef, et n'augmente pas léga-
« lement sa famille, puisque les enfans naturels
« dont elle devient mère ne sont pas héritiers; que,
« l'intention du législateur étant fixée, on ne peut
« l'appliquer à une hypothèse qui ne s'y rapporte
« plus; qu'il eût été peut-être à désirer pour l'inté-
« rêt des mœurs que cette exception eût été ex-
« pressément étendue au cas de l'inconduite de la
« mère; mais que, dans le silence de la loi, l'at-
« tribut donné à la puissance paternelle, dont la
« mère est investie, doit toujours prévaloir, puisque
« les enfans ne sont point les censeurs de l'incon-
« duite de leurs père et mère (1)....... Confirme la
« décision des premiers juges. »

389. 4° Le survivant des père et mère perd la
jouissance dans le cas de l'article 1442, ainsi
conçu : « Le défaut d'inventaire après la mort na-
« turelle ou civile de l'un des époux ne donne pas
« lieu à la continuation de la communauté, sauf
« les poursuites des parties intéressées relative-
« ment à la consistance des biens et effets com-
« muns, dont la preuve pourra être faite tant par
« titre que par la commune renommée.

« S'il y a des enfans mineurs, le défaut d'inven-
« taire fait perdre en outre à l'époux survivant la
« jouissance de leurs revenus, et le subrogé tuteur
« qui ne l'a point obligé à faire inventaire est soli-
« dairement tenu avec lui de toutes les condamna-

---

(1) *Erubescit lex castigatores filios genitoribus statuere.*

« tions qui peuvent être prononcées au profit des
« mineurs. »

L'époux a trois mois pour faire l'inventaire ; il
peut même demander au tribunal une proroga-
tion de délai, suivant les circonstances. (Art. 174,
Cod. de procéd.)

S'il ne fait pas l'inventaire dans les délais de droit
ou prorogés par le juge, ou s'il le fait frauduleusement, il encourt la déchéance de l'usufruit.

Cette déchéance n'a pas lieu seulement quant
aux biens de la communauté : la loi dit que l'époux
perd la jouissance *des revenus des biens* des enfans
mineurs, ce qui ne souffre aucune limitation,
même à l'égard des biens qui leur écherront par
la suite.

390. Mais il faut remarquer que cette disposition est placée sous le *régime en communauté*,
qu'elle est relative au défaut d'inventaire des biens
communs ; que ce n'est que l'inventaire de ces
mêmes biens qu'elle prescrit au survivant sous la
peine qu'elle établit (1) ; que, si on eût voulu en
faire une disposition générale, elle aurait été placée
au titre de la Puissance paternelle, comme celle relative au convol de la femme, au divorce ; et enfin
que, si elle n'est point répétée sous les autres régimes, c'est parce qu'en effet l'omission de l'inven-

(1) Mais que la communauté soit légale ou modifiée, n'importe ;
qu'elle soit réduite aux acquêts ou qu'elle embrasse le mobilier en
général, la disposition de l'article 1442 est applicable. (Art. 1528.)

taire n'y peut être aussi préjudiciable aux enfans.
Sous le régime dotal, par exemple, la dot de la
mère étant constatée par le contrat de mariage ou
par des états faits au fur et mesure de l'échéance
des biens, le défaut d'inventaire ne peut leur faire
éprouver le même préjudice, que le mariage soit
dissous par sa mort, ou qu'il le soit par celle du
père. Tandis que dans le cas de communauté, s'il
n'y a pas d'inventaire après la mort de l'un des
époux, rien ne constatant ce qui dépend de la société, le survivant a toute facilité pour en détourner
les objets mobiliers et se les approprier en totalité :
le mari surtout, dans la vue peut-être de se remarier plus avantageusement, pourrait à son gré
créer des dettes fictives qu'il antidaterait, et il rendrait ainsi nul le droit des enfans à une communauté avantageuse. C'était pour prévenir ces inconvéniens et autres semblables, que, dans les
anciens principes, le défaut d'inventaire donnait
lieu à la continuation de communauté, si les enfans optaient pour ce parti. On voyait alors une
communauté se continuer sous un second, sous un
troisième mariage, ce qui était une source de difficultés interminables. Le Code les a tranchées, en
décidant que l'omission de l'inventaire ne donnerait plus lieu à la continuation de la communauté ;
il a de plus décidé (ce qui était admis par quelques
coutumes, rejeté par d'autres, et très-controversé
parmi les auteurs) que cette omission ferait perdre
au survivant la jouissance légale ; mais il ne s'en

est expliqué que pour le cas où les père et mère étaient mariés en communauté; et comme cette disposition était inconnue dans les pays où le régime dotal était en vigueur, il est à croire qu'il n'a point entendu l'appliquer à l'époux marié sous ce régime, et faire une innovation à cet égard. On doit dire la même chose pour le cas où les père et mère étaient mariés sans communauté, ou séparés de biens : dans ce cas aussi, ce que la femme a apporté lors du mariage ou ce qui lui est échu depuis ayant été constaté par des états ou inventaires, elle ne pourra réclamer autre chose, si c'est elle qui survit, comme le père ne pourrait rendre moins aux enfans, si c'était elle qui prédécédât : en sorte que le motif de la disposition pénale de l'art. 1442 n'existe pas, du moins avec la même gravité. Ce serait également donner à cette disposition une extension arbitraire que de l'appliquer aussi au cas où le survivant aurait négligé de faire faire l'inventaire d'une succession ouverte au profit des enfans (1) : comme administrateur ou tuteur, il pourrait sans doute être passible de condamnation envers eux, si le défaut d'inventaire leur avait causé un préjudice ; mais ce ne serait là que l'application des principes de la tutelle. La preuve de la consis-

---

(1) M. Delvincourt l'applique à ce cas, et il ne fait non plus aucune distinction entre les divers régimes sous lesquels les père et mère étaient mariés : il dit d'une manière générale que dans aucun cas le survivant ne peut réclamer la jouissance, qu'autant qu'il a fait procéder à l'inventaire des biens du décédé.

III.   25

tance des objets pourrait aussi se faire par tous moyens quelconques, même par commune renommée, comme dans le cas de l'article 1504, et dans celui de l'article 1442 lui-même; mais le priver de la jouissance pour cette seule cause, encore qu'il n'y eût pas de fraude de sa part, mais simple négligence, et que les enfans n'eussent éprouvé aucun préjudice par suite de cette omission, ce serait créer contre lui une peine que la loi, encore une fois, n'a point établie. Il faut donc, au contraire, borner l'application de celle qui existe au cas pour lequel elle a été spécialement portée, et non l'étendre à d'autres sous prétexte d'analogie, quand d'ailleurs la parité de motifs n'existe pas. Enfin, que l'on suppose que la mère, mariée sous le régime dotal ou séparée de biens, refuse la tutelle, comme elle en a le droit (art. 394), et qu'elle fasse de suite nommer un tuteur; dans ce cas, aucune disposition du Code ne lui enjoint de faire faire l'inventaire, comme cela lui est prescrit quand elle était mariée en communauté; restant étrangère à l'administration des biens de ses enfans, ce serait évidemment le tuteur qui le ferait faire (article 450). Cela est encore plus vrai, s'il est possible, pour les successions qui leur écherront par la suite : dès-lors, comment pourrait-on lui appliquer la déchéance dont il s'agit?

391. 5° La jouissance cesse aussi par la mort du survivant des père et mère, comme l'usufruit or-

dinaire par la mort de l'usufruitier. (Art. 617.)

392. 6° Elle cesse aussi par la mort de l'enfant, quoique arrivée avant qu'il eût dix-huit ans. Cette jouissance est une indemnité des soins, des peines des père et mère, une compensation des dépenses que leur occasionent la nourriture et l'éducation des enfans, et l'effet doit cesser avec la cause. En cela, la jouissance légale n'est point regardée comme un usufruit proprement dit, car l'usufruit ne finit pas par la mort du propriétaire. Aussi dans les pays régis par les lois romaines, comme le droit du père était un véritable usufruit, il ne prenait pas fin par la mort de l'enfant, il cessait par celle du père. Mais ce sont les principes des pays de coutume, où le droit de garde était admis, que les auteurs du Code ont entendu adopter de préférence (1), et la garde prenait fin par la mort de l'enfant. Il ne s'agit plus des biens de celui-ci : ces biens appartiennent maintenant à ses héritiers, et la jouissance des père et mère ne porte que sur les biens des enfans. D'ailleurs, dans la dévolution qu'ils en font, les articles 746 à 754 ne réservent nullement aux père et mère en concours avec des frères et sœurs ou descendans d'eux, ni au père en concours avec la mère ou les ascendans de celle-ci, ni enfin au survivant des père et mère en

_____

(1) Cela est si vrai, que la jouissance cesse quand l'enfant a dix-huit ans, tandis qu'en pays de droit écrit, quel que fût son âge, l'usufruit continuait dans la personne du père, sauf qu'il était réduit à la moitié des biens lorsque l'enfant était émancipé.

concours avec les collatéraux de l'autre ligne, l'u-
sufruit des biens dont la propriété ne leur est pas
attribuée (1).

La disposition de l'article 620, suivant laquelle
« l'usufruit accordé jusqu'à ce qu'un tiers ait atteint
« un âge fixe dure jusqu'à cette époque, encore
« que le tiers soit mort avant l'âge fixé, » n'est pas
contraire à cette décision; car l'enfant n'est point
un tiers, il est le propriétaire des biens : ce n'est
point lui que cet article a en vue. Il a seulement
voulu lever le doute qu'aurait pu faire naître, quant
à la durée de l'usufruit, la mort du tiers arrivée
avant l'âge fixé; et comme il n'a vu, dans ce cas,
qu'un véritable usufruit constitué pour un certain
temps, quoique le jour de l'extinction soit incertain,
il décide que cet événement ne le fait pas cesser.

393. Au reste, comme nous l'avons dit (2),
dans tous les cas où la jouissance cesse, si les enfans ont des revenus suffisans, le survivant des
père et mère n'est point obligé de les nourrir à ses
dépens : le principe fondamental en matière d'alimens, c'est qu'ils ne sont dus qu'en raison des
besoins de celui qui les réclame et de la fortune de
celui qui les doit (art. 208); et ce principe s'ap-

---

(1) Sauf la disposition de l'article 754 ; mais elle prouve la thèse,
loin de la combattre; car, puisque le survivant des père et mère n'a
l'usufruit que du tiers des biens auxquels il ne succède pas en propriété, c'est apparemment qu'il ne conserve pas la jouissance paternelle dans son intégrité.

(2) *Suprà*, n° 374, et tom. II, n° 417.

plique aussi bien aux enfans par rapport au père, qu'au père par rapport aux enfans; l'article 203 lui-même lui est subordonné.

394. Nous terminerons nos explications sur la cessation de la jouissance des père et mère par quelques observations.

Si le père ou la mère, insolvable, renonce à la jouissance, il faut distinguer: ou c'est indirectement, en émancipant l'enfant; ou c'est directement, sans l'émanciper.

Dans le premier cas, les créanciers n'ont aucune réclamation à élever : la puissance paternelle étant un droit attaché à la personne du père ou de la mère, ils ont pu l'abdiquer; nul n'a le droit de s'en plaindre ni de demander la révocation de l'émancipation. Cette révocation serait même impossible, si l'émancipation résultait du mariage ; et puisque la puissance paternelle est éteinte, la jouissance légale, qui n'en était qu'une conséquence, se trouve également anéantie : elle l'est par l'effet de la loi plutôt que par la volonté de l'homme (1).

_____

(1) On pensait cependant assez généralement, dans les pays de droit écrit, que les créanciers du père pouvaient même attaquer la renonciation tacite résultant de l'émancipation, et l'on décidait néanmoins que l'enfant ne devait pas le rapport à la succession du renonçant, même dans ce cas; mais c'est parce que le premier point était régi par les principes de l'usufruit et de l'action *paulienne* combinés , tandis que le second l'était par ceux des *rapports ;* et , d'après ces derniers principes , l'enfant n'était pas tenu de rapporter ce qui ne lui venait pas de son père. Or, la cessation de l'usufruit de celui-ci venait directement de la loi : le père s'était moins dépouillé qu'il n'avait manqué d'acquérir. Quoi qu'il en soit , on doit aujourd'hui

Dans le second cas, les créanciers pourraient
faire annuler la renonciation, comme ils le peuvent
lorsque l'usufruitier renonce à son droit à leur
préjudice (art. 622), le grevé de substitution au
sien (art. 1053), un héritier à la succession qui
lui est dévolue (art. 788), enfin comme lorsqu'un
débiteur quelconque fait des actes en fraude de ses
créanciers. (Art. 1167.)

Mais il faudrait qu'au moment de la renonciation, le père ou la mère fût insolvable : son insolvabilité postérieure ne donnerait pas, même aux
créanciers qu'il avait alors, le droit de la critiquer;
et dans aucun cas les créanciers postérieurs n'auraient celui de s'en plaindre. (Argum. de l'article
1053.) Bien plus, le père ou la mère pourrait toujours, en émancipant l'enfant, l'affranchir de la
jouissance pour l'avenir; en sorte que l'effet de
l'action des créanciers contre lui serait borné à la
restitution, à la masse du père ou de la mère, des
fruits échus pendant l'intervalle de la renonciation
à l'émancipation.

395. D'après les principes sur lesquels repose la
distinction ci-dessus, on doit dire que, si la renonciation ne résulte que de l'émancipation, l'enfant
ne doit pas le rapport à ses frères et sœurs, mais
qu'il le doit si elle est faite sans l'émancipation.

tenir pour principe que les créanciers du père ne peuvent attaquer
la renonciation tacite qu'il fait de sa jouissance en émancipant
l'enfant.

Dans le premier cas, il n'y a pas avantage du père à l'enfant, même indirect : c'est la loi qui le lui procure; dans le second, l'avantage ne vient que du père, et, comme tel, il est sujet à rapport. (Art. 843.)

396. Enfin si, dans le cas des articles 484 et 485, le bénéfice de l'émancipation est retiré (1) à l'enfant qui en abuse, avant qu'il ait dix-huit ans accomplis, le père ou la mère ne recouvre pas pour cela la jouissance de ses biens. Cette mesure est toute dans l'intérêt de l'enfant, pour le préserver des suites de son inexpérience d'abord mal jugée, et le père ou la mère n'en doit retirer aucun lucre. Ils ont renoncé à leur jouissance en émancipant, puisqu'ils savaient que telle était la conséquence de l'émancipation; ce qui rend inapplicable, et même sans force, l'objection tirée de ce que cette jouissance est un attribut de la puissance paternelle, et que la puissance paternelle étant rétablie, l'effet qui y est attaché doit être aussi remis au premier état. D'ailleurs, et nous avons déjà eu occasion d'en faire la remarque, il n'est pas vrai que la jouissance légale soit une conséquence nécessaire de la puissance paternelle; car, dans le cas prévu à l'article 1442, la puissance paternelle subsiste encore, et la jouissance est cependant éteinte;

---

(1) Ce qui ne peut avoir lieu à l'égard de celui qui a été émancipé par le mariage, ainsi que nous le démontrerons en traitant de la disposition de ce dernier article.

elle est éteinte aussi lorsque l'enfant à dix-huit ans, et néanmoins la puissance paternelle dure encore.

SECTION II.

Des Charges de la Jouissance des père et mère.

SOMMAIRE.

397. *Les père et mère sont tenus des charges usufructuaires des biens dont ils ont la jouissance, mais non des autres.*

398. *Ils sont aussi tenus des frais de nourriture, d'entretien et d'éducation des enfans.*

399. *Ainsi que du paiement des arrérages de rentes et intéréts des capitaux dus par ceux-ci.*

400. *Dans la plupart des pays de droit de garde, le gardien était même tenu des dettes mobilières, en principal comme en intéréts.*

401. *Les père et mère ne sont pas tenus des arrérages et intéréts échus avant que leur jouissance ait commencé, pas plus qu'ils n'ont droit aux fruits échus avant cette époque, encore que les fruits existassent en nature ou que les fermages fussent dus.*

402. *Ils supportent les frais funéraires et ceux de dernière maladie: est-ce de l'enfant, ou des personnes auxquelles il a succédé?*

403. *Les père et mère peuvent-ils renoncer à leur jouissance pour se dispenser d'en supporter les charges à l'avenir?*

397. Ces charges sont :

1° Celles auxquelles sont tenus les usufruitiers. (Art. 385.) Nous expliquerons quelles sont ces charges en traitant de l'usufruit, afin d'éviter les répétitions.

Mais il est clair que les père et mère ne sont personnellement tenus que de celles des biens dont

ils ont la jouissance. Il serait injuste qu'ils eussent
à supporter, par exemple, les réparations d'entretien et les impôts des biens donnés à l'enfant sous
la condition qu'il n'en n'aurait pas l'usufruit, ou de
ceux provenant d'une succession dont ils ont été
écartés pour cause d'indignité, enfin des biens
quelconques, lorsque par l'effet de l'une des causes
ci-dessus expliquées ils ont perdu la jouissance
d'une manière absolue : là où est l'émolument, là
doit être la charge. Les enfans ont les fruits, donc
ils doivent, d'après le principe *nulli sunt fructus,
nisi impensis deductis,* faire à leur père et mère,
qui ne sont quant à ces fruits que de simples administrateurs, raison de toutes les dépenses nécessaires
pour les obtenir, ou pour conserver les biens. La
coutume de Paris (art. 267) chargeait aussi le gardien des dettes, arrérages de rentes et charges
annuelles des héritages *sujets à la garde*, mais non
des charges qui affectaient des autres biens. A cet
égard, de Lacombe, au mot *Garde*, sect. 7, donne
des explications positives.

398. 2° La nourriture, l'entretien et l'éducation
des enfans, selon leur fortune. (Même art, 385.)

La jouissance est cependant plutôt un dédom-
magement des dépenses que les père et mère font
pour la nourriture, l'entretien et l'éducation de
leurs enfans, que ces dépenses ne sont une charge
de leur usufruit; car, lors même, et c'est incontestablement le cas le plus fréquent, que les enfans

n'auraient aucuns biens, ils n'en devraient pas
moins être élevés par ceux qui leur ont donné la
vie (art. 203). Les autres ascendans n'ont pas la
jouissance légale, et néanmoins ils ont les mêmes
obligations à remplir. Ce qui subsiste par soi-même
n'est point une conséquence. Cette charge ne dérive donc pas de la jouissance, mais de la paternité.
La jouissance est plutôt *effet* que *cause* , ou tout
au moins c'est une compensation.

399. 3° Le paiement des arrérages de rentes ou
intérêts des capitaux (art. 385) dont sont grevés
les biens des enfans. C'est une diminution des revenus, une compensation générale en plus ou en
moins établie par la loi.

400. Dans la plupart des pays de droit de garde,
le gardien était même personnellement tenu des
dettes mobilières, parce que généralement il était
héritier au mobilier. Le Code borne la charge des
père et mère, à cet égard, au paiement, sans répétition , des arrérages et intérêts des capitaux.

401. Et il faut entendre par là, non pas les arrérages et intérêts échus du vivant de ceux auxquels
l'enfant a succédé soit *ab intestat*, soit par testament, mais bien uniquement ceux qui ont couru
depuis que les père et mère ont la jouissance. Il serait
contre tous les principes que les charges fussent sup-
portées par ceux qui n'ont pas les fruits; or les père
et mère n'ont pas les fruits perçus avant que les enfans eussent recueilli les biens, encore que ces fruits

existassent en nature; ils forment des capitaux pour les enfans. Par exemple, s'il était dû à celui qui a institué un enfant légataire universel plusieurs années de fermages, on ne pourrait raisonnablement prétendre que le père ou la mère de cet enfant a personnellement droit à ces fermages. L'usufruitier n'acquiert les fruits que par la perception qu'il en fait, et les fruits civils s'acquièrent jour par jour. Ce qu'il y avait d'échu de fermages lors de la mort du testateur lui était acquis, et l'enfant légataire, qui le représente, en est devenu dès ce moment propriétaire. Ses père et mère n'y ont donc aucun droit; ils n'ont droit qu'aux fruits naturels ou industriels pendans par branches ou racines au moment où leur jouissance s'ouvre, à tous ceux qu'ils percevront durant cette même jouissance, et aux fruits civils, à partir du jour où elle a commencé jusqu'à celui où elle cessera (art. 584, 585 et 586) : conséquemment, ils ne peuvent être tenus des charges générales des fruits, au nombre desquelles sont placés les arrérages et intérêts des capitaux (art. 385 et 1409) échus antérieurement à l'ouverture de leur jouissance. S'il en était quelquefois autrement dans les anciens principes, c'est parce que, dans ces cas, le gardien était même personnellement tenu des capitaux des dettes mobilières (1); mais aujourd'hui, le système contraire ne reposerait que sur une erreur.

---

(1) Du moins dans plusieurs coutumes. *Voy.* de Lacombe, au mot *Garde.*

402. 4° Les frais funéraires et de dernière maladie. On prétend généralement (1) que ce sont les
frais funéraires et de dernière maladie des personnes auxquelles l'enfant a succédé : sa mère ou
son père, un aïeul paternel ou maternel, un frère
ou une sœur, celui dont il est légataire universel ou
à titre universel ; et l'on se fonde sur ce que, dans
les principes du droit de garde, que l'on a entendu
conserver en ce point, le gardien était effectivement
tenu des frais funéraires et de dernière maladie de
ces personnes. Mais il n'y avait là rien d'étonnant,
puisqu'il était tenu des dettes mobilières de ces
mêmes personnes, comme étant devenues celles de
l'enfant. Au surplus, nous croyons bien que telle a
été la pensée des rédacteurs de cette disposition :
élevés pour la plupart dans les principes du droit
coutumier, il est à croire qu'ils ont entendu les
adopter de préférence à ceux des pays de droit
écrit ; presque toutes les dispositions de ce Titre
font foi de la justesse de cette opinion. Mais, puis-

---

(1) Cependant, M. Delvincourt pense que ce sont les frais funéraires
et de dernière maladie de l'enfant. Il y aurait à objecter qu'en spéci-
fiant ainsi les frais de *dernière* maladie, la loi paraîtrait affranchir le
père ou la mère des frais des maladies antérieures, ce qu'il est impossible de supposer, puisqu'on ne peut élever l'enfant sans lui donner
les soins nécessaires à sa conservation. Pour donner un sens plausible
à ces mots, on dirait toutefois que les frais de dernière maladie,
comme les frais funéraires, ont pu être considérés comme une charge
de la succession, ne devant être supportés, par conséquent, par le
père ou la mère que proportionnément à la part pour laquelle ils
succéderaient à l'enfant, et que cependant le législateur a cru devoir,
pietatis causâ, les mettre entièrement à leur charge.

qu'on ne mettait pas à la charge des père et mère les dettes mobilières des successions recueillies par l'enfant, il n'y avait pas plus de raison de leur faire supporter les frais funéraires et de dernière maladie des personnes d'où sont provenues ces successions, puisque ces frais en sont réellement des charges, et qu'ils ont même, après ceux de justice, le premier privilége sur les biens qui les composent (art. 2001); tandis que pour ceux relatifs à l'enfant, il y avait un motif bien plus naturel, le dernier et le plus sacré des devoirs de la paternité.

403. Les père et mère peuvent-ils renoncer à la jouissance légale pour se dispenser d'en supporter les charges?

Cela ne peut être douteux quand ils n'ont encore joui d'aucuns biens, et que, prévoyant que les charges de ceux qui viennent d'échoir à l'enfant leur seraient plus onéreuses que les revenus ne leur seraient profitables, ils déclarent formellement devant un conseil de famille où devant notaires qu'ils entendent renoncer à leur droit d'usufruit : il est permis à chacun de répudier le droit introduit en sa faveur. Ils n'en devraient pas moins, toutefois, supporter les frais de nourriture, d'entretien et d'éducation, comme charges du mariage, à moins que l'enfant n'eût suffisamment de quoi faire face à ses dépenses. (Art. 203 et 208 combinés.)

Mais lorsque leur jouissance a commencé, on

peut dire que le contrat aléatoire entre eux et l'en·
fant s'est formé, et qu'il ne peuvent dès-lors le
rompre par l'effet de leur seule volonté. Néanmoins
tel n'est pas notre sentiment; nous pensons qu'ils
peuvent toujours renoncer à leur jouissance pour
l'avenir, en supportant les charges qui y étaient attachées jusqu'au moment de leur renonciation.
Un usufruitier peut toujours s'affranchir des
charges de l'usufruit en y renonçant : il n'est pas
personnellement obligé envers le propriétaire; c'est
la chose qui est obligée envers lui, si l'on peut
s'exprimer ainsi; et il n'est tenu envers la chose
qu'autant qu'il veut conserver son droit sur elle.
En un mot, l'usufruit n'est point un contrat synal-
lagmatique, il n'engendre pas des obligations principales et directes de part et d'autre; c'est simplement le droit de jouir des choses dont un autre a
la propriété, à la charge d'en conserver la substance : or celui qui a un droit peut l'abandonner;
et si l'on peut légalement abdiquer le droit de propriété lorsqu'on a la capacité d'aliéner, on peut,
par la même raison, repousser le droit d'usufruit;
et la jouissance légale des père et mère est un usufruit. (Art. 601.)

TITRE X.

De la Minorité, de la Tutelle et de l'Émancipation.

———

Observations préliminaires.

SOMMAIRE.

404. L'homme en naissant est faible, et sa faiblesse dure pendant un grand nombre d'années; la nature ne développe en lui les facultés morales qu'à mesure qu'elle lui donne les forces physiques; et dans ses opérations elle procède lentement, parce que, le destinant à vivre plus long-temps que les autres êtres, elle a mesuré le premier période de sa vie pour la durée qu'elle doit avoir. Il a même

déjà franchi une partie du cours de son existence, il a déja acquis des forces, son intelligence s'est déjà développée, et cependant sa raison, égarée par ses passions naissantes, n'est point encore assez mûrie pour pouvoir le guider et pour le préserver des dangers dont son inexpérience est environnée : tant que durera cet état, un défenseur lui sera nécessaire.

Si la mort n'étendait ses droits sur ceux auxquels il doit le jour avant qu'il fût parvenu à cette époque de la vie où ses forces physiques et intellectuelles pourraient suffisamment le protéger, il trouverait dans leur zèle et leur amour un secours qui rendrait superflu tout autre appui ; et les lois, s'en reposant sur leur tendresse, ne lui chercheraient pas un autre guide ; mais il n'en est pas ainsi. Il a donc fallu lui en donner un qui, s'identifiant en quelque sorte avec lui, suppléera par ses lumières à l'imperfection de son intelligence, veillera sur son éducation, et administrera ses biens : tels sont les motifs généraux de l'institution des tuteurs, et tel est l'objet de la tutelle.

405. Mais, pour y soumettre ceux qui en ont besoin, la loi ne pouvait suivre chaque individu en particulier ; elle ne pouvait consulter dans chacun le degré de force et de discernement où il est parvenu quand il perd ses protecteurs naturels ; elle a interrogé l'expérience, et partant du principe raisonnable que la capacité naturelle est la vraie

mesure de la capacité légale, elle a établi une règle uniforme pour tous, en permettant toutefois d'affranchir des liens de cette autorité, et aux époques déterminées par elle, ceux chez lesquels les passions seraient plus modérées et le discernement plus précoce. Mais elle ne les abandonne point encore à eux-mêmes; elle leur attache un surveillant qui, pour n'avoir qu'un pouvoir moins étendu que la puissance de celui qui l'a précédé, n'en protége pas moins de ses conseils et de son expérience, jusqu'au moment où il n'a plus besoin de secours pour se diriger et se conduire, l'adolescent dont la garde lui est confiée. Cet état, si l'on peut s'exprimer ainsi, est le second degré de la minorité; c'est l'âge où l'homme, dégagé des chaînes de la tutelle, devient, sinon le libre dispensateur de sa fortune, du moins l'administrateur de ses biens, c'est *l'émancipation*, accompagnée de son garant, le *curateur*.

406. Ainsi, considérées sous le rapport de l'âge, les personnes sont mineures ou majeures; et quant à la capacité, les mineurs sont distingués en mineurs non émancipés et en mineurs émancipés.

Le mineur est l'individu de l'un ou de l'autre sexe qui n'a point encore vingt-un ans accomplis. (Art. 388.)

Il est soumis à la puissance paternelle (1) ou à

_____

(1) Cette situation du mineur a été expliquée dans le titre précédent.

l'autorité d'un tuteur, laquelle, dans certains cas, concourt avec la puissance paternelle ; ou enfin, s'il est émancipé, il est placé sous l'assistance d'un curateur. C'est ce qui sera successivement développé.

407. Suivant les principes du Droit romain, la majorité était fixée, pour l'un et l'autre sexe, à l'âge de vingt-cinq ans révolus. Jusqu'à douze ans pour les filles, et quatorze ans pour les mâles, les enfans étaient désignés sous la dénomination d'*impubères* ; après cet âge, ils étaient *mineurs* de vingt-cinq ans, *minores viginti quinque annis*, ou plus brièvement, mineurs (1).

408. Dans presque toute la France (2), la majorité était pareillement fixée à vingt-cinq ans ; mais la loi du 20 septembre 1792 l'a fixée à vingt-un ans pour l'un et l'autre sexe ; et les divers Actes constitutionnels qui ont eu lieu depuis ayant aussi fixé la majorité politique à cet âge, les rédacteurs du Code ont pensé que l'on ne pouvait, sans inconséquence, reculer de l'époque de la majorité civile.

409. Dans la première partie de ce Titre du Code, et jusqu'au chapitre III, qui traite de l'*Émancipation*, on ne s'occupe de l'état du mineur que dans ses rapports avec son tuteur : c'est la désignation de ce surveillant, le mode de son administra-

_____

(1) Sous-entendu *de vingt-cinq ans*, ayant moins de vingt-cinq ans.
(2) Nous disons dans *presque* toute la France, car il y avait quelques exceptions : dans les provinces de l'*Anjou* et du *Maine*, par exemple, la majorité était fixée à vingt-un ans pour les deux sexes.

tion, l'étendue de ses pouvoirs, la manière dont il les dépose, qui forment la substance de la loi sur ce sujet. On ne s'y occupe point d'une foule d'autres objets qui intéressent également les mineurs, tels que l'annulation de leurs engagemens, les priviléges que la loi leur accorde : ces objets sont traités dans d'autres Titres.

4io. D'après ces notions générales, on peut donc définir la tutelle, une charge civile déférée à une personne par la loi ou en vertu de ses dispositions, pour administrer gratuitement la personne et les biens d'un autre individu qui est hors d'état de se gouverner lui-même.

Ainsi, cette charge est déférée aux personnes désignées par la loi, ou aux personnes auxquelles la loi permet de la déférer.

Elle est personnelle; elle ne passe point aux héritiers de celui à qui elle est imposée. (Art. 4i9.)

Elle n'est pas à proprement parler publique; parce qu'elle s'exerce au profit d'un particulier.

Mais elle intéresse le bien général, puisqu'il est de l'intérêt général que les mineurs ne restent pas sans défenseurs, qu'ils aient quelqu'un qui les représente et avec lequel les autres citoyens puissent traiter, comme s'ils traitaient avec le maître en état de pleine capacité.

Enfin elle est gratuite, parce que celui qui l'exerce a peut-être eu besoin lui-même de la protection qui en est l'objet, ou que ses enfans un jour en auront peut-être besoin à leur tour.

411. Nous nous éloignerons beaucoup de la division adoptée par les rédacteurs du Code : elle nous paraît inexacte sous plus d'un rapport. Celle que nous allons établir le fera suffisamment sentir.

Ainsi nous traiterons, dans un premier chapitre, des diverses espèces de tutelles relativement aux personnes auxquelles elles sont déférées;

Dans un deuxième, des causes qui dispensent d'accepter la tutelle, ou qui rendent incapable de l'exercer, ou opèrent l'exclusion ou la destitution du tuteur;

Dans un troisième, du subrogé-tuteur et de ses fonctions;

Dans un quatrième, de l'administration du tuteur, de la fin de la tutelle, et du compte de tutelle;

Et enfin dans un cinquième, de l'émancipation et de ses effets.

Cette division générale embrassera tout le sujet.

CHAPITRE PREMIER.

Des diverses espèces de tutelles, relativement aux personnes auxquelles elles sont conférées, et des fonctions du conseil de famille.

SOMMAIRE.

412. *Dans le choix du tuteur, la loi s'est généralement déterminée par la présomption d'affection de la personne choisie envers le mineur.*

413. *Des diverses espèces de tutelles considérées sous le rap-*
port des personnes auxquelles elles sont déférées. Indi-
cation des lois sur la tutelle des enfans placés dans les
hospices. Note.

412. Dans le choix du tuteur, la loi s'est généralement déterminée par la présomption que la
personne à qui elle défère la tutelle, ou à laquelle
elle permet de la conférer, doit avoir pour le mineur une affection plus prononcée que tout autre,
ou que sous le rapport du zèle et de l'habilité, elle
pourra lui prêter un appui plus utile; et comme
ordinairement cette affection est en raison des liens
que forme le sang, généralement aussi c'est à ses
plus proches parens qu'elle en confie la surveillance.
Elle ne s'écarte de cette règle que lorsqu'elle peut
supposer qu'un autre a été jugé par le père ou la
mère, ou la famille qui les représente, plus propre
à l'exercer.

413. Ainsi, sans parler de la tutelle officieuse,
dont les règles ont été expliquées précédemment,
et sans parler non plus de la tutelle des enfans admis dans les hospices, qui est régie par des dispositions particulières (1), la loi reconnaît, quant
aux personnes auxquelles elles sont conférées,

---

(1) *Voy.* la loi du 15 pluviôse an XIII. (Bull. n° 526.) L'article 1er
de cette loi ordonne que les enfans admis dans les hospices, à quelque titre et sous quelque dénomination que ce soit, seront sous la
tutelle des Commissions administratives de ces maisons, lesquelles
désigneront un de leurs membres pour exercer, le cas avenant, les
fonctions de tuteur, et les autres formeront le conseil de tutelle.

quatre espèces de tutelles, et qui ont lieu dans l'ordre suivant :

1° La tutelle du survivant des père et mère ;

2° Celle déférée par le dernier mourant des père et mère ;

3° Celle déférée aux ascendans ;

4° Celle déférée par le conseil de famille (1).

Ce sera l'objet des explications contenues dans les quatre sections suivantes.

SECTION PREMIÈRE.

De la tutelle déférée au survivant des père et mère.

SOMMAIRE.

414. *Pendant le mariage, il n'y a pas, à proprement parler, de tutelle ; le père est seulement administrateur légal des biens de ses enfans mineurs.*

415. *Il n'est point nommé de subrogé-tuteur, à moins que l'enfant n'ait des intérêts opposés à ceux de son père.*

416. *L'enfant n'a point d'hypothèque légale sur les biens de son père pendant le mariage.*

417. *Le père est comptable des revenus et de la propriété des biens dont il n'a pas la jouissance, et de la propriété seulement des autres biens.*

---

(1) On voit par là qu'il y a deux tutelles légitimes : celle du survivant des père et mère, et celle des ascendans ; et deux tutelles déférées par le choix de l'homme : l'une déférée par le dernier mourant des père et mère, et qui, sous ce rapport, est réellement tutelle *dative*, puisque le père ou la mère, en la conférant, fait l'office du conseil de famille ; l'autre, déférée par ce conseil, comme celle qui, dans la législation romaine, était déférée par des magistrats désignés à cet effet. La première de ces deux dernières tutelles est semblable à la tutelle testamentaire des Romains.

418. La dissolution du mariage, par la mort naturelle ou civile, donne ouverture à la tutelle dans la personne du survivant des père et mère.

419. Le père peut modifier le pouvoir de la mère comme tutrice, en lui nommant un conseil.

420. Forme en laquelle peut être faite cette nomination.

421. Différens cas où le pouvoir de la tutrice cesse d'être modifié.

422. La mère n'est point tenue d'accepter la tutelle.

423. Si elle l'a acceptée, elle ne peut plus l'abdiquer sans motifs légitimes.

424. Si, de fait, elle n'a point accepté, elle est censée n'avoir jamais été tutrice.

425. Lorsque la mère tutrice veut se remarier, elle doit convoquer le conseil de famille pour décider si la tutelle lui sera conservée. Dans le cas où elle lui est conservée, le conseil lui donne nécessairement son second mari pour co-tuteur.

426. Si elle ne fait pas cette convocation, elle perd la tutelle de plein droit : conséquences.

427. La mère, qui a perdu la tutelle pour cette cause, peut être ensuite nommée tutrice par le conseil de famille.

428. Si, lors du décès du mari, la femme est enceinte, on nomme un curateur au ventre. Origine de cette institution.

429. La nomination du curateur n'est pas nécessaire lorsqu'il existe d'autres enfans.

430. Fonctions du curateur au ventre.

431. Les père et mère des enfans naturels légalement reconnus exercent-ils sur eux la tutelle légale, ou faut-il, lorsqu'il y a nécessité de nommer un tuteur, le faire nommer par un conseil de famille ?

414. Pendant le mariage des père et mère, il n'y a pas, à proprement parler, de tutelle; il n'y a qu'une administration résultant de la puissance paternelle. Cela est démontré par la combinaison

de l'article 389, dont la première disposition est ainsi conçue : « Le père est, durant le mariage, « *administrateur* des biens personnels de ses enfans « mineurs », avec l'article suivant, qui porte : « Après « la dissolution du mariage, arrivée par la mort « naturelle ou civile de l'un des époux, la tutelle « des enfans mineurs et non émancipés appartient « de plein droit au survivant. »

De là les conséquences suivantes :

415. 1° Il n'est point nommé de subrogé-tuteur, quoique dans toute tutelle il doive y en avoir un (art. 420.) Par son amour pour ses enfans, la mère offre une garantie qui remplace celle que la loi a cherchée dans le subrogé-tuteur lorsqu'il y a véritablement tutelle.

Mais si l'enfant avait des intérêts opposés à ceux de son père, si tous deux, par exemple, étaient institués légataires universels par la même personne, et qu'il s'agît de partager les biens de cette succession, parce que les créanciers du père en formeraient la demande, afin de poursuivre la vente de sa part, on devrait nommer un subrogé-tuteur *ad hoc* à l'enfant, pour défendre ses droits (1), suivant l'adage, *Ipse tutor in rem suam auctor esse non potest.*

---

(1) Nous pensons que ce serait plutôt un subrogé-tuteur *ad hoc* qu'il faudrait nommer, qu'un tuteur *ad hoc*, par la raison que l'enfant a, dans son père, sinon un tuteur proprement dit, du moins un *quasi*-tuteur, et qu'il est de principe que *habenti tutorem non datur tutor.* §. *Interdum*, INSTIT. *de Curat.* Ce texte dit, il est vrai, que c'est

Le père n'aurait pas non plus le pouvoir de faire, sans l'autorisation d'un conseil de famille, des actes qu'un tuteur ordinaire ne pourrait faire sans cette autorisation : il ne le pourrait du moins sans y être autorisé par le tribunal, qui probablement demanderait un avis de parens.

416. 2°. De ce que durant le mariage l'administration du père n'est pas une véritable tutelle, il suit aussi que les enfans n'ont pas d'hypothèque légale sur ses biens. L'art. 2121 ne l'attribue qu'aux mineurs sur les biens de leur *tuteur;* et comme en matière d'hypothèque tout est de rigueur, parce que les autres créanciers combattent pareillement pour éviter de perdre, il n'y a pas lieu d'appliquer par analogie la loi qui a créé l'hypothèque à un autre cas que celui pour lequel elle l'a spécialement établie (1).

---

un curateur qui doit être donné au pupille qui a des intérêts opposés à ceux de son tuteur, mais nous croyons que dans nos mœurs il convient plutôt de nommer un subrogé-tuteur. Les subrogés-tuteurs, inconnus dans la législation romaine, ont été introduits pour remplacer les curateurs, que l'on nommait pour défendre le pupille qui avait des intérêts opposés à ceux du tuteur. (Art. 420.)

(1) Ainsi jugé par la Cour de cassation, section civile, le 3 décembre 1821. (Sirey, 22, 1, 94.) Indépendamment des raisons de droit que nous venons d'énoncer, et qui ont servi de base à sa décision, la Cour s'est déterminée en particulier (du moins cela nous a été assuré) par des considérations d'intérêt général. Elle a pensé que dans l'état actuel de la législation sur les hypothèques, la transmission des biens n'était déjà que trop entravée par celle de la femme sur les immeubles de son mari, sans en donner une aussi aux enfans sur les mêmes biens pendant le mariage ; que cette seconde hypothèque légale, entée pour ainsi dire sur la première, rendrait, au

417. Comme administrateur des biens de ses
enfans, le père est comptable, quant à la propriété
et aux revenus, des biens dont la loi ne lui donne
pas la jouissance; et, quant à la propriété seulement, de ceux des biens dont elle lui donne l'usufruit (art. 389). C'est ce que nous avons expliqué
au titre précédent.

Mais il ne doit pas rendre son compte à l'époque
où cesse sa jouissance, c'est-à-dire à celle où l'enfant a accompli sa dix-huitième année : il doit
seulement le rendre à la majorité de l'enfant ou
à son émancipation. Car la puissance paternelle,
qui emporte avec elle l'administration des biens
des enfans, même lorsqu'elle n'est point accompagnée de la tutelle proprement dite, se prolonge
au-delà de la durée de l'usufruit : le principal
peut très-bien subsister sans l'accessoire.

S'il y a plusieurs enfans, les principes ci-dessus
s'appliquent à chacun d'eux individuellement.

418. Nous avons dit qu'après la dissolution du
mariage, arrivée par la mort naturelle ou civile de
l'un des époux, la tutelle des enfans mineurs non
émancipés appartient de plein droit au survivant
des père et mère (art. 390), en sorte que ni la dispa-

---

grand préjudice du commerce et du trésor, les aliénations, les emprunts et les constitutions d'hypothèques conventionnelles par les
individus tout à la fois maris et pères, plus difficiles encore ; et enfin,
que les embarras et les lenteurs qu'entraîne la purge des biens s'en
accroîtraient au préjudice de l'intérêt public.

rition du père (1), ni son interdiction pour démence
ou crime, ni sa condamnation par contumace à une
peine emportant mort civile, tant que la mort civile n'est pas encourue, ne donnent ouverture à la
tutelle de la mère. Celle-ci, dans tous ces cas, aura
la surveillance des enfans; elle exercera à cet égard
les droits du père, mais comme mère, et son pouvoir
n'aura point les caractères de la tutelle proprement
dite : conséquemment il ne sera point nommé de
subrogé-tuteur, à moins que la mère n'eût à discuter
des intérêts opposés à ceux des enfans; et ceux-ci
n'auront point d'hypothèque légale sur ses biens,
parce que, ainsi que nous venons de le dire, la loi
ne l'imprime qu'aux biens du tuteur.

La séparation de corps ne donne pas davantage
ouverture à la tutelle (2).

419. Le père peut avoir de justes motifs de craindre que son épouse ne soit pas propre à supporter
seule cette charge, et sans avoir le droit de la priver
de l'honneur de l'exercer, parce qu'elle le tient de la
nature et de la loi, il peut toutefois lui nommer un
conseil spécial, sans l'avis duquel elle ne pourra
faire aucun acte relatif à la tutelle. (Art. 391.)

S'il pense que son insuffisance ne se ferait sentir
que relativement à tel ou tel acte, comme un procès
à soutenir, et qu'il spécifie les actes pour lesquels

(1) *Voy.* au tom. Ier, n° 519, et *suprà*, n° 351.
(2) *Voy.* tom. II, n° 637.

il lui nomme le conseil, elle sera habile à faire tous
les autres. (*Ibid.*)

420. Cette nomination de conseil peut se faire
de deux manières :

1° Par un acte de dernière volonté (1);

2° Par une déclaration faite devant le juge de
paix, assisté de son greffier, ou devant notaires.
(Art. 392.)

421. Si le conseil nommé ne veut pas accepter,
ou si la condition sous laquelle il l'a été ne s'est pas
réalisée, ou s'il vient à mourir, la mère exerce pleinement la tutelle, à moins que, dans la prévoyance
de ces cas, le père n'ait substitué un second conseil
au premier. *Et vice versâ*, si c'est la mère qui
meurt avant la majorité des enfans, le tuteur qui
la remplace n'est point tenu, pour faire les actes
relatifs à la tutelle, de se conformer à l'avis du
conseil : il n'avait été donné qu'à la mère.

422. Au surplus, celle-ci n'est point tenue d'accepter la tutelle (art. 394), même lorsque le père
n'en a pas modifié l'exercice dans sa personne :
sa jeunesse, sa mauvaise santé, son ignorance des
affaires, peuvent lui faire craindre de n'en pouvoir
supporter le fardeau.

Néanmoins, au cas où elle la refuserait, elle en
devrait remplir les fonctions jusqu'à ce qu'elle eût
fait nommer un tuteur. (*Ibid.*)

_____

(1) C'est à dire par testament.

D'où il faut conclure, 1° qu'elle n'a pas le droit de le nommer elle-même (1); 2° que la tutelle ne passe pas aux ascendans, lors même qu'il en existerait en état de l'exercer : la loi ne la leur défère qu'après le décès *du dernier mourant* des père et mère. (Art. 4o2.)

4o3. La mère a bien la faculté de refuser la tutelle, mais le Code ne lui donne pas également celle de l'abdiquer sans motifs légitimes après l'avoir acceptée. Elle devrait être à cet égard assimilée à un tuteur ordinaire qui, ayant une juste cause d'excuse, ne l'a point fait valoir, et qui, en conséquence, est non-recevable dans ses réclamations ultérieures (art. 438 et 43g), si ce n'est pour cause nouvelle. Et l'acceptation de la mère résulterait de la qualité de tutrice, qu'elle aurait prise dans l'inventaire ou autres actes, et pourrait aussi s'induire du retard qu'elle aurait apporté à convoquer le conseil de famille pour faire nommer un tuteur.

4o4. Si, de fait, elle n'a point accepté la tutelle, elle n'a jamais eu la qualité de tutrice, quoiqu'elle ait administré (ainsi qu'elle le devait) jusqu'à la nomination du tuteur. Cette charge lui était déférée sous une condition purement potestative, *si elle l'acceptait,* et cette condition étant venue à défaillir, l'effet de la délégation de la loi a également manqué. Peu importe qu'elle ait été chargée d'administrer jusqu'à ce qu'elle eût fait nommer un tuteur : il en

_____

(1) Mais c'est ce que nous expliquerons plus loin, ainsi que le point suivant. *Voy.* n°ˢ 434 et 44r.

est d'elle à cet égard comme des héritiers du tuteur décédé; s'ils sont majeurs, ils doivent continuer la gestion de leur auteur jusqu'à la nomination d'un nouveau tuteur, et néanmoins ils ne sont point tuteurs (art. 419): l'hypothèque légale ne frappe point leurs biens personnels, quoiqu'ils soient assurément responsables de l'inexécution de l'obligation qui leur est imposée.

425. Si, lorsqu'elle a conservé la tutelle, la mère veut se remarier, elle doit, avant la célébration du mariage, convoquer le conseil de famille, qui décidera si elle doit lui être conservée (art. 395) (1).

Dans le cas où elle lui est conservée, le conseil de famille doit nécessairement lui donner pour co-tuteur le second mari, qui devient ainsi solidairement responsable avec elle de la gestion postérieure au mariage (art. 396).

Puisqu'il est co-tuteur il est tuteur; en conséquence ses biens sont frappés de l'hypothèque légale du mineur, conformément à l'art. 2121.

---

(1) D'après les anciennes lois romaines, la mère ne pouvait être tutrice, à moins qu'elle n'eût obtenu du prince la faveur de l'être : *Fœminæ tutores dari non possunt, quia id munus masculorum est, nisi à principe filiorum tutelam specialiter postulent.* L. 18, ff. *de Tutel.*

Justinien, par sa Novelle 118, cap. 5, accorda la tutelle à la mère et à l'aïeule; mais ce fut à condition qu'elles renonceraient au bénéfice du sénatus-consulte Velléien, et à passer à de nouvelles noces. Dans le cas où la mère convolait, elle perdait de plein droit la tutelle; Authent. *Sacramentum.* Cod. *Quandò mulier tutelæ.* Et le père pouvait toujours en priver la mère elle-même, en nommant un tuteur; Auth. *Matri.* L. 2, Cod. *Quandò mulier tut.*

426. Si la mère s'est remariée sans faire la convocation ci-dessus, elle perd de plein droit (1) la tutelle. (Art. 395.)

Le nouveau mari, que la loi suppose l'auteur caché de l'inobservation de son prescrit, dans la vue d'avoir le maniement des biens des mineurs et d'en tirer un gain illicite, est solidairement responsable avec sa femme de toutes les suites de la tutelle indûment conservée par elle (*ibid*). Il répond de la gestion antérieure au mariage, comme de la gestion postérieure.

Mais ses biens sont-ils frappés de l'hypothèque légale, comme dans le premier cas? Nous ne le pensons pas; il n'est point tuteur. Dirait-on qu'il ne doit pas être traité plus favorablement que s'il n'avait pas engagé sa future épouse à éluder la loi? On peut répondre que, dans le sens de cette objection, ce ne serait pas lui qui serait traité plus

---

(1) Par arrêt de rejet, du 28 mai 1823 (Sirey, 24, 1, 7), la Cour de cassation, section civile, a toutefois décidé que, dans le cas où une veuve tutrice s'était remariée sans convoquer le conseil de famille et avait esté en justice en qualité de tutrice de ses enfans, sans autorisation maritale, « le moyen tiré du défaut d'autorisation du mari, « et de confirmation de la tutelle, à cause du convol, était purement « relatif à l'intérêt du mari et des enfans de la tutrice, et ne pouvait, par « conséquent, leur être opposé. » Il résulterait de là que la déchéance de plein droit, dont parle l'article 395, est comme la nullité de plein droit des actes passés par l'interdit depuis le jugement d'interdiction (art. 502), nullité que ceux qui ont traité avec lui ne peuvent cependant invoquer. (Art. 1125.) Cela est assez raisonnable; les actes conservatoires que la mère aura faits dans l'intérêt de ses enfans depuis son convol, ne seront pas sans fruit pour eux, et une disposition introduite en leur faveur ne tournera point à leur préjudice.

défavorablement, mais bien ses créanciers. En effet,
l'hypothèque n'aggrave la position du débiteur qu'en
ce qu'elle diminue son crédit; elle n'ajoute ni ne
retranche rien à sa solvabilité réelle, puisque tous
ses biens sont le gage de ses créanciers (art. 2092).
Elle nuit à ceux qui ne l'ont point quand il n'y a
pas de quoi payer toutes les dettes, et voilà tout.
Or, comme en matière d'hypothèque tout est de
rigueur, qu'il faut être dans le cas prévu par la loi
pour pouvoir prétendre aux avantages qui sont attachés à ce droit, et que, dans l'espèce, la loi qui
établit celle du mineur sur les biens de son tuteur
n'est pas applicable au second mari, attendu qu'il
n'est point tuteur, nous en concluons que ses biens
n'en sont point frappés, sauf à obtenir contre lui
des condamnations, en vertu desquelles il y aura
lieu à l'hypothèque judiciaire; mais elle aura besoin d'être inscrite. (Art. 2123 et 2134.)

427. Au surplus, tout en privant, de plein droit,
de la tutelle la mère qui se remarie sans convoquer le conseil de famille pour délibérer si elle lui
sera conservée, la loi ne la déclare point incapable
de l'exercer dans le cas où ce conseil la lui déférerait ensuite par une délibération régulière; aucune
disposition du Code ne peut prêter à une telle conséquence. La privation de la tutelle légale est une
sanction suffisante à la disposition de la loi, sans
étendre la peine qu'elle établit, sans en faire résulter une incapacité qu'elle ne prononce pas. En

vain, dirait-on, d'après l'article 445, que celui qui a été exclu ou destitué d'une tutelle ne peut être membre d'un conseil de famille, et conclurait-on de là que la mère ne peut, par la même raison, être nommée tutrice ; car cet article doit s'entendre des exclusions ou destitutions dont il est parlé dans les précédens, et la mère n'a point été destituée pour une de ces causes qui rendent moralement indigne d'exercer la tutelle : elle a seulement *perdu* celle qu'elle avait. La conséquence de cette interprétation irait jusqu'à la rendre incapable d'exercer même celle des enfans de son second mariage ; ce qui nous paraît insoutenable (1).

428. Si, lors du décès du mari, la femme est enceinte, il est nommé un curateur au ventre par le conseil de famille. A la naissance de l'enfant, la mère en devient de plein droit la tutrice, et le curateur en est aussi de plein droit le subrogé tuteur. (Art. 393.) Il doit par conséquent être pris dans la ligne paternelle. (Art. 423.)

Le principe de la nomination de ce curateur au ventre se trouve dans les lois (2) 20, ff. *de Tut.*,

_____

(1) *Voy.* l'arrêt de la Cour de Metz, du 20 avril 1820, rendu dans le sens de notre opinion. Sirey, 21, 2, 339.

(2) La première de ces lois dit que si les magistrats ne donnent pas dans ce cas un tuteur à l'enfant, mais un curateur au ventre, c'est parce que l'édit du préteur ne parle que d'un curateur. Le père de famille, qui tenait, non de l'édit du préteur, mais de la loi des Douze Tables, le pouvoir de donner des tuteurs à ses enfans, pouvait au reste en donner un à celui qui n'était que conçu. Il y avait encore une autre raison, et qui est même donnée par Justinien, aux INSTIT.,

et 8, ff. *de Curat. furios.* Elle avait pour objet de
prévenir la supposition de part; de pouvoir, dans
le cas où la femme aurait été réellement enceinte,
s'assurer si l'enfant naissait viable ou non (1); de
conserver les biens jusqu'à sa naissance, ou jusqu'à
ce qu'il fût devenu certain qu'il ne naîtrait pas,
ainsi que de fournir des alimens à la mère, parce
que c'était par cela même les fournir à l'enfant.
Ainsi, ce curateur est aussi bien institué dans l'intérêt des héritiers du mari, que dans l'intérêt du
posthume.

429. Comme le principal motif de la loi, la
crainte d'une supposition de part, n'existe pas

---

§. 4, *de Tutelis*, c'est que toutes les fois qu'il s'agit de l'intérêt de
l'enfant conçu, il est réputé né : or, il était de l'intérêt de l'enfant
d'avoir un tuteur du choix de son père. Il ne faut donc pas dire avec
un auteur moderne, que si l'on donne un curateur au ventre, et non
un tuteur à l'enfant, c'est parce qu'on ne sait pas s'il naîtra viable ou
non, et par conséquent s'il aura ou non des droits à la succession;
que la mère n'est point encore tutrice, etc. Car, quant au premier raisonnement, il avait la même valeur en droit romain, et cependant on
n'y avait aucun égard lorsque c'était le père qui nommait le tuteur; et
quant au second, c'est une pétition de principe, puisque s'il devait
y avoir tutelle, ce serait la mère qui serait tutrice dans notre droit, et
même dans le droit de Justinen, si le père n'eût fait choix d'un tuteur. Mais précisément parce que ce serait la femme qui serait tutrice s'il y avait lieu à la tutelle plutôt qu'à la curatelle, il y a une
excellente raison pour que l'on nomme un curateur au ventre : pour
empêcher que la femme ne suppose un enfant afin d'avoir la jouissance des biens du mari, et éventuellement une partie de la succession dans le cas où l'enfant supposé mourrait avant elle sans postérité.

(1) Voir la L. 1, §§. 17 et 19, ff. *de Ventre in possess, mitt.* Et quant
aux précautions que l'on prenait pour éviter la supposition de part,
voy. le titre, au Digeste, *de Inspiciendo ventre custodiendoque partu.*

lorsqu'il y a d'autres enfans, on doit croire que dans ce cas il n'est pas nécessaire de nommer un curateur, si toutefois l'enfant dont la femme est crue enceinte n'a pas des intérêts opposés aux leurs, et qui exigeraient un défenseur avant l'accouchement de la mère. Dès la mort de son mari, celle-ci ayant la tutelle des enfans déjà nés, et devant leur faire nommer de suite un subrogé tuteur, ce subrogé tuteur défendra aussi bien les droits du posthume que ceux des autres enfans. Il y aura même cet avantage, que ses fonctions ne seront point entravées, comme elles pourraient l'être, par celles du curateur, s'il en était nommé un.

43o. Celles de ce dernier sont, pendant sa courte gestion, à peu près les mêmes que celles d'un tuteur : elles emportent l'exercice des actions actives et passives du posthume, ou, si l'on veut, de l'hérédité ; et ce qui sera jugé avec le curateur agissant dans les limites du pouvoir attribué à un tuteur, sera aussi censé jugé avec l'enfant s'il naît viable, ou avec les autres héritiers du mari dans le cas contraire. Il peut donc poursuivre le paiement des dettes, comme les créanciers du défunt peuvent agir de leur côté contre lui pour en être payés. Il doit surtout faire les actes conservatoires, tels que le renouvellement des inscriptions hypothécaires, l'interruption des prescriptions, l'exercice des actions possessoires. Il doit aussi veiller à ce qu'il n'y ait pas de supposition de part, en mesurant la vigilance de son zèle sur la gravité des soupçons que pourraient faire naître les circonstances, mais sans jamais franchir à cet égard les bornes que prescrivent les bienséances et l'état de nos mœurs (1).

431. Les père et mère des enfans naturels légalement reconnus exercent-ils sur eux la tutelle légale, ou ne peut-il y avoir lieu qu'à la tutelle dative?

Cette question est controversée : la jurisprudence l'a jugée en sens divers (2). Dans le premier sens on a argumenté des dispositions puisées dans les articles 158, 383, 405, 765, et quelques autres qui n'ont encore qu'un rapport plus indirect à la question. Dans le système contraire, on a invoqué l'article 390, qui n'en a guère davantage, puisqu'il ne fait que déterminer, par la dissolution du mariage, l'époque à laquelle s'ouvre la tutelle des enfans légitimes, proposition clairement démontrée

---

(1) Les précautions que les Romains prenaient en pareil cas, notamment la séquestration de la mère pendant plusieurs mois, étaient poussées à l'extrême : ils avaient eu aussi en vue de prévenir la suppression de part.

Ce crime, si fréquent par l'avortement forcé ou l'infanticide chez celles qui y sont poussées par la crainte du déshonneur attaché à une maternité illicite, ce crime, on rougit de le supposer dans une femme mariée, qui ne peut que s'enorgueillir d'être mère ; cependant on en a des exemples : Sergius-Galba condamna au supplice de la croix une femme de Milet, qui, moyennant un prix, s'était fait avorter pour faire passer la succession de son mari à un substitué.

(2) La Cour de Bruxelles, par arrêt du 4 février 1811 (Sirey, 11, 2, 476), a décidé l'affirmative, et celle de Paris a jugé la négative le 9 août de la même année. Sirey, *ibid.*, pag. 475.

par le rapprochement de cet article avec le précédent. Ce qu'il y a de vrai, c'est que la loi est muette sur ce point, comme sur plusieurs autres relatifs aux enfans naturels. D'après cela, comment supposer l'existence d'une tutelle *légale?* Si elle eût voulu la consacrer, pourquoi n'aurait-elle pas porté une disposition à cet égard, ainsi qu'elle l'a fait au titre du Mariage, à celui de la Puissance paternelle, à celui des Successions, etc.? Il est donc plus sûr, si la simple garde ne suffit pas, s'il y a lieu de mettre l'enfant en tutelle, parce qu'il faudrait le représenter dans un acte, dans un procès où il serait intéressé, de recourir à la tutelle dative. Quant à la difficulté née de ce qu'il n'a civilement pour parens que ses père et mère, et que la formation du conseil de famille paraît ne pouvoir s'effectuer selon le vœu de l'article 407, cette difficulté n'est pas insurmontable : le conseil peut être composé de personnes connues pour avoir des relations habituelles d'amitié avec le père ou la mère (1), ainsi qu'on le compose quelquefois pour délibérer sur les intérêts d'un enfant de famille lui-même qui n'a pas de parens connus ou domiciliés à des distances rapprochées. Et généralement la tutelle devra être déférée au père (2).

---

(1) *Voy.* au tom. II, n° 117, ce que nous disons à cet égard quand il s'agit du mariage de l'enfant naturel non reconnu âgé de moins de vingt-un ans.

(2) Voir ce qui a été dit *suprà*, n° 360.

SECTION II.

De la Tutelle déférée par le dernier mourant des père et mère.

SOMMAIRE.

432. *Le droit de choisir un tuteur n'appartient qu'au dernier mourant des père et mère.*

433. *En quelle forme il peut être exercé.*

434. *Le survivant ne peut déléguer la tutelle pour être exercée de son vivant par un autre.*

435. *Le conjoint d'un interdit peut-il choisir un tuteur ?*

436. *Différens cas où ce droit n'appartient même pas au dernier mourant.*

437. *Le tuteur choisi par la mère remariée et maintenue dans la tutelle n'a pas qualité pour attaquer la délibération du conseil de famille qui ne l'a pas confirmé; mais les membres dissidens peuvent l'attaquer.*

438. *La mère non remariée peut choisir un tuteur à ses enfans, quoiqu'elle n'ait point accepté leur tutelle; mais le tuteur élu ne pourra gérer qu'après la mort de la mère.*

439. *Modalités dont peut être affectée l'élection faite par le dernier mourant des père et mère.*

440. *Quelle est l'espèce de tutelle qui a lieu en attendant l'événement de la condition sous laquelle le tiers a été élu ? Distinctions à faire.*

441. *Quelle est aussi celle qui a lieu s'il refuse, ou est exclu, ou vient à mourir ? Distinctions.*

442. *Le dernier mourant des père et mère peut choisir une ascendante pour qu'elle soit tutrice de préférence à son mari qui l'aurait été par l'effet de la loi.*

443. *Le tuteur élu n'est tenu d'accepter qu'autant qu'à défaut de cette élection, le conseil de famille aurait pu le charger de la tutelle. Conséquence.*

444. *Le père ou la mère peut-il choisir plusieurs tuteurs ?*

432. La loi considérant que nul ne peut mieux connaître que le père quel est l'ami véritablement digne de le remplacer dans la surveillance des enfans qu'il va quitter à jamais, lui permet de se choisir un successeur dans l'exercice de leur tutelle. Ce dernier acte de la puissance paternelle était en effet digne de l'attention du législateur. Son origine est antique; il a son principe dans la loi des Douze Tables, qui le consacre moins comme un droit ordinaire, que comme une loi qui doit être religieusement observée : *Uti quisque pater-familias rei suæ legassit, ità jus esto* (1); et chez nous la puissance paternelle appartenant aussi à la mère après la mort du père, ce droit lui est commun sous quelques modifications, ainsi qu'on le verra tout-à-l'heure.

Mais étant un attribut de cette puissance, il ne peut appartenir à tout autre : « Le droit individuel « de choisir un tuteur parent, ou même étranger, « n'appartient qu'au dernier mourant des père et « mère. » (Art. 397.)

433. Il ne peut être exercé que par acte de dernière volonté, ou par une déclaration faite devant notaires, ou devant le juge de paix assisté de son greffier, (Art. 398 et 392 combinés.)

434. Nous disons, et avec la loi, *au dernier mourant,* pour indiquer que cette tutelle ne peut s'ouvrir qu'après la mort de celui qui l'a déférée; que

---

(1) *Voy.* la L. 120, ff. *de Verb. signif.*

le *survivant*, lors même qu'il justifierait de l'impuissance de gérer plus long-temps celle que la loi a
placée sur sa tête à la mort du prédécédé, ne pourrait se substituer un autre tuteur. Pourquoi ? parce
que c'est une tutelle testamentaire (1), empruntée
au droit romain (2), qui ne pouvait conséquemment
s'ouvrir qu'à la mort du père de famille ; tellement
que celui-ci, après avoir émancipé son fils, dont il
avait la tutelle *tanquàm patronus*, n'aurait pu la déléguer pour la faire exercer de son vivant par un
autre. Il pouvait sans doute la faire gérer par un
mandataire de son choix, et gérant sous sa responsabilité, comme le peut aussi chez nous le survivant
des père et mère, ce qui enlève même tout motif à
l'opinion contraire à la nôtre ; mais il n'avait pas le
droit de nommer un tuteur : ce droit n'appartenait
qu'au testateur, à son défaut à la loi, au défaut
de la loi au magistrat. Or, le père qui choisirait
un tuteur pour exercer de son vivant la tutelle,
n'agirait pas comme testateur, il ferait un acte ayant
tous les caractères des actes entre vifs. Qu'il s'excuse de la tutelle qui lui a été déférée par la loi,
qu'il la dépose s'il en a le droit, ou qu'il la fasse
administrer par quelqu'un investi de sa confiance
et des faits duquel il répondra, soit ; mais il n'a pas
le pouvoir de créer un tuteur en restant ainsi étran-

---

(1) Lors même qu'elle aurait été conférée par un acte passé devant
le juge de paix ou devant notaires.

(2) Généralement nos coutumes ne la reconnaissaient pas. *Voy.* de
Lacombe, au mot *Tutelle*, sect. 3, dist. 3.

ger aux conséquences de son administration : la loi n'a donné ce pouvoir qu'au *dernier mourant* des père et mère, parce qu'il ne peut, lui, ni exercer ni déposer la tutelle, ni la faire administrer par un gérant. En un mot, le père de famille n'est législateur, quant à la tutelle, qu'autant qu'en la déférant il agit comme testateur : hors de là, il n'est plus qu'un homme privé, qui doit comme tel laisser l'exercice de cette délégation à ceux qui en ont été investis par la puissance publique.

435. Aussi pensons-nous que le conjoint d'un interdit ne peut nommer un tuteur aux enfans de leur mariage; la loi dit le *dernier mourant.* Si c'est le père qui est interdit, la puissance paternelle réside toujours dans sa personne; et suivant les principes de la matière, le droit de nommer un tuteur dérive de cette puissance. Si c'est la mère, elle n'en aura pas moins la puissance paternelle après la mort de son mari, quoiqu'elle ne puisse en faire les actes ; or il était de principe dans le droit romain, que l'on a généralement pris pour guide en traçant les règles de cette tutelle, que le père de famille ne pouvait nommer des tuteurs à ses descendans, même placés sous sa puissance au temps de sa mort, s'ils devaient immédiatement après son décès retomber sous celle d'un autre, par exemple aux enfans du fils non émancipé (1). M. Delvincourt est d'une

_____

(1) §. 3. INSTIT., *de Tutelis.*

opinion contraire, en convenant toutefois que si le survivant est relevé de l'interdiction, il reprend la tutelle. Il donne ainsi au *prémourant* le droit de choisir un tuteur, tandis que nous ne reconnaissons ce droit, et avec la loi, que dans le *dernier mourant.*

Nous verrons bientôt si dans ces cas il y a lieu à la tutelle légitime des ascendans, ou si la tutelle doit être déférée par le conseil de famille.

436. Au surplus, le droit de choisir un tuteur n'appartient pas toujours au dernier mourant des père et mère; il ne peut être exercé :

1º Par le survivant mort civilement; car celui-ci ne peut avoir aucune volonté que les lois se chargent de faire exécuter; et voilà pourquoi son testament est sans effet, même dans le cas où il l'aurait fait avant la condamnation, même avant d'avoir commis le crime (art. 25.) (1). Or l'exercice du droit dont il s'agit, n'importe en quelle forme il ait eu lieu, par une déclaration devant le juge de paix ou un testament, est un véritable acte de dernière volonté, puisque cette volonté ne peut avoir effet qu'après la mort de celui qui l'a exprimée, et qu'elle peut être détruite par une volonté contraire.

Si le survivant, condamné par contumace, a fait l'acte de nomination pendant les cinq ans qui lui sont donnés pour purger la contumace, cet acte

---

(2) Voir au tom. Iᵉʳ, nº 247 et suivans.

n'est pas valable, même lorsque le condamné mourrait avant d'avoir encouru la mort civile : l'exercice des droits civils lui était interdit dans cet état (1). (Art. 28.)

2° Il ne peut l'être non plus par celui des père et mère qui a encouru la déchéance de la puissance paternelle pour avoir facilité la corruption de ses enfans. (Art. 335, Cod. pénal.)

3° Ni par celui qui a subi une condamnation à une peine afflictive ou infamante : il est déchu de plein droit de la tutelle qu'il exerçait sur ses enfans au moment du jugement (art. 443, Cod. civ.), et cette tutelle, qui n'a pu lui revenir, après avoir subi sa peine, qu'en vertu d'une délibération du conseil de famille (art. 28 du Cod. pén.), comment pourrait-il la conférer, lui qui ne l'exerce qu'en vertu, non d'un droit, mais d'une simple tolérance de la loi ; lui qui ne l'a pas en propre, mais d'emprunt !

4° Bien plus, ce droit ne peut être exercé par celui qui a été exclu ou destitué d'une tutelle, soit de celle de ses enfans, soit de toute autre, même pour autre cause que la condamnation à une peine infamante ou la corruption des enfans ; car il serait absurde que celui qui, d'après les art. 445 du Code civil et 42 du Code pénal, ne peut être membre d'un conseil de famille, délibérer sur le choix d'un tuteur, pût cependant en créer un par sa volonté unique.

---

(1) *Voy.* au tom. Ier, n° 230.

428 Liv. I. *Des Personnes.*

5° Enfin la puissance paternelle étant moins étendue dans la personne de la mère que dans celle du père, la loi, conséquente avec elle-même, refuse à la mère remariée, qui a perdu par là l'autorité sur les enfans de son premier mariage (1), le droit de leur choisir un tuteur, si elle n'a point été maintenue dans la tutelle (art. 399); ce qui, s'il en était besoin, confirmerait les principes ci-dessus.

Si elle y a été maintenue, elle peut faire choix d'un tuteur; mais ce choix ne sera valable qu'autant qu'il sera confirmé par le conseil de famille (art. 400): c'est une indication plutôt qu'une véritable élection.

Il en serait de même, encore qu'elle fût redevenue veuve et qu'elle n'eût pas d'enfans de son second mariage; la loi est absolue, c'est une suite de la défaveur attachée aux secondes noces des mères, surtout dans les principes du droit romain.

Mais quant aux enfans de son second lit, elle peut, si elle a survécu à son nouveau mari, leur choisir un tuteur par l'effet de sa seule puissance. L'article précité ne laisse aucun doute à cet égard.

437. Si le conseil de famille ne confirme pas le choix qu'elle a fait d'un tuteur aux enfans de son premier lit, la personne nommée peut-elle se pourvoir contre la délibération quant au *fond* comme quant à la *forme?* Elle le peut incontestablement

_____

(1) Du moins en ce qui touche les droits de correction. (Art. 381.)

sous ce dernier rapport, puisqu'il n'y a réellement délibération qu'autant qu'elle a été régulièrement prise; mais sous le premier, elle ne le peut, parce qu'il ne s'agit pas d'une destitution, d'une exclusion de tutelle, et qu'ainsi les articles 447 et suivans ne sont point applicables. La nomination n'était pas valable de plein droit, elle ne l'était que sous la condition que le conseil de famille l'approuverait : or cette condition étant venue à défaillir, l'élection est censée n'avoir jamais eu lieu; dès-lors on ne peut dire que la personne élue a été exclue ou destituée; elle n'a pas été agréée, et voilà tout. La loi dans ce cas laisse évidemment au conseil de famille un pouvoir discrétionnaire et absolu. Mais si la délibération n'a pas été prise à l'unanimité, les membres dont l'avis n'a pas prévalu peuvent se pourvoir contre ceux qui ont été d'avis de la décision, conformément à l'art. 883 du Code de procédure.

438. Si, sans être remariée, la mère survivante n'a cependant pas accepté la tutelle, peut-elle choisir un tuteur à ses enfans? Nous avons bien dit qu'elle ne le pourrait pour qu'il exerçât de son vivant, parce que l'article 394 veut que, dans le cas de son refus, elle fasse *nommer un tuteur*, ce qui est exclusif du droit de le nommer elle-même, et parce que aussi l'article 379 n'accorde ce droit d'élection qu'au *dernier mourant* des père et mère; mais, dans l'espèce, la tutelle qu'elle déférerait ne serait en effet exercée qu'après sa mort, et aucune

disposition de la loi ne modifie à cet égard le principe général qu'elle a consacré en faveur de la mère comme en faveur du père. On ne peut assimiler son refus à une cause d'exclusion ou d'indignité qui l'aurait rendue incapable de faire ce choix. Elle a pu, à raison de sa jeunesse, de sa mauvaise santé, de son inexpérience des affaires, se croire trop faible pour supporter ce fardeau ; la loi le suppose, puisqu'elle lui a permis de s'en abstenir sans exiger d'elle qu'elle motivât son refus, sachant bien qu'aucune affection n'est comparable à l'amour maternel. Mais une mère qui se croit incapable de gérer utilement la tutelle de ses enfans, n'est pas plus incapable qu'une autre de discernement dans le choix d'un tuteur; et la considération tirée du désavantage qu'il y a pour les enfans d'en changer, et du désagrément pour celui qui avait été choisi par la famille d'être obligé de quitter la tutelle, est sans force devant la disposition de loi, surtout quand on songe qu'une multitude de causes auraient pu ou pourraient encore amener ce résultat.

439. Le tuteur peut être élu pour n'exercer la tutelle qu'au bout d'un certain temps, ou jusqu'à certaine époque; il peut l'être aussi sous une condition, soit suspensive, soit résolutoire. Cela est décidé par une foule de textes du droit romain (1),

—————

(1) L. 8, §§. 1 et 2, ff. *de Testam. tut.*; L. 14, §§. 3 *et ult.*, ff. *de Tutel.*; §. 3, INSTIT., *qui testam. tut. dari poss.*; §§. 2 *et penult.*, aussi aux INSTIT., *tit. quib. mod. tut. finitur.*

Il en était autrement de la tutelle conférée par le magistrat, parce

et n'est que la conséquence du principe que, dans les dispositions testamentaires, la volonté du défunt doit être observée quand elle n'a rien de contraire aux lois ni à la morale. Or, celle-ci n'a rien d'opposé à la loi, et ne blesse aucunement les bonnes mœurs. Une veuve, par exemple, dont le père est absent, et qui se voit sur le point de mourir, confie la tutelle de son enfant à un ami, à condition que si son père revient avant telle époque le tuteur élu cessera ses fonctions : qu'y a-t-il de plus naturel qu'une telle prévoyance? Disons donc que le Code n'ayant point interdit d'apposer à la nomination du tuteur les modalités dont il vient d'être parlé, il a entendu par cela même adopter à cet égard les principes du droit romain.

Mais ces mêmes principes s'opposant à ce que la tutelle déférée par le magistrat pût être à temps ou sous condition, celle déférée par le conseil de famille ne pourrait non plus être affectée de ces modalités.

440. Maintenant il s'agit de voir quelle sera la tutelle qui aura lieu avant ou après le temps marqué, avant ou après l'accomplissement de la condition : sera-ce la tutelle légitime des ascendans, ou celle déférée par le conseil de famille?

Les principes du droit romain nous serviront encore de guide : or, d'après ces principes, c'était

---

que c'était *actio legis*, qui ne pouvait être à temps, ni sous condition. L. 77, ff. *de Regul. juris.*

un tuteur nommé par le magistrat qui administrait la tutelle tant que celle déférée par testament était en suspens soit par l'effet du terme à l'expiration duquel seulement elle devait commencer, soit par l'effet de la condition; car, *quandiù testamentaria tutela speratur, legitimam cessare constat.* Et à la fin de la tutelle testamentaire, il y avait lieu à la tutelle légitime, parce que la volonté du père avait reçu tout l'effet qu'il avait entendu lui donner (1).

441. Si le tuteur élu refuse d'accepter, est incapable ou exclu, il n'y a pas lieu, pour cela, à la tutelle légitime (2) des ascendans, puisqu'il est vrai de dire que le père ou la mère a manifesté sa volonté pour que cette tutelle ne s'ouvrît pas, et cette volonté doit être respectée. C'est d'après ce principe que le second testament ne révoque pas moins le premier, quoique ce nouvel acte reste sans exécution par l'incapacité de l'héritier qui y est institué, ou son refus de recueillir (art. 1037) : il produit donc son effet. Le conseil de famille nommera un tuteur. L'article 405 lui-même réclame cette solution, puisque le tuteur élu.... le tuteur de *cette qualité* se trouve incapable, excusé ou exclu, ce qui suffit pour qu'il y ait lieu de recourir à ce conseil, quoiqu'il y ait des ascendans.

---

(1) Voir les L. 11, ff. *de Testam. tut.*; 9 L., §§. 2 et 3, ff. *de Tut. et ration. dist.*; et Vinnius, sur le §. 3, Instit., *qui testam. tut. dari poss.*

(2) La L. 11, ff. *de Testam. tut.*, précitée, le dit positivement.

Mais s'il meurt du vivant de celui qui l'a nommé, ce dernier est censé décédé *ab intestat* quant à la tutelle, et par conséquent il y a lieu à la tutelle légitime plutôt qu'à la tutelle dative (1).

Il faut en dire autant du cas où l'acte de nomination serait nul en la forme.

Et si le tuteur nommé décède, même après avoir exercé la tutelle, elle revient au tuteur légitime (2). La raison de différence de ce cas avec celui où le tuteur a été excusé, exclu ou destitué, et où il y a lieu, comme nous l'avons dit, à la tutelle dative, c'est que la tutelle testamentaire finit de plein droit par la mort du tuteur ; au lieu que dans les cas d'excuse, d'exclusion ou de destitution, il faut nécessairement l'intervention du magistrat (ou, chez nous, du tribunal de famille qui le remplace) pour juger du fait ; et le tuteur élu est en quelque sorte considéré comme étant encore tuteur : seulement il n'a pas l'administration (3).

442. Le dernier mourant des père et mère peut nommer tutrice une ascendante de sa ligne ou de l'autre ligne, et de cette manière empêcher la tutelle légitime de s'ouvrir même au profit de l'ascendant de la même ligne : les ascendantes pouvant être nommées tutrices par le conseil de famille,

---

(1) Même L. 11, §. 3; et §. 2, INSTIT., *de Legit. agnat. tut.*
(2) L. 6, ff. *de Legit. tutorib.*
(3) Vinnius, sur le §. 2, INSTIT., *de Legit. agnat. tut.*, le décide ainsi par les mêmes motifs, en se fondant sur ces lois.

III.   28

(art. 4423-ᵘ) elles peuvent, par la même raison, être choisies par le dernier mourant des père et mère. Mais si le mari de celle qui a été choisie ne veut pas l'autoriser à accepter la tutelle, elle devra recourir à l'autorisation judiciaire, conformément à l'article 219, parce qu'en effet elle contracte un engagement envers le mineur. (Art. 450 et 1370.)

443. Au surplus, le tuteur élu par le père ou la mère n'est point tenu d'accepter la tutelle, s'il n'est d'ailleurs dans la classe des personnes qu'à défaut de cette élection spéciale le conseil de famille eût pu en charger. (Art. 401.)

De là il suit, 1° que s'il y avait un ascendant en état de la gérer, comme le conseil de famille n'aurait pu en charger la personne nommée, puisque la loi appellerait l'ascendant (art. 402), cette personne ne serait point tenue d'accepter ; 2° que puisqu'un parent ou un allié domicilié soit dans la commune où s'ouvre la tutelle ou dans la distance de deux myriamètres, soit à de plus grandes distances, peut être appelé à la composition du conseil de famille lorsqu'il n'y en a pas dans ce premier rayon de plus proche en degré qui devrait être appelé de préférence (art. 409 et 410), et qu'il peut par conséquent être choisi tuteur par ce conseil , le tuteur élu qui se trouve dans ce cas ne peut refuser d'accepter la tutelle s'il n'a d'autre excuse à faire valoir, lors même qu'il y aurait des parens ou alliés d'un degré plus proche en état de la gérer; car la tutelle dative n'est pas nécessairement déférée suivant la proximité du degré de parenté, autrement la loi eût dû la déférer elle - même ; 3º enfin, un citoyen, même non parent ni allié, a pu être choisi par le survivant des père et mère, avec obligation pour lui de remplir ce mandat s'il n'y avait pas, au moment du décès, dans la commune où la tutelle s'est ouverte ou dans la distance de quatre myriamètres, des parens ou alliés en état de la gérer. (Art. 432.)

444. A Rome, les pères de famille étaient assez dans l'usage de nommer par leurs testamens plusieurs tuteurs à leurs enfans (1) : l'un d'eux administrait, en donnant aux autres, responsables comme lui, caution qu'il gérerait avec exactitude et fidélité. L'ancienne jurisprudence admettait aussi plusieurs tuteurs, les uns gérans, les autres honoraires, quoique l'usage de nommer un subrogé tuteur, inconnu dans la législation romaine, eût rendu beaucoup moins fréquens les tuteurs de cette dernière qualité; mais, à l'exception des cas où le mineur possède des biens dans les colonies, *vel vice versâ*, et où l'on nomme un pro-tuteur, dont la gestion est indépendante de celle du tuteur (art. 417), le Code ne suppose nulle part qu'il y ait plusieurs tuteurs. Ce n'est toutefois pas une raison de croire

---

(1) Il pouvait aussi y en avoir plusieurs dans la tutelle déférée aux agnats, puisqu'elle appartenait à tous les plus proches. §. 7, Instit., *de Capit. minut.*

que l'élection que ferait de plusieurs personnes le dernier mourant des père et mère serait contraire à la loi; seulement ces tuteurs devraient s'accorder sur le choix de l'un d'eux pour administrer; et s'ils ne pouvaient y parvenir, le conseil de famille délibérerait sur celui qui devrait gérer, à la charge par lui de donner aux autres des sûretés suffisantes pour sa gestion (1). Ils seraient au surplus censés substitués l'un à l'autre; en sorte que l'un d'eux venant à mourir, etc., l'autre gérerait la tutelle.

SECTION III.

De la Tutelle légitime des ascendans.

SOMMAIRE.

445. *Ordre dans lequel a lieu la tutelle légale des ascendans.*
446. *Elle ne s'ouvre point du vivant du père ou de la mère, mais au décès du dernier mourant. Conséquences.*
447. *Si l'ascendant auquel elle est déférée est excusé, exclu ou destitué, la tutelle est conférée par le conseil de famille, encore qu'il y eût d'autres ascendans en état de la gérer: il ne se fait pas de dévolution.*
448. *En cas de concurrence entre deux bisaïeuls de la ligne*

---

(1) La difficulté sera d'autant moins grave sous le Code, que généralement le tuteur élu par le père ou la mère n'est point tenu d'accepter la tutelle, et qu'ainsi ceux qui n'auront pas l'administration pourront refuser la charge; au lieu que, suivant le droit romain, le tuteur élu ne pouvait se faire excuser qu'en vertu des causes ordinaires. La considération qu'il n'était ni parent du défunt, ni son ami, qu'il ne le connaissait même pas, ne suffisait point pour le dispenser de la tutelle. §. 10, INSTIT., *de Excusat. tutor. vel curat.*

paternelle, *la tutelle appartient à celui dont le mineur*
porte le nom.

449. *Si la même concurrence a lieu entre deux bisaïeuls de la*
ligne maternelle, le conseil de famille choisit l'un
d'eux.

445. La troisième tutelle, dans l'ordre établi par
la loi, est la tutelle légitime des ascendans autres
que les père et mère.

Cette tutelle n'a pas lieu du vivant de ceux-ci,
ni quand le survivant d'entre eux a fait choix d'un
tuteur (1) : « Lorsqu'il n'a pas été choisi au mineur
« un tuteur par le dernier mourant de ses père et
« mère, porte l'article 402, la tutelle appartient
« de droit à son aïeul paternel; à défaut de celui-
« ci, à son aïeul maternel, et ainsi en remontant,
« de manière que l'ascendant paternel soit toujours
« préféré à l'ascendant maternel du même degré. »

Cette préférence n'est point arbitraire, elle est
fondée sur un motif réel : l'enfant porte le nom de
son aïeul paternel, et non celui de son aïeul maternel.

446. Nous disons que cette tutelle ne s'ouvre
point du vivant des père et mère; elle ne s'ouvre
même pas du vivant de la mère, quoique celle-ci
refuse la tutelle, en usant de la faculté que lui
donne l'article 394 : deux dispositions le veulent
ainsi.

La première est fondée sur l'article 402 lui-

(1) Nous venons de voir ce qui est relatif à cette élection.

même, qui est le principe de la tutelle des ascendans; il ne les appelle que lorsqu'il n'a pas été
choisi un tuteur par le *dernier mourant* des père
et mère : il faut donc que le survivant de ceux-ci
meure pour qu'il y ait lieu à la tutelle des ascendans. Il ne suffit pas qu'il soit *survivant* : ces expressions ne sont point ici synonymes. La loi s'en
était déjà servie dans l'article 397, relativement au
droit qu'elle accorde au père ou à la mère de choisir un tuteur, droit qui n'appartient qu'au *dernier
mourant* d'entre eux, ainsi que nous l'avons expliqué (1).

La seconde est puisée dans l'article 394, qui, en
accordant à la mère survivante la faculté de refuser
la tutelle, dit qu'elle en remplira les fonctions jusqu'à ce qu'elle ait fait *nommer un tuteur*. Ainsi, non-
seulement la mère n'a pas le droit de le nommer, et
c'est ce que nous avons établi, mais la loi elle-
même ne le nomme pas davantage : c'est au conseil de famille à le nommer. Le degré de la tutelle
légitime se trouve rempli par l'existence de la mère,
et celui des ascendans ne s'est point encore ouvert.
La Cour de cassation a jugé la question conformément à ces principes (2), en décidant, sur le cas où
la mère avait perdu de plein droit la tutelle pour
s'être remariée sans avoir convoqué le conseil de
famille, « que les articles 402 et 405 ne sont ap-

(1) *suprà*, n° 434.
(2) Voir l'arrêt du 26 février 1807. *Journal de Jurispr. du Cod. civ.*,
tom. VIII, pag. 324.

« plicables qu'au cas du décès des père et mère du
« mineur, et que dans ceux prévus aux articles 395
« et 396 la tutelle légale des ascendans n'a pas lieu,
« puisque ces articles appellent la délibération du
« conseil de famille. » Or, l'article 394 l'appelle
bien mieux encore; car ce conseil n'est pas seulement convoqué pour décider si la tutelle sera ou
non conservée à la mère, mais bien pour nommer
un tuteur.

447. D'après ces principes que, lorsque la tutelle légitime trouve une personne pour se reposer
sur elle, le degré de la loi est épuisé, encore que
cette personne n'exerce pas la tutelle; qu'il ne se
fait pas de dévolution à une autre (1), que l'ordre
successif n'est pas plus admis sous le Code qu'il ne
l'était dans le droit romain (2), nous décidons aussi
que si l'ascendant le plus proche au moment où
s'ouvre la tutelle est incapable, exclu ou excusé,
ou que si, après avoir eu la tutelle, il est destitué,
elle ne passe pas pour cela à l'ascendant d'un degré
supérieur; bien mieux, qu'elle ne passe même pas

---

(1) Il n'y en a même pas dans la tutelle des père et mère, puisque,
pendant le mariage, il n'y a pas, à proprement parler, de tutelle;
et après la mort du survivant, la tutelle qui passe aux ascendans n'y
passe point par dévolution, c'est une autre tutelle légale.

(2) Suivant les principes de ce droit, lorsque le plus proche agnat
vivant au moment où s'ouvrait la tutelle s'excusait de l'accepter, ou
en était exclu, ou était destitué, la tutelle ne passait pas de plein droit
à l'agnat du degré subséquent; elle était *dative*, déférée par le magistrat, parce que le degré de la loi était épuisé. *Voy.* Vinnius, sur le
§. 7, Instit., *de Capit. minut.*

à l'aïeul maternel, quand l'aïeul paternel existe, quoiqu'il ne puisse ou ne veuille être tuteur, ayant une excuse à faire valoir. Par rapport à lui, l'aïeul maternel est au second degré de l'ordre légal, et la dévolution n'a pas lieu d'un tuteur légitime à un autre; l'article 402 dit : *à défaut de l'aïeul paternel*, etc.; or, en matière de tutelle, ces mots, *à défaut*, s'entendent du cas de mort, et non de celui d'excuse ou d'exclusion, ainsi qu'on vient de le voir. Peu importe que l'article 405, par une rédaction équivoque, semble n'ouvrir la tutelle dative qu'au cas où il *n'y a pas d'ascendans ;* les derniers termes de ce même article : *comme aussi lorsque le tuteur de l'une de ces qualités se trouvera dans un des cas d'exclusion*, etc., expliquent les premiers, et démontrent que, lors même qu'il y a des ascendans, comme dans l'espèce, si *le tuteur de cette qualité* n'a pas la tutelle pour une cause quelconque, c'est au tribunal de famille qu'il faut recourir pour en faire nommer un. La loi n'a pas fait davantage. Ce tribunal d'ailleurs doit être réuni pour juger du mérite du fait de dispense ou d'exclusion, et une des principales raisons sur lesquelles sont fondées les tutelles légales cessant par-là même, c'est à lui de faire le choix, comme le faisait à Rome le magistrat.

448. « Si, à défaut de l'aïeul paternel et de l'aïeul « maternel du mineur, la concurrence se trouvait « établie entre deux ascendans du degré supérieur

« appartenant tous deux à la ligne paternelle du
« mineur (1), la tutelle passe de droit à celui des
« deux qui se trouve être l'aïeul du père du mineur
« (art. 403), » parce que c'est son nom que porte
celui-ci. Mais c'est un cas qui se présentera bien
rarement.

449. « Si la même concurrence a lieu entre deux
« bisaïeuls de la ligne maternelle, la nomination
« est faite par le conseil de famille, qui ne peut
« néanmoins choisir que l'un de ces ascendans.
« (Art. 404.) »

SECTION IV.

*De la Tutelle déférée par le conseil de famille, et des
Attributions de ce conseil.*

SOMMAIRE.

450. *Division de cette section.*

§. Ier.

Cas où il y a lieu à la Tutelle déférée par le conseil de
famille.

451. *Texte et application de l'article 405.*

§. II.

Convocation, composition et mode de délibération du conseil
de famille.

452. *Personnes qui ont qualité pour requérir la convocation du
conseil de famille.*

---

(1) C'est-à-dire, entre l'aïeul paternel du père du mineur, qui est
le bisaïeul de celui-ci, et l'aïeul maternel du père, qui est aussi le bisaïeul du mineur.

453. *Elle a lieu devant le juge de paix du domicile qu'a le mineur au moment où s'ouvre la tutelle, et les convocations postérieures doivent, en général, être faites devant le juge de paix de ce domicile, lors même que ce n'est pas celui du tuteur.*

454. *L'assemblée se tient de plein droit chez le juge de paix.*

455. *C'est lui qui fixe le délai pour comparaître.*

456. *Tout citoyen dûment convoqué doit comparaître en personne ou se faire représenter par un fondé de pouvoir.*

457. *Peine contre ceux qui ne comparaissent pas.*

458. *Composition du conseil de famille dans les cas ordinaires.*

459. *Composition du conseil par les frères germains, maris de sœurs germaines, ascendantes veuves et ascendans valablement excusés de la tutelle.*

460. *Les ascendantes et les ascendans valablement excusés ne sont pas membres nécessaires du conseil en ce sens qu'ils soient obligés d'y assister.*

461. *Pour être membre d'un conseil de famille, il faut être mâle et majeur. Exceptions à la règle.*

462. *Disposition des articles 409 et 410 : application et conséquences de ces articles.*

463. *Le conseil est présidé par le juge de paix ; sa voix est prépondérante en cas de partage.*

464. *La présence des trois quarts au moins des membres convoqués est nécessaire pour délibérer.*

465. *Le membre présent qui ne veut pas prendre part à la délibération fait-il partie de ce nombre ?*

466. *La délibération est prise à la majorité absolue des membres présens, et non à la pluralité relative : dans quel cas y a-t-il partage, pour que puisse s'exercer la prépondérance du juge de paix ?*

467. *Le tuteur peut être choisi parmi les membres du conseil : la voix du membre qui se la donne à lui-même doit-elle être comptée ?*

468. *Si la délibération n'est pas prise à l'unanimité, l'avis de chacun des membres doit être mentionné au procès-verbal.*

469. *Cas où il y a lieu de nommer un pro-tuteur.*

§. III.

Attributions du conseil de famille.

470. *Cas dans lesquels il nomme un tuteur, un pro-tuteur, un subrogé tuteur, ou un curateur.*
471. *Cas dans lesquels il exerce ses attributions quant aux actes.*
472. *Les conseils de famille ne sont point juges du mérite de leurs délibérations.*
473. *Ils ne sont point responsables des conséquences de leurs décisions, sauf les cas de fraude ou de faute grave.*

§. IV.

De l'Exécution des délibérations du conseil de famille, et du droit de les faire réformer.

474. *Cas dans lesquels la délibération ne peut être exécutée qu'après avoir été revêtue de l'homologation du tribunal.*
475. *Texte de l'article* 883 *du Code de procédure : explications.*
476. *Il ne déroge point à l'article* 448 *du Code civil.*
477. *Il ne s'applique pas, dans sa dernière partie, à la* nomination *régulièrement faite d'un tuteur qui n'est point incapable d'exercer la tutelle.*
478. *Les tribunaux civils, seuls compétens pour statuer sur les demandes élevées contre les délibérations du conseil de famille, ne les jugent qu'en premier ressort.*

§. V.

Si les vices dans la composition du conseil de famille ou dans le mode de délibération donnent lieu à la nullité des actes faits par le tuteur indûment nommé.

479. *La question décidée par une distinction.*

45o. Nous aurons à voir dans cette section,

1º Dans quels cas il y a lieu à la tutelle déférée par le conseil de famille;

2º La convocation, la composition et le mode de délibération de ce conseil;

3º Ses attributions;

4º L'exécution de ses délibérations et le droit de les faire réformer;

5º Si les vices dans la composition du conseil ou dans le mode de délibération donnent lieu à la nullité des actes faits par le tuteur indûment nommé.

§. Iᵉʳ.

Cas où il y a lieu à la tutelle déférée par le conseil de famille.

451. Ce qui précède nous dispense d'entrer dans de longs développemens sur ce point. Voici ce que porte l'article 4o5 touchant cette espèce de tutelle :

« Lorsqu'un enfant mineur et non émancipé res-
« tera sans père ni mère, ni tuteur élu par ses père
« et mère, ni ascendans mâles; comme aussi lors-
« que le tuteur de l'une des qualités ci-dessus ex-
« primées se trouvera ou dans le cas des exclusions
« dont il sera parlé ci-après, ou valablement ex-
« cusé, il sera pourvu, par un conseil de famille,
« à la nomination d'un tuteur. »

Ainsi, quand le survivant des père et mère est valablement excusé, exclu ou destitué; quand le tuteur élu par lui est dans un de ces cas, et enfin lorsque l'ascendant auquel la tutelle est déférée dans l'ordre légal ne l'exerce pas par l'une de ces causes, il y a lieu à la tutelle *dative* ou conférée par le conseil de famille; car il est vrai de dire que *le tuteur de l'une de ces qualités*, celui à qui appartenait la tutelle, soit d'après le vœu de la loi, soit d'après le vœu de l'homme, se trouve dans le cas qui donne ouverture à celle conférée par le tribunal de famille, puisque le degré de la loi ou de l'homme se trouve épuisé.

§. II.

Convocation, composition et mode de délibération du conseil de famille.

452. Le conseil de famille est convoqué, soit à la diligence et réquisition des parens du mineur, de ses créanciers ou autres parties intéressées, soit même d'office, et à la poursuite du juge de paix du domicile du mineur (1). (Art. 406.)

Il n'y a que ces personnes qui aient le droit de requérir la convocation; mais toute personne quelconque peut dénoncer à ce juge de paix le fait qui donne lieu à l'ouverture de la tutelle (*ibid.*) : par exemple, le décès du survivant des père et mère, le jugement qui rend le tuteur légitime ou élu, exclu de celle qu'il exerçait, etc., etc.

---

(1) Voir au tom. Ier, n.° 367.

453. Ce n'est cependant pas dans tous les cas que le conseil de famille doit être convoqué devant le juge de paix du domicile du mineur : cela n'est généralement vrai que dans celui où la tutelle dative s'ouvre pour la première fois; et c'est ce cas que cet article, combiné avec le précédent, a en vue : car, lorsque le tuteur nommé n'a pas le même domicile que celui qu'avait le mineur à l'époque de l'ouverture de la tutelle, ou qu'ayant ce domicile il vient à en changer, et qu'il est nécessaire ensuite de convoquer le conseil de famille afin d'obtenir l'autorisation pour tel ou tel acte, ou pour nommer un nouveau tuteur, alors ce n'est plus le juge de paix du domicile actuel du mineur, c'est-à-dire de celui du tuteur (art. 108), qui est compétent, c'est le juge de paix du domicile qu'avait le mineur lors de l'ouverture de la tutelle; autrement il dépendrait du tuteur, en transportant son domicile au loin, d'isoler le mineur de tous ses parens et alliés, et de le priver de leur appui. La question a été jugée en ce sens par la Cour d'Angers et celle de cassation, à l'égard d'un changement de tuteur donné à un interdit. Ces Cours ont pensé que l'article 406 n'entendait parler que du domicile du mineur au moment où la tutelle s'ouvre pour la première fois, et que tous les autres conseils de famille qui se tiendraient par la suite devraient être convoqués devant le juge de paix de ce domicile, nonobstant le changement que le tuteur aurait fait du sien, parce qu'il serait contraire aux intérêts des mineurs que la convoca-

tion des conseils de famille suivît les divers domiciles que pourraient prendre successivement les tuteurs (1).

L'être moral appelé *tutelle* aurait ainsi un domicile qui ne varierait pas. Cependant nous croyons que cette décision serait susceptible de modification pour le cas où ce serait le père, la mère ou un autre ascendant, qui aurait changé de domicile depuis que la tutelle s'est ouverte en sa personne : dans ce cas, les convocations du conseil de famille pour autorisation et autres objets devraient avoir lieu devant le juge de paix de son domicile actuel, qui est celui du mineur, autrement ce serait l'obliger à des déplacemens gênans et dispendieux. D'ailleurs il serait très-possible dans ce cas que le mineur se trouvât avoir moins de parens ou alliés dans le lieu où demeurait l'ascendant lorsque la loi lui a déféré la tutelle, que dans celui où il a son domicile actuel. Ajoutez qu'à la mort de cet ascendant la tutelle dative venant à s'ouvrir, c'est bien évidemment à ce nouveau domicile que le conseil de famille devrait être convoqué, d'après l'article 406, puisque le mineur n'en a pas d'autre (art. 108). Enfin, l'amour paternel est une puissante garantie contre les inconvéniens signalés plus haut.

454. L'assemblée se tient de plein droit chez le

---

(1) Voir l'arrêt du 29 novembre 1809. Sirey, 10, 1, 63.

juge de paix, à moins qu'il ne désigne lui-même un autre local. (Art. 415.)

Comme il n'est point juge dans cette circonstance, qu'il n'est que le chef de la famille qui délibère avec lui, la séance n'est point publique. L'article 8 du Code de procédure, relatif à la publicité des audiences, n'est point applicable aux délibérations de famille, qui, par leur nature, exigent au contraire le secret, surtout tant qu'elles ne sont pas encore prises.

455. Le délai pour comparaître est réglé par le juge de paix à jour fixe, mais de manière qu'il y ait toujours entre la citation notifiée et le jour indiqué pour la réunion du conseil un intervalle de trois jours au moins, quand toutes les parties citées résident dans la commune ou dans la distance de deux myriamètres : il faut qu'elles aient un temps suffisant pour mûrir leurs idées, prendre des renseignemens, etc.

Et toutes les fois que, parmi les parties citées, il s'en trouve de domiciliées au-delà de cette distance, le délai est augmenté d'un jour par trois myriamètres. (Art. 411.)

Le jour de la citation et celui de la comparution ne sont pas comptés. (Art. 1033, Code de procéd.) Le délai de trois jours doit être franc.

456. Les parens, alliés ou amis ainsi convoqués (1) sont tenus de se rendre en personne, ou

_____

(1) C'est au juge de paix à dresser lui-même la liste des personnes

de se faire représenter par un mandataire spécial.

Le fondé de pouvoir ne peut représenter plus d'une personne. (Art. 412.)

S'il pouvait en représenter deux, il pourrait, par la même raison, en représenter trois, quatre, et enfin toutes celles appelées à la composition du conseil, et en réalité il n'y aurait plus de discussion.

La loi n'exige pas que la procuration soit en la forme authentique, comme elle l'exige pour les actes de l'état civil, l'acceptation des donations et autres actes à l'égard desquels elle s'est expliquée formellement : on reste donc dans les termes du droit commun, d'après lequel le mandat peut être légalement donné par un acte sous seing-privé. (Art. 1985.)

Mais il doit être enregistré.

Il n'est pas nécessaire, au surplus, qu'il détermine le parti que le fondé de pouvoir prendra dans la délibération relativement à l'objet sur lequel le conseil de famille est convoqué, ni en cas d'élection de tuteur, curateur ou subrogé-tuteur, qu'il désigne la personne à laquelle le mandataire donnera son suffrage ; c'est la discussion qui l'éclairera à cet égard. Le mandat, conçu en termes généraux,

qu'il doit appeler : cela résulte de la combinaison des articles 409 et 410. Il est le régulateur des opérations du conseil de famille, le délégué de la loi à cet effet. Il s'informe sans doute auprès du requérant des personnes qu'il doit appeler ; mais il ne doit point s'en rapporter aveuglément aux indications qui lui sont données par lui, puisque autrement le vœu de la loi pourrait devenir illusoire.

III.   29

à l'effet de représenter au conseil de famille le citoyen convoqué, remplit même mieux le vœu de la loi.

457. Tout parent, allié ou ami convoqué, et qui, sans excuse légitime, ne comparaît point, encourt une amende (1) qui ne peut excéder cinquante francs; elle est prononcée sans appel par le juge de paix. (Art. 413.)

S'il y a excuse suffisante, et qu'il convienne, soit d'attendre le membre absent, soit de le remplacer, en ce cas, comme en tout autre où l'intérêt du mineur semble l'exiger, le juge de paix peut ajourner l'assemblée ou la proroger. (Article 414.) (2).

458. Le conseil de famille est composé, non compris le juge de paix, de six parens ou alliés (3), pris tant dans la commune où s'ouvre la tutelle, que dans la distance de deux myriamètres, moitié

---

(1) Sauf la modification dont il est parlé n° 460, *infrà.*

(2) L'*ajourner*, c'est-à-dire renvoyer la délibération sans en fixer le jour; la *proroger*, c'est-à-dire remettre à jour fixé la délibération que l'on n'a pas pu prendre. Dans le premier cas, il faudra une nouvelle convocation, en observant les délais; dans le second, il n'en est pas besoin pour les membres présens : ils sont suffisamment avertis.

(3) Lorsque l'époux qui formait l'alliance et les enfans issus de son union sont décédés, l'affinité est éteinte, et par conséquent le conjoint, de nouveau marié ou non, ne fait pas partie du conseil. Cela nous paraît résulter des articles 206, Cod. civ., et 378, Cod. de proc. Le dernier de ces articles dit, il est vrai, que « le beau-père, le gendre et *les beaux-frères* ne pourront être juges; » ce qui paraît faire croire à l'existence d'une affinité quelconque entre ces personnes; mais cette décision est plutôt fondée sur des motifs de bienséance que

du côté paternel, moitié du côté maternel, et en suivant l'ordre de proximité dans chaque ligne.

Le parent est préféré à l'allié du même degré;

Et parmi les parens du même degré, le plus âgé à celui qui l'est le moins (art. 407). Il en est de même parmi les alliés.

On ne doit pas compter ceux qui, pour une des causes déterminées par la loi, et qui seront ultérieurement expliquées, ne peuvent faire partie d'un conseil de famille.

459. Les frères germains et les maris de sœurs germaines (1) sont exceptés de la limitation de ce nombre.

S'ils sont six, ou au-delà, ils seront tous membres du conseil de famille, qu'ils composeront seuls (2), avec les veuves d'ascendans (3) et les ascendans valáblement excusés, s'il y en a.

---

sur la réalité d'une alliance encore subsistante, puisque l'obligation relative aux alimens a entièrement cessé entre elles, suivant l'art. 206 précité. On a cependant jugé à Bruxelles que l'affinité subsistait encore après la mort de la femme, quoiqu'il n'y eût pas d'enfans. Arrêt du 11 juin 1812. Sirey, 13, 2, 220.

(1) Si, comme nous venons de le dire, la femme existe encore, ou qu'il y ait des enfans du mariage; car autrement l'affinité serait rompue; mais s'il y a des enfans, que le mari ait ou non passé à de nouvelles noces, l'affinité subsiste. Les sœurs, filles ou veuves ne doivent pas être appelées. (Art. 442.)

(2) Excepté ceux qui, pour une cause légale, n'en peuvent faire partie.

(3) Par *veuves d'ascendans* il ne faut pas entendre les secondes femmes des ascendans des mineurs, mais bien les *veuves ascendantes*, les veuves des *ascendans par alliance.* En effet, il est bien évident, d'après l'article 442, que la belle-mère ne serait point appelée au con-

S'ils sont en nombre inférieur, les autres parens ne seront appelés que pour compléter le conseil. (Art. 408.)

La loi ne fait exception au principe posé d'abord que relativement à la limitation *du nombre*, et non quant à *la distance du domicile.* Dans beaucoup de circonstances, les déplacemens auraient été trop gênans et trop dispendieux : la faculté qu'elle accorde au juge de paix par l'article 410 obvie d'ailleurs à l'inconvénient qui pourrait, dans certains cas, résulter pour le mineur de ce qu'un de ses frères ou beaux-frères ne ferait point partie du conseil qui doit lui choisir un tuteur, puisque ce juge peut les y appeler.

Et ces mots, *s'ils sont en nombre inférieur,* se réfèrent, et grammaticalement et par le sens de la loi, seulement aux frères germains et maris de sœurs germaines : d'où il suit que, outre les ascendantes veuves et les ascendans valablement excusés de la tutelle, il faut appeler d'autres parens ou alliés pour compléter le conseil; et ils devront être pris dans chacune des lignes : si le nombre en est impair, le juge de paix se déterminera, par les circonstances,

seil; car il en exclut les femmes, excepté *la mère* et les ascendantes : d'ailleurs, elle aurait presque toujours des intérêts opposés à ceux du mineur. D'après cela, comment pourrait-on supposer que le législateur eût entendu, par un vain motif de déférence, appeler aux conseils de famille des femmes de la même qualité et d'un degré plus éloigné, quand il n'y appelle les femmes que par exception? Cette déférence, on la conçoit pour de véritables ascendantes, mais non pour les autres.

à prendre le nombre supérieur dans une ligne de préférence à l'autre.

460. Au reste, les veuves ascendantes et les ascendans valablement excusés font bien partie du conseil de famille, comme il est dit ci-dessus, mais ils n'y sont appelés que par déférence : ils n'en sont point membres nécessaires, puisque, dans le cas où les frères germains et maris de sœurs germaines sont en nombre inférieur à six, la loi appelle d'autres parens ou alliés pour le compléter; ils sont donc libres d'y assister ou de n'y pas assister. En conséquence, et nonobstant la généralité de la disposition de l'article 413, le juge de paix ne devrait point prononcer contre eux l'amende pour ne s'être pas rendus à l'assemblée. Il en serait autrement à l'égard des ascendans non valablement excusés de la tutelle; et quant à ceux qui n'y étaient pas appelés par la loi, ils font nécessairement partie du conseil, s'ils n'ont une cause légitime de dispense ou s'ils n'en sont exclus.

461. Nous verrons plus loin quels sont les parens qui sont dispensés d'assister aux conseils de famille ou qui en sont exclus : nous dirons cependant, quant à présent, qu'il faut en général être mâle et majeur, et n'avoir point été exclu ou destitué d'une tutelle. (Art. 442 et 445.)

462. Lorsque les parens ou alliés de l'une ou de l'autre ligne (1) se trouvent en nombre insuffisant

_____

(1) On ne pourrait compléter le nombre de parens ou d'alliés re-

sur les lieux ou dans le rayon de deux myriamètres, le juge de paix appelle soit des parens ou alliés domiciliés à de plus grandes distances, soit, dans la commune même, des citoyens connus pour avoir eu des relations habituelles d'amitié avec le père ou la mère du mineur (1). (Art. 409.)

Le juge de paix peut, lors même qu'il y aurait sur les lieux (2) un nombre suffisant de parens ou alliés, permettre de citer, à quelque distance qu'ils soient domiciliés, des parens ou alliés plus proches en degré, ou de mêmes degrés que les parens ou alliés présens; de manière toutefois que cela s'opère en retranchant quelques-uns de ces derniers, et sans excéder le nombre réglé par les précédentes dispositions. (Art. 410.)

Il ne peut faire l'application de cette faculté au cas prévu à l'article 408, de manière à retrancher un frère germain, ou un mari de sœur germaine, ou une ascendante, ou un ascendant non valablement excusé, capables d'ailleurs de faire partie du conseil; car LA LOI les appelle spécialement à en faire partie.

Il ne peut pas davantage retrancher un parent ou un allié domicilié dans le rayon de deux my-

---

quis et manquant dans une ligne, par des parens ou alliés pris dans l'autre : l'équilibre serait rompu, et l'influence de chacune des lignes doit, autant que possible, égaler celle de l'autre.

(1) Les amis domiciliés *hors de la commune* ne sont pas tenus de comparaître, puisqu'ils ne devaient pas être convoqués.

(2) Et à plus forte raison, dans le cas de l'article 409.

riamètres, pour lui substituer un ami, ou même
un parent d'un degré plus éloigné; ni un parent,
pour donner la préférence à un allié, encore que
le substitué demeurât dans ce ressort. Les parens
ou alliés sont légalement présumés avoir plus d'affection pour le mineur que les amis de son père
ou de sa mère; le plus proche l'emporte à cet
égard sur le plus éloigné, et le parent sur l'allié.
Cela résulte évidemment du système général de la
loi sur la composition des conseils de famille, notamment de l'article 407, et de l'article 409 lui-
même, qui, en permettant d'appeler les amis, dit
positivement que ce ne sera qu'en cas d'insuffisance des parens ou alliés dans le ressort de deux
myriamètres (1).

Mais lorsque, dans la composition du conseil,
il se conforme au vœu de l'article 407, soit pour
en puiser les élémens dans les deux lignes, soit
par rapport à la proximité du degré, soit par rapport à la préférence due au parent sur l'allié du
même degré, soit enfin en appelant le plus âgé en
cas de concours dans la même ligne, il ne peut être
contraint par des parens ou alliés plus proches,
mais domiciliés hors du rayon déterminé par cet
article, de les admettre au conseil. C'est une faculté
que la loi lui laisse, mais ce n'est point une obligation qu'elle lui impose. Elle s'est déterminée par

____

(1) *Voy.* l'arrêt de la Cour de Besançon, du 26 août 1808. Sirey,
tom. VII, 2ᵉ sect., pag. 865.

plusieurs motifs : inconvéniens souvent très-graves
pour les parens domiciliés au loin, de se déplacer
ou de choisir un mandataire dans un lieu avec lequel ils n'auraient eu peut-être aucune relation ;
frais de déplacement, qui, dans certaines circonstances, devant retomber sur le mineur, auraient
fait tourner contre lui ce qui aurait paru introduit
en sa faveur. Toutes ces considérations ont donc
dicté le principe du pouvoir discrétionnaire que le
législateur a cru devoir laisser dans ce cas au juge
de paix, et les conséquences de ce principe ne
doivent pas être éludées par des motifs particuliers
à des parens qui n'étaient point dans le cercle des
personnes spécialement appelées à venir donner
leur avis, encore qu'ils offrissent de ne réclamer
aucun frais de déplacement (1).

463. Le conseil de famille est présidé par le juge
de paix : il y a voix délibérative, et sa voix est prépondérante en cas de partage (art. 416). Nous
allons voir quand il y a partage.

464. La présence des trois quarts des membres
convoqués est nécessaire pour délibérer (art. 415).
Ainsi, dans les cas ordinaires, où le conseil de famille est composé de six membres non compris
le juge de paix, il en faudrait au moins cinq pour
délibérer avec effet, et six dans le cas où il se trouverait composé de sept membres, frères germains,

---

(1) Jugé absolument en ce sens, par la Cour de Rouen, le 29 novembre 1816. Sirey, 17, 2, 76.

maris de sœurs germaines, ascendans valablement excusés de la tutelle, et ascendantes veuves ; car le juge de paix n'est pas *convoqué*, il est désigné par la loi ; il n'est pas *membre* du conseil, il en est le *chef*, le président né : en un mot, toute l'économie de la matière indique clairement que c'est abstraction du juge de paix que les trois quarts des membres convoqués à l'effet de composer le conseil doivent être présens ; or, quatre ne forment pas au moins les trois quarts de six, cinq les trois quarts de sept.

465. Lorsque l'un des membres convoqués et *présent* ne veut pas prendre part à la délibération, elle n'en peut pas moins être prise, quand bien même les trois quarts des personnes convoquées ne se trouveraient plus entiers au moyen de ce refus : autrement, toute délibération pourrait être entravée, au grand préjudice du mineur (1). L'article 415 exige la *présence* des trois quarts, et ne demande pas que les trois quarts délibèrent. Mais il faut au moins que la délibération soit prise à la pluralité, non pas, il est vrai, des membres qui

---

(1) *Voy.* un arrêt de la Cour de Bruxelles, rendu en ce sens le 15 mars 1816. Sirey, 7, 2, 866.

La Cour d'Agen paraît avoir jugé le contraire, en décidant qu'un conseil de famille n'avait pu valablement délibérer au nombre de cinq membres, encore que le sixième eût de bonnes raisons de *s'abstenir* de prendre part à la délibération (il paraît qu'il ne pouvait faire partie d'un conseil de famille), attendu que la faculté de délibérer à la majorité n'est relative qu'au cas *d'absence*. (26 mars 1810. Sirey, 7, 2, 857.) Mais il faut remarquer que, par l'appel fait à ce membre, le conseil se trouvait irrégulièrement composé ; c'était comme si cinq membres seulement eussent été convoqués.

ont délibéré, mais des membres présens, comme dans toute délibération.

466. Nous disons *à la pluralité,* et nous entendons par là, non une pluralité relative, mais la majorité de tous les membres présens à la délibération, y compris le juge de paix, dont la voix, en cas de partage, est prépondérante. S'il n'en était ainsi, deux voix seulement formeraient la décision; bien mieux, dans le cas où les voix seraient toutes isolées, ce qui ne serait pas impossible dans les nominations de tuteur ou de subrogé-tuteur, celle du juge de paix, seule, la formerait : car il y aurait partage dans le sens du système contraire ; ce qui serait absurde. Si donc le conseil est composé de six membres présens et du juge de paix ; que trois membres donnent leur voix à Paul, deux autres et le juge de paix la leur à Jean, et le dernier la sienne à Philippe, Jean ne sera pas régulièrement nommé (1); car la voix du juge de paix ne compte pas pour deux : elle *départage* par sa prépondérance, et voilà tout; mais faut-il pour cela qu'il y ait partage : or, il n'y a partage que lorsqu'il y a

---

(1) A plus forte raison, Paul le serait-il encore moins, si la voix du juge de paix était isolée ou portée sur Philippe. Il existe sur ce dernier cas un arrêt de la Cour de Metz, du 16 février 1812 (Sirey, 12, 2, 239), très-bien motivé, qui a reconnu, comme nous allons le dire, qu'il ne peut y avoir partage quand l'assemblée délibère en nombre pair; et nous ajouterons qu'il résulte de la combinaison des articles 117 et 118 du Code de procédure, qu'il n'y a partage, dans le sens de la loi, que dans le cas où il ne se forme que deux opinions, ayant chacune un nombre égal de voix. C'est aussi l'avis de M. Delvincourt.

égalité, et non quand les suffrages opposés à ceux du côté desquels est le sien forment le nombre quatre contre trois. La prépondérance n'ayant été attribuée au président que pour lever la difficulté résultant du partage d'opinions, le bon sens ne permet pas que le résultat, dans l'espèce, soit le même que s'il eût uni sa voix aux trois suffrages donnés à Paul. Le projet portait : « *En cas de partage, et si le conseil de famille ne peut s'accorder sur le choix du départageant, il sera nommé par le juge de paix.* »

M. Tronchet proposa de charger le juge de paix de départager, parce que la nomination du tuteur serait trop différée s'il fallait s'en rapporter à un autre départageant ; car il ne serait pas naturel, disait cet orateur, de s'en rapporter à un membre de l'assemblée. Et l'article fut adopté avec l'amendement de M. Tronchet : ce qui indique bien que la voix du juge de paix ne compte pas pour deux, qu'elle ne fait que *départager*, et par conséquent que sa prépondérance ne s'exerce que lorsque la délibération est prise en nombre pair. Si, dans l'espèce, les trois voix données à Paul et celle donnée à Philippe s'étaient réunies sur le même, assurément elles auraient opéré la décision, nonobstant les trois suffrages, y compris celui du juge de paix, obtenus par Jean, puisqu'il y aurait eu quatre voix contre trois. Cette réunion n'a pas eu lieu, il est vrai ; mais cette circonstance n'a pas augmenté le nombre de voix données à ce dernier, et trois voix ne doivent point l'emporter sur quatre dissidentes, peu importe leur division. Ce serait donc un sophisme que de dire que les trois voix qui l'emportent sur la voix unique sont elles-mêmes effacées par les trois au nombre desquelles se trouve celle du juge de paix; car c'est précisément ce que l'on nie. Oui, elles seraient effacées si elles étaient seules. La division fait bien que l'avis qu'elles expriment ne doit pas prévaloir, pas plus que celui exprimé par la voix unique; mais il n'en faut pas conclure que les trois autres suffrages, même y compris celui du juge de paix, sont l'organe de l'opinion de l'assemblée, puisque ces trois voix elles-mêmes sont combattues par quatre autres, et qu'en admettant que celle du juge de paix dût compter pour deux, ce serait quatre contre quatre, par conséquent partage : or, ayant déjà exercé sa prépondérance par l'effet du double vote, comme nous venons de le concéder, il ne pourrait l'exercer encore. La délibération n'en pourrait donc pas davantage être prise en faveur de Jean, puisqu'il y aurait toujours quatre voix *négatives* contre lui pour quatre voix affirmatives : il n'y aurait pas un pas de fait en sa faveur; il y aurait doute, et le sage dirait : *Abstiens-toi.*

Cependant il s'offre une difficulté : c'est pour le cas où les membres plus faibles en nombre ne voudraient pas absolument se réunir à l'une des deux opinions émises par le nombre supérieur, difficulté qui ne peut se présenter devant les tribunaux ordinaires, parce que la loi prescrit formellement aux magistrats cette réunion après avoir de nouveau recueilli les voix (art. 117, Cod. de procéd.). Dans ce cas, nous pensons qu'il y aurait lieu d'appliquer la disposition du projet de loi, à l'instar de ce qui se pratique dans le cas d'un véritable partage entre les membres d'un tribunal. M. Tronchet lui-même, nous n'en doutons pas, aurait modifié son observation pour ce cas particulier, s'il s'était présenté à sa pensée; car il n'a eu évidemment en vue que le partage opéré par le nombre pair.

467. Le tuteur peut être choisi parmi les membres du conseil (art. 418 du Cod. civ., et 882 du Cod. de procéd.). S'il n'en était ainsi, les frères germains et les maris des sœurs germaines, qui en sont membres nécessaires (art. 408), se trouveraient frappés d'incapacité relativement à la tutelle, quand, d'autre part, la loi témoigne à leur égard une préférence fondée sur l'affection qu'elle leur suppose pour le mineur; ce qui serait contradictoire. La personne choisie ne doit pas moins délibérer et donner son suffrage; mais généralement la décence ne lui permet pas de se le donner à elle-même. Nous disons *la décence*, car nous ne voyons rien dans la loi qui l'interdise, et qui commande au juge de paix de ne le pas compter au nombre de ceux qui se sont portés sur elle. La tutelle est une charge; et si un individu peut la désirer par des motifs peu honorables, d'autres, et

heureusement en plus grand nombre, peuvent aussi
la vouloir uniquement dans la pensée d'être véritablement plus utiles au mineur que ne le serait celui
sur lequel plusieurs des membres dirigent leurs
choix : ce peut être moins une préférence immo-
deste que l'on se donne sur un autre, que le moyen
d'écarter un choix que l'on croit dangereux, ou,
si plusieurs voix sont disséminées, celui d'arriver à
un résultat que l'on ne pourrait facilement obtenir
sans cela ; et comme il faut la majorité absolue, ce
qui paraît irrégulier dans ce suffrage se trouve pu-
rifié par ceux qui lui sont conformes. Enfin, ce n'est
pas là être juge dans sa propre cause, puisque, encore une fois, l'intérêt personnel peut être entièrement étranger à cette détermination. Nous croyons
donc que le juge de paix peut non-seulement compter ce suffrage, mais qu'il le doit.

468. Toutes les fois que la délibération n'est pas
prise à l'unanimité, l'avis de chacun des membres
qui composent le conseil doit être mentionné au
procès-verbal. (Art. 883, Cod. de procéd.)

Mais cet article n'exige pas que l'avis soit *motivé* :
il suffit qu'il soit mentionné. La loi exige toutefois
l'expression du motif dans le procès-verbal, au cas
d'exclusion ou de destitution du tuteur (art. 447,
Cod. civ.), et elle l'exige même, encore que la délibération soit prise à l'unanimité, puisqu'elle ne
distingue pas. Nous reviendrons sur ce point.

469. Quand le mineur possède des biens dans

les colonies, et réciproquement, l'administration spéciale de ces biens est donnée à un pro-tuteur.

En ce cas, le tuteur et le pro-tuteur sont indépendans, et non responsables l'un envers l'autre pour leur gestion respective. (Art. 417.)

§. III.

Attributions du conseil de famille.

470. Ces attributions se rapportent ou aux nominations et destitutions de tuteurs, subrogés-tuteurs, ou curateurs, ou aux actes d'administration pour lesquels l'autorisation du conseil de famille est nécessaire.

Ainsi ce conseil nomme au mineur un tuteur et un pro-tuteur dans les cas des articles 405 et 417.

Un tuteur au majeur interdit pour démence, dans celui de l'article 505.

Il en nomme un aux enfans, lorsque la mère tutrice se remarie. (Art. 396.)

Il confirme celui dont a fait choix la mère remariée et maintenue dans la tutelle. (Art. 400.)

Il choisit le tuteur parmi les deux bisaïeuls appartenant à la ligne maternelle. (Art. 404.)

Il nomme un tuteur provisoire dans les cas prévus aux articles 142 et 143.

Lorsqu'un tuteur excusé redemande la tutelle, ou que le nouveau demande sa décharge, le conseil peut la rendre au premier. (Art. 431.)

Il délibère pour savoir s'il convient de rendre

la tutelle au père ou à la mère, dans les cas des articles 28 et 42—6° du Code pénal.

Il consent au contrat de tutelle officieuse. (Article 361).

Il nomme un tuteur *ad hoc* à l'enfant désavoué. (Art. 318.)

Quand plusieurs mineurs ont des intérêts opposés dans un partage, il leur donne des tuteurs *ad hoc* à chacun. (Art. 838, Code civ., et 968, Code de procéd.)

Il nomme un tuteur à la substitution permise. (Art. 1055 et 1056.)

Dans toute tutelle régulière, il nomme un subrogé-tuteur. (Art. 420 et 505.)

Lorsque la veuve est enceinte, il nomme un curateur au ventre. (Art. 393.)

Il donne un curateur au mineur émancipé. (Art. 480.)

Il en nomme un au condamné aux travaux forcés à temps ou à la réclusion. (Art. 29 du Cod. pén.)

Il en nomme un au sourd-muet qui ne sait pas écrire, pour accepter une donation. (Art. 936.)

Il fait l'application de l'article 882 du Code de procédure, en chargeant l'un de ses membres de notifier au tuteur non présent sa nomination.

En cas de séparation de corps des père et mère, il vote sur le choix de l'époux à qui les enfans seront confiés. (Art. 302 par argum.)

Il prononce la destitution du tuteur qui est dans un des cas prévus par la loi. (Art. 446.)

471. Quant aux actes,

Le conseil de famille donne son consentement au mariage du mineur (art. 160), ou autorise le tuteur à y former opposition. (Art. 175.)

Il règle par aperçu la dépense annuelle du mineur, les frais d'administration, la somme à laquelle commencera pour le tuteur l'obligation de faire emploi de l'excédant des revenus sur la dépense. (Art. 454 et 455.)

Il autorise le subrogé tuteur à passer bail au tuteur des biens du mineur (art. 450);

Le tuteur à emprunter, aliéner, hypothéquer s'il y a lieu (art. 457);

A accepter ou répudier une succession (art. 461);

A accepter une donation (art. 463);

A intenter une action immobilière ou à y acquiescer, ou à former une demande en partage (art. 464, 465, 817);

A transiger au nom du mineur (art. 467);

A exercer les moyens de correction (art. 468);

Il décide si le mineur doit être émancipé (article 478);

S'il convient de lui retirer le bénéfice de l'émancipation, quand il n'a point été émancipé par mariage (art. 485);

Il délibère sur les causes d'interdiction, ou de nomination d'un conseil judiciaire, ainsi que sur celles qui peuvent motiver la main-levée de l'interdiction ou de la mise sous l'assistance du conseil. (Art. 494 et 514.)

III.   30

Il règle les conventions matrimoniales des enfans de l'interdit (art. 511), ainsi que celles du mineur dont il autorise le mariage. (Art. 160, 1309 et 1398 combinés.)

Il restreint, s'il y a lieu, lors de la nomination du tuteur, l'hypothèque légale qui doit couvrir ses biens, et donne son avis sur la demande en réduction d'hypothèque formée par le tuteur pendant la tutelle. (Art. 2141 et 2143.)

Il connaît peut-être encore de quelques autres actes, mais non de la reddition du compte de tutelle, ni des difficultés auxquelles il peut donner lieu.

472. Au surplus, les conseils de famille ne sont point juges du mérite de leurs délibérations, et encore moins de celles qui ont été prises par d'autres conseils qui les ont précédés. S'il s'élève des difficultés sur leur exécution ou à leur occasion, c'est aux tribunaux à les trancher. Le juge de paix est incompétent, même comme juge, pour les décider (1).

473. Ils ne sont pas responsables des conséquences de leurs avis, s'ils n'ont point agi frauduleusement ou avec une indifférence telle, que la faute devrait être assimilée au dol, par exemple en nommant pour tuteur un individu notoirement

---

(1) Voir l'arrêt de la Cour d'Amiens, du 11 fructidor an XIII. Sirey, 7, 2, 863.

connu pour être un dissipateur, un homme de mauvaise conduite ou en état de faillite : dans ce cas, le principe de leur responsabilité se puiserait dans les articles 1382 et 1383.

§. IV.

De l'Exécution des délibérations du conseil de famille, et du Droit de les faire réformer.

474. Dans les cas prévus aux art. 457, 458, 466, 467, 511 du Code civil, 982 et 984 du Code de procédure, les délibérations du conseil de famille n'ont d'effet qu'autant qu'elles sont revêtues de l'homologation du tribunal. Les formes à suivre, soit pour l'obtenir, soit pour s'y opposer, sont tracées aux art. 885 et suivans de ce dernier Code.

Il en est de même dans le cas de l'art. 448 du Code civil : si le tuteur n'adhère pas à la délibération qui l'exclut ou le destitue, il y a lieu à la faire homologuer.

Mais l'homologation n'est pas requise pour les nominations de tuteur. (Art. 418.)

475. Dans la prévoyance que des délibérations de famille qui, ainsi qu'on vient de le voir, s'appliquent à un si grand nombre d'objets, pourraient être prises légèrement et devenir préjudiciables au mineur, la loi donne à ceux qui sont ses défenseurs naturels le droit de les attaquer : « Toutes les fois, « porte l'art. 883 du Code de procédure, que les

« délibérations du conseil de famille ne seront pas
« unanimes, l'avis de chacun des membres qui le
« composent sera mentionné au procès-verbal.

« Les tuteur, subrogé-tuteur ou curateur, même
« les membres de l'assemblée, pourront se pourvoir
« contre la délibération; ils formeront leur demande
« contre les membres qui auront été d'avis de la dé-
« libération, sans qu'il soit nécessaire d'appeler en
« conciliation. »

Ce texte mérite quelques explications.

D'abord, lors même que la délibération serait
prise à l'unanimité, si elle avait pour objet l'exclusion ou la destitution d'un tuteur, elle devrait être
motivée : l'art. 447 du Code civil l'exige impérative-
ment. Par conséquent l'avis de chacun des membres serait par cela même implicitement mentionné
dans la partie de la délibération contenant les motifs
de l'exclusion ou destitution; et, malgré l'unanimité, le tuteur exclu ou destitué ne pourrait pas
moins se pourvoir contre cette décision : l'art. 448
lui donne ce droit indistinctement.

476. Ce même art. 448 porte que c'est contre le
subrogé-tuteur qu'il doit former sa réclamation pour
être maintenu dans la tutelle; et l'on doit rejeter
l'opinion de ceux qui pensent que l'art. 883 précité
déroge au Code civil, en ce que cet article veut que
la demande formée contre la délibération soit dirigée contre les membres qui en ont été d'avis. On
ne doit pas inférer d'une disposition générale qui

reçoit parfaitement son application à une foule de cas, une dérogation à une disposition spéciale et placée au siége même de la matière, surtout si l'on songe que cette dérogation tendrait à multiplier les frais, et qu'il eût même mieux valu autoriser la majorité à nommer un de ses membres pour défendre la délibération, ainsi que dans l'article précédent on l'autorise à en choisir un pour faire notifier au tuteur élu et non présent sa nomination. Le législateur a eu la volonté de laisser au conseil de famille, dans l'usage qu'il fait de ses fonctions en destituant un tuteur, l'indépendance la plus entière, et cette indépendance serait altérée dans beaucoup d'individus, s'ils avaient personnellement à craindre un procès pour cette cause. Par les mêmes motifs, on doit aussi rejeter le sentiment de ceux qui pensent que le tuteur exclu ou destitué peut choisir ou la voie indiquée par le Code civil, ou celle tracée par le Code de procédure. Ces deux opinions, comme opposées aux intérêts du mineur, sont inadmissibles ; il faut s'en tenir au Code civil pour le cas qu'il régit spécialement.

477. En troisième lieu, lorsqu'une nomination de tuteur, curateur ou subrogé-tuteur a été régulièrement faite, et qu'il n'y a non plus aucune cause d'incapacité ou d'exclusion dans l'individu choisi, la délibération est inattaquable, quoiqu'elle n'ait pas été prise à l'unanimité : ce n'est point à ce cas que peut s'appliquer la seconde disposition de cet

art. 883, qui donne aux membres de l'assemblée le droit de se pourvoir pour la faire réformer : cette disposition s'entend principalement (1) des cas où la décision de la famille a besoin d'être revêtue de l'homologation du tribunal, et voilà pourquoi la première partie de l'article exige que l'avis de chacun des membres soit mentionné au procès-verbal, afin que les juges puissent y trouver des élémens de détermination, à raison de la qualité particulière de celui qui l'a exprimée; elle ne s'applique pas à l'élection régulière d'un tuteur, dont la nomination s'opère d'après la juste application des art. 415 et 416 du Code civil, tuteur qui entre même de *suite* en fonction, s'il est présent à sa nomination (2). (Art. 418.)

478. Le tribunal de première instance qui statue sur la réclamation élevée contre une délibération de famille, n'est pas juge en dernier ressort (article 889, Cod. de procéd.); car, quoique revêtue d'une ordonnance de juge de paix, cette délibération n'est point par elle-même un *jugement* dans la véritable acception du mot : c'est un *avis*.

---

(1) Nous disons *principalement*, car elle s'entend aussi de quelques autres : par exemple, de ceux prévus aux articles 455, 461, 462, 463, 464, Code civil, dans lesquels l'homologation n'est pas requise, et où cependant la délibération pouvant être funeste au mineur, les tuteur, subrogé-tuteur ou curateur, et les membres de l'assemblée, ont droit de l'attaquer pour la faire réformer, s'il y a lieu.

(2) *Voy.*, au surplus, l'arrêt de la Cour de Paris, du 6 octobre 1814, rendu en ce sens. Sirey, 15 2, 215.

§. V.

Si les vices dans la composition du conseil de famille ou dans le mode de délibération donnent lieu à la nullité des actes faits par le tuteur indûment nommé.

479. C'est demander, en d'autres termes, si les paiemens faits de bonne foi à un tuteur indûment nommé, et dont le mineur n'a pas profité, seront réputés non avenus; si les baux des biens de celui-ci passés par ce tuteur devront être résiliés; si les jugemens rendus contre ce dernier en cette qualité devront être considérés comme non avenus ou rétractés sur requête civile; enfin, si les actes même qui ne pouvaient être valablement faits que d'après une homologation du tribunal, les partages, les ventes d'immeubles, les constitutions d'hypothèque et les transactions, seront sujets à annulation comme ayant été faits par un individu sans mandat, sans qualité (1)?

Nous ne déciderons pas la question contre le mineur en disant simplement que la loi ne prononçant pas la nullité des opérations d'un conseil de

---

(1) Suivant le droit romain, les actes faits par un faux tuteur étaient nuls, en principe; mais ceux faits par ce faux tuteur avec l'autorisation du magistrat étaient maintenus, sinon d'après le droit civil, du moins *per prætoris tuitionem.* L. 1, §. 5, ff. *quod falso tut. auct. gest. esse dicatur.*

Toutefois (et cela est important pour les actes faits sans l'autorisation de justice, mais dans les limites du pouvoir d'un tuteur), il ne faut pas confondre le faux tuteur dont parlent les lois romaines, avec

famille pour irrégularité dans sa composition, ou
dans le mode de sa délibération, ce n'est point aux
tribunaux à suppléer à son silence; cette doctrine
répugnerait aux principes : elle amènerait cette conclusion, même en droit, que le conseil de famille le
plus irrégulièrement composé, par exemple par des
femmes, par des individus destitués précédemment
des tutelles qu'ils exerçaient, par des alliés ou amis
quand il y avait des parens (1), ou par quelques
parens ou alliés seulement, pourrait, en nommant
un tuteur, lui conférer des pouvoirs aussi valables
que s'ils lui étaient conférés par une assemblée de
famille convoquée suivant le vœu de la loi. Nous
la déciderons cependant en faveur des tiers, mais
par un autre motif; ce motif, c'est la bonne foi, qui
ne permet pas que ceux qui ont traité avec un citoyen publiquement connu pour tuteur de tel mineur, soient victimes de la fraude ou de l'erreur de
ceux qui l'ont nommé : l'*erreur commune* les protége,
comme elle protége ceux qui ont obtenu des jugemens rendus par un juge incapable (2), ou qui ont

un tuteur nommé par un conseil de famille, quoique irrégulièrement
composé. Ce n'est pas là, à proprement parler, un faux tuteur : il est
investi d'un pouvoir irrégulier, et voilà tout. Aussi, tous les actes
faits de bonne foi avec lui, et avec les formalités requises, sont valables. *Voy.* à l'appui de cette décision un arrêt de la Cour de cassation, du 14 octobre 1806. Sirey, 6, 1, 416.

(1) Comme dans l'affaire *Thémines*, dont nous parlons au tome II,
n° 337, et dont l'arrêt est allé plus loin encore que le précédent.

(2) Ce qui est formellement décidé par la fameuse loi *Barbarius
Philippus*, 3, ff. *de Officio prætorum*, loi passée en maxime dans la jurisprudence française.

traité devant un officier public dont l'incapacité était inconnue; comme elle protége celui qui a fait de bonne foi un paiement au possesseur de la créance, encore que ce dernier en soit par la suite évincé (art. 1240), ou qui ont fait des actes avec un mandataire dont le pouvoir était révoqué (art. 2009). Sans doute cette nomination irrégulière peut être attaquée par ceux que la loi appelait de préférence au conseil de famille, eût-elle été prise à l'unanimité; mais les actes faits de bonne foi par les tiers, avec l'emploi de toutes les formalités requises, doivent être respectés.

Ces principes sont dans l'intérêt des mineurs eux-mêmes, puisque autrement tous les citoyens s'éloigneraient d'eux : dans l'impossibilité de s'assurer de la régularité des pouvoirs exercés par leurs tuteurs, personne n'oserait traiter avec ceux-ci; et le but de la loi, en donnant au mineur un représentant pour faire les actes qui le concernent, serait manqué.

Mais si, sans y être contraint par des poursuites, un débiteur payait à un tuteur, sachant que sa destitution est demandée; dans ce cas et autres semblables, la bonne foi n'existant plus, le mineur pourrait prétendre que ce paiement n'est pas valable à son égard, à moins qu'il n'en eût profité.

CHAPITRE II.

Des Causes qui dispensent d'accepter la tutelle, qui rendent incapable de l'exercer, ou doivent faire destituer le tuteur en exercice.

SOMMAIRE.

480. *Comment les Romains considéraient la tutelle : le Code est à peu près parti des mêmes principes pour autoriser un citoyen à se dispenser de l'accepter.*

481. *Les rédacteurs du Code ont sagement évité de confondre, comme eux, sous la dénomination d'excuses, les causes d'exclusion ou de rejet avec celles de dispenses.*

482. *Division de ce chapitre.*

480. Suivant les principes du droit romain, la tutelle et la curatelle sont en quelque sorte considérées comme des charges publiques (1), parce qu'il est de l'intérêt général que les mineurs ne soient pas sans défenseurs (2). D'après cela, ceux qui étaient capables d'exercer les fonctions publiques ne pouvant généralement les refuser, ne

---

(1) *Nam et tutelam et curam placuit publicum munus esse;* princip. Instit., *de Excusat. tutor. vel cur.*

Et la loi 214, ff. *de Verb. signif.*, définit en ces termes les charges publiques : *Munus autem est propriè quod* necessariò *obimus lege, more imperiove ejus qui jubendi habet potestatem.*

Au reste, ce n'était qu'improprement que la tutelle et la curatelle étaient des charges publiques, puisqu'elles n'avaient directement pour objet que l'intérêt des personnes qui y étaient soumises : *Tutela non est reipublicæ munus, nec quod ad impensum pertinet, sed civile.* L. 6, §. 15, ff. *de Excusat.*

(2) L. 2, §. 2, ff. *qui petant tut. vel cur.*

pouvaient, par la même raison, refuser la tutelle ou la curatelle, encore qu'ils ne fussent pas parens du mineur, et que celui-ci eût des parens en état ne lui prêter leur appui.

Notre Code est parti du même principe (article 1370), mais sans en pousser aussi loin les conséquences (art. 401 et 432), ainsi qu'on le verra bientôt.

Toutefois, dans plusieurs cas, l'intérêt général demandait aussi que le citoyen appelé à gérer une tutelle ou une curatelle pût s'en dispenser ; c'était lorsqu'il était revêtu de certaines fonctions qui le mettaient dans l'impossibilité de supporter la charge de la tutelle ou d'y apporter tous les soins qu'elle demande. Nos lois ont admis ces raisonnables exceptions; elles ont aussi admis la plupart de celles que le droit romain lui-même avait adoptées, quoique fondées sur des motifs d'intérêt privé, mais dont la justice se fait facilement sentir.

481. Les auteurs du Code ont, au surplus, évité de confondre sous la dénomination d'*excuses* les causes de dispenses avec celles d'exclusion ou de rejet, comme les ont confondues les rédacteurs des Institutes en divisant les excuses en *volontaires* et *nécessaires :* ils ont sagement séparé ce qui devait l'être ; car les dispenses n'opèrent leur effet qu'autant qu'elles sont proposées, tandis que les causes d'exclusion ou de destitution opèrent le leur malgré le tuteur ou curateur dans la personne duquel

elles se trouvent; ce sont donc des choses tout-à-fait dissemblables.

482. Nous traiterons cet objet dans les deux sections suivantes :

Dans la première, nous parlerons des causes de dispense;

Dans la seconde, de celles d'exclusion ou de destitution.

SECTION PREMIÈRE.

Des Causes qui dispensent de la tutelle.

SOMMAIRE.

de soixante-dix ans donne le droit de s'en faire décharger.

490. *Une infirmité grave fournit aussi une juste cause de dispense ou de décharge de la tutelle.*

491. *Deux tutelles dispensent toute personne d'en accepter une
troisième ; la tutelle de deux frères dont le patrimoine
est indivis ne compte que pour une.* Note.

492. *Une tutelle fournit à celui qui est époux ou père la dispense d'en accepter une autre , si ce n'est celle de ses
enfans.*

493. *L'existence de cinq enfans légitimes dispense aussi d'accepter toute autre tutelle que celle desdits enfans.*

§. III.

Quand et comment les excuses doivent être proposées et
jugées.

494. *Si le tuteur est présent à la délibération qui le nomme , il
doit proposer ses excuses sur-le-champ.*

495. *S'il n'est pas présent, il a le délai de trois jours , augmenté
en raison des distances.*

496. *Cas où le tuteur était en voyage au moment de la notification , faite à son domicile, de la délibération qui
l'a nommé.*

497. *Délai que doit avoir, pour proposer ses excuses , le tuteur
légal ou élu par le survivant des père et mère.*

498. *Si les excuses sont rejetées, le tuteur peut se pourvoir ;
mais il doit administrer pendant le litige.*

499. *S'il succombe , il supporte les frais ; le jugement est susceptible d'appel.*

483. Les causes qui dispensent de la tutelle sont
en assez grand nombre. Les unes, comme nous venons de le dire, sont fondées sur l'intérêt général ;
les autres sont puisées dans l'intérêt prrticulier,
mais légitime, de celui qui les fait valoir.

Nous verrons ensuite quand et comment elles doivent être proposées et jugées.

Ce sera l'objet des trois paragraphes suivans :

§. 1er.

Des dispenses fondées sur l'intérêt général.

484. Par sa première disposition, l'article 427 porte : « Sont dispensées de la tutelle les personnes « désignées dans les Titres iii, v, vi, viii, ix, x et « xi de l'Acte des constitutions du 18 mai 1804 (1). » Plusieurs de titres et places auxquels s'applique cette dispense n'existent plus ou ont changé de dénomination ; mais elle est attachée :

1° A la qualité de Prince du sang, de Grand-Amiral, de Maréchal de France, d'Inspecteur et Colonel général, et à celle de Grand-Officier de la couronne ;

2° A la Pairie ;

3° A la qualité de membre de la Chambre des Députés ;

4° A celle de Ministre et Conseiller d'État (2) ;

5° A celle de membre de la Cour de cassation, de Procureur Général à la même Cour et de Substitut (3) ;

---

(1) Ou Sénatus-Consulte du 28 floréal an xii.

(2) Les Conseillers d'État sont dispensés de la tutelle par l'acte constitutionel dont il s'agit, et les ministres sont mis au nombre des membres du Conseil-d'État par l'article 68 du sénatus-consulte du 16 thermidor an x.

(3) On n'a pas admis la dispense proposée en faveur des procu-

6° A celle de membre de la Cour des comptes (1);

7° A celle de Préfet;

8° A toute fonction publique dans un département autre que celui où la tutelle s'établit (article 427); ce qui s'applique aux ministres du culte desservant les cures ou succursales, et à toutes personnes exerçant des fonctions ecclésiastiques exigeant résidence d'après les lois de l'État, et pour lesquelles ils ont été agréés par le roi (2).

485. Sont encore dispensés de la tutelle :

9° Les militaires en activité de service;

10° Tous autres citoyens remplissant, hors du territoire du royaume, une mission du roi. (Article 428.).

Si la mission est non authentique et contestée, la dispense n'est prononcée qu'après la représentation faite par le réclamant, du certificat du ministre dans le département duquel est placée la mission articulée comme excuse. (Art. 429.)

486. Puisque les causes de dispenses n'opèrent leur effet qu'autant que ceux qui peuvent les faire valoir veulent en profiter, il s'ensuit que les citoyens qui ont accepté la tutelle postérieurement aux fonctions, services ou missions qui en dis-

reurs généraux et royaux, des juges d'appel, de première instance et des membres du conseil des prises.

(1) Loi du 16 septembre 1807, art. 7. Bull. n° 2792.

(2) Avis du Conseil-d'État, approuvé le 20 novembre 1806. Bull. n° 2047.

pensent, ne sont plus admis à s'en faire décharger pour cette cause (art. 43o). Ils ne le pourraient que pour une nouvelle : ils ont témoigné par leur acceptation qu'ils se croyaient à même de supporter l'une et l'autre charge.

487. Mais, au contraire, ceux à qui lesdites fonctions, services ou missions ont été conférés postérieurement à l'acceptation et gestion d'une tutelle, peuvent, s'ils ne veulent la conserver, faire convoquer un conseil de famille pour y être procédé à leur remplacement. (Art. 43i.)

Leurs diligences à cet effet doivent avoir lieu dans le mois, à compté du jour de l'acceptation des fonctions, services ou missions. (*Ibid.*)

Et si, à l'expiration de ces fonctions, services ou missions, le nouveau tuteur réclame sa décharge, ou que l'ancien redemande la tutelle, elle pourra lui être rendue par le conseil de famille. (*Ibid.*)

C'est une faculté que la loi laisse au conseil, parce qu'il serait possible que la tutelle pût se terminer bientôt, et que d'ailleurs le tuteur en exercice, administrant parfaitement bien, il n'y aurait que désavantage pour le mineur à en changer encore. Au surplus, s'il s'agissait d'une tutelle légale, nous pensons qu'elle devrait être restituée à l'ascendant qui la redemanderait.

§. II.

Des Dispenses fondées sur l'intérêt particulier, mais légitime, de ceux qui les invoquent.

488. 1º La tutelle est généralement une charge de famille : nous la considérons principalement sous ce rapport dans nos mœurs, et voilà pourquoi celui qui n'est ni parent ni allié du mineur n'est pas tenu de l'accepter, si ce n'est dans le cas où il n'existerait pas, dans le rayon de quatre myriamètres du lieu où elle s'ouvre, des parens ou alliés en état de la gérer. (Art. 432.)

Dans l'esprit de la loi (plutôt que suivant sa lettre), on doit décider qu'un parent ou un allié à un degré fort éloigné ne serait pas non plus forcé de l'accepter, s'il existait dans cette distance un nombre suffisant de parens ou alliés plus proches en état de la gérer. C'est à celui qui est appelé de préférence à succéder à supporter le fardeau de la tutelle : c'était dans cet esprit que les lois romaines la déféraient aux agnats et aux patrons : *Ubi est emolumentum, ibi tutelæ onus esse debet* (1). Mais s'il se trouvait au nombre de ceux que la loi appelle à la composition du conseil, conformément à l'article 407, nous pensons qu'il ne pourrait se refuser à accepter, lors même qu'il y aurait des

---

(1) Voir un arrêt de la Cour de Lyon, du 16 mai 1811. Sirey, 12, 2, 56. Le principe qu'il reconnaît est, au surplus, susceptible de la modification dont nous allons parler.

III.   31

parens ou alliés plus proches en degré. S'il en était autrement, la délibération du conseil de famille n'aurait pour ainsi dire point d'objet; son choix finirait par tomber sur le plus proche, au cas où les plus éloignés ne voudraient pas se charger du fardeau de la tutelle, fardeau que les personnes honnêtes recherchent rarement, et dont elles se débarrassent toujours avec plaisir. Autant il eût valu que la loi la déférât elle-même; mais telle n'a point été sa volonté, parce que le plus proche n'est pas toujours le plus digne (1).

L'art. 432 n'attache même pas l'excuse à l'éloignement de domicile du tuteur choisi ; la dispense pour cette cause n'est établie qu'à l'égard des fonctionnaires, par l'art. 427.

489. 2° Tout individu âgé de soixante-cinq ans accomplis peut refuser d'être tuteur (2). Celui qui a été nommé avant cet âge peut, mais à soixante-dix ans seulement (3), se faire décharger de la tutelle. (Art. 433.)

_____

(1) *Voy.* ce que nous avons dit à cet égard au n° 443 *suprà*, en expliquant l'article 401.

(2) Même de ses enfans : la loi ne distingue pas, comme elle le fait dans les articles suivans.

(3) Soixante-dix ans *révolus;* si on ne l'a pas dit expressément, c'est pour éviter une répétition. La loi 2, ff. *de Excusat.*, exigeait que la soixante-dixième année fût accomplie, parce que, dans l'exercice des priviléges et immunités, et la dispense de tutelle en était une, la règle *annus inceptus pro impleto habetur* n'avait pas lieu. L. 3, ff. *de Jur. immunit.* En rapprochant le terme, l'article veut que la soixante-cinquième année soit accomplie; et il est évident que, dans sa seconde disposition, il statue, comme dans la première, sur le cas où l'année

On ne doit pas inférer de cette seconde disposition, que celui qui aurait été nommé à l'âge de
soixante-cinq ans, et qui aurait cru devoir accepter, ne pourrait se faire décharger de la tutelle à
soixante-dix ans : l'article ne dit rien de semblable;
il régit un cas qui offrait un doute, savoir, si le tuteur ne pourrait pas, à soixante-cinq ans, se faire
décharger d'une tutelle qu'il aurait pu refuser si
elle lui avait été déférée à cet âge, mais il laisse
celui dont il s'agit dans les termes du principe général que, à soixante-dix ans, la tutelle est un trop
grand fardeau. Dans le système contraire, il faudrait donc que le tuteur le supportât jusqu'à la
majorité des enfans, c'est-à-dire peut-être pendant
le reste de sa vie. Cela est inadmissible.

490. 3° Tout individu atteint d'une infirmité
grave (1) et dûment justifiée est dispensé de la
tutelle.

Il peut même s'en faire décharger, si cette infirmité est survenue depuis sa nomination. (Art. 434.)

Il le pourrait également, quoique l'infirmité
existât alors, si elle était devenue beaucoup plus
grave.

491. 4° Deux tutelles sont, pour toutes per-

---

est révolue. L'article 2066, relatif à la contrainte par corps, est encore favorable à cette opinion, puisque, dans ce cas, la loi a cru devoir s'expliquer formellement.

(1) Non pas une maladie, quelque grave qu'elle soit, parce que le
caractère de la maladie est d'être passager, et celui de l'infirmité
d'être permanent.

sonnes, une juste dispense d'en accepter une troisième. (Art. 435.)(1)

492. 5° Une tutelle dispense celui qui est époux ou père (2) d'en accepter une seconde, si ce n'est celle de ses enfans. (*Ibid.*)

493. 6° Ceux qui ont cinq enfans légitimes sont dispensés de toute tutelle autre que celle desdits enfans.

Les enfans morts en activité de service (3) dans les armées du Roi sont toujours comptés pour opérer cette dispense (4).

Les autres enfans morts ne sont comptés qu'autant qu'ils ont eux-mêmes laissé des enfans (5) actuellement vivans (6). (Art. 436.)

---

(1) Même celle de leurs enfans : le rapprochement de cette disposition avec les deux suivantes ne laisse aucun doute. D'ailleurs l'article dit *toutes personnes*.

La tutelle de deux frères dont les biens sont en commun n'est comptée que pour une : TRIA *autem* ONERA *sic sunt accipienda, ut non numerus pupillorum plures tutelas faciat, sed patrimoniorum separatio : et ideò qui tribus fratribus tutor datus est, qui indivisum patrimonium haberent, unam tutelam suscepisse creditur.* L. 3, ff. *de Excusat.*, et §. 5, INSTIT., *de Excus. tut. vel cur.*

(2) *Légitime :* voy. l'article suivant.

(3) Qu'ils soient morts dans les hôpitaux ou dans les combats, peu importe. Le droit romain exigeait, on ne sait pour quels motifs, que l'enfant eût trouvé le trépas sur le champ de bataille : *in acie seu in prœlio.* Princip. INST., *de Excus. tut. vel cur.*

(4) *Hi enim, qui pro patriâ ceciderunt, in perpetuum per gloriam vivere intelliguntur.*

(5) *Légitimes,* puisque leurs pères ne compteraient qu'autant qu'ils le seraient eux-mêmes. D'ailleurs, les enfans naturels ne sont liés à leur aïeul, dans l'ordre civil, qu'autant que la loi le dit par une disposition spéciale, comme pour le mariage. (Art. 161.)

(6) L'enfant simplement conçu n'est pas compté, parce que la

La survenance d'enfans pendant la tutelle ne peut autoriser à l'abdiquer. (Art. 437.)

§. III.

Quand et comment les Excuses doivent être pro-posées et jugées.

494. L'acceptation de tutelle opère un quasi-contrat entre le tuteur et le pupille (art. 1370), et l'obligation qui en résulte, une fois formée, il ne dépendrait plus du premier de s'en délier pour des causes qui ne l'ont point empêché d'agréer cette charge. De là il résulte que, s'il est présent (1) à la délibération qui le nomme tuteur, il doit sur-le-champ, et à peine d'être ensuite non-recevable dans toute réclamation ultérieure (2), proposer ses excuses, sur lesquelles le conseil de famille délibé-rera. (Art. 438.)

495. Si le tuteur nommé n'est pas présent à la délibération qui lui a déféré la tutelle, il peut faire

---

règle *infans conceptus pro nato habetur quotiès de commodo ipsius agitur* (L. 7, ff. *de statu hom.*), ne s'applique qu'au cas où il s'agit *directe-ment* de l'intérêt de l'enfant. Aussi, d'après la Loi 2, §. 6, ff. *de Ex-cusat.*, il n'était pas compté.

(1) Donc, s'il est simplement *représenté*, comme membre du con-seil, par un fondé de pouvoir, l'article n'est pas applicable, parce que, ainsi que le dit très-bien M. Delvincourt, il a pu ne pas prévoir qu'il serait nommé tuteur, et par conséquent n'avoir pas chargé son mandataire de proposer ses excuses.

(2) A moins que l'excuse qu'il avait alors ne lui fût inconnue : *putà*, une mission du gouvernement. (Argum. de l'art. 383, Cod. de proc.)

convoquer le conseil de famille pour délibérer sur ses excuses.

Ses diligences à ce sujet devront avoir lieu dans le délai de trois jours, à partir de la notification qui lui aura été faite de sa nomination (1), lequel délai sera augmenté d'un jour par trois myria-mètres de distance du lieu de son domicile à celui de l'ouverture de la tutelle (2). Passé ce délai, il est non-recevable dans ses réclamations. (Art. 439.)

496. Cette notification, comme toute autre, est valablement faite au domicile ainsi qu'à la per-sonne. Toutefois la loi ne veut que ce qui est juste : en conséquence, si le tuteur nommé était en voyage au moment où la notification a été faite à son do-micile, le délai des trois jours ne commencerait à courir qu'à partir de son retour. Dans les *ajourne-mens* la loi n'a aucun égard à cette circonstance : mais aussi réserve-t-elle la voie d'opposition au ju-gement rendu par défaut; tandis qu'ici la fin de non-recevoir ayant un effet définitif, il est invrai-semblable que l'intention du législateur ait été qu'on pût l'opposer à un citoyen dont rien ne per-met de supposer l'acceptation, puisqu'il ignorait sa nomination.

---

(1) La notification est faite à la diligence du membre de l'assemblée qui a été délégué par elle. (Art. 882, Cod. de procéd.)

(2) Cet article 882 dit : « La notification sera faite dans les trois « jours de la délibération, outre un jour par trois myriamètres de « distance entre le lieu où *s'est tenue l'assemblée et le domicile du tu-* « *teur....* » C'est à cette rédaction qu'il faut s'attacher.

497. Lorsque c'est un tuteur légal ou un tuteur élu par le survivant des père et mère, qui a des excuses à faire valoir, il peut faire convoquer un conseil de famille dans le même délai de trois jours, augmenté d'un jour par trois myriamètres de distance de son domicile au lieu de l'ouverture de la tutelle, et ce délai ne commence à courir que du jour où il a connaissance du fait qui le rend tuteur.

498. Si les excuses proposées sont rejetées par le conseil de famille, le tuteur peut se pourvoir devant les tribunaux pour les faire admettre; mais pendant le litige il est tenu d'administrer provisoirement. (Art. 440.)

499. Il doit former sa réclamation contre les membres seulement de l'assemblée qui ont rejeté ses excuses (1).

Et s'il parvient à se faire exempter de la tutelle, ceux-ci peuvent (2) être condamnés aux frais de l'instance.

_____

(1) La loi aurait dû, comme pour la notification à faire au tuteur non présent, de la délibération qui l'a nommé, autoriser la majorité qui a rejeté les excuses à choisir un de ses membres pour défendre à la réclamation du tuteur, au cas où il se pourvoirait devant les tribunaux : on aurait ainsi évité les frais; mais elle ne l'a pas fait.

(2) C'est un point laissé à la sagesse des tribunaux, parce qu'il est possible que l'assemblée, en rejetant les excuses, ait été mue uniquement par des raisons toutes puisées dans l'intérêt du mineur. Dans le cas donc où ils ne condamneraient pas aux frais les membres qui succombent sur la réclamation du tuteur, ces frais seraient passés en compte de tutelle.

S'il succombe, il y est condamné lui-même. (Art. 441.)

Le jugement est toujours susceptible d'appel. (Art. 889, Cod. de procéd.)

SECTION II.

Des Incapacités, des Exclusions et Destitutions de tutelle.

SOMMAIRE.

§. Ier.

Des Causes qui produisent l'incapacité d'exercer la tutelle.

§. II.

Des Causes d'exclusion de la tutelle et de destitution du tuteur en exercice.

506. *La condamnation du tuteur à une peine infamante emporte son exclusion ou sa destitution.*

507. *Ceux qui ont facilité la corruption de la jeunesse, sont pareillement exclus de toute tutelle pendant le temps déterminé par la loi.*

508. *Il en est de même de ceux qui ont subi une condamnation en police correctionnelle dans les cas prévus par le Code pénal.*

509. *Sont aussi exclus, et même destituables s'ils sont en exercice, les gens d'une inconduite notoire ; ce qui s'applique aux prodigues.*

510. *Et ceux dont la gestion attesterait l'incapacité ou l'infidélité.*

511. *Tout individu exclu ou destitué d'une tutelle ne peut être membre d'un conseil de famille. Cette disposition se combine avec celles du Code pénal qui prononcent l'exclusion temporaire, et elle ne s'applique point à la mère remariée non maintenue dans la tutelle.*

§. III.

Mode d'exclusion et de destitution du tuteur.

512. *L'exclusion ainsi que la destitution sont prononcées par le conseil de famille : personnes qui ont qualité pour le convoquer à cet effet.*

513. *Le tuteur doit être entendu ou appelé : la délibération est motivée.*

514. *Cas où le tuteur adhère à la délibération, et cas contraire : formalités à remplir et décision des tribunaux.*

515. *Par qui sont supportés les frais dans le cas de réclamation rejetée ou admise par eux.*

5oo. Ces termes, *incapacité, exclusion et desti-*
tution, appliqués à la matière des tutelles, présentent des sens différens, parce qu'ils conviennent
à des situations diverses.

D'abord, quant à la *destitution*, elle suppose que
la tutelle est déjà déférée à l'individu destituable ;
elle suppose même qu'il est déjà en exercice ; car
autrement il suffirait de *l'exclure* : or le Code (article 443 et suiv.) distingue expressément la destitution de l'exclusion ; mais elle s'applique aux trois
espèces de tutelles : légitime, testamentaire, ou
déférée par le conseil de famille.

Pour *l'exclusion*, elle signifie aussi bien, il est
vrai, suivant l'Académie, l'action de retrancher
quelqu'un d'une compagnie où il avait été admis,
que celle de l'empêcher d'y entrer, d'en faire partie, et sous le premier rapport elle serait synonyme
de *destitution ;* mais les rédacteurs du Code, en appliquant la destitution au tuteur en exercice, et
par opposition à *l'exclusion* du tuteur qui ne gère
point encore, ont évidemment pris ce terme dans
la dernière acception, peu importe que le tuteur
légitime et le tuteur régulièrement élu par testament soient réellement tuteurs avant même d'avoir
administré, et par conséquent, que l'action qui
les écarte de la tutelle soit plutôt une destitution
qu'une exclusion, en prenant ce dernier mot dans
le second sens ; car en droit l'exclusion suppose
toujours la qualité qui donnerait, sans elle, le droit
d'être admis. C'est ainsi que l'indigne est précisé-

ment celui que la loi appelait à succéder. On ne conteste donc pas au tuteur exclu sa qualité de tuteur, on la reconnaît, au contraire, comme on reconnaît celle de l'héritier ; mais, de même que celui-ci est écarté de l'hérédité comme indigne, de même le tuteur est écarté de la tutelle comme exclu. On sent en effet que, pour celui qui n'est point appelé par la loi ou le survivant des père et mère, la qualification d'*exclu* ne peut lui convenir, puisque de deux choses l'une : ou le conseil de famille ne le nomme pas, ou si, nonobstant la cause qui ferait exclure un tuteur légitime, ce conseil le nomme, et que sa délibération soit attaquée avec succès, l'individu sera censé n'avoir jamais été choisi ; dès-lors il n'aura pas plus été exclu que tout autre citoyen entièrement étranger à cette tutelle.

Enfin, quant à l'*incapacité*, que le Code distingue aussi de l'exclusion et de la destitution, elle en diffère plutôt par les motifs que par les effets, du moins généralement ; car l'incapacité empêche nécessairement l'admission, et elle opère par cela même l'exclusion. Sous ce rapport, il n'y a aucune différence entre un mineur ou une femme en général, et un condamné à une peine infamante : les premiers sont *incapables* de gérer la tutelle, le dernier en est *exclu*, c'est-à-dire que tous en sont écartés ; mais ils le sont pour des causes différentes de leur nature, et c'est dans cette différence qu'est puisée celle des dénominations appliquées à ces diverses causes. Dans la délicatesse de notre langue, l'*exclusion* se prenant toujours en mauvaise part et dans un sens défavorable à celui qui en est l'objet, ce terme ne pouvait indifféremment convenir aux personnes qui ne sont point admises à la tutelle pour des motifs qui ne viennent pas de leur fait et qui n'ont rien d'humiliant pour elles, et à celles qui n'en sont écartées que pour des causes déshonorantes, qu'elles ont à se reprocher. C'est dans le même esprit que les lois distinguent aussi, en matière de succession, l'incapable de succéder de l'héritier indigne : celui qui n'est pas encore conçu au moment où s'ouvre l'hérédité est incapable de recueillir les biens; mais celui qui, déjà né, et le premier en degré, a commis envers le défunt une des actions prévues par la loi, est indigne de lui succéder, et, comme tel, exclu de sa succession.

5o1. D'après ces observations, nous traiterons séparément de ces diverses causes d'empêchement.

Nous verrons quelles sont celles qui produisent l'incapacité d'exercer la tutelle;

Celles qui opèrent l'exclusion de la tutelle ou la destitution du tuteur en exercice;

Et enfin, le mode d'exclusion ou de destitution. Ce sera l'objet des trois paragraphes suivans :

§. Iᵉʳ.

Des Causes qui produisent l'incapacité d'exercer la tutelle.

502. Sont incapables d'exercer la tutelle, et même d'être membres d'un conseil de famille,

1º Les mineurs, excepté le père ou la mère (art. 442); et encore le père, ou la mère, ne pourrait-il faire seul, comme tuteur, des actes qu'il n'aurait pas la capacité de faire pour lui-même sans l'assistance de son curateur : comme défendre à une action immobilière ou recevoir le remboursement d'un capital mobilier et en donner décharge (art. 482). Il serait contraire aux vues de la loi qu'il pût faire seul ces actes, parce qu'ils concerneraient son enfant, tandis qu'il ne le pourrait sans être assisté, s'ils le concernaient lui-même : la contradiction serait palpable. La présence du subrogé-tuteur serait donc nécessaire. Vainement dirait-on que le mineur émancipé, choisi pour mandataire par une personne capable, oblige valablement le mandant, quel que soit l'acte que celui-ci lui ait donné mission de faire (art. 1990); que la tutelle est un mandat conféré par la loi au père ou à la mère, et conséquemment que tous les actes qui entrent dans les pouvoirs du tuteur seul ont été par cela même confiés au père, quoique mineur, par cela même que la loi n'a pas restreint l'étendue de son mandat. Car on répondrait victorieusement par la

disparité des cas : le mandant capable qui se choisit
pour mandataire un mineur émancipé connaît
l'intelligence particulière de celui qui est l'objet de
sa confiance : tant pis pour lui si ses intérêts sont
mal défendus, il ne peut s'en prendre qu'à lui-
même; mais dans le cas dont il s'agit, ce n'est point
le propriétaire capable qui choisit la personne qui
doit administrer ses biens, c'est la loi, et la loi ne
fait pas un choix individuel, motivé sur la capacité
particulière du père mineur, puisqu'elle défère la
tutelle à tous ceux qui sont dans le même cas. Or
comment peut-on supposer qu'elle ait été moins
zélée pour la conservation des intérêts de l'enfant,
qu'elle ne l'a été pour celle des intérêts semblables
du tuteur lui-même? Disons donc qu'elle a voulu
restreindre le pouvoir relatif à la tutelle, à la mesure de celui qu'elle lui reconnaît par rapport à ce
qui le concerne personnellement.

503. 2° Les interdits (1). (Même art. 442.)

On doit leur assimiler ceux qui, pour faiblesse
d'esprit, ont été placés sous l'assistance d'un conseil judiciaire, dans le cas prévu par l'article 499.
Quant au prodigue, nous en parlerons au paragraphe suivant.

504. 3° Les femmes, autres que la mère et les
ascendantes (*ibid.*), et, comme nous l'avons dit (2),

---

(1) Pour démence, car les interdits pour crime sont exclus.
(2) Voir n° 442 *suprà.*

la mère, et, par la même raison, les ascendantes, ne sont point obligées d'accepter la tutelle.

Quant aux ascendantes, elles ne peuvent l'exercer qu'autant que le survivant des père et mère ou le conseil de famille la leur défère : elle n'est jamais légale dans leur personne (1).

505. 4° Ceux qui ont ou dont les père ou mère ont avec le mineur un procès (2) dans lequel l'état de ce mineur, sa fortune, ou une partie notable de ses biens, sont compromis. (*Ibid.*)

Il en serait de même, à plus forte raison, si c'était l'enfant de ces personnes qui eût ce procès avec le mineur.

Et, par une raison au moins égale, si c'était le conjoint de ces personnes.

Enfin, *vice versâ*, si c'est le mineur lui-même qui dispute à l'une des personnes ci-dessus son état (3), ou qui a avec elle un procès sur sa fortune ou sur une partie considérable de ses biens, l'incapacité existe pareillement. Ce n'est pas là une

_____

(1) *Voy.* en ce qui touche l'autorisation dont aurait besoin, pour accepter la tutelle, l'ascendante mariée, choisie par le survivant des père et mère, ou par le conseil de famille dans le cas où il n'y a pas lieu à la tutelle légale, ce que nous avons dit au tome II, n° 500.

(2) D'après la NOVELLE 72, chap. I, II et IV, et la NOVELLE 94, *préface*, la qualité de créancier ou de débiteur du mineur excluait également de la tutelle et de la curatelle ; et si c'était pendant la gestion que le tuteur devenait créancier ou débiteur, on donnait au mineur un curateur *ad hoc*. Mais nous n'avons pas étendu la prohibition aussi loin. *Voy.* l'article 451.

(3) C'était même pour le cas où le père du pupille avait disputé au

peine que nous étendons par analogie, mais une simple mesure de conservation des intérêts du mineur, intérêts qui seraient aussi bien compromis, et par le même motif, celui de l'inimitié supposée par la loi, que dans le cas qu'elle a littéralement prévu pour en faire le principe de l'incapacité.

Si le procès entre l'individu appelé à la tutelle, son descendant, son père ou sa mère, ou son conjoint, n'est pas assez important pour produire l'inimitié redoutée, le subrogé-tuteur défendra les intérêts du mineur.

§. II.

Des Causes d'exclusion de la tutelle et de destitution du tuteur en exercice.

506. 1° La condamnation à une peine afflictive ou infamante (1) emporte de plein droit l'exclusion de la tutelle. Elle emporte de même la desti-

---

tuteur son état, que celui-ci était éloigné de la tutelle. §. 12, Instit. de *Excusat. tut. vel cur.*

Il en était de même lorsqu'il y avait eu des inimitiés capitales, non suivies de réconciliation, entre le père du mineur et l'individu appelé à la tutelle ou à la curatelle. Au reste, dans la tutelle déférée par le conseil de famille, ce conseil sera attentif à ne point la conférer à une personne que l'on pourrait supposer animée de malveillance pour le mineur à cause de la haine qu'il portait à son père ou à sa mère. Dans les tutelles légitimes, ce danger, chez nous, est peu à craindre, parce qu'elles ne sont pas, comme à Rome, déférées aux collatéraux; et dans celle déférée par le survivant des père et mère, ce choix atteste assez la réconciliation, du moins généralement.

(1) Toute peine afflictive est infamante. (Art. 6 et 7 Code pénal.)

tution, dans le cas où il s'agit d'une tutelle antérieurement déférée. (Art. 443.)

Cette destitution a également lieu de plein droit ; le conseil de famille n'est convoqué que pour nommer un nouveau tuteur.

La condamnation exclut perpétuellement le condamné (art. 28, Code pén.), à moins qu'il n'ait été réhabilité (art. 633, Code d'instr. crim.). Cependant son effet n'est point absolu : car, après avoir subi sa peine, le condamné peut, sur l'avis de la famille, être chargé de la tutelle ou curatelle de ses enfans. (Art. 28 précité.)

507. 2° Ceux qui ont attenté aux mœurs, en excitant, favorisant ou facilitant la débauche ou la corruption de la jeunesse de l'un ou de l'autre sexe au-dessous de l'âge de vingt et un ans, sont interdits de toute tutelle ou curatelle, et de toute participation aux conseils de famille pendant, deux ans au moins et cinq ans au plus. (Art. 334 et 335, Code pén.)

Si le délit a été commis par les père ou mère, tuteur ou autre personne chargée de la surveillance de l'enfant, l'interdiction ci-dessus est de dix ans au moins et de vingt ans au plus ; et s'il a été commis par le père ou la mère, le coupable est en outre privé des droits et avantages à lui accordés sur la personne et les biens de l'enfant par le titre *de la Puissance paternelle* (1). (Ibid.)

---

(1) Voy. *supra*, n° 384.

III.   32

508. 3° Sont aussi exclus de la tutelle et de la curatelie ceux qui ont subi une peine correctionnelle dont l'effet est de priver, pendant le temps déterminé par la loi, et suivant les différens cas, de l'exercice des droits de famille mentionnés au n° 6 de l'article 42 du Code pénal (1); sauf que le condamné peut être tuteur ou curateur de ses enfans, mais sur l'avis seulement du conseil de famille. Tous les individus ci-dessus sont aussi destituables s'ils exercent déjà la tutelle.

509. 4° Sont pareillement exclus de la tutelle, et même destituables s'ils sont en exercice, les gens d'une inconduite notoire (art. 444); ce qui s'applique par conséquent aux prodigues, lors même qu'ils ne seraient point encore placés sous l'assistance d'un conseil judiciaire; car s'ils l'étaient, évidemment ils ne pourraient gérer la tutelle : celui qui a besoin d'un guide ne peut en servir aux autres. Mais il y aurait toutefois cette différence entre le prodigue placé sous l'assistance d'un conseil et celui qui ne l'est pas, que le fait serait jugé à l'égard du premier; au lieu que pour le second, les faits d'inconduite qu'on lui reprocherait demanderaient à être constatés.

---

(1) Voir, à cet égard, l'art. 374 du même Code, qui porte contre le calomniateur l'interdiction, pendant cinq ans au moins et dix ans au plus, des droits généralement mentionnés à cet article 42; et les articles 401, 405, 406, 407, 408 et 410, qui laissent aux tribunaux la faculté de prononcer cette interdiction dans les cas qu'ils prévoient.

5io. 5° Enfin, ceux dont la gestion attesterait l'incapacité ou l'infidélité sont destituables. (*Ibid.*)

511. Tout individu exclu ou destitué (1) d'une tutelle ne peut être membre d'un conseil de famille. (Art. 445.)

Cette disposition doit se combiner avec celles du Code pénal, qui n'interdisent que temporairement aux individus condamnés l'exercice des droits de famille; en sorte qu'à l'expiration du temps pour lequel cette interdiction a été prononcée, ils peuvent être membres d'un conseil, puisqu'ils peuvent même être tuteurs.

Elle ne s'applique point à la mère survivante, qui, s'étant remariée sans convoquer le conseil de famille, a perdu de plein droit la tutelle; car elle n'est point exclue ni destituée, elle *perd* seulement la tutelle, comme le dit l'article 395. Nous avons démontré (2) qu'elle peut encore la recevoir d'une délibération régulière du conseil de famille; et il est encore moins douteux, si elle redevient veuve, qu'elle n'ait la capacité de gérer celle des enfans de son second mariage. Enfin, elle ne s'applique pas davantage à la mère remariée qui n'a point été maintenue par le conseil de famille dans la tutelle

---

(1) Ceci ne s'applique point à ceux qui sont seulement déclarés incapables. Ainsi l'interdit, le mineur, peuvent, après la main-levée de l'interdiction ou à la majorité, non-seulement faire partie d'un conseil de famille, mais même être tuteurs des individus dont ils n'ont pu d'abord gérer la tutelle.

(2) *Suprà*, n° 427.

des enfans de son premier lit ; ce n'est pas là une
destitution, une exclusion du nombre de celles qu'a
en vue cet article 445 par son rapprochement avec
ceux qui le précèdent : le motif de détermination
du conseil de famille peut n'avoir rien eu de défavorable à la mère. On a dû croire que ce serait le
second mari qui, de fait, administrerait la tutelle,
et des raisons relatives à celui-ci ont pu déterminer
le conseil à la retirer à celle-là.

§. III.

Mode d'exclusion et de destitution du tuteur.

5r2. Nous avons dit que l'exclusion s'applique
spécialement aux tuteurs légitimes ou élus par le
survivant des père et mère, et que la destitution
s'applique à toute espèce de tuteur ; mais c'est toujours le conseil de famille qui prononce sur l'une
comme sur l'autre. (Art. 447.)

Toutes les fois, porte l'article 446, qu'il y a lieu
à une destitution de tuteur, elle est prononcée par
le conseil de famille, convoqué à la diligence du
subrogé tuteur, ou d'office par le juge de paix.

Celui-ci ne peut se dispenser de faire cette convocation, quand elle est formellement requise par
un ou plusieurs parens ou alliés du mineur au
degré de cousin germain ou à des degrés plus
proches. (*Ibid.*)

Et cet article s'applique également au cas d'exclusion (1).

513. Toute délibération du conseil de famille qui prononce l'exclusion ou la destitution du tuteur doit être motivée, et elle ne peut être prise qu'après avoir entendu ou appelé le tuteur exclu ou destitué. (Art. 447.)

Elle doit être motivée, quand même elle serait unanime; et si elle n'est point unanime, l'avis de chacun des membres de l'assemblée doit être mentionné au procès-verbal. (Art. 883, Cod. de proc.)

514. Si le tuteur exclu ou destitué adhère à la délibération, il en est fait mention au procès-verbal, et le nouveau tuteur qui est nommé à sa place entre de suite en fonction.

S'il y a réclamation de sa part, le subrogé tuteur poursuit l'homologation de la délibération devant le tribunal de première instance, qui prononce sauf l'appel.

Le tuteur lui-même peut, en ce cas, assigner le subrogé tuteur pour se faire déclarer maintenu dans la tutelle (2). (Art. 448.)

---

(1) Mais on sent qu'il n'y a pas encore de subrogé tuteur, puisque c'est le tuteur qui doit faire convoquer le conseil de famille pour en nommer un, ce qu'il ne s'empressera pas de faire en pareil cas; d'ailleurs, s'il avait déjà convoqué le conseil à cet effet, ce conseil aurait statué sur la cause d'exclusion. Au surplus, s'il s'est ingéré dans la gestion sans avoir rempli cette formalité, le conseil, convoqué soit sur la réquisition des parens, créanciers ou autres parties intéressées, soit d'office par le juge de paix, statuera sur l'exclusion (art. 421), et nommera un subrogé tuteur, et un autre tuteur s'il y échet.

(2) Voy. *suprà*, n° 476, où nous disons que l'article 883 du Code

Les parens ou alliés qui auront requis la convocation du conseil de famille peuvent intervenir dans la cause, qui est instruite et jugée comme affaire urgente. (Art. 449.)

Le ministère public est entendu en ses conclusions. (Art. 83 et 886, Cod. de procéd.)

515. Si le tuteur succombe, il doit être condamné aux frais, parce que sa résistance était injuste. (Art. 130, même Code, et 441, Cod. civ., par argum.)

S'il est maintenu, ceux qui ont été de l'avis de l'exclusion ou de la destitution peuvent être condamnés aux dépens, et même, suivant les circonstances, à des dommages-intérêts envers lui, quoiqu'il ne les ait pas assignés, qu'il n'ait assigné que le subrogé tuteur, conformément à l'article 448, puisque leur avis a été mentionné au procès-verbal, ou a dû l'être. Au reste, ils ont le droit d'intervenir dans l'instance pour soutenir leur délibération.

---

de procédure n'a point, par sa seconde disposition, dérogé, ainsi qu'on l'a prétendu, au Code civil, soit en ne donnant au tuteur que le droit d'assigner chacun des membres qui ont été d'avis de son exclusion ou de sa destitution, et non le subrogé tuteur, soit en lui donnant celui d'attaquer les premiers ou le dernier, à son choix. L'article 448 du Code civil est spécial, tandisque celui du Code de procédure contient une disposition générale, et le Code de procédure ne déroge au Code civil que lorsque l'intention du législateur est évidente.

Au surplus, dans le cas d'exclusion, il faut que le conseil nomme de suite un subrogé tuteur, pour que le tuteur exclu puisse, en cas de réclamation de sa part, se pourvoir contre lui pour se faire déclarer admis à la tutelle.

Nous disons qu'ils *peuvent* être condamnés aux
dépens ; car, ainsi que dans le cas de cet article 441,
les juges ont à cet égard un pouvoir discrétionnaire, attendu qu'il est très-possible que ce soit
uniquement par motif d'intérêt pour le mineur que
la délibération ait été prise, auquel cas il serait
juste de faire passer ces frais en compte de tutelle.
Il importe aux mineurs eux-mêmes que la crainte
de supporter personnellement les frais de l'instance
ne refroidisse pas trop le zèle de leurs parens, et
ne leur fasse pas fermer les yeux sur la conduite
d'un tuteur qui mériterait la destitution.

CHAPITRE III.

Du Subrogé Tuteur et de ses Fonctions.

SOMMAIRE.

516. *Le premier devoir du tuteur légitime ou testamentaire est
de faire nommer un subrogé tuteur : dans la tutelle
déférée par le conseil de famille, il est nommé immédiatement après le tuteur.*
517. *Dans toute tutelle régulière il y a un subrogé tuteur, qui
est toujours nommé par le conseil de famille.*
518. *Le tuteur ne vote point pour sa nomination , et , hors
le cas de frères germains, le subrogé tuteur est pris dans
la ligne à laquelle le tuteur n'appartient pas.*
519. *Les causes de dispense , d'incapacité , d'exclusion et de
destitution , applicables aux tuteurs, sont communes
aux subrogés tuteurs.*
520. *Les fonctions du subrogé tuteur cessent à la fin de la tutelle ,
mais non quand la tutelle devient simplement vacante ;
dans ce cas, le subrogé tuteur doit provoquer la nomination d'un nouveau tuteur.*

516. Le premier devoir du tuteur légitime ou testamentaire est de pourvoir à la nomination d'un subrogé tuteur : à cet effet il doit, avant d'entrer en gestion, convoquer le conseil de famille, composé comme on l'a vu plus haut (1).

S'il s'est ingéré dans la gestion avant d'avoir rempli cette formalité, le conseil de famille, convoqué soit sur la réquisition des parens, créanciers ou autres parties intéressées, soit d'office par le juge de paix, peut, s'il y a eu dol de la part du tuteur, lui retirer la tutelle, sans préjudice des indemnités dues au mineur. (Art. 421.)

Dans la tutelle déférée par le conseil de famille, la nomination du subrogé tuteur a lieu immédiatement après celle du tuteur (art. 422), c'est-à-dire dans la même assemblée.

517. Ainsi, dans toute tutelle, il doit y avoir un subrogé tuteur nommé par le conseil de famille. (Art. 420.)

Et cette disposition, relative au mode de nomination du subrogé tuteur, est tellement absolue, que le dernier mourant des père et mère n'a pas le droit de le nommer : la loi s'est bornée à lui donner celui d'élire un tuteur. L'article 421 vient encore à l'appui de cette décision : il parle également du

(1) N° 458, et suiv.

tuteur élu par le père ou la mère, et il veut aussi que ce tuteur fasse convoquer le conseil de famille pour procéder à la nomination d'un subrogé tuteur.

Mais quoique l'art. 420 dise que dans *toute tutelle* il y aura un subrogé tuteur, cela s'entend toutefois des tutelles régulières et ordinaires, et non des tutelles *spéciales*, dont nous avons parlé en traitant des fonctions du conseil de famille (1) : le tuteur général a bien un subrogé tuteur pour le surveiller ; mais le tuteur *ad hoc*, qui est nommé dans certains cas, n'en a pas. Au reste, comme dans ces mêmes cas il y a aussi généralement tutelle régulière, il est vrai de dire que le mineur a un subrogé tuteur, et que dans toute tutelle il y en a un.

518. Par le principe même de son institution, le subrogé ne doit pas être dans la dépendance du tuteur, ni en général lui être attaché par les liens de la parenté : en conséquence, celui-ci ne doit point voter pour sa nomination (2), et, hors le cas

---

(1) *Voy.* n° 470, *suprà*, et n° 340, où nous avons dit qu'en matière de tutelle officieuse il n'est pas, non plus, nommé de subrogé tuteur.

(2) Les proches parens du tuteur, par exemple, ses frères, peuvent-ils faire partie de l'assemblée qui doit nommer le subrogé tuteur? La négative amènerait l'un de ces résultats : ou le tuteur lui-même ne devrait pas être pris parmi les parens du mineur, contre le vœu des articles 390, 397, 402 et 442 ; ou le conseil de famille ne pourrait être composé de parens ou alliés pris dans les deux lignes, ainsi que le prescrit l'article 407. Il faut donc s'attacher uniquement à la disposition littérale de notre article 423, et ne point étendre le cercle des empêchemens. La loi a cru faire tout ce qu'il fallait en prescrivant de choisir le subrogé tuteur dans la ligne à laquelle le tuteur n'appar-

où ils sont tous deux frères germains du mineur,
le premier doit être pris dans celle des deux lignes
à laquelle le dernier n'appartient pas (art. 423).
Dans le cas où ils sont frères germains, la loi, et
avec raison, ne suppose pas que le subrogé tuteur
favorisera plutôt les desseins frauduleux de son
frère tuteur, qu'il ne protégera les intérêts de son
frère mineur.

519. Les causes de dispense, d'incapacité, d'exclusion et de destitution, applicables au tuteur,
sont aussi applicables au subrogé tuteur. (Art. 426.)

Mais le tuteur ne peut jamais provoquer la destitution du subrogé tuteur, ni voter dans les conseils
de famille convoqués pour cet objet (*ibid.*). On ne
devait pas en effet permettre qu'il pût s'efforcer
d'écarter un surveillant dont la vigilance serait un
frein à ses malversations.

520. Les fonctions du subrogé tuteur n'étant
qu'accessoires à la tutelle principale, elles doivent,
par cette raison, finir à l'époque où finit la tutelle,
par la mort du mineur, son émancipation ou sa
majorité. Mais si la tutelle est seulement devenue
vacante par la mort, l'excuse ou la destitution du

tient pas, et en défendant à celui-ci de voter dans la délibération qui
a pour objet de le nommer. D'ailleurs, à quel degré de parenté ou
d'alliance devrait-on s'arrêter, puisque la loi est muette sur ce point?
Cependant des juges de paix ont fait quelquefois difficulté d'admettre les parens du tuteur, qui l'étaient aussi du mineur, mais à un
degré plus éloigné, à la délibération prise pour nommer le subrogé
tuteur; telle n'est pas la disposition de la loi, ni même son esprit.

tuteur, ou si celui-ci en a abandonné l'administration par absence ou autre cause, les fonctions du
subrogé tuteur durent encore. Il ne remplace toutefois pas de plein droit le tuteur ; il doit au contraire,
sous peine des dommages-intérêts qui pourraient en
résulter pour le mineur, provoquer la nomination
d'un nouveau tuteur. (Art. 424 et 425 analysés.)

521. Voyons rapidement quelles sont ces fonctions, du moins généralement :

1° Le subrogé tuteur agit pour les intérêts du
mineur lorsqu'ils sont en opposition à ceux du tuteur (art. 420); ce qui doit arriver d'autant plus souvent, que le tuteur étant ordinairement un parent
du mineur, ils peuvent se trouver l'un et l'autre
appelés à une succession, et engagés dans le partage
des biens qui la composent.

Suivant le droit romain, qui n'avait pas admis les
subrogés tuteurs, on nommait dans ces cas un curateur *ad hoc* (1); mais la jurisprudence française a été
plus prévoyante : par le moyen du subrogé tuteur,
qui surveille d'ailleurs le tuteur, on est dispensé de
recourir à ces nominations de curateur, qui ne devaient pas laisser que d'être assez fréquentes.

2° Le subrogé tuteur passe bail au tuteur des
biens du mineur, d'après l'autorisation du conseil
de famille. (Art. 450.)

3° Il assiste à la vente du mobilier, et même des

---

(1) §. 3, INSTITUT. *de Auctorit. tut.* Voy. *suprà*, n° 415, note.

immeubles du mineur, lorsqu'elle a légalement
lieu. (Art 452 et 459.)

4° Il requiert la confection de l'inventaire après
le décès du père ou de la mère. (Art. 451 et 1442.)

5° Il requiert l'inscription hypothécaire sur les
biens du tuteur (art. 2137), et il défend à la demande
en réduction d'hypothèque. (Art. 2143.)

6° Il nomme l'expert dans le cas de l'art. 453.

7° Il exige les états de situation dont parle l'article 470.

8° Enfin il provoque, ainsi que nous l'avons
dit (1), la destitution du tuteur qui commet des
malversations, ou qui est destituable pour une autre
cause (art. 446); poursuit l'homologation de la délibération du conseil de famille prise à cet effet, ou
défend à la réclamation du tuteur exclu ou destitué
(art. 448), et provoque la nomination d'un nouveau
tuteur lorsque la tutelle est devenue vacante, ou
que l'administration en a été abandonnée par absence. (Art. 424.)

522. Au surplus, quoique le subrogé tuteur soit
une espèce de tuteur, comme le nom l'indique, et
qu'à ce titre il puisse être condamné à des dommages-intérêts envers le mineur, s'il a colludé avec
le tuteur, s'il a négligé de faire les actes que la loi
lui prescrivait sous sa responsabilité personnelle,
néanmoins le mineur n'a pas d'hypothèque légale
sur ses biens; la loi ne l'a établie que sur les biens

---

(1) *Voy.* n°s 512, 514 et 520, *suprà.*

du *tuteur* (art. 2121 et 2135), ce qui doit s'entendre du tuteur direct, principal, du tuteur administrateur, et non du subrogé tuteur, qui n'est qu'un tuteur spécial, un surveillant plutôt qu'un tuteur, et auquel le nom de *subrogé* convient assez mal, puisqu'il ne remplace pas plus que tout autre le tuteur quand la tutelle devient vacante de la part de celui-ci. Toutes les dispositions du titre *des Hypothèques*, relatives à l'hypothèque légale du mineur, à l'inscription à prendre pour la conserver, ou du moins pour avertir les tiers, ne parlent que du *tuteur*; et si quelquefois elles font mention du subrogé tuteur (art. 2137 et 2143), ce n'est que pour lui prescrire de veiller à la conservation de l'hypothèque du mineur sur les biens du tuteur, mais non pour lui prescrire, comme à celui-ci (art. 2136), de prendre inscription sur ses propres biens.

CHAPITRE IV.

De l'Administration du tuteur, de la Fin de la tutelle et du compte de la gestion.

SOMMAIRE.

523. *Division du Chapitre.*

523. La tutelle, comme nous l'avons dit, a été instituée pour protéger la personne du mineur; c'est là son objet principal; elle ne s'étend même aux biens que par conséquence (1) : il suit de là

---

(1) §. 4, Instit. *qui testam. tut. dari poss.* En cela, le tuteur diffère

que le tuteur doit veiller sur tout ce qui concerne l'éducation de celui dont la direction lui est confiée; c'est ce dont nous traiterons dans une première section.

Dans une seconde, nous parlerons des obligations du tuteur en entrant en gestion;

Dans la troisième, de l'étendue de ses pouvoirs relativement aux actes d'administration des biens;

Dans la quatrième, de la responsabilité résultant de sa faute ou de sa négligence;

Et enfin, dans la cinquième, de la fin de la tutelle, de la reddition du compte et des suites de la gestion.

SECTION PREMIÈRE.

De l'Administration du tuteur relativement à la personne même du mineur.

SOMMAIRE.

---

du curateur tel qu'il était dans le droit romain et dans l'ancienne jurisprudence, et qui était principalement préposé à la conservation des biens. L. 8, Cod. *de Nuptiis.* Il diffère aussi du pro-tuteur, lequel n'a simplement que l'administration des biens compris dans sa gestion. L. 15, ff. *de Testam. tut.*, et art. 417. Enfin, il diffère du tuteur *ad hoc* qui est donné dans certains cas (art. 838 et autres), et qui ne connaît que de l'affaire particulière dont la direction lui est confiée.

ne *s'explique pas sur l'habitation. Droit romain sur cet*
objet.

527. *Les père et mère, quoiqu'ils se soient excusés de la tutelle,*
dirigent l'éducation du mineur, qui doit généralement
habiter avec eux, s'ils l'exigent.

528. *Dans les autres tutelles, le mineur a aussi généralement*
l'habitation de son tuteur; mais le conseil de famille
peut, pour le plus grand intérêt de l'enfant, le confier
à une autre personne, surtout à un ascendant.

529. *Pouvoir de la famille sur cet objet, et autres également*
importans.

530. *Le tuteur n'est point tenu de nourrir le mineur à ses dé-*
pens, s'il ne lui doit pas les alimens comme ascendant;
les autres parens ne sont pas civilement tenus de lui en
fournir.

531. *Moyens de correction remis par la loi au tuteur pour ré-*
primer les écarts du mineur.

532. *Le tuteur représente le mineur dans tous les actes de la vie*
civile, sauf la modification relative au mariage et au
droit de tester.

524. Le Code ne dit que peu de choses sur les
obligations du tuteur relativement à la personne
même du mineur : il se borne à établir le principe
général que le tuteur doit en prendre soin (article 450), et à tracer les moyens de correction nécessaires pour réprimer ses écarts (art. 468). Les
autres dispositions relatives à son administration
ont presque toutes pour objet les biens; c'est donc
à la doctrine à développer le principe pour en faire
une juste application.

525. L'obligation de prendre soin de la personne du mineur comprend celle de pourvoir à
sa nourriture, à son entretien et à son éducation,

selon ses moyens, son état, et, de plus, dans la mesure fixée par le conseil de famille (1), lorsque la tutelle est exercée par un autre que le père ou la mère (art. 454); car, dès qu'elle est exercée par l'un d'eux, la loi s'en repose sur son affection pour régler dans de raisonnables limites ce qui doit être dépensé à cet égard. Le pouvoir du tuteur n'affaiblit d'ailleurs pas la puissance paternelle, et le père ou la mère, en vertu de cette puissance, règle ce qui convient aux enfans.

526. L'article 108 fixe bien le domicile du mineur chez son tuteur (2), mais c'est le domicile de droit, le domicile civil, le lieu où doivent être signifiés les actes qui concernent le mineur, et qui détermine la compétence du tribunal où doivent être portées, en matière personnelle, les causes qui le concernent (art. 59, Code de procéd.). Quant à son habitation, le Code est muet sur le point de savoir si elle doit être la même que celle du tuteur, lorsque ce n'est pas le père ou la mère qui exerce la tutelle. Le droit romain contient à ce sujet, ainsi que sur l'éducation à donner au pupille, la dépense qu'il convient de faire pour sa personne et l'administration de ses biens, une foule de dispositions qui attestent toutes une prévoyance digne d'éloges, et dont l'application était abandonnée à la prudence

(1) Nous développerons plus loin ce qui est relatif à cet objet.
(2) Et nous avons même dit, tom. Ier, n° 367, que si, pour une cause quelconque, le père n'était point tuteur, le mineur aurait son domicile chez celui qui le serait.

du magistrat, qui réglait tous ces points après avoir consulté les parens, du moins ordinairement (1); et ces règles du droit romain étaient généralement suivies dans l'ancienne jurisprudence (2). Il est à croire que les auteurs du Code ont entendu les adopter avec les modifications que l'expérience avait fait juger nécessaires.

527. Ainsi, les père et mère, quoiqu'ils ne soient point tuteurs, par suite de dispense ou d'excuse, doivent avoir, s'ils l'exigent, et si d'ailleurs ils n'ont pas donné par leur inconduite (3) de justes motifs de décider autrement, la surveillance immédiate de leurs enfans, le droit de diriger leur éducation, de prescrire ce qu'il convient de faire à ce sujet, et par conséquent de les avoir avec eux. Ce droit est un des effets de la puissance paternelle (art. 374), qui subsiste dans leur personne, quoique la tutelle soit exercée par un autre.

528. Dans les autres tutelles, le mineur, s'il n'y a pas nécessité de le mettre en pension ou en apprentissage, doit aussi, en thèse générale, demeurer avec son tuteur, quand même il serait réclamé par un parent plus proche. Mais le conseil de famille peut être convoqué pour décider s'il ne serait pas plus utile de le confier à une autre personne; et sa décision doit être suivie, surtout si c'est à un as-

(1) *Voy.* au Digeste le titre *Ubi pupill. educari vel mor. debeat.*
(2) Voir de Lacombe, au mot *Tutelle,* sect. 8.
(3) Voir les articles 267, 302 et 303 par argument.

III.   33

cendant qu'elle attribue la préférence, encore, dans ce cas, que le tuteur n'ait pas démérité (1).

529. Quand la famille n'a pris aucune mesure particulière sur cet objet, ni réglé la manière d'élever le mineur orphelin, le tuteur dirige son éducation suivant sa prudence et ses lumières, en vertu du principe même du mandat honorable qui lui est confié; ce qui explique le laconisme de la loi sur un objet aussi important. Mais quand elle croit devoir tracer le mode d'éducation, désigner la personne chez laquelle habitera le mineur, indiquer l'état qu'il convient de lui donner, augmenter ou diminuer le montant de ses dépenses annuelles, suivant l'accroissement ou la diminution que sa fortune a subi, ses délibérations devront généralement faire loi pour le tuteur; sauf à lui à se pourvoir devant les tribunaux pour les faire réformer, non pas comme altérant le principe de son mandat, mais comme contraires à l'intérêt bien entendu de son pupille.

530. Il est obligé, disons-nous, de pourvoir à la nourriture et à l'éducation du mineur; mais il n'est point tenu de le nourrir à ses dépens (2), s'il n'est d'ailleurs dans la classe des personnes qui lui doivent des alimens. Ces personnes sont les ascendans (3)

---

(1) C'est ce qu'a jugé la Cour de Rouen, dont la décision a été confirmée par la Cour de cassation le 8 août 1815. Sirey, 15, 1, 321.

(2) L. 3, §. 6, ff. *Ubi pupill. educ. vel. mor. debeat.*

(3) Voir à cet égard tome II, n° 375 à 392.

(art. 203, 205 et 207 combinés); et s'il y en a plusieurs qui lui en doivent également, le tuteur, en
cas de contestation sur leur part contributoire,
peut la faire régler contradictoirement avec eux
par les tribunaux.

Aucune disposition du Code n'oblige les autres
parens, même les oncles, même les frères, de fournir des alimens au mineur indigent, quoique l'humanité, les liens du sang, les bienséances sociales,
tout, en un mot, hormis la loi écrite, leur en fasse
un devoir (1). Dans ce cas, le tuteur fera donc régler, par le conseil de famille, s'il convient de
mettre en apprentissage le mineur qui serait en état
d'y entrer, ou de le placer dans une maison de
charité. Il ne doit surtout prendre ce dernier parti
que d'après l'avis de la famille.

531. Quant aux moyens de correction dont la
conduite du mineur peut rendre l'emploi nécessaire, l'article 468 les règle en ces termes : « Le
« tuteur qui aura des sujets de mécontentement
« graves sur la conduite du mineur pourra porter
« ses plaintes à un conseil de famille, et, s'il y est
« autorisé par ce conseil, provoquer la réclusion

---

(1) Nous applaudirions vivement à la loi qui obligerait les frères,
sœurs, oncles et tantes, dans l'aisance, de fournir, quand il n'y aurait pas d'ascendans en état de le faire, des alimens au mineur indigent, jusqu'à l'âge qu'elle déterminerait : quinze ans, par exemple;
et lors même que le projet de supprimer la mendicité en France re-
cevrait sa complète exécution, ce qui sera bien difficile, notre vœu
ne serait pas moins le même.

« du mineur, conformément à ce qui est statué à
« ce sujet au titre *de la Puissance paternelle.* »

Cette disposition s'entend toutefois sans préjudice du droit attribué au père ou à la mère qui, n'exerçant point la tutelle pour une juste cause, a néanmoins conservé la puissance paternelle sur l'enfant, et peut, en conséquence, le faire détenir suivant les règles précédemment exposées (1). Mais comme le tuteur ordinaire ne peut que *provoquer* la détention du mineur, le concours du magistrat est nécessaire, lors même que l'enfant aurait moins de quinze ans.

532. Enfin, le tuteur représente le mineur dans tous les actes civils (art. 450). Néanmoins, quant au mariage, qui est un des actes les plus importans de la vie civile, le tuteur ne le représente pas, ne stipule pas pour lui, ne consent pas pour lui : c'est le conseil de famille, à défaut d'ascendant en état de manifester sa volonté, qui donne son consentement ou qui autorise le tuteur à former opposition (art. 160, 175); et le mineur, dûment autorisé, consent lui-même l'acte de célébration (2), et même celui qui renferme ses conventions matrimoniales (art. 75, 76, 1309 et 1398). C'est une

_____

(1) *Voy.* nos 350 à 360, *suprà.*

(2) Selon le droit romain, c'était aussi le mineur, et non son curateur, qui consentait à l'acte de mariage, parce que le curateur n'était préposé qu'à l'administration des biens, et non à celle de la personne. L. 8, Cod. *de Nuptiis.*

exception à la règle générale de notre droit (1), suivant lequel le tuteur traite pour le mineur, le représente dans tous les actes civils.

Le mineur fait aussi son testament, même sans le concours d'aucune autre volonté. (Art. 904.)

SECTION II.

Des Obligations du tuteur en entrant en gestion.

SOMMAIRE.

533. *De quand le tuteur commence à gérer ; son obligation, s'il est légitime ou testamentaire, de faire nommer un subrogé-tuteur avant d'entrer en gestion.*

534. *Le tuteur doit, dans les dix jours, requérir la levée des scellés, s'ils ont été apposés ; interprétation du n° 1 de l'article 911 du Code de procédure, note.*

535. *Ce qu'on entend par inventaire ; ce qu'il comprend.*

536. *Peine pour défaut d'inventaire ou pour les fraudes qui y seraient commises.*

537. *Peine dans les mêmes cas contre le subrogé-tuteur.*

538. *Le testateur peut-il avec effet prohiber l'inventaire de ses biens, ou dispenser le tuteur de le faire ? La question résolue par une distinction.*

539. *Le tuteur doit déclarer, lors de l'inventaire, et sur la réquisition que lui en fait l'officier public, s'il lui est dû quelque chose par le mineur, à peine de déchéance de sa créance.*

540. *Dans toute tutelle, autre que celle des père et mère, le conseil de famille règle d'abord par aperçu la dépense annuelle du mineur, et il peut autoriser le tuteur à s'aider, dans sa gestion, d'un ou plusieurs gérans.*

---

(1) Nous disons de *notre droit ;* car, suivant les principes de la législation romaine, lorsque le pupille était au-dessus de sept ans, c'était lui qui traitait en son nom, d'après l'*autorité* de son tuteur. Voir aux INSTIT. le titre *de Auctoritate tutorum.*

533. Le tuteur doit administrer du jour qu'il a connaissance de son administration. (Art. 418.)

Si c'est un tuteur légitime, ou élu par le dernier mourant des père et mère, il doit, comme nous l'avons dit, faire convoquer le conseil de famille pour nommer un subrogé-tuteur (1). S'il s'est ingéré dans la gestion avant d'avoir rempli cette formalité, le conseil convoqué, soit sur la réquisition des parens, créanciers ou autres parties intéressées, soit d'office par le juge de paix, peut, s'il y a eu dol de la part du tuteur, lui retirer la tutelle, sans préjudice des indemnités dues au mineur. (Art. 421.)

534. Dans les dix jours qui suivent celui de sa nomination, le tuteur doit requérir la levée des

---

(1) Dans toute tutelle, lorsque le subrogé-tuteur vient à mourir ou devient, pour autre cause, incapable de continuer ses fonctions, le tuteur doit aussi requérir la convocation du conseil de famille pour en nommer un autre, parce que dans toute tutelle il y a un subrogé-tuteur. Mais, comme nous l'avons dit, le tuteur ne peut provoquer la destitution de celui qui a été nommé pour surveiller son administration (art. 426); il peut seulement donner les avertissemens qu'il croirait utiles, si le subrogé avait commis quelque action qui dût le faire écarter.

scellés s'ils ont été apposés (1), et faire procéder immédiatement à l'inventaire des biens du mineur en présence du subrogé-tuteur. (Art. 451.)

Cet acte est la base du compte de tutelle ; c'est par lui que le tuteur doit commencer sa gestion, sans négliger toutefois les actes urgens, qui ne pourraient être différés sans périls pour le mineur. Le tuteur qui s'ingérerait dans la gestion avant d'avoir fait faire l'inventaire, s'exposerait donc à être destitué, sans préjudice encore des condamnations qui pourraient être prononcées au profit du mineur.

535. L'inventaire est un acte fait par le ministère des notaires, qui contient, outre les formalités préliminaires tracées à l'art. 943 du Code de procé-

---

(1) Nota. Dans le cas prévu au n° 1 de l'article 911 du Code de procédure, le juge de paix ne doit pas apposer les scellés d'office au décès du prémourant des père et mère, quand le survivant est présent, quoique le subrogé-tuteur n'eût pas encore été nommé, qu'il y eût communauté entre les père et mère, et que les mineurs eussent ainsi des intérêts opposés à ceux du survivant : les mineurs *ne sont pas sans tuteur*, puisque, par le seul effet de la loi, ils en ont un dans la personne de ce dernier. Avant même la publication du Code de procédure, un rapport sur ce point fut présenté au chef du gouvernement par le ministre de la justice : sur le renvoi de ce rapport au conseil d'état, le président de la section de législation répondit qu'il n'avait point été dans l'intention du Code civil de donner aux juges de paix la mission d'apposer les scellés d'office dans les maisons où le père ou la mère survit ; que toute difficulté serait levée par une disposition du Code de procédure. Depuis cette lettre, du 18 mars 1806, ce Code a été publié, et l'article 911 a été expliqué par le ministre en ce sens, que les juges de paix doivent s'abstenir, dans le cas dont il s'agit, d'apposer les scellés d'office. On a voulu épargner des frais aux classes peu favorisées de la fortune.

dure, la description et estimation des effets mobiliers de la succession, meubles meublans et autres, denrées et marchandises : estimation qui se fait à juste valeur et sans crue (1); la désignation des espèces en numéraire; celle des qualités, poids et titre de l'argenterie, ainsi que celle des titres actifs et passifs (2). C'est le tableau des biens de la succession, excepté que les immeubles n'y sont point estimés, que souvent même ils n'y sont mentionnés que par la déclaration des titres de propriété.

536. Ce tableau doit être fidèle et complet, et toute omission qui proviendrait de la fraude du tuteur donnerait lieu à sa destitution, sans préjudice des dommages-intérêts au profit du mineur, et sans préjudice aussi des indemnités qui pourraient lui être dues par le subrogé-tuteur, s'il avait collude avec le tuteur (art. 1382), puisqu'un inventaire inexact, incomplet, n'est pas un inventaire aux yeux de la loi (art. 801), et qu'il vaudrait même quelquefois mieux pour le mineur qu'il n'y en eût pas eu du tout.

537. Nous avons vu au titre *de la Puissance paternelle* (3) quel est, par rapport à la jouissance

---

(1) La *crue* était une augmentation du quart en sus, qui avait lieu dans quelques coutumes, parce que l'on pensait que l'estimation d'une généralité de meubles ne se fait pas à sa juste valeur; mais les experts, avertis de cette augmentation, estimaient les objets en conséquence, et le résultat était toujours nul. *Voy.* Lacombe, au mot *crue.*

(2) Voir, pour tout ce qui concerne l'inventaire, les articles 941 à 944 de ce Code.

(3) N°s 389 et suiv.

des père et mère, l'effet du défaut d'inventaire, ou d'un inventaire frauduleusement incomplet, et quelle est aussi la peine portée par l'article 1442 contre le subrogé-tuteur; mais quoique aucune autre disposition du Code ne prononce textuellement la même peine contre lui pour la même cause, lorsque la tutelle est exercée par un autre que le père ou la mère, on ne doit pas conclure de là qu'il est affranchi de toute responsabilité à cet égard : son obligation est écrite dans la loi, qui lui commande, par le principe même de son institution, de surveiller le tuteur, d'agir pour le mineur lorsque ses intérêts sont en opposition avec ceux de ce dernier (art. 420), comme dans l'espèce; d'assister à l'inventaire (art. 451), par conséquent de veiller à ce qu'il ait lieu; enfin, elle est écrite dans la disposition générale qui oblige celui qui a causé à autrui du dommage par son fait, sa faute ou sa négligence, à le réparer. (Art. 1382 et 1383.)

538. Le tuteur peut-il être dispensé avec effet par le testateur de faire l'inventaire?

Suivant les principes, la question doit être décidée d'après une distinction.

Que l'on suppose donc que le testateur n'ait pas laissé d'héritier auquel la loi accorde une réserve, et que, en instituant le mineur légataire universel, il ait défendu au tuteur ou ait dispensé celui-ci (1)

_____

(1) Les interprètes du droit romain, dans ce cas, donnent à la dispense le même effet qu'à la prohibition.

de faire faire l'inventaire des biens de sa succession ;

Que l'on suppose aussi que le testateur ait un héritier à réserve, mais autre que le mineur, et qu'il ait accordé la même dispense, ou fait la même prohibition ;

Enfin, que le mineur lui-même ait droit à une réserve sur ses biens.

Dans le premier cas, le droit romain décide que la volonté du testateur doit être respectée. La loi dernière au Code, *Arbitrium tutelæ*, en contient la disposition formelle. Il aurait pu donner ses biens à un autre, il a pu par conséquent les donner au mineur sous la condition qu'ils ne seraient pas inventoriés : qui peut le plus peut le moins (1). Des raisons particulières ont pu le déterminer à le prescrire ainsi : il a pu vouloir, dans l'intérêt même du mineur, que le secret de ses affaires ne fût pas divulgué, afin de ne pas l'exposer au mépris qui ne suit que trop souvent la pauvreté, ou à l'envie qui accompagne aussi fréquemment la richesse. Cependant la clause du testament devrait s'entendre de la remise ou de la prohibition de faire l'inventaire par le ministère des officiers publics ; et le tuteur devrait toujours en faire un particulier, en la forme privée,

---

(1) C'est d'après ce motif que Ricard (*des Donations*, part. 2, chap. 2, nos 87 et suiv.) décide, en réfutant quelques objections tirées de textes du droit romain, dont on a fait une bien fausse application à la question, que le testateur qui peut disposer de tous ses biens, peut, par cela même, remettre à son exécuteur testamentaire l'obligation de faire faire l'inventaire, et qu'il peut, par la même raison, dispenser aussi le tuteur du légataire de remplir cette obligation.

avec le subrogé-tuteur. Car, sans cela, qui ne voit qu'il aurait la plus grande facilité pour s'approprier les objets appartenans au mineur, et que ce serait ainsi l'inviter en quelque sorte à commettre des fraudes par l'impuissance où l'on serait de les prouver (1)? Que l'on remarque bien en effet que cette clause ne dispense pas le tuteur de rendre compte (2), qu'elle l'affranchit seulement des difficultés qu'on aurait pu lui élever sur la consistance du mobilier non constaté par un inventaire en forme; mais qu'elle ne l'exempte pas plus d'en faire état qu'il n'est dispensé de constater ce qui échoit au mineur pendant le cours de la tutelle.

Au surplus, quelques personnes (3) pensent même qu'en imposant indistinctement au tuteur l'obligation de faire faire un inventaire régulier, et en ne dispensant aucun tuteur de cette obligation, l'article 451 du Code a tranché la controverse qui régnait anciennement même sur ce premier point. Mais il est évident que cet article ne statue que sur les cas ordinaires, qu'il laisse celui dont il s'agit en dehors des termes du droit commun et sous l'empire de la règle qui permet à un donataire d'apposer à sa libéralité les conditions que bon lui semble, lorsqu'elles n'ont rien de contraire à l'ordre public, même quand des intérêts particuliers, quoique différens de ceux du donataire, pourraient en souffrir

---

(1) Voët, AD PANDECT., tit. *de Administ. et peric. tut.*, n° 4.
(2) L. 5, §. 7, ff. *de Administ. et peric. tut.*, par argument *à fortiori*.
(3) Notamment M. Malleville.

quelque préjudice. C'est ainsi qu'il peut donner ses biens à un enfant, sous la condition que ses père et mère n'en jouiront pas (art. 387). D'ailleurs, avec la modification que nous avons apportée, et qui est appuyée du sentiment de Voët, cette décision ne présente aucun inconvénient grave ; elle a l'avantage de faire respecter la volonté du défunt (1).

Dans la seconde hypothèse, l'inventaire sera nécessaire pour déterminer le montant de ce qui revient à l'héritier ayant droit à une réserve, et au mineur légataire ; mais ce sera au premier à faire faire l'inventaire, puisque c'est lui qui est saisi et qui fait la délivrance des legs (art. 1004) : seulement le tuteur du légataire devra y être appelé. (Art. 942, Cod. de procéd.)

Enfin, dans la troisième, le principal motif sur lequel repose la décision portée sur la première ne s'appliquant plus, puisque le mineur tient plutôt de la loi que du testateur la partie de biens qui doit composer sa réserve (2), l'inventaire régulier, en la forme publique, serait absolument nécessaire pour pouvoir déterminer le montant de cette quotité : on resterait dans la règle générale (3).

539. S'il est dû quelque chose par le mineur au tuteur, celui-ci doit le déclarer dans l'inventaire, à

---

(1) Elle n'est, au surplus, opposée en rien à ce que nous disons à la note placée sous le n° 375, *suprà*.

(2) Voir *suprà*, n° 376.

(3) C'est aussi l'opinion de M. Delvincourt.

peine de déchéance de sa créance (1), et ce, sur la réquisition que l'officier public (2) est tenu de lui en faire, et dont mention doit être faite au procès-verbal. (Art. 451.)

Entre autres motifs, cette disposition a été portée pour prévenir les fraudes, pour empêcher qu'un tuteur ne vienne dans la suite réclamer une créance éteinte, en supprimant la quittance qu'il a donnée, et qui doit vraisemblablement se trouver parmi les autres papiers du mineur, dont il va être dépositaire : cette quittance pourrait échapper aux regards de l'officier public. Mais la crainte qu'elle ne lui apparaisse retiendra le tuteur, qui n'osera se déclarer créancier, s'il a réellement cessé de l'être ; aussi convient-il que le notaire lui fasse la réquisition avant de procéder au dépouillement et à l'inventaire des titres et papiers de la succession. Toutefois, comme beaucoup de tuteurs, surtout dans les campagnes, auraient pu ignorer le prescrit de la loi, l'obligation imposée au notaire touchant la réquisition a pour objet de leur faire connaître la déchéance dont ils sont menacés ; d'où il faut conclure que, si cette réquisition n'avait pas eu lieu, si le procès-verbal n'en faisait pas mention, la peine ne serait pas encourue, tous moyens de droit réservés d'ailleurs au mineur pour justifier de sa libération, ou de la simulation de la créance. La loi a voulu pré-

(1) Même lorsqu'elle serait constatée par acte authentique.
(2) Le notaire.

venir et réprimer la fraude; elle n'a point entendu faire perdre son droit à un créancier légitime pour avoir ignoré une disposition que, assurément, beaucoup de gens instruits ignorent eux-mêmes : l'erreur de droit n'est point excusée quand par elle on a manqué de faire un gain; mais elle est plus digne d'indulgence quand elle fait éprouver une perte réelle : *Juris ignorantia non prodest adquirere volentibus, suum verò petentibus non nocet* (1).

540. Lors de l'entrée en exercice de toute tutelle, autre que celle des père et mère, le conseil de famille doit régler par aperçu, et selon l'importance des biens régis, la somme à laquelle peut s'élever la dépense annuelle du mineur, ainsi que celle de l'administration de ses biens (2).

Le même acte spécifie si le tuteur est autorisé à s'aider, dans sa gestion, d'un ou plusieurs administrateurs particuliers et gérant sous sa responsabilité. (Art. 454.)

541. Ce conseil détermine positivement la somme à laquelle doit commencer, pour le tuteur, l'obligation de faire emploi de l'excédant des revenus sur

---

(1) LL. 7 et 8, ff. *de Juris et facti ignorant.*

(2) Généralement, cette fixation ne doit point dépasser les revenus. L. 3, §. 1, ff. *Ubi pupill. educ.*, etc. Voir dans Denizart, au mot *Tuteur*, un acte de notoriété du Châtelet sur ce point. Au reste, les circonstances particulières, telles que les espérances de fortune que peut avoir le mineur, sa naissance, la nature de ses biens peu productifs, mais d'une valeur cependant considérable, un état à lui donner, etc., peuvent autoriser le conseil de famille à s'éloigner tant soit peu de la règle; l'application en est laissée à sa sagesse.

la dépense : cet emploi doit être fait dans le délai de six mois, passé lequel, le tuteur doit les intérêts à défaut d'emploi. (Art. 455.)

542. Si le tuteur n'a pas fait déterminer par le conseil de famille la somme à laquelle doit commencer l'emploi, il doit, après le délai exprimé dans l'article précédent, les intérêts de toute somme non employée, quelque modique qu'elle soit. (Article 456.)

Ces trois articles présentent une suite de principes qu'il ne faut pas isoler les uns des autres ; ils sont, en quelque sorte, corrélatifs, et donnent lieu à plusieurs observations que nous ferons dans la section suivante.

543. Dans le mois qui suit la clôture de l'inventaire, le tuteur fait vendre tous les meubles (1) autres que ceux que le conseil de famille l'aurait autorisé à conserver en nature (2). (Art. 452.)

Cependant les père et mère, tant qu'ils ont la jouissance légale des biens du mineur, sont dispensés de vendre les meubles, s'ils préfèrent les garder pour les remettre en nature. Dans ce cas,

---

(1) Ceci ne s'entend point des meubles incorporels, tels que les rentes, les créances exigibles ou à terme.

(2) S'il ne les vend pas, il sera tenu de leur détérioration ou dépréciation quelconque, lors même qu'il ne s'en serait pas servi : par exemple, s'ils étaient passés de mode. Et il devrait les intérêts du prix qu'ils auraient produit s'ils eussent été vendus, puisque ce prix aurait été placé ; mais l'intérêt ne commencerait à courir contre lui que suivant les règles que nous exposerons plus loin, par application des articles 455 et 456.

ils en font faire, à leurs frais, une estimation à
juste valeur, par un expert nommé par le subrogé-
tuteur, et qui prête serment devant le juge de paix.
Ils rendent la valeur estimative de ceux des meubles
qu'ils ne pourraient représenter en nature (1).
(Art. 453.)

Comme la dispense de vendre les meubles n'a lieu
que tant qu'ils en ont la jouissance, il résulte de
là que, dès que cette jouissance cesse, c'est-à-dire
lorsque l'enfant a dix-huit ans accomplis (art. 384),
ils sont soumis à l'obligation de faire vendre ceux
de ces meubles que le conseil de famille, convoqué à cette époque, ne les autoriserait pas à garder
en nature; car l'article dit *tant* qu'ils ont la jouissance, ce qui n'indique pas un cas où cette jouissance a lieu, mais sa *durée*.

La vente des meubles doit être faite en présence
du subrogé-tuteur, aux enchères reçues par un
officier public, et après des affiches ou publications

---

(1) Ou qui seraient détériorés par un usage forcé. Mais, comme
usufruitiers, ils ont pu se servir de la chose, et par conséquent la détérioration ou dépréciation qui ne résulterait que d'un usage modéré
ne leur serait point imputable. L'article 950 milite aussi en faveur de
cette décision.

Leurs créanciers pourraient-ils les saisir et faire vendre? c'est demander si l'on peut faire vendre le mobilier qui n'appartient pas à
son débiteur: or, en pareil cas, l'article 608 du Code de procédure
autorise le propriétaire à revendiquer ses meubles et à s'opposer à la
vente par exploit signifié au gardien. Le tuteur, qui représente ici le
propriétaire, pourrait donc et même devrait s'opposer à la vente;
mais après la vente, le mineur n'aurait aucune action contre les tiers.
(Art. 2279.)

dont le procès - verbal de vente doit faire mention (1). (Art. 452.)

SECTION III.

De l'Étendue des pouvoirs du tuteur, relativement aux actes de sa gestion.

SOMMAIRE.

544. *Division de la section par la qualité des actes que le tuteur peut faire sans l'autorisation du conseil de famille, ou avec cette autorisation, ou qui lui sont interdits.*

§. Ier.

Des Actes que le tuteur peut ou doit faire d'après la nature de son mandat, sans avoir besoin d'autorisation.

545. *Le pouvoir du tuteur renferme essentiellement les actes d'administration et de conservation ; le tuteur peut passer des baux ; texte des articles 1429 et 1430 : développemens.*

546. *La loi n'a tracé aucune formalité pour ces baux ; même sous seing privé, ils sont valables.*

547. *Le tuteur a-t-il qualité pour faire seul la location ou la vente des bois mis en coupes réglées ?*

548. *Est-il obligé d'affermer les biens quand il ne les prend pas*

---

(1) Voir, pour les formalités de cette vente, les articles 945 à 951 du Code de procédure, qui renvoient eux-mêmes aux articles 617 à 625 du même Code. On prétend cependant qu'il n'est besoin de suivre que les seules dispositions de l'article 452 du Code civil, et non pas absolument *les lois sur la procédure*, comme le veut l'article 796, pour la vente du mobilier par l'héritier bénéficiaire. Nous sommes bien persuadé que les rédacteurs du Code n'ont pas eu autre chose en vue, dans l'article 452, que les lois sur la procédure, qui n'existaient pas alors absolument telles qu'elles existent aujourd'hui.

III.   34

lui-même à ferme , ou peut-il les faire cultiver d'après un mode de son choix ?

549. *Le tuteur fait aussi vendre aux enchères le mobilier qui échoit au mineur dans le cours de la tutelle.*

550. *Il reçoit le paiement des créances , en donne valablement décharge et poursuit les débiteurs ; sa responsabilité à cet égard.*

551. *Il reçoit aussi le remboursement des contrats de rentes : quant à celui des anciennes rentes foncières , loi de 1790, note.*

552. *Il poursuit le remboursement forcé des contrats de rentes dans les cas prévus par la loi ; ce qu'il doit faire à cet égard pour mettre sa responsabilité à couvert.*

553. *Il exerce, sans avoir besoin d'autorisation, les actions mobilières.*

554. *Il transfère, mais au cours du jour, les rentes sur l'État et n'excédant pas cinquante francs de revenu , ainsi qu'une action sur la banque de France, ou des portions ne représentant pas au delà d'une action. Pour les rentes qui excèdent ce taux , il a besoin d'autorisation.*

555. *Mêmes décisions pour les rentes sur particuliers ; dans tous les cas , la vente de celles-là doit être faite aux enchères après affiches.*

556. *Le tuteur doit payer les dettes au fur et mesure de leur exigibilité.*

557. *Conséquences de ce que les père et mère ne sont point obligés de faire déterminer par le conseil de famille la dépense annuelle du mineur.*

558. *Généralement, tout autre tuteur ne doit pas dépasser la somme sans être autorisé.*

559. *Quelquefois il peut, avec autorisation, prendre même sur les capitaux.*

560. *En fixant la dépense annuelle , le conseil ne traite pas à forfait avec le tuteur : celui-ci devra toujours rendre son compte.*

561. *Les père et mère ne sont point non plus tenus de faire déterminer la somme à laquelle commencera l'obligation de faire emploi de l'excédant des rentrées et revenus sur* **la** *dépense.*

562. *Le tuteur ordinaire qui n'a pas fait régler la somme, doit les intérêts de toutes celles qu'il a reçues, à partir de six mois depuis qu'il les a touchées.*

563. *S'il a fait des placemens avant les six mois, les intérêts courent pour le mineur.*

564. *Les intérêts annuels se transforment en capitaux, et produisent à leur tour des intérêts.*

565. *Si le tuteur est débiteur envers le mineur, il doit payer à lui-même : conséquences.*

566. *S'il est créancier et qu'il ait des sommes entre mains, il se fait compensation jusqu'à due concurrence dès que sa créance est devenue exigible.*

567. *Anciennement le tuteur créancier aurait été obligé de faire au mineur, en cas d'attermoiement, la même remise que les autres ; aujourd'hui la question ne peut se présenter, parce que le bénéfice du concordat n'appartient qu'aux commerçans, et que le mineur commerçant n'est point en tutelle.*

568. *La loi n'a pas réglé le mode d'emploi de l'excédant des rentrées et revenus sur la dépense ; comment il peut être fait.*

569. *Si l'emploi a été sagement fait par le tuteur en cette qualité, les cas fortuits et les pertes concernent le mineur.*

570. *Le mineur peut-il, à sa majorité, répudier les acquisitions d'immeubles faites en son nom par le tuteur autorisé ou non ?*

571. *Le tuteur exerce les actions possessoires.*

572. *Il interrompt aussi toutes prescriptions.*

573. *Il défend également, sans autorisation, aux actions immobilières et aux demandes en partage.*

574. *Quand le tuteur n'a point excédé ses pouvoirs, le mineur ne peut attaquer ses actes pour cause de rescision.*

§. II.

Des Actes que le tuteur ne peut faire que d'après l'autorisation
du conseil de famille, laquelle, dans certains cas, a même
besoin d'être homologuée.

575. *L'importance de certains actes a fait modifier le pouvoir
du tuteur.*

576. *Il ne peut ni accepter ni répudier une succession sans l'autorisation du conseil de famille ; l'acceptation ne peut
avoir lieu que sous bénéfice d'inventaire.*

577. *L'homologation du tribunal n'est pas nécessaire, même
pour répudier valablement la succession.*

578. *Si la succession répudiée au nom du mineur n'a point été
acceptée par un autre, elle peut être reprise ; quand
est-elle censée n'avoir point été acceptée ?*

579. *Le mineur ne reprend la succession que dans l'état où elle
se trouve : il respecte les actes valablement faits pendant la vacance, et la prescription a pu courir au profit
des tiers.*

580. *Comment peut être acceptée la donation faite au mineur.*

581. *L'acceptation des legs universels ou à titre universel ne
peut aussi avoir lieu que d'après une délibération du
conseil de famille et sous bénéfice d'inventaire.*

582. *Relativement aux legs à titre particulier, le défaut d'autorisation ne peut avoir les mêmes conséquences pour le
mineur que lorsqu'il s'agit de donations : le tuteur
peut sans elle demander la délivrance des legs de biens
meubles.*

583 *L'autorisation est nécessaire au tuteur pour introduire en
justice une action relative aux droits immobiliers, ou
pour acquiescer à une action de cette nature ; elle ne
l'est pas pour suivre celle qui a été intentée.*

584. *Pour la validité de l'acquiescement, si le tribunal en donne
acte, il est besoin que le ministère public soit entendu ;
sinon, il resterait au mineur la requête civile.*

585. *L'autorisation est pareillement nécessaire pour provoquer*

un partage, même d'une universalité de biens mobiliers.

586. Le partage doit être fait en justice.

587. L'autorisation est nécessaire pour le transport des rentes, soit sur l'état, soit sur particuliers, excédant cinquante francs de revenu : renvoi.

588. Avec l'autorisation du conseil de famille, le tuteur peut prendre, du subrogé tuteur, les biens à ferme ; sans cette autorisation, le bail peut être réputé non avenu sur la demande du mineur ; il en est de même, s'il a été fait à personne interposée.

589. Le tuteur quelconque ne peut ni emprunter, ni aliéner, ni hypothéquer les immeubles que d'après l'autorisation du conseil de famille, dûment homologuée : texte des articles 457 et 458.

590. Formalités de la vente.

591. L'autorisation et l'homologation ne sont pas nécessaires quand la licitation est ordonnée par jugement rendu sur la provocation d'un co-propriétaire.

592. Ni lorsque c'est un créancier du mineur qui poursuit la vente par expropriation forcée.

593. Dans ce dernier cas, il y a lieu à la surenchère du quart, mais non dans le précédent.

594. Si les formalités dans les ventes et partages ont été observées, les actes sont censés avoir été passés par le mineur lui-même en majorité : les ventes ne peuvent être attaquées pour lésion, même des sept douzièmes.

595. Mais les partages peuvent être attaqués pour lésion de plus du quart.

596. Le tuteur doit être autorisé pour transiger au nom du mineur : il faut même l'avis de trois jurisconsultes, et la transaction a besoin d'être homologuée.

597. Le conseil ne peut autoriser le tuteur à compromettre.

598. Effets des actes régulièrement faits par le tuteur, et de ceux qu'il a passés sans remplir les formalités qui lui étaient prescrites.

§. III.

Des Actes qui sont interdits au tuteur.

599. *Il ne peut acheter les biens du mineur, même aux en-chères publiques.*
600. *Ni se rendre cessionnaire d'aucune créance sur le mineur.*
601. *Le tuteur obligé pour ou avec le mineur, et qui paye la dette, n'est point réputé cessionnaire; il a même la subrogation légale.*
602. *Ce qu'il devrait faire pour acquérir la subrogation con-ventionnelle en payant de ses deniers la dette du mi-neur, afin de n'être pas réputé cessionnaire.*
603. *Quel sera le sort de la créance dont le tuteur s'est rendu cessionnaire au mépris de la prohibition de la loi?*
604. *Généralement, la prescription ne court point entre le tu-teur et le mineur pendant la tutelle.*

544. Nous avons dit, avec l'article 450, que le tuteur représente le mineur dans tous les actes ci-vils, et nous avons fait remarquer les modifications que souffre le principe.

Néanmoins, la loi ne lui a pas confié un pou-voir uniforme pour tous les actes qui peuvent in-téresser le mineur; elle a, au contraire, envisagé le plus ou moins de fréquence de ces actes, mesuré leur importance d'après les conséquences qu'ils pourraient avoir pour lui, et réglé l'exercice du pouvoir du tuteur de manière qu'il fût toujours utile et jamais nuisible à celui en faveur duquel il est institué.

C'est ainsi qu'il est des actes que le tuteur peut ou doit faire d'après la nature de son mandat, en

restant toutefois responsable des dommages-intérêts qui pourraient résulter d'une mauvaise gestion. (Art. 450.)

Il en est d'autres qu'il ne peut faire que d'après
une autorisation du conseil de famille; et même
parmi ceux-ci, plusieurs, pour être réguliers et
obligatoires pour le mineur, exigent que cette autorisation soit elle-même revêtue de la sanction de
l'autorité judiciaire.

Enfin il en est même quelques-uns qu'une sage
précaution a interdits au tuteur, à cause de la facilité qu'il aurait, par leur moyen, de léser à son
profit les intérêts du mineur.

Le développement de ces trois propositions com-
prendra toute l'administration du tuteur quant
aux biens.

§. Ier.

Des Actes que le tuteur peut ou doit faire d'après la
nature de son mandat, sans avoir besoin d'auto-
risation.

545. On peut établir, comme règle générale, que
tous les actes que la loi répute actes de simple administration et de conservation des biens, sont essentiellement dans les attributions du pouvoir tu-
télaire, et que le mineur, légalement représenté
dans ces actes par son tuteur, ne peut les attaquer
sous prétexte de lésion, comme nous le démontrerons plus loin (1).

_____

(1) N° 574.

Ainsi, le tuteur peut passer des baux des biens
du mineur (1), de ses héritages ruraux comme de
ses maisons; toucher les fermages et les loyers, et
en donner bonne et valable décharge; seulement,
il est soumis, pour la durée des baux et l'époque
de leur renouvellement, aux règles prescrites au
mari, administrateur des biens de sa femme (art.
1718); et qui sont tracées aux articles 1429 et 1430,
ainsi conçus :

« Les baux que le mari seul a faits des biens de
« sa femme, pour un temps qui excède neuf ans,
« ne sont, en cas de la dissolution de la commu-
« nauté, obligatoires *vis-à-vis de la femme ou de*
« *ses héritiers* que pour le temps qui reste à courir,
« soit de la première période de neuf ans, si les
« parties s'y trouvent encore, soit de la seconde,
« et ainsi de suite, de manière que le fermier n'ait
« que le droit d'achever la jouissance de la période
« de neuf ans dans laquelle il se trouve.

« Les baux de neuf ans ou au-dessous que le
« mari seul a passés ou renouvelés, des biens de sa
« femme, plus de trois ans avant l'expiration du
« bail courant, s'il s'agit de biens ruraux, et plus
« de deux ans avant la même époque, s'il s'agit de
« maisons, sont sans effet, à moins que leur exé-
« cution n'ait commencé avant la dissolution de la
« communauté. »

---

(1) Nous verrons (n° 588) qu'il peut les prendre à ferme du subrogé tuteur autorisé par le conseil de famille à lui en passer bail.

Cependant le tuteur ne peut passer ni renouveler des baux dont l'exécution ne devrait commencer qu'à la majorité du mineur, quelle qu'en
fût la durée. Celui-ci sera toujours alors à même
de faire, à cet égard, ce qui lui paraîtra convenable. Si la loi déclare obligatoires, même pour la
femme, les baux qui, n'excédant pas neuf ans, ont
été passés ou renouvelés par le mari seul, encore
que l'exécution n'en ait pas commencé avant la
dissolution de la communauté, lorsqu'ils n'ont pas
été passés ou renouvelés avant les époques ci-dessus, c'est parce que le moment de la dissolution
de la communauté n'est pas connu, comme l'est
celui de la majorité du mineur, et qu'il a fallu conséquemment ne point paralyser l'administration
du mari; mais le tuteur n'a point à s'occuper de
celle des biens du mineur après sa majorité. L'article 1718 doit donc être entendu avec cette modification.

Les baux seraient, au surplus, obligatoires pour
le preneur, si le mineur le voulait ainsi. Les restrictions apportées par la loi au pouvoir du mari
sont évidemment dans l'intérêt de la femme, et,
par la même raison, celles apportées au pouvoir du
tuteur sont dans l'intérêt du mineur, qui, dans ce
cas, est assimilé à la femme. C'est un contrat *boi-
teux*, dont le droit offre plus d'un exemple, surtout
quand les mineurs sont intéressés à l'exécution ou à
l'annulation de l'engagement. Il en serait de même
des baux qui auraient été passés pour un temps

excédant neuf années, ou passés ou renouvelés
avant les époques ci-dessus indiquées, encore que
le fermier ne fût pas entré dans la seconde ou troi'
sième période, ou que leur exécution n'eût pas
commencé à l'époque de la majorité.

546. La loi ne prescrit aucune formalité pour les
baux, comme elle le fait pour la vente, même des
meubles; elle n'exige pas non plus l'autorisation du
conseil de famille, si ce n'est lorsque c'est le tuteur
qui prend les biens à ferme (art. 450): d'où il faut
conclure que celui-ci n'est point tenu de faire
apposer des affiches, ni même de passer des baux
pardevant notaires, ni d'obtenir l'autorisation du
conseil. Il fera sans doute bien de donner le plus
de publicité à ses opérations, afin de n'éprouver
aucune difficulté; et, suivant l'importance des
biens, il agira prudemment en consultant le conseil de famille. Mais quant à la validité des baux en
eux-mêmes, et dans la supposition, bien entendu,
que le preneur n'ait point collué avec lui, ces précautions ne sont pas nécessaires : même sous seing
privé (1) ils remplissent le vœu de la loi, qui ne
prescrit pas davantage au tuteur d'exiger des fermiers une caution ou une hypothèque, ce qui
pourrait souvent écarter de bons fermiers par l'impuissance où ils seraient d'en fournir; en sorte que
l'insolvabilité dans laquelle ils seraient tombés de-

---

(1) En doubles originaux, à cause de la disposition de l'art. 1325.

puis leur entrée en jouissance, ne serait pas imputable au tuteur, s'il s'était en tout point conduit
comme un bon père de famille.

547. *Quid* des bois mis en coupes réglées?

Quant à ceux qui font partie des produits annuels
d'une terre ou domaine donné à ferme, il ne saurait y avoir de difficulté : ce n'est là qu'un véritable
bail à ferme de ces bois comme des autres produits,
et le tuteur a pleinement qualité pour passer ce
bail.

Il y a plus de doute à l'égard des bois mis aussi
en coupes réglées, mais qui ne font point partie
de la location d'une terre ou domaine; car, lors
même, comme cela arrive assez fréquemment, que
la concession de faire les coupes porterait qu'elles
se feront en tant d'années et par parties égales, ce
serait plutôt une vente qu'une location de ces
mêmes coupes, et conséquemment l'on pourrait
dire que le tuteur, qui ne peut vendre le mobilier
qu'aux enchères, après publications, ne doit, à
plus forte raison, pouvoir disposer de cet objet,
infiniment plus important, qu'en remplissant les
mêmes formalités, et même d'après une autorisation du conseil de famille. Cependant tel n'est pas
notre sentiment, par la raison que c'est un fruit,
et que cette vente, ou location, n'importe, n'est
qu'un acte de simple administration, quelle que
soit l'importance des coupes. Il ne faut, en effet,
pas perdre de vue que la loi n'a pu se déterminer

que par la nature des actes et leur importance ordinaire, et non d'après celle qu'ils peuvent avoir,
dans tel ou tel cas, par rapport à la valeur de
l'objet, ce qui n'est d'ailleurs qu'une importance
moindre en raison même de la fortune du mineur;
et qu'enfin le tuteur est toujours responsable de sa
gestion, si elle n'a pas été celle d'un bon père de
famille.

548. Mais est-il obligé d'affermer les biens du
mineur quand il ne les prend pas lui-même à ferme?
ou peut-il les faire cultiver par des colons partiaires
ou métayers, suivant le système d'exploitation de
beaucoup de pays, ou par l'emploi d'un autre
mode?

Le Code est muet sur ce point: il se borne à dire
que le tuteur administrera les biens en bon père de
famille. Or, un tuteur très-attaché à son pupille,
un aïeul, par exemple, voulant lui procurer un revenu plus considérable, augmenté de tout ce que le
fermier gagnerait naturellement sur la location si
les biens étaient affermés, doit mieux aimer les
faire cultiver que d'en passer bail; la proximité de
la majorité du mineur, ou de l'époque où il con-
viendra de l'émanciper, peut encore le déterminer
à prendre ce parti. D'autre part, on peut craindre
que, rien ne constatant les quotités de fruits annuelles, ni le prix qu'elles produiront, ni les frais
faits pour les obtenir; que tout cela étant pour
ainsi dire livré à la discrétion du tuteur, ce serait

lui laisser les moyens les plus faciles de faire tort au mineur. Nous pensons, d'après ces divers motifs, que c'est un point laissé à la sagesse du conseil de famille, qui se décidera en raison de la confiance que lui inspirera le tuteur, l'importance et l'espèce des biens, et la nature de leurs produits. Dans le silence du conseil à cet égard, et aussi dans celui de la loi sur ce point, le tuteur peut gérer comme bon lui semble. Les états de situation qu'il est tenu de remettre annuellement au subrogé tuteur, en conformité de l'article 470, peuvent d'ailleurs prévenir en partie les inconvéniens que nous venons de. signaler, puisque si ce dernier s'aperçoit de quelque mauvaise foi de la part du tuteur dans l'état des fruits et de leur produit, il peut faire convoquer le conseil pour lui enjoindre de mettre les biens en ferme.

549. Nous avons vu (1) que le tuteur, autre que le père ou la mère, doit faire vendre, dans le mois de la clôture de l'inventaire, aux enchères et après affiches, tous les meubles autres que ceux que le conseil de famille l'a autorisé à garder en nature (art. 452); et il en doit être ainsi des meubles qui échoient au mineur pendant le cours de la tutelle, par succession, donation, legs ou autrement.

550. Il reçoit le paiement des créances du mineur et libère valablement les débiteurs. Il doit même les poursuivre dès que la dette est devenue exi-

_____

(1) N° 543.

gible, tellement que sa négligence à le faire pourrait, selon la gravité de la faute, faire retomber sur
lui la perte résultant de leur insolvabilité, survenue depuis l'époque de l'exigibilité de la dette. Les
intérêts, par la même raison, courraient à sa charge
depuis celle indiquée *infià*, n° 562 et 565, encore
que la dette n'en produisît pas. Enfin, il ne doit
pas négliger d'intervenir dans les ordres ou distributions de deniers ouverts sur les débiteurs, ni
manquer de faire ce que ferait tout bon père de
famille bien réglé.

551. Il reçoit pareillement le remboursement
des contrats de rentes que les débiteurs veulent lui
faire, conformément aux articles 530 et 1911; et
dans ce cas, les débiteurs ne sont point garans du
défaut d'emploi; le Code ne prescrit rien de semblable (1). Il donne, d'une part, aux débiteurs le
droit de se libérer, et, d'autre part, il leur indique

---

(1) Quant au remboursement des anciennes rentes *foncières* (rentes
qui n'existent plus avec la même nature, puisque toute rente établie
pour le prix de la vente d'un immeuble, ou comme condition de la cession
à titre onéreux d'un fonds immobilier, est *essentiellement rachetable*
(art. 530), *voy.* la loi du 29 décembre 1790, suivant laquelle le tuteur ne peut liquider le rachat de ces rentes que dans la forme et aux
taux qu'elle détermine, et qui dispose aussi que les débiteurs qui ne
veulent pas demeurer garans du défaut d'emploi peuvent consigner
le prix du rachat, lequel ne doit être delivré au tuteur ou curateur
qu'en vertu d'une ordonnance du juge, rendue sur les conclusions
du procureur du Roi, auquel il doit être justifié du remploi. (Tit. 2,
art. 4.) Cette loi n'est point abrogée en cela par celle du 20 germinal,
an XII, sur la réunion des lois du Code civil en un seul Code, puisque
le Code civil ne s'occupe pas des *rentes foncières* comme rentes foncières.

celui qui a pouvoir de recevoir pour le mineur; ce qui protége leur paiement et le rend inatta- quable. (Art. 1239.)

552. Quand le débiteur de la rente a cessé pen- dant deux ans de remplir ses engagemens, comme il peut être contraint au rachat (art. 1912), que l'action en remboursement est mobilière (art. 529), et que le tuteur exerce seul, sans avoir besoin d'au- torisation, les actions de cette nature, il peut con- séquemment poursuivre le remboursement forcé de la rente. Néanmoins, comme dans beaucoup de cas il vaudrait mieux pour le mineur de conserver les contrats, le tuteur fera sagement de demander l'avis du conseil de famille, afin de mettre sa res- ponsabilité à couvert. Mais le débiteur ne pourrait argumenter du défaut d'autorisation pour se refuser à rembourser, car la décharge qui lui serait donnée serait inattaquable dans tous les cas.

553. Nous disons que le tuteur n'a pas besoin de l'autorisation du conseil de famille pour exercer, même activement, les actions mobilières, et cela ré- sulte évidemment de l'article 464, qui, en disant que « aucun tuteur ne pourra introduire en justice une « action relative aux droits immobiliers du mineur, « ni acquiescer à une demande relative aux mêmes « droits, sans l'autorisation du conseil de famille, » dit par cela même clairement que cette autorisa- tion n'est pas nécessaire pour les actions relatives aux droits mobiliers. Il doit même intenter ces ac-

tions à peine d'être responsable, et il n'aurait même pas besoin de l'autorisation du conseil de famille pour interjeter appel d'un jugement rendu sur une action immobilière *intentée* par l'auteur du mineur : ce ne serait pas là introduire en justice une action immobilière, mais seulement suivre celle qui avait été formée.

554. Quant à la cession ou transport des rentes, soit sur l'État, soit sur particuliers, le Code n'en parle pas; mais la loi du 24 mars 1806 (1) exige, par son article 3, que, pour transférer les rentes sur l'État, appartenant à des mineurs et excédant cinquante francs de rente, le tuteur ait obtenu l'autorisation du conseil de famille; et dans tous les cas, et quelle que soit la valeur de l'inscription, il n'est pas besoin d'affiches ni de publications, ni, lorsque l'autorisation du conseil de famille est nécessaire, de l'homologation du tribunal; mais il faut que la vente ait lieu suivant le cours du jour et de la place, légalement constaté (2).

Les dispositions de cette loi ont été appliquées, par décret du 25 septembre 1813 (3), au cas où le mineur serait propriétaire d'actions de la Banque de France : s'il n'en a qu'une, ou s'il a dans plusieurs un droit n'excédant pas en totalité une ac-

---

(1) Bullet., nº 1440.
(2) Par un certificat des agens de change de la place, qui seuls ont le droit de constater le cours des effets publics. (Art. 76 du Cod. de comm.)
(3) Bullet., nº 9737.

tion entière, le tuteur peut en faire la vente ou le transport sans autorisation du conseil de famille.

555. La loi précitée doit s'appliquer aux rentes sur particuliers, en ce sens que l'autorisation du conseil de famille sera nécessaire pour la vente ou cession de celles qui excèdent cinquante francs de revenu, et qu'elle ne le sera point pour la vente des autres. Mais dans tous les cas, la vente doit se faire après affiches ou publications, et aux enchères reçues par un notaire, puisque la valeur réelle de la rente ne peut être autrement constatée. Si la saisie et la vente des rentes appartenant à des majeurs ne peuvent avoir lieu que d'après ces formalités (art. 636 et suivans du Code de procédure), à plus forte raison en doit-il être ainsi de la vente, même volontaire, de celles qui appartiennent à des mineurs. L'article 452 du Code civil vient à l'appui, car, quoiqu'en prescrivant au tuteur de vendre les meubles il entende parler des meubles corporels, néanmoins les formalités qu'il trace pour cette vente doivent également s'appliquer lorsque celle d'une rente a lieu par un motif quelconque (1).

____

(1) M. Delvincourt est aussi de notre opinion sur ces divers points; mais M. Proudhon en diffère sous un rapport, en ce qu'il pense que le tuteur ne peut, sans l'autorisation du conseil de famille, transporter une rente, même au-dessous de cinquante francs de revenu, attendu que la loi du 26 mars ne parle que des rentes sur l'état. On peut répondre à cela qu'avant cette loi, aucune disposition, du moins expresse, ne limitant le pouvoir du tuteur, même pour les rentes au-dessus de cinquante francs de revenu, le transport qu'il en aurait fait seul eût peut-être été inattaquable; que s'il en serait autrement

556. Le tuteur doit payer les dettes au fur et mesure de leur exigibilité. Si, faute de le faire, il avait laissé courir des intérêts ayant en main de quoi faire le paiement, quoique ce fût depuis moins de six mois qu'il eût la somme suffisante, il supporterait lui-même ces intérêts. Il doit aussi se payer à lui-même ce qui lui est dû.

557. Ici se place l'analyse des articles 454, 455 et 456, dont nous avons cité plus haut (1) les dispositions :

1º Les père et mère n'étant point dans l'obligation de faire déterminer par le conseil de famille la somme à laquelle s'élèvera par aperçu la dépense annuelle du mineur, parce que le droit de la fixer est un attribut de la puissance paternelle, que d'ailleurs cette dépense est presque (2) toujours, jusqu'à ce que l'enfant ait dix-huit ans, une charge de la jouissance légale, et enfin parce que l'affection paternelle est une garantie qu'elle ne sera pas excessive, leur gestion à cet égard ne saurait être critiquée qu'autant qu'elle attesterait évidemment la prodigalité ou l'incurie.

---

aujourd'hui, c'est parce qu'évidemment le législateur, qui n'a pas voulu lui laisser le droit de transporter seul une rente sur l'état, n'a pas entendu lui laisser le pouvoir d'en transférer une sur particulier; mais qu'ayant limité l'effet de sa disposition pour le premier cas, il a, par la même raison, voulu le limiter pour le second.

(1) Nº 542.

(2) Nous disons *presque* toujours, à cause des observations que nous avons faites *suprà*, nº 397.

558. 2° Mais si la tutelle est exercée par tout
autre, généralement le tuteur ne doit point dépasser la somme fixée, du moins d'une manière
sensible (1), sauf à se faire autoriser par une nouvelle délibération, si la fortune du mineur s'est
accrue, ou si les besoins sont devenus plus grands;
comme, *vice versâ*, le conseil de famille pourrait
réduire la somme primitivement fixée, si le mineur
avait essuyé des pertes. Au reste, le tuteur ne doit
point prendre sur lui de dépasser la somme déterminée, l'excédant ne lui serait point alloué. Si néanmoins la dépense était absolument nécessaire et
urgente, comme celle qu'entraînerait une maladie
grave et coûteuse, elle serait passée en compte,
encore qu'elle n'eût pas été préalablement autorisée.

559. 3° Le tuteur peut aussi, mais avec l'autorisation du conseil de famille, prendre sur les capitaux, en cas d'insuffisance des revenus, pour
payer le prix de l'apprentissage du mineur, lui faire
prendre ses grades en droit ou en médecine, ou
autre chose semblable. Ce qui importe le plus au
mineur, c'est d'avoir un état, et l'on sent que les
revenus pourraient n'être pas toujours suffisans
pour le lui procurer. On doit en dire autant pour
la dépense à faire sur un immeuble qui dépérit ou
qui est susceptible d'amélioration; et nous ne pen-

---

(1) Car si ce n'était que de peu de chose, il ne serait point responsable : le conseil n'a réglé la dépense annuelle que *par aperçu*.
(Art. 454.)

sons pas, tant qu'il n'y a pas lieu d'emprunter, qu'il y ait nécessité de faire homologuer la délibération (1). La loi ne prescrit cette formalité que pour le cas d'emprunt, vente ou hypothèque des immeubles, les partages et les transactions.

560. 4° Au surplus, en fixant une somme pour la dépense annuelle du mineur, le conseil de famille ne traite pas comme à forfait avec le tuteur : celui-ci devra toujours établir son compte, et justifier de ce qu'il a réellement dépensé, ainsi que nous le dirons en parlant du compte. Néanmoins on peut convenir avec lui qu'il nourrira, entretiendra le mineur et lui donnera l'éducation moyennant telle somme : ce parti simplifiera même beaucoup la reddition du compte.

561. 5° L'article 455 doit se combiner avec le précédent, en ce sens que, lorsque la tutelle est exercée par le père ou la mère, ceux-ci ne sont pas plus obligés de faire régler par le conseil de famille la somme à laquelle commencera pour eux l'obligation de faire emploi de l'excédant des rentrées et revenus sur la dépense annuelle, qu'ils ne sont tenus de faire régler celle à laquelle peut s'élever cette dépense : les raisons qui les dispensent d'appeler la délibération du conseil sur ce dernier point, militent avec la même force quant au premier. Mais ils ne sont pas pour cela dispensés de

---

(1) M. Delvincourt est d'un avis contraire.

faire l'emploi aux époques déterminées, sinon ils seront tenus des intérêts des sommes un peu importantes qu'ils auront négligé de placer.

562. 6° Quant au tuteur ordinaire qui n'a pas fait fixer la somme à laquelle commence pour lui l'obligation de faire emploi, il doit l'intérêt de toute somme quelconque, non pas du jour où il l'a reçue, ainsi qu'on l'a écrit (1) contre la disposition formelle des articles 455 et 456 combinés, mais à partir des six mois depuis qu'il l'a reçue.

563. 7° Ce délai étant accordé au tuteur pour qu'il puisse trouver un placement sûr et avantageux, et non pour lui procurer un bénéfice, il est clair que s'il a placé la somme fixée ou toute somme quelconque, avant le délai déterminé, les intérêts auront couru au profit du mineur (2); et s'il n'apparaît aucun emploi en faveur de celui-ci, que cependant il soit prouvé que les fonds ne sont pas restés oisifs entre les mains du tuteur, il sera présumé les avoir employés à son propre usage, et il en devra les intérêts, non pas du jour où il les a touchés, mais du jour où il aura cessé de les avoir disponibles. Au reste, jusqu'à preuve du contraire, il est présumé avoir eu dans les six mois du jour où la somme à placer s'est complétée, les fonds libres entre les mains.

(1) M. Toullier.
(2) L. 7, §. 11, ff. *de Administ. et peric. tut.*

564. 8° Les intérêts annuels sont des revenus pour le mineur, et l'excédant de ces revenus fait partie de la somme à laquelle commence, pour le tuteur, l'obligation de faire emploi; quelquefois même cet excédant forme intégralement la somme: d'où il suit que ces intérêts forment annuellement, pour le mineur, un nouveau capital, qui doit en produire à son tour. Il se fera, lors de la reddition du compte, un calcul par *échelette,* qui peut sans doute, au bout d'un certain temps, s'élever dans une progression considérable; mais c'est au tuteur à stipuler des tiers chez lesquels il a fait les placemens, les intérêts payables par année, et à en exiger régulièrement le paiement ou la conversion en un nouveau capital, productif d'intérêts comme le premier : l'anatocisme en pareil cas est admis, et il a lieu de droit en faveur du mineur.

565. 9° Si le tuteur est lui-même débiteur du pupille, il doit, à l'exigibilité de la dette, recevoir fictivement de lui-même comme il reçoit réellement de tout autre : *à semetipso exigere debet* (1) : il y a deux personnes en lui. Et si sa dette ne produit point d'intérêts, elle commencera d'en produire, non pas, comme on l'a aussi écrit (2), du jour où elle est devenue exigible, car il ne doit pas être traité plus rigoureusement de ce que c'est lui plutôt qu'un autre qui aurait été débiteur; mais elle portera in-

---

(1) L. 9, §. 4, ff. *de Administ. et peric. tut.*
(2) M. Delvincourt.

térêt à partir des six mois du jour où la somme fixée est devenue complète par l'exigibilité de sa dette. Il lui faut, dans ce cas comme dans les autres, le temps nécessaire pour faire un placement sûr et avantageux.

566. 10° S'il est créancier d'une somme exigible, il compense jusqu'à due concurrence (1) avec les sommes dont il est détenteur. S'il n'est détenteur d'aucune, et que sa créance ne produise pas d'intérêts, elle n'en produira qu'autant qu'il l'aura fait régler par le conseil de famille. Les articles 474, 1473, 2001, que l'on invoque (2) dans l'opinion contraire, ne nous paraissent nullement motiver une exception à la règle portée à l'article 1153; en un mot, la loi ne disant pas que, dans ce cas, les intérêts courront de plein droit, le principe conserve son empire.

567. 11° MM. Delvincourt et Toullier enseignent que si, attendu le mauvais état des affaires du mineur, ses créanciers lui faisaient une remise, son tuteur, aussi créancier, serait obligé de lui en faire

---

(1) M. Toullier dit que s'il n'est pas détenteur d'une somme égale à celle de sa créance, l'extinction légale ne s'opère que du moment où il a cette somme, parce qu'il n'est pas obligé de se rembourser par parties : c'est une erreur, qui se réfute par la simple lecture de l'article 1290. Il est obligé de souffrir ce que souffrent les autres citoyens en pareil cas, un paiement partiel; car il est véritablement débiteur et créancier, et la compensation s'opère par la seule force de la loi jusqu'à *concurrence* de la dette moindre. La loi le dit formellement, et elle ne fait pas d'exception en sa faveur. (Art. 1293.)

(2) M. Delvincourt. On peut citer en faveur de son opinion la L. 3, §. 4, ff. *de Contrar. tut. et util. act.*

une égale. Cette décision eût été incontestable dans les anciens principes, suivant lesquels le droit de faire, avec la majorité, un contrat d'attermoiement obligatoire pour la minorité, avait lieu aussi bien en faveur du non négociant qu'en faveur du commerçant; mais le Code civil ne contient rien de semblable, et il est aujourd'hui généralement reconnu (1) que ce privilége (car c'en est un) n'est établi qu'en faveur des commerçans, parce qu'ils sont exposés à plus de chances, et que les traitant sous d'autres rapports avec plus de sévérité, les lois ont cru devoir, dans l'intérêt même du commerce, tempérer leur rigueur, lorsque la bonne foi du failli le rend digne d'indulgence : dès-lors, on ne saurait appliquer les effets du concordat aux créanciers d'un mineur en tutelle, qui, par cela même qu'il est en tutelle, ne peut être commerçant (art. 2 du Code de comm.). La question pourrait tout au plus se présenter, si celui auquel il a succédé était mort en état de faillite; et même dans ce cas, l'héritier ne pourrait invoquer les lois du commerce, lui qui n'y serait pas soumis et qui aurait d'ailleurs le bénéfice d'inventaire. Et si l'on suppose que le mineur, après sa sortie de tutelle, s'est fait commerçant, alors la question, qui n'est plus la même, au reste, ne fait aucun doute puisque, lors même que la créance serait pour fait de tutelle, elle ne serait point privilégiée.

---

(1) C'est du moins la jurisprudence de la Cour de Paris. *Voy.* notamment l'arrêt du 14 mai 1812. Sirey, 12, 2, 239.

568. Voyons maintenant comment le tuteur doit faire l'emploi.

La loi n'a rien réglé à cet égard, comme elle l'a fait en matière de substitution permise par l'art. 1067, où elle dit que l'emploi sera fait conformément à ce qui aura été ordonné par l'auteur de la disposition, sinon, qu'il ne pourra l'être qu'en immeubles, ou avec priviléges sur des immeubles. Nous restons donc dans la règle générale, que le tuteur peut faire ce qu'il croit le plus utile : en conséquence, il peut faire l'emploi par prêt avec privilége, hypothèque ou cautionnement, par achat de rentes sur l'état ou sur particuliers, ou d'actions sur la Banque de France, ou par acquisitions d'immeubles, surtout à la convenance du mineur.

569. Si l'emploi a été sagement fait par le tuteur en cette qualité, la perte dont ne garantit pas toujours l'hypothèque, quoique reçue en rang utile, ni même une caution d'abord très-solvable, sera supportée par le mineur, dans la supposition que le tuteur n'ait point ensuite commis de faute ou de négligence dans la conservation de l'hypothèque ou les poursuites contre la caution, ni dans la production aux ordres ou distributions de deniers; mais nous parlerons bientôt de sa responsabilité quant aux fautes. S'il a placé en son nom, sans prendre dans l'acte la qualité de tuteur, le cas fortuit retombe sur lui, puisque autrement il pourrait rejeter toutes ses pertes sur le mineur.

570. C'est une question que de savoir si les acquisitions d'immeubles faites par le tuteur au nom du mineur peuvent être répudiées par celui-ci à sa majorité, et laissées pour le compte du tuteur, surtout si celui-ci les a faites sans l'avis du conseil de famille, avis que la prudence lui conseille d'obtenir (1) afin de mettre sa responsabilité à couvert, en supposant même que l'acquisition ne dût jamais rester à sa charge personnelle quand il l'a faite sans fraude.

Il arrive aussi quelquefois, et nous en avons vu l'exemple, que, pour ne pas laisser échapper l'occasion, qui ne se présenterait peut-être plus, d'acquérir un immeuble parfaitement à la convenance du mineur, le tuteur en fait l'achat sans avoir alors entre mains de quoi en payer le prix, mais comptant sur des rentrées ou les économies qui se feront successivement sur les revenus; et à cet effet, il prend des termes plus ou moins longs pour le paiement : dans ce cas plus particulièrement encore que dans le précédent, le mineur, émancipé ou devenu majeur, peut-il se refuser à payer les termes qui restent encore dus, en laissant au tuteur l'acquisition pour son compte?

Enfin, en admettant qu'il ait le droit de la répudier, le tuteur serait-il personnellement obligé envers le vendeur?

---

(1) D'après l'ordonnance de 1560, art. 102, l'emploi devait être fait d'après avis de parens homologué. Le Code ne dit rien de semblable.

Nous dirons sur ce dernier point que, ni dans ce cas ni dans aucun autre, où le tuteur n'a agi que comme tuteur, et sans se porter fort pour le mineur, il n'est personnellement tenu envers le vendeur de l'inexécution du contrat. C'est un principe constant, que le mandataire (et le tuteur n'est qu'un mandataire) n'est point garant de ce qu'il a fait, même au-delà des limites de son mandat, lorsqu'il a donné au tiers avec lequel il a traité une connaissance suffisante de ses pouvoirs, s'il ne s'est personnellement soumis à la garantie (art. 1997) : or, ou le tuteur n'a pas dépassé les bornes de son mandat légal, et alors le vendeur n'a rien à lui demander, sauf à lui à agir contre le mineur ; ou il les a dépassées, et par cela même ce vendeur devait le voir, puisqu'il connaissait ou devait connaître la loi qui règle les pouvoirs d'un tuteur. Ce ne serait donc que sur des points de fait qu'il pourrait prétendre que le tuteur ne lui a pas donné une connaissance suffisante de ce qu'il lui importait de connaître : comme dans le cas où celui-ci aurait acheté n'ayant pas entre mains les fonds pour payer le prix de la vente sans avoir à compter sur des rentrées ou des économies propres à faire face à l'acquisition ; et encore, dans ce cas, la circonstance qu'il a pris terme pour le paiement était une indication assez claire qu'il n'avait pas les fonds nécessaires.

Mais la solution que réclame la question principale empêchera celle-ci de s'élever, du moins généralement. En effet, si le tuteur n'a commis au-

cune fraude, ni aucune faute de la nature de celles
dont il répond d'après les principes constitutifs de
ses fonctions, l'acquisition est obligatoire pour le
mineur, quoiqu'elle ait été faite sans l'autorisation
du conseil de famille et sans la présence du subrogé
tuteur. N'est-il pas vrai qu'il représente le mineur dans
les actes de la vie civile? que, lorsque la loi a cru devoir modifier son pouvoir, par la nécessité d'obtenir l'autorisation du conseil, et quelquefois même
la sanction de l'autorité judiciaire, elle s'en est expliquée formellement : témoin les dispositions relatives à la vente des immeubles, à leur soumission
au droit d'hypothèque, aux partages, aux emprunts,
aux actions immobilières, aux transactions? Et en
le chargeant de faire emploi des rentrées et des économies du mineur, et plus généralement encore
de le représenter dans les actes civils, lui défend-
elle d'acheter pour lui des immeubles? Lui recom-
mande-t-elle du moins de ne le faire qu'avec l'autorisation du conseil de famille? Encore une fois
non; et la raison de cette différence est sensible :
elle se tire de l'esprit de la loi même, de la loi qui
ne veut pas que les immeubles du mineur soient,
sans une nécessité absolue, convertis en argent,
dont la perte est si facile, et qui, par cela même,
témoigne sa juste prédilection pour ces sortes de
biens : or le tuteur, en échangeant des sommes
contre des immeubles, entre donc précisément
dans l'esprit de la loi; et voilà pourquoi elle ne lui
a prescrit l'emploi d'aucune formalité à ce sujet;

voilà pourquoi aussi le droit romain, qui prohibait avec la même sévérité, poussée peut-être plus loin encore que chez nous, l'aliénation des immeubles des mineurs, sans l'emploi des formes qu'il avait créées, n'en prescrivait aucune pour l'acquisition des biens de même nature. La loi 7, §. 2, ff. *de Administ. et peric. tut.*, est trop formelle sur ce point important, pour que nous ne la citions pas textuellement : *Competit adversùs tutores tutelæ actio, si malè contraxerint : hoc est si prædia comparaverint non idonea per sordes aut gratiam. Quid ergò si neque sordidè, neque gratiosè,* SED NON BONAM CONDITIONEM ELEGERINT (1)? *Rectè quis dixerit solam latam negligentiam eos præstare in hac parte debere.* Ainsi, c'est bien parce que le pupille est obligé d'agréer l'acquisition lorsque les tuteurs n'ont pas colludé avec le vendeur, ou, si l'on veut, le vendeur avec les tuteurs, que le jurisconsulte décide qu'il n'a pas même contre eux l'action de tutelle pour cet objet, quoique l'achat lui soit défavorable, si ce n'est toutefois qu'ils seraient responsables de leur faute grave, s'ils en avaient commis une de cette nature. Disons donc en principe que le mineur doit agréer l'acquisition par rapport au vendeur, et que son action en indemnité contre son tuteur sera subordonnée aux circonstances quand celui-ci aura né-

---

(1) Et c'est assurément ce dont se plaint le mineur, ou bien parce que, à raison de quelque circonstance l'acquisition est devenue, mauvaise ; car si elle était avantageuse aujourd'hui, il ne tenterait pas de la répudier.

gligé de prendre la prudente précaution d'obtenir l'avis du conseil de famille sur les conditions de l'achat.

571. Le tuteur, avons-nous dit, doit faire tous les actes d'administration, et au nombre de ces actes se placent l'exercice des actions possessoires et l'interruption des prescriptions.

Pour les actions possessoires, quoiqu'elles s'appliquent à des droits immobiliers, la loi les range évidemment dans la classe des actes conservatoires, puisqu'elle les attribue au mari, tout en lui refusant l'exercice des actions réelles (art. 1428) : elle les met, sous ce rapport, sur la même ligne que les actions mobilières; or le tuteur peut intenter, sans autorisation, les actions de cette dernière qualité. (Art. 464.)

572. Et quant à celles interruptives de prescription, il ne saurait y avoir doute que s'il s'agissait de droits immobiliers, parce que le tuteur ne peut, sans autorisation, exercer les actions de cette nature, et que le tiers attaqué ne doit point être forcé de plaider contre un adversaire dépourvu de pouvoirs suffisans à cet effet : il ne courrait que la chance défavorable. Cela est vrai, aussi peut-il demander au tribunal de surseoir à toutes poursuites ultérieures, jusqu'à ce que le tuteur soit dûment autorisé, et conclure au rejet de la demande après le délai fixé par le tribunal, si le conseil de famille n'a pas donné l'autorisation; mais il ne peut

conclure à ce qu'elle soit rejetée *de plano*, ni prétendre qu'elle est nulle pour n'avoir pas été formée
avec l'assentiment du conseil ; que c'est là une nullité de forme, et conséquemment que la prescription n'a point été interrompue (art. 2247); car
personne n'ignore qu'il n'arrive que trop souvent
que la demande interruptive de prescription n'est
formée qu'au dernier moment, surtout lorsqu'elle
intéresse des mineurs, et cependant le tuteur qui
craint de n'avoir pas le temps de convoquer le conseil de famille pour délibérer à ce sujet, ne doit
pas avoir fait un acte nul pour n'avoir pas rempli
une formalité nécessaire, il est vrai, mais introduite uniquement dans l'intérêt du mineur : on ne
doit point rétorquer contre ce dernier ce qui n'a
été introduit qu'en sa faveur. Au moyen de ce que
le tiers peut, avec justice, demander au tribunal
le sursis, jusqu'à ce que le tuteur soit autorisé, et
conclure au congé de la demande, si, à l'expiration
du délai fixé par le juge, l'autorisation n'est pas ob-
tenue (1), ses droits sont protégés autant qu'ils
peuvent l'être, et les principes sont observés.

573. Le tuteur peut aussi, sans autorisation du
conseil de famille, défendre à une action immobilière et à une demande en partage. (Art. 464 et 465.)
Le refus que ferait le conseil ne pourrait paralyser

---

(1) Il ne serait pas juste, en effet, qu'il restât pour ainsi dire perpétuellement sous le coup d'une action à laquelle il ne pourrait lui-
même donner suite avec l'espoir d'un résultat définitif, puisque le
mineur pourrait se faire restituer contre le jugement.

l'exercice du droit du tiers, de réclamer sa chose, ou de sortir de l'indivision, dans laquelle nul n'est tenu de rester (art. 815); par conséquent l'autorisation est superflue, puisque le dissentiment serait sans effet. Ce n'est pas à celui qui ne peut empêcher, de consentir.

L'art. 465 présente une antinomie avec l'art. 840 en ce que ce dernier ne regarde, comme valables et définitifs, les partages faits par les tuteurs conformément aux règles prescrites, qu'autant que ceux-ci ont été autorisés par le conseil de famille, sans distinguer entre le cas où le tuteur n'a fait que défendre à la demande en partage et le cas où il l'a provoquée lui-même; tandis que le premier de ces articles fait formellement cette distinction. Mais c'est à celui-ci que l'on doit s'arrêter, comme spécial, comme fondé sur les vrais principes et comme placé au siége même de la matière, puisqu'il traite, ainsi que le suivant, des partages qui intéressent les mineurs. Au reste, même dans le cas où le tuteur ne fait que défendre à la demande en partage, le partage ne doit pas moins être fait conformément aux dispositions de l'art. 466, dont nous parlerons au paragraphe suivant, et à celles du Code de procédure relatives *aux partages.* (Art. 966 et suiv.)

574. Il est peut-être encore quelques autres actes que le tuteur a le pouvoir de faire seul, sans autorisation, d'après la nature de son mandat; mais il suffit, pour en régler les effets, soit par rapport

aux tiers, soit vis-à-vis du mineur, de s'attacher au
principe déjà rappelé plusieurs fois, que le tuteur le
représente dans les actes de la vie civile (art. 450); que
lorsque la loi a jugé à propos de limiter le pouvoir
qu'elle lui a confié, elle l'a fait afin qu'il pût l'exercer librement dans les autres cas, sauf à répondre
de sa mauvaise administration. Dès-lors il faut tenir
pour constant, et comme conséquence irrécusable
de ce principe, que toutes les fois que le tuteur n'a
pas excédé les limites de son mandat, ses actes sont
obligatoires pour le mineur; que celui-ci n'en peut
demander la nullité, ni la rescision pour cause de
lésion. Ce n'est pas quant à ces actes que les articles 1304 et 1305 lui ouvrent l'action pour cette
cause, c'est relativement à ceux qu'il a passés lui-
même, et qu'il ne pouvait consentir dans son état
d'incapacité. Ces mêmes articles ne laissent aucun
nuage sur cette vérité, surtout si on les rapproche
de ceux qui les suivent, même du n° 1311, que par
une interprétation fautive on a tenté de faire valoir
contre cette décision, en disant que la loi reconnaît,
par cet article, que l'acte qui intéresse un mineur
peut être nul en la forme et sujet à la rescision
(pour cause de lésion), ce qui signifie, a-t-on
dit, qu'il est nul quand le tuteur n'a pas observé
les formes prescrites, et qu'il est rescindable quand
le mineur a été lésé, quoique les formes aient été
observées. Cette interprétation est contredite par
plusieurs dispositions formelles, notamment par

III.   36

l'art. 1314, qui statue cependant sur les objets
les plus importans ; par l'art. 1309, par l'art. 462,
et enfin par l'art. 463. Oui, un acte qui intéresse
un mineur, émancipé ou non, peut être tout à
la fois nul en la forme et sujet à rescision pour
cause de lésion ; mais c'est lorsqu'il l'a consenti lui-
même : par exemple, l'acte a été passé devant notaires, et les formalités prescrites par la loi du 25
ventôse an XI n'ont pas été observées ; il a été passé
sous seing privé, et il n'en a pas été fait un double
original, ou les originaux ne contiennent pas la
mention qu'ils ont été faits doubles, etc., et, de
plus, le mineur a été lésé par la convention. Eh
bien ! dans ces cas, s'il l'a ratifié en majorité, tout
est fini, le double vice est purgé ; voilà ce que veut
dire l'art. 1311, et pas autre chose. Comment pourrait-on prétendre que l'art. 1305, qui renferme le
principe de l'action en rescision pour cause de lésion, s'applique aux actes passés par le tuteur,
puisque cet article parle des deux espèces de mineurs, et qu'il n'établit d'autre différence entre eux,
si ce n'est qu'il accorde au non émancipé l'action
contre toute sorte de conventions, et à l'émancipé,
l'action contre celles-là seulement qui excèdent les
bornes de sa capacité ? car le mineur émancipé n'a pas
de tuteur. Cette interprétation conduirait à donner
en réalité moins de pouvoir aux tuteurs eux-mêmes
qu'aux mineurs émancipés ; et cela serait bien facile
à démontrer par l'analyse des conséquences. D'ail-

leurs, ce système, contre lequel nous nous sommes
déjà élevé dans notre *Traité des Contrats* (1), et
contre lequel nous protestons encore avec une
conviction qui n'a pu que s'accroître par la faiblesse
des raisonnemens sur lesquels on l'appuie, serait
bien funeste aux mineurs eux-mêmes : il aurait pour
résultat inévitable de les isoler des autres citoyens ;
personne ne voudrait traiter avec leurs tuteurs,
et l'un des plus puissans objets de l'institution de
ces mandataires indispensables deviendrait illusoire. Mais il n'en est pas ainsi : la loi a sagement
pourvu aux intérêts de tous les citoyens; elle n'a
point négligé ceux des mineurs : dans les cas où,
à raison de l'importance des actes et des conséquences qu'ils auraient pour eux, elle a dû craindre
que leurs intérêts ne fussent compromis, elle a
exigé l'autorisation de la famille, et quelquefois
même l'homologation du tribunal; elle a aussi rendu
leurs tuteurs responsables de leur mauvaise administration; pour plus de sûreté encore, elle a frappé
d'hypothèque les biens de ces derniers : si elle eût
fait davantage, c'eût été trop.

(1) Tom. I, n° 185 et suivans, et tom. IV, n° 1036 et suivans.

§. 11.

Des Actes que le tuteur ne peut faire que d'après l'autorisation du conseil de famille, laquelle, dans certains cas, a même besoin d'être homologuée.

575. L'importance des actes dont nous allons parler a fait apporter des restrictions au pouvoir du tuteur, qui ne peut les faire qu'en vertu d'une délibération du conseil de famille, laquelle a même quelquefois besoin d'être revêtue de l'homologation du tribunal, sur les conclusions du ministère public. C'est principalement dans ces actes qu'il est vrai de dire que le tuteur n'est que l'agent de la tutelle. Nous allons les rappeler successivement : ils sont susceptibles d'observations importantes.

576. Ainsi le tuteur ne peut accepter ni répudier une succession échue au mineur, sans une autorisation du conseil de famille (art. 461). Par l'acceptation il se forme entre l'héritier et les créanciers ou légataires un quasi-contrat, qui imposerait des obligations au mineur.

Et pour que ses droits soient à l'abri des chances de l'acceptation, elle ne peut avoir lieu que sous bénéfice d'inventaire (*ibid.*), dont l'effet est d'empêcher que l'héritier ne soit tenu des dettes et charges de l'hérédité au-delà de l'émolument, et de lui donner le droit de réclamer, comme tout autre créancier, le paiement de sa créance. (Art. 802.)

D'après cela, on s'étonnera peut-être que la loi

exige l'autorisation du conseil de famille; mais il faut considérer que l'héritier bénéficiaire est soumis, comme l'héritier pur et simple, à l'obligation de rapporter à ses cohéritiers ce qu'il a reçu du défunt par donation entre vifs, et qu'il ne peut même réclamer ce qui lui a été légué, si le don ou le legs n'a pas été fait par préciput et hors part (art. 843); et quoique le rapport ne soit pas dû aux créanciers ni aux légataires, mais bien seulement aux cohéritiers (art. 857), néanmoins il pourrait être beaucoup plus avantageux au mineur de répudier, et de s'en tenir à la donation ou au legs. On donnerait encore d'autres motifs pour justifier la précaution de la loi : celui-ci suffit.

577. Elle n'exige pas, au surplus, l'homologation; quand elle lui a paru nécessaire, elle s'en est formellement expliquée : témoins les art. 457 et 458, combinés, et 467. Ici elle garde le silence le plus absolu.

Nous le décidons ainsi, contre l'opinion de quelques auteurs, encore qu'il s'agît de la répudiation, et qu'on pût dire avec raison qu'il y a, dans ce cas, aliénation, et peut-être de droits immobiliers : les héritiers du degré subséquent, qui ont accepté au défaut du mineur, ne pourraient, sans injustice, être privés de la succession, après avoir été soumis à toutes ses charges. Dans le silence de la loi sur la nécessité de l'homologation, ils ont dû accepter de confiance : le législateur n'a pu vouloir leur tendre un piége. Certainement, ils ne pourraient se faire relever de leur acceptation, sous prétexte que la répudiation au nom du mineur n'était pas valable, et qu'ils ont ainsi accepté sans droit acquis; on leur répondrait qu'ils n'ont pas à se prévaloir de l'inobservation d'une formalité qui, en supposant qu'elle fût prescrite, ne l'était point dans leur intérêt : or, pour qu'il y ait justice, il faut que la loi soit égale pour tous. C'est dans cet esprit qu'est rédigé l'article 462, dont voici la disposition :

578. « Dans le cas où la succession a été répudiée « au nom du mineur par le tuteur dûment autorisé, « et qu'elle n'a point été acceptée par un autre, elle « peut être reprise, soit par le tuteur, autorisé à cet « effet par une nouvelle délibération du conseil de « famille, soit par le mineur devenu majeur, mais « dans l'état où elle se trouve lors de la reprise, sans « pouvoir attaquer les ventes et autres actes qui au- « raient légalement été faits durant la vacance. »

Il résulte de là que, si un cohéritier du mineur, de la même ligne (art. 733), a accepté la succession, la part de celui-ci ayant accru de plein droit à la sienne (art. 786), il n'y a plus lieu à reprendre l'hérédité. Cela ne peut faire aucun doute, si le cohéritier n'a accepté que postérieurement à la répudiation, et la connaissant, puisque le mineur renonçant étant censé n'avoir jamais été héritier (art. 785), le premier, alors seul héritier dans sa ligne, n'a pu et n'a dû vouloir accepter que pour le tout. Mais on doit même le

décider ainsi, encore que son acceptation fût antérieure à la répudiation, attendu que, même dans
ce cas, la part du mineur a accru à la sienne dès la
renonciation, sans qu'il eût besoin, pour cela, de
faire une nouvelle acceptation. Incontestablement
il restait soumis à toutes les dettes, parce qu'en
acceptant le premier il le faisait avec la chance, favorable ou défavorable, d'être seul héritier, car,
dès ce moment, il abdiquait le droit de répudier,
et ses cohéritiers renonçant ensuite, il s'est évidemment trouvé seul; il a par cela même accepté pour
le tout. Or, s'étant ainsi soumis à l'obligation de
payer toutes les charges, les avantages, s'il y en a,
ne doivent point lui être enlevés par une rétracta-
tion de répudiation : c'était un droit acquis. Il faut
donc, pour que l'art. 462 soit applicable, que la
succession n'ait pas encore été acceptée par un cohéritier de la même ligne, ou par un héritier d'un
degré subséquent (1); mais la simple dévolution
légale d'un degré au degré suivant, ni même l'accroissement de la part du renonçant à celle du cohéritier, sans qu'il y ait encore eu d'acceptation,
ne font point obstacle à la reprise. S'il en était autrement, la disposition serait illusoire, puisque,

(1) En admettant, si c'était celui du troisième, que le second eût
renoncé; car il n'eût pu valablement accepter une succession qui ne
lui était pas dévolue. Sans la renonciation du second, le mineur pourrait encore la reprendre, nonobstant l'acceptation de celui qui n'était
qu'au troisième degré, et qui, dans cet état de choses, n'avait pas
plus de droit d'accepter qu'un étranger. Mais tout cela sera développé
au titre des Successions.

même à défaut de parens dans une ligne, la succession ne reste pas vacante, étant dévolue à l'autre
ligne (art. 733), et que, à défaut de parens dans les
deux lignes, d'enfans naturels et de conjoint, elle
passe à l'État (art. 723) : d'où il résulterait, dans
le système contraire, que le droit aurait toujours
été acquis à quelqu'un, ce qui rendrait sans application cet article 762.

579. Comme le mineur ne reprend la succession que dans l'état où elle se trouve, la prescription a pu courir au profit des tiers pendant la
vacance (art. 2258), nonobstant la double disposition que la prescription, en principe, ne court pas
contre le mineur (art. 2252), et que l'effet de l'acceptation remonte au jour de l'ouverture de la succession (art. 777). L'application de ces règles, qui
serait irrécusable si le mineur avait accepté, même
long-temps après l'ouverture de la succession, sans
avoir d'abord répudié, cesse par l'effet de sa répudiation, qui ne lui permet plus de reprendre l'hérédité que dans l'état où elle se trouve, c'est-à-dire
avec obligation de respecter les actes légalement
faits pendant la vacance, et, par conséquent, tous
les droits quelconques légalement acquis pendant
la même période. C'est contre la succession vacante, et non contre lui, que la prescription a
couru. (Art. 2258.)

580. La donation faite au mineur ne peut être
acceptée par le tuteur qu'avec l'autorisation du
conseil de famille.

Et alors elle a, à l'égard du mineur, le même effet qu'à l'égard du majeur. (Art. 463.)

Mais si le tuteur est le père, la mère, ou tout autre ascendant, il n'a pas besoin de l'autorisation du conseil de famille, puisque, d'après l'article 935, tout ascendant peut, même du vivant des père et mère, accepter valablement la donation, encore qu'il ne soit ni tuteur ni curateur du donataire.

581. Quant aux legs universels ou à titre universel, leur acceptation emportant l'obligation d'acquitter les dettes et charges de l'hérédité (articles 1009 et 1012), l'autorisation du conseil de famille est nécessaire; et sans préjuger, quant à présent, la question de savoir si *la déclaration* de n'entendre accepter que sous bénéfice d'inventaire est nécessaire aussi aux légataires universels ou à titre universel, pour n'être pas tenus des dettes *ultrà vires*, nous disons que l'acceptation au nom du mineur ne doit, ainsi qu'en matière de succession légitime, avoir lieu sous bénéfice d'inventaire. Il importe de prévenir toute difficulté.

582. Pour le legs à titre particulier, fait sans charges, comme le légataire n'est point tenu des dettes de la succession (art. 1024), le défaut d'autorisation du conseil de famille, à l'effet de demander la délivrance du legs, ne peut avoir, pour le mineur, les mêmes conséquences que lorsqu'il s'agit d'une donation. Si les héritiers du testateur

se refusaient à la faire pour cette cause , on serait
toujours à même d'autoriser le tuteur ; et le mineur
devenu majeur pourrait toujours accepter, ainsi
que ses héritiers, dans le cas où il viendrait à mourir, le legs étant transmissible (art. 1014), au
lieu que pour la donation, la mort du donateur
ou celle du mineur, ou le changement de volonté
du premier, avant une acceptation régulière, la
rendrait absolument vaine. (Art. 932.) Au surplus,
si le legs était mobilier, les héritiers chargés de la
délivrance ne pourraient se refuser à la faire sur le
seul prétexte que le tuteur n'a point été autorisé :
il exerce les actions mobilières du mineur, c'est
un droit acquis à celui-ci qu'il réclame, et ce qui
tient à l'administration de sa tutelle ne les regarde pas.

583. L'autorisation du conseil de famille est pareillement nécessaire au tuteur pour introduire en
justice une action relative aux droits immobiliers
du mineur , ou pour acquiescer à une demande relative aux mêmes droits (art. 464) ; d'où il suit,
comme nous l'avons dit (1), qu'il a qualité pour
défendre à cette action, quoiqu'il ne soit pas autorisé.

Si parfois l'acquiescement pourrait ne renfermer en réalité que la reconnaissance du droit existant dans le demandeur, et l'absence de tout droit
dans le mineur, il pourrait aussi, dans d'autres

----

(1) Voy. *suprà*, n° 553.

cas, n'être qu'une véritable aliénation d'un droit immobilier appartenant à ce dernier : or, le tuteur n'a pas qualité pour aliéner les droits immobiliers du mineur ; et c'est par cette raison qu'il ne peut, sans autorisation, intenter une action immobilière, attendu que le jugement, quoique censé simplement *déclaratif*, serait en réalité *attributif* du droit de propriété, si le défendeur n'était pas en effet propriétaire. Mais le tuteur suit, sans avoir besoin d'autorisation, l'action intentée par l'auteur du mineur ; il serait même responsable s'il négligeait les poursuites : la loi lui défend d'*introduire*, mais non de continuer une action immobilière.

584. Si le tiers demande au tribunal qu'il lui soit donné acte de l'acquiescement pour lui tenir lieu de jugement, le ministère public doit être entendu en ses conclusions (art. 458), sinon le mineur pourrait revenir par requête civile (art. 480-8° et 481, Cod. de procéd.); et même si les droits de celui-ci ont été sacrifiés par cet acquiescement, il pourra encore revenir par requête civile pour n'avoir pas été défendu, ou pour ne l'avoir pas été valablement. En sorte que généralement il vaut mieux pour le demandeur faire juger la cause et obtenir un jugement ordinaire, que de se contenter d'un simple acquiescement.

Si l'acquiescement a lieu par acte extra-judiciaire, il ne présente pas non plus une grande sûreté au demandeur, quoiqu'il ait été fait d'après l'autorisation du conseil de famille, fût-il même revêtu de l'homologation; car il renfermerait réellement aliénation de l'immeuble, si le mineur en était propriétaire : or, les formes prescrites pour l'aliénation ne se trouveraient pas remplies par l'autorisation, même revêtue d'homologation. Ce cas serait bien différent, dans ses résultats possibles, de celui d'une tradition nue ou simple délivrance d'un immeuble vendu, par exemple, par le père du mineur : dans ce dernier cas, la translation de propriété s'est opérée par le contrat de vente (art. 1138-1583), et la délivrance n'est plus qu'une simple affaire d'exécution. Au lieu que dans le premier, il pourrait y avoir réellement aliénation par l'acquiescement; on pourrait facilement employer le détour d'une demande, à laquelle on acquiescerait de concert, pour parvenir plus commodément à l'aliénation des biens des mineurs, sans remplir les formalités. Mais les droits de ceux-ci sont protégés par les lois.

585. Quant aux partages de successions, sociétés ou communautés (car la loi ne distingue pas), le tuteur ne peut non plus les provoquer, sans une autorisation du conseil de famille; mais il peut défendre, sans cette autorisation, à une demande en partage dirigée contre le mineur (1). (Art. 465.)

Provoquer un partage, ce serait faire un acte

_____

(1) Voir *suprà*, n° 573.

d'aliénation de la portion du mineur dans les objets qui écherraient à ses co-partageans; ce serait un véritable échange de cette part contre celle qu'ils avaient dans les choses qui tomberaient à son lot. Il est vrai que, d'après l'article 883, le partage, dans notre droit (1), est simplement *déclaratif* et non translatif de propriété; mais ce n'est là qu'une fiction de droit, dont l'effet par conséquent doit être restreint à l'objet pour lequel elle a été introduite : en réalité, le partage opère translation de propriété. D'ailleurs, le but de l'article 465 est précisément de prévenir l'effet de cette fiction.

Et comme la loi ne distingue pas entre les partages de biens immobiliers et ceux de meubles, ou d'immeubles et de meubles, l'autorisation est nécessaire aussi pour provoquer le partage d'une succession ou d'une communauté composée de biens mobiliers seulement. Dans une universalité de meubles, il peut s'en trouver pour l'aliénation desquels le tuteur seul n'aurait pas qualité, comme les rentes en général; et pour les autres il ne peut les aliéner que d'après un mode particulier.

586. Pour obtenir à l'égard du mineur tout l'effet qu'il aurait entre majeurs, le partage doit

---

(1) Suivant le droit romain, il est *attributif*, translatif de la propriété : comme nous le disons ici, il opère un échange. Nous avons adopté un autre système, à cause des conséquences qu'entraînait celui du droit romain par rapport aux recours en garantie sur l'action hypothécaire dirigée contre l'un des héritiers par les créanciers de l'autre.

être fait en justice, et précédé d'une estimation faite par experts nommés par le tribunal de première instance du lieu de l'ouverture de la succession (1).

Les experts, après avoir prêté devant le président du même tribunal, ou autre juge par lui délégué, le serment de bien et fidèlement remplir leur mission, procèdent à la division des héritages et à la formation des lots qui sont tirés au sort, et en présence, soit d'un membre d'un tribunal, soit d'un notaire par lui commis, lequel fait la délivrance des lots (2). (Art. 466.)

587. Avec l'autorisation du conseil de famille, le tuteur peut vendre et tranférer les rentes, soit sur l'État, soit sur particuliers, excédant cinquante francs de revenu, ainsi que les actions sur la Banque (3).

588. D'après cette autorisation, donnée au subrogé tuteur qui lui passe le bail, le tuteur peut prendre à ferme les biens du mineur. (Art. 430.)

C'est même ce qui convient le mieux aux intérêts de l'un et de l'autre pour simplifier la gestion

---

(1) Le domicile du défunt. (Art. 110.)

(2) Pour les formalités particulières des partages et tout ce qui concerne ces actes, objet que nous développerons d'ailleurs plus en détail au titre *des Successions*, *voyez* les articles 815 à 840 Code civil, et 966 à 985 Code de procédure.

(3) Pour celles au-dessous il n'a même pas besoin d'autorisation ; mais il ne doit aussi les vendre que comme il a été dit au n° 554 et suivant.

et le compte de tutelle. Mais le bail passé sans cette autorisation serait réputé non avenu, sur la demande du mineur devenu majeur ou émancipé, ou d'un nouveau tuteur; et le subrogé tuteur, comme ayant outre-passé ses pouvoirs, pourrait être solidairement responsable quant à ce fait.

Et le bail que le tuteur non autorisé aurait passé lui-même à une personne interposée serait nul, comme l'adjudication qu'il aurait fait faire de cette manière à son profit (art. 1596) : il y a exacte parité de motifs. L'on devrait même, ainsi qu'en matière de donation (art. 911), regarder comme personnes interposées les descendans, les ascendans et le conjoint du tuteur ; et celui-ci devrait en conséquence être tenu de rendre compte, par état, des produits réels, comme s'il n'y avait pas eu de bail ; ce fait pourrait même amener sa destitution. Ces décisions ne seraient inapplicables qu'autant qu'il serait bien établi que le bail a été passé à un bon prix, que personne n'avait offert ou n'aurait offert davantage : alors, le silence du conseil de famille, suivant les circonstances, couvrirait peut-être cette irrégularité.

589. Comme nous l'avons annoncé, il y a des actes de la tutelle que le tuteur ne peut même faire avec la seule autorisation du conseil de famille ; il faut, de plus, que cette autorisation soit homologuée.

Ainsi, « le tuteur, même le père ou la mère, ne

« peut emprunter pour le mineur, ni aliéner ou
« hypothéquer ses biens, sans y être autorisé par
« un conseil de famille.

« Cette autorisation ne devra être accordée que
« pour cause d'une nécessité absolue ou d'un avan-
« tage évident.

« Dans le premier cas, le conseil de famille n'ac-
« cordera son autorisation qu'après qu'il aura été
« constaté par un compte sommaire présenté par
« le tuteur, que les deniers, effets mobiliers et re-
« venus du mineur sont insuffisans.

« Le conseil de famille indiquera, dans tous les
« cas, les immeubles qui devront être vendus de
« préférence, et toutes les conditions qu'il jugera
« utiles. (Art. 457.)

« Les délibérations du conseil de famille relatives
« à cet objet ne seront exécutées qu'après que le
« tuteur en aura demandé et obtenu l'homologation
« devant le tribunal de première instance, qui y
« statuera en la chambre du conseil, après avoir
« entendu le procureur du Roi. » (Art. 458.)

598. « La vente se fera publiquement, en pré-
« sence du subrogé tuteur, aux enchères, qui se-
« ront reçues par un membre du tribunal de pre-
« mière instance, ou par un notaire à ce commis,
« et à la suite de trois affiches apposées, par trois
« dimanches consécutifs, aux lieux accoutumés
« dans le canton.

« Chacune de ces affiches sera visée et certifiée

« par le maire des communes où elles auront été
« apposées. » (Art. 459.)

Au reste, quant aux formes qui doivent être spécialement suivies pour la vente, elles sont réglées
par les articles 955 à 965 du Code de procédure (1);
par conséquent une adjudication préparatoire, dont
ne parle pas le Code civil, est nécessaire.

591. L'autorisation du conseil de famille et l'homologation du tribunal ne sont pas exigées dans
le cas où un jugement a ordonné la licitation (2),
sur la provocation d'un co-propriétaire par indivis (3). (Art. 460, Cod. civ., et 954, Cod. de
procéd.) Seulement, en ce cas, il est procédé à la
licitation suivant les formalités prescrites par ce
dernier Code, au titre des *Partages* et *Licitations*,
et les étrangers y sont nécessairement admis. (*Ibid.*)

592. Il est encore un autre cas où l'autorisation
du conseil de famille et l'homologation ne sont pas
nécessaires pour la vente des immeubles du mineur, c'est lorsqu'elle est poursuivie par son créan-

---

(1) Ces formalités sont de rigueur, peu importe le peu de valeur
des objets, valeur qui, dans beaucoup de cas, peut être absorbée
par les frais; ce qui fait désirer à de bons esprits que le législateur
modifie la sévérité de ses règles, en prenant d'ailleurs les précautions
nécessaires pour que le pauvre ne fût pas plus exposé que le riche
aux conséquences des surprises et de l'incurie.

(2) Mais il faut, pour que ce jugement soit rendu, qu'il soit constaté par un rapport d'experts que la division de l'immeuble ne peut
se faire commodément et sans perte. (Art. 827, Cod. civ. analysé.)

(3) C'est l'application du principe établi plus haut, n° 573, que ce
que le conseil de famille ne peut empêcher n'a pas besoin d'être autorisé par lui.

III.   37

cier, sur expropriation forcée (1), sauf à celui-ci
l'obligation de discuter préalablement le mobilier
du mineur. Cette discussion n'est même pas exigée,
si l'immeuble est possédé par indivis entre un majeur et le mineur, et que la dette leur soit commune, ni dans le cas où les poursuites ont été
commencées contre un majeur. (Art. 2207.)

593. Mais comme c'est une vente sur expropriation, la surenchère du quart, dans la huitaine de
l'adjudication, autorisée par l'article 710 du Code
de procédure, peut avoir lieu; tandis que dans la
vente volontaire, quoique nécessairement faite en
justice, ou dans le cas de licitation, même provoquée
contre le mineur, cette surenchère n'a pas lieu (2):
1° parce qu'elle est exorbitante du droit commun, puisqu'elle enlève à un adjudicataire définitif,
chargé maintenant du cas fortuit, le bénéfice de
son acquisition, et conséquemment elle ne doit pas
être étendue à d'autres cas que celui pour lequel
elle a été introduite; 2° parce que les raisons ne
sont pas les mêmes dans ces autres cas : en matière
d'expropriation, il n'y a pas d'estimation, comme
dans la vente volontaire ou dans la licitation; le
saisi ni les créanciers, autres que le poursuivant,
ne peuvent empêcher (3), quand toutes les pour-

---

(1) Elle a lieu comme elle aurait lieu contre un majeur, c'est-à-dire
d'après les formalités prescrites aux articles 673 et suivans du Code
de procédure.

(2) C'est, au reste un, point très-controversé.

(3) Voir PIGEAU, *Procédure civile*, tom. II, pag. 453, *édition* de 1808.

suites sont faites et les délais expirés, que l'on ne passe à l'adjudication, et il en peut résulter une précipitation qui ferait vendre au-dessous de la valeur, précipitation à laquelle on a voulu remédier par la surenchère : au lieu que dans les ventes volontaires rien ne force de passer à l'adjudication après les délais; on peut attendre qu'il se présente des enchérisseurs qui offrent le prix estimé. Quant à l'article 965 du même Code, qui porte que, « Seront observées, relativement à la réception des « enchères, *à la forme* de l'adjudication et *à ses* « *suites*, les dispositions contenues dans les ar- « ticles 707 (1) et suivans du titre de la Saisie im- « mobilière, » ce qui paraît comprendre l'art. 710 lui-même, on y répond en disant que la surenchère n'est point une suite de la saisie, puisque ce n'est qu'un incident, qui peut très-bien n'avoir pas lieu; qu'elle n'en est pas plus une suite que la surenchère du dixième, par les créanciers inscrits sur un immeuble, n'est une suite de la vente volontaire de cet immeuble. D'ailleurs le sens grammatical de ces mots, *et à ses suites*, veut qu'on les rapporte, non à l'adjudication, mais seulement à la *forme* en laquelle elle doit être faite : comme si l'on disait que les formalités prescrites par les articles 707 et suivans, relativement à l'expropriation forcée, seront

---

(1) La première édition du Code portait 701; mais l'erreur a été reconnue par une note mise à la fin du *Bulletin des Lois* de 1807 (cahier 169, tom. VII, pag. 348), où l'on avertit qu'il faut lire, dans l'article 965, *l'article* 707, au lieu de 701.

observées dans les ventes ou licitations judiciaires
. dont il s'agit (1).

594. Lorsque les formalités requises à l'égard des
mineurs (2), soit pour aliénation d'immeubles,
soit dans un partage de succession, ont été remplies, ils sont, relativement à ces actes, considérés
comme s'ils les avaient faits en majorité. (Art. 1314.)

En conséquence, les aliénations ne peuvent être
attaquées, même pour lésion des sept douzièmes,
parce que la rescision n'a pas lieu pour cette cause
dans les ventes qui, d'après la loi, ne peuvent être
faites que d'autorité de justice (Art. 1684.). Les
nombreuses formalités dont elles sont environnées,
et l'appel fait à tous, ne permettent pas, comme le
secret dans les ventes volontaires, que l'acheteur

---

(1) Les adversaires de cette opinion citent un arrêt de la Cour de
Rouen, du 24 mai 1817, qui avait admis la surenchère du quart sur
une licitation, faite en justice, de biens dépendans d'une succession
bénéficiaire; mais cet arrêt a été cassé le 16 novembre 1819. (Sirey,
21, 1, 271.)

Entre autres considérans, on lit celui-ci : « Attendu que l'art. 710
« du Code de procédure n'introduit la surenchère du quart que pour
« le cas DE LA VENTE PAR EXPROPRIATION FORCÉE; qu'il résulte de la
« nature de cette surenchère et des formes qui lui sont spéciales,
« qu'elle est un droit exorbitant, dont l'exercice ne peut être étendu
« au-delà de la limite que la loi lui assigne. »

Le surplus de l'arrêt interprète l'article 965 précité de la même
manière que nous l'interprétons. Ainsi, hormis le cas d'expropriation forcée, la surenchère du quart n'a pas lieu, qu'il s'agisse de biens
de mineurs, de biens d'une succession bénéficiaire, peu importe, sauf,
bien entendu, le droit réservé aux créanciers d'une faillite par l'article 565 du Code de commerce, qui autorise même la surenchère
d'un dixième.

(2) Ou des interdits.

impose aussi facilement la loi au vendeur; l'estimation préalable en offre surtout la garantie. Ces
ventes entraînent d'ailleurs des frais considérables,
et qui seraient en pure perte pour le mineur; car
il faudrait de toute justice en restituer le montant
à celui qui n'est devenu adjudicataire que parce
que sa mise n'a pas été couverte. Enfin, la crainte
de voir un jour la vente attaquée pour cause de
lésion éloignerait les enchérisseurs, et pour un cas
où l'appui de la loi pourrait être favorable à un mineur, il serait réellement nuisible aux mineurs en
général.

595. Mais quant aux partages, comme la loi
donne aux majeurs eux-mêmes le droit d'en demander la rescision pour lésion de plus du quart (article 887), sans distinguer entre le cas où il a eu
lieu en justice et le cas où il a été fait par acte extrajudiciaire, il est clair que le mineur pourrait aussi
revenir contre celui qui lui ferait éprouver une lésion de cette quotité. Il est de l'essence des partages que l'égalité entre les co-partageans ne soit
pas blessée, du moins d'une manière sensible, parce
qu'ils n'entendent point, comme dans la plupart
des autres actes, faire *aliquid negotium,* où l'un peut
gagner et l'autre perdre : ils entendent uniquement
diviser ce qui est en commun; et ce but n'est pas
rempli si l'un d'eux éprouve une lésion considérable,
en quelque forme que la division ait eu lieu (1).

_____

(1) On peut voir notre *Traité des Contrats,* tom. Ier, n° 110, où

596. Le tuteur ne peut transiger au nom du mineur qu'après y avoir été autorisé par le conseil de famille, et de l'avis de trois jurisconsultes désignés par le procureur du Roi au tribunal de première instance.

La transaction n'est valable qu'autant qu'elle a été homologuée par le tribunal, après avoir entendu le procureur du Roi. (Art. 467.)

597. Il ne peut compromettre, même avec l'autorisation du conseil de famille. Il enlèverait ainsi au mineur l'avantage d'être jugé par les juges institués par la puissance publique, devant lesquels ses intérêts seront plus sûrement défendus qu'ils ne le seraient devant des hommes privés, puisque le ministère public est spécialement chargé de les préserver de toute atteinte, et qu'à cet effet il doit donner ses conclusions dans les causes qui intéressent les mineurs (art. 83, Cod. de procéd.) : aussi l'article 1004 du même Code porte-t-il qu'on ne peut compromettre sur aucune des causes qui seraient sujettes à communication au ministère public.

Ce serait lui ravir aussi le bénéfice que la loi lui accorde, de pouvoir revenir par requête civile contre les jugemens rendus à son préjudice dans des causes où il n'a pas été défendu, ou ne l'a pas été valablement. (Art. 481 , *ibid.*)

598. Si, dans tous les actes dont nous venons de

nous démontrons avec plus d'étendue la vérité de cette proposition, qui est au surplus peu contredite, même quand il s'agit d'un majeur.

parler, le tuteur s'est en tout point conformé aux dispositions de la loi, ce qu'il a fait est censé fait par le mineur lui-même en majorité (art. 1314 précité), et celui-ci ne peut le méconnaître sous prétexte de minorité ou de lésion; l'article 1305 n'est point applicable (1).

Mais au contraire, s'il n'a pas observé les formalités qui lui étaient prescrites, c'est un mandataire qui a excédé les bornes de son pouvoir, c'est un individu qui a agi sans mandat relativement aux actes irréguliers, en un mot, c'est un étranger (2); d'où il faut nécessairement conclure que le mineur n'est point obligé, que les actes ne sont pas seulement rescindables pour cause de lésion, mais qu'ils sont nuls, de toute nullité; tellement que le mineur qui ne les a pas ratifiés n'est point tenu d'agir en nullité dans les dix ans, comme s'il les avait passés lui-même (art. 1304): il a pour cela tout le temps de la prescription ordinaire, c'est-à-dire trente ans dans les matières personnelles, et, dans les matières réelles, tout le temps qui serait nécessaire aux tiers pour acquérir, par le secours de la prescription, la propriété de la chose, savoir: dix ans entre présens, et vingt ans entre absens, s'ils ont acquis par juste titre et de bonne foi, ignorant que c'était un immeuble appartenant à un mineur, et trente ans s'ils le savaient; sans préjudice encore de l'interruption

---

(1) Voir *suprà*, n° 574.

(2) *Nam tutor in re pupilli tunc domini loco habetur, cùm tutelam administrat, non cùm pupillum spoliat.* L. 7, §. 3, ff. *pro Emptore.*

de la prescription pour minorité ou autre cause
(art. 2252, 2262 et 2265 combinés). En un mot,
l'article 1304 n'est pas plus applicable à ce cas
qu'il ne le serait si Paul avait vendu l'héritage
de Jean sans la participation de celui-ci, aliénation nulle et de nul effet, aux termes des articles
1599 et 2182, et qui pourrait seulement constituer ce
dernier *in causâ usucapiendi* (1). Si on oppose l'acte
au mineur, il peut donc le repousser par exception
de nullité.

§. III.

Des Actes qui sont interdits au tuteur.

599. La crainte que le tuteur n'écartât les enchérisseurs en donnant de faux renseignemens sur
l'état, le produit et la valeur des biens à ceux qui
se seraient proposé de les acquérir, a fait établir
qu'il ne pourrait s'en rendre adjudicataire, ni par
lui-même, ni par personne interposée, à peine de
nullité. (Art. 450 et 1596.) (2)

600. Il ne peut non plus se rendre cessionnaire

---

(1) Ce dernier point, auquel nous assimilons la vente faite par le
tuteur sans l'emploi des formes prescrites, a été jugé par la Cour de
cassation le 8 décembre 1813. (Sirey, 14, 1, 213.) Le vendeur était
le père du mineur, dont il avait précédemment exercé la tutelle. Au
reste, pour plus de développemens, on peut voir ce que nous disons
à ce sujet dans notre *Traité des Contrats*, tome I, nos 185 à 195, et
tome IV, nº 1064.

(2) Anciennement et d'après le droit romain, il pouvait les acheter
en adjudication publique. L. 5, §. 5, ff. *de Auct. et cons. tut. et cur.* De
Lacombe, vº *Tutelle*, sect. 8, dist. 3.

d'aucun droit ou créance contre son pupille. (Article 450 précité.) (1)

La disposition est tellement absolue qu'elle s'applique même aux cas énoncés à l'article 1701 (2), parce que le danger de la suppression des titres, des quittances, décharges ou remises, dont il est dépositaire, subsisterait toujours pour le mineur.

601. Mais dans le sens de l'article 450, ce n'est point se rendre cessionnaire d'une créance que de la payer lorsqu'on est tenu de le faire : en conséquence, si le tuteur, codébiteur solidaire du père du mineur, par exemple, ou sa caution, paye la dette, il aura la subrogation légale. (Art. 1251.) Il en serait de même dans les autres cas où pourrait s'appliquer cette subrogation.

(1) Cette disposition est tirée de la Novelle 72, chap. V, qui étendait la prohibition à tous les modes quelconques, par lesquels le curateur aurait acquis, par acte entre-vifs, la créance sur le mineur : *Aut per donationem, aut per venditionem, aut alio quolibet egerit modo : sciat omninò infirmum esse quod ab eo fuerit factum; et neque per se, neque per interpositam personam tale aliquid agi : sed undiquè invalida hæc talia fieri, tanquàm si neque ab initio facta fuerint,* etc.

(2) Les célèbres lois *per diversas* et *ab Anastasio*, 22 et 23, Con. Mandati *vel contrà,* qui sont le type de nos articles 1699 et 1701, faisaient bien exception pour les cas mentionnés à ce dernier, en ce sens que l'acheteur d'une créance litigieuse, ou non, ne pouvait être forcé dans ces cas d'en tenir quitte le débiteur par le remboursement du prix; mais la Novelle précitée n'en fait aucune en faveur du curateur cessionnaire : *Licet hæc cessio pro variis causis facta sit.* Dans tous les cas il était déchu sans aucun remboursement; elle n'admet même pas la cession par donation, à laquelle ne s'appliquaient pas les lois précitées. Mais elle ne déclarait pas nulle celle faite par testament. Elle ne le serait pas non plus dans notre droit; il conviendrait toutefois que le tuteur en prévînt le subrogé tuteur, afin de ne laisser aucun prétexte aux dangers que nous venons de signaler.

602. Quant à la subrogation conventionnelle, en principe il ne pourrait l'acquérir, car dans le cas où elle a lieu au profit du tiers qui paye la dette, est-elle autre chose qu'un achat de la créance? Qu'importent le nom et quelques nuances qui peuvent exister sous d'autres rapports? Qu'importe qu'au lieu d'acheter la créance (1), il se soit simplement fait subroger en déclarant qu'il payait la dette? Ce serait toujours la même chose pour le mineur : il aurait toujours changé de créancier, et le tuteur pourrait aussi bien commettre la fraude que la loi a voulu prévenir; il pourrait tout aussi bien ne payer qu'une somme moindre que le capital, et se faire cependant donner une quittance du total : le créancier y consentirait, comme il consentirait à lui faire une cession ou un transport.

Cependant il peut arriver que le mineur qui n'a pas de fonds ait un grand intérêt à solder au plus tôt un créancier qui ne veut pas attendre : le tuteur voudrait lui épargner des poursuites, mais il voudrait aussi avoir la subrogation, afin de jouir des priviléges et hypothèques. (Art. 1252) Dans ce cas, il peut se faire autoriser par le conseil de famille à payer la dette, avec la faculté d'acquérir la subrogation dont il est parlé au n° 1 de l'article 1250.

Si le créancier ne voulait pas la consentir, le tuteur ferait alors un prêt au mineur, en passant

---

(1) Ce qui emporte subrogation à tous les droits qui y sont attachés, tels que les caution, privilége et hypothèque. (Art. 1692.)

l'acte avec le subrogé-tuteur (art. 420) : à cet effet, il se ferait autoriser par le conseil de famille et ferait homologuer la délibération (articles 457 et 458), et en remplissant les formalités prescrites au n° 2 de ce même article 1250, il acquerrait la subrogation.

Dans tous les cas ci-dessus, aussitôt qu'il aurait entre les mains des fonds appartenans au mineur, il se payerait à lui-même pour éteindre d'autant la dette de celui-ci.

603. Quel sera le sort de la créance dont le tuteur s'est rendu cessionnaire au mépris de la prohibition de la loi ?

On prétend que ni le tuteur ni le cédant ne peuvent agir, et conséquemment que la créance se trouve éteinte, sinon de plein droit, mais parce que personne ne peut en poursuivre le paiement, puisque le cédant s'est dépouillé de son action et que le tuteur ne l'a pas acquise. On invoque la disposition de la Novelle 72, chap. 5, précitée, qui le décidait en effet ainsi. Mais nous ne saurions partager cette opinion : le Code ne prononce pas la déchéance contre le cédant, comme il la prononce contre le tuteur qui n'a pas, lors de l'inventaire, déclaré sa créance (art. 451), et il n'y avait pas les mêmes motifs de le faire. Le cédant n'est point tuteur, la loi n'avait rien à lui défendre ; il suffisait de déclarer la cession sans effet par rapport au tuteur. Il n'y a point à craindre, comme à l'égard de

ce dernier, qu'il ne supprime les quittances du
mineur. Enfin, même dans le cas de l'article 1597,
où il y avait peut-être de puissans motifs de prononcer la déchéance contre le cédant, la cession
faite au fonctionnaire est bien déclarée nulle, mais
rien ne porte à dire que la créance soit éteinte. Qu'importe, après cela, que quelques auteurs, sous l'ancien droit, aient incliné à ce système de déchéance,
en le modifiant encore tellement en raison des circonstances, que l'application en faisait un instrument d'arbitraire dans la main du juge ? Le sentiment
des jurisconsultes qui, s'attachant aux véritables
doctrines, rejettent toute peine que la loi n'a pas
formellement établie, ne l'avait point adopté.

604. Le tuteur, pendant le cours de la tutelle,
ne prescrit point contre le mineur (1) : il doit le
défendre contre lui-même comme contre tout autre.
Mais la prescription ne court pas non plus contre
lui, puisqu'il ne peut se poursuivre (2), et qu'il
n'est pas de l'intérêt du mineur d'être poursuivi
dans la personne de son subrogé tuteur, et de supporter ainsi des frais que l'on évite de cette manière. L'article 2253 est conçu dans ces principes.

---

(1) Il est une foule de prescriptions qui courent même contre les
mineurs en tutelle. (Art. 2278 et autres.)

(2) La L. 1, §. 7, ff. *de Contraria tut.*, etc., le dit formellement.

SECTION IV.

De la Responsabilité du tuteur, relativement aux fautes commises dans sa gestion.

SOMMAIRE.

605. *Le tuteur doit administrer les biens du mineur en bon père de famille.*
606. *Application du principe.*
607. *Pouvoir discrétionnaire des tribunaux quant à l'appréciation des fautes du tuteur, lorsque la loi ne l'a pas spécialement déclaré responsable.*

605. Les nombreuses observations que nous avons faites sur les différens actes de la gestion du tuteur nous dispensent d'entrer dans le détail des cas où il peut être responsable pour les fautes qu'il a commises ; nous nous bornerons donc, à cet égard, à retracer ici quelques règles générales, dont l'application est subordonnée aux circonstances, qui peuvent varier à l'infini.

Suivant l'art. 450, il doit administrer les biens du mineur en bon père de famille, et il répond des dommages-intérêts qui pourraient résulter d'une mauvaise gestion.

L'art. 1137 dit aussi que l'obligation de veiller à la conservation de la chose, soit que la convention n'ait pour objet que l'utilité de l'une des parties, soit qu'elle ait pour objet leur utilité commune, soumet celui qui en est chargé à y apporter tous les soins d'un bon père de famille ; que cette obligation est cependant plus ou moins étendue relativement à certains contrats, dont les effets, à cet égard, sont expliqués sous les titres qui les concernent. La loi, expliquant par là le principe qu'elle établit, entend dire, du moins en général, que lorsque l'utilité du contrat est tout entière en faveur de l'une des parties, celle-ci est bien tenue d'une diligence très-exacte, mais que l'autre ne doit pas être traitée, sous ce rapport, avec la même sévérité (1). C'est ainsi que, dans les cas ordinaires, le dépositaire peut n'être pas responsable de telle ou telle faute, dont il aurait peut-être été tenu si le dépôt eût été fait dans son intérêt, ou s'il eût simplement stipulé un salaire (art. 1927-1928); que la responsabilité relative aux fautes est appliquée moins rigoureusement à celui qui exerce un mandat gratuit, qu'à celui qui reçoit un salaire. (Art. 1992) On pourrait encore donner d'autres exemples, mais ceux-là suffisent. Or la tutelle est toute dans l'intérêt du mineur, et c'est de plus une charge que généralement l'on ne peut refuser. Nous ne rendrons donc pas le tuteur responsable de toute faute quelconque, de celle, par exemple, que le père de famille d'une diligence extrême, et doué d'ailleurs de beaucoup de lumières et d'instruction, aurait pu ne pas commettre, mais qui a pu aisément être commise par un tuteur d'une vigilance et d'une aptitude ordinaires.

---

(1) L. 5, §. 2, ff. *Commodati vel contrà. Voy.*, au surplus, sur la théorie des fautes, ce que nous avons écrit dans notre *Traité des Contrats*, tom. I, n°ˢ 329 à 334 inclusivement.

606. Nous dirons en principe qu'il doit être responsable sinon de la faute très-légère, pour parler le langage des docteurs, du moins de la faute légère (1); que sa diligence et ses soins pour les affaires du mineur ne doivent pas être moindres que pour les siennes, parce que cette garantie est due au mineur, qui ne se choisit pas lui-même un représentant; que cependant, lors même qu'il aurait été très-négligent pour ses propres affaires, il ne s'excuserait pas de la négligence qu'il aurait commise dans celles du mineur, si elle avait le caractère de la faute dont nous venons de parler : par exemple, s'il était, ainsi que le mineur, créancier d'un individu en déconfiture ou en faillite, et qu'il eût négligé de produire à un ordre ou à une distribution de deniers pour lui comme pour le mineur, ou s'il avait négligé de renouveler son inscription hypothécaire aussi bien que celle de ce dernier, etc., etc. il ne serait pas écouté à venir dire qu'il n'a pas été plus diligent pour ses intérêts que pour ceux qui lui étaient confiés : il pouvait négliger les siens, mais non ces derniers. *Vice versâ*, si ce n'était que par une extrême diligence, un effort extraordinaire, que le tuteur eût conservé ses inté-

---

(1) *In omnibus quæ fecit tutor, cùm facere non deberet, item in his quæ non fecit, rationem reddit, præstando dolum, culpam, et quantam in rebus suis diligentiam.* L. 1, ff. *de Tutelis et rationib. distrah.*

Et par *culpam*, les interprètes entendent la faute moyenne ou légère, celle que ne commet pas ordinairement, dans ses affaires, un père de famille bien réglé. L. 32, ff. *Depositi vel contrà. Voy.* Heinneccius, *Elementa juris*, n° 787.

rêts, et que, pouvant, dans le même cas, conserver
aussi ceux du mineur, il les eût négligés, on lui appliquerait la responsabilité de la faute, non pas dans
le sens abstrait et général, par comparaison à ce
qu'aurait probablement fait, en pareil cas, un bon
père de famille d'une diligence ordinaire, qui aurait
bien pu négliger l'une et l'autre affaire; mais on la
lui appliquerait dans un sens relatif, dans le sens
concret, comme disent les docteurs, et dont l'article 1882 nous offre un exemple fort clair : il doit
toujours apporter aux affaires du mineur au moins
autant de soin qu'il en met dans la conservation
des siennes; et s'il n'est tenu, comme nous l'avons
dit, que de la faute légère, ce n'est pas lorsqu'il n'en
commet aucune, même excessivement légère, en
ce qui l'intéresse particulièrement dans un cas semblable ou analogue.

607. Au reste, la gravité de la faute résultant
d'une foule de circonstances qu'il est impossible de
prévoir toutes, et tirant principalement son caractère de la nature des actes, est par cela même un
fait dont l'appréciation est généralement dans le
domaine du pouvoir discrétionnaire laissé aux tribunaux, à moins qu'une loi spéciale ne déclare le
tuteur responsable dans le cas donné, ainsi qu'elle
l'a fait dans un grand nombre : comme lorsqu'il a
négligé d'exercer le réméré, ou d'interjeter appel
dans le délai utile (art. 1663, Cod. civ., et 444, Cod.
de procéd.), ou d'interrompre les prescriptions

auxquelles sont soumis les mineurs (art. 2278), et autres cas semblables; mais hormis ces cas, leur décision à cet égard, susceptible sans doute d'être réformée sur l'appel comme un *mal-jugé*, serait à l'abri de la censure de la Cour suprême. C'est ainsi que, suivant l'art. 132 du Code de procédure, les tribunaux *peuvent* condamner, en leur nom personnel et sans répétition, et même aux dommages-intérêts s'il y a lieu, les tuteurs qui, par une contestation mal fondée, ou par une défense imparfaite, ont compromis les intérêts des mineurs, sans préjudice de la destitution, suivant la gravité des circonstances; c'est donc une faculté que la loi leur laisse.

SECTION V.

De la Fin de la tutelle, de la Reddition du compte, et des Suites de la gestion.

SOMMAIRE.

608. *Tout tuteur est comptable de sa gestion lorsqu'elle finit: quand ce n'est ni le père ni la mère, il peut être tenu de fournir annuellement des états de situation.*
609. *Division de cette Section.*

§. Ier.

De la Fin de la tutelle ou de l'administration du tuteur.

610. *Du côté du mineur, la tutelle prend fin par sa mort naturelle ou civile, son émancipation ou sa majorité.*
611. *S'il y a plusieurs mineurs, le compte est rendu à chacun d'eux, à sa majorité ou à son émancipation.*

III.   38

612. *Du côté du tuteur, la tutelle finit aussi par sa mort na-turelle ou civile ; obligation de ses héritiers majeurs de continuer sa gestion jusqu'à la nomination d'un nou-veau tuteur.*

613. *Mais ils ne sont point tuteurs, leurs biens ne sont point grevés de l'hypothèque légale.*

614. *La tutelle finit aussi par la démission et la destitution du tuteur.*

615. *Dans tous ces cas, le compte est rendu au nouveau tuteur en présence du subrogé tuteur ; mais il n'est pas besoin de l'autorisation spéciale du conseil de famille.*

616. *Ceux qui ont administré provisoirement la tutelle, et le curateur au ventre, rendent compte aussi de leur gestion lorsqu'elle finit.*

617. *Quoique la tutelle finisse par la mort, la majorité ou l'émancipation du mineur, le tuteur ne doit point né-gliger de faire les actes urgens, tant qu'il n'a pas rendu son compte.*

§. II.

Tribunal compétent pour connaître de la reddition du compte, Formalités à suivre, et de ce qu'on doit allouer au tuteur.

618. *Les parties peuvent établir le compte à l'amiable ; si elles ne s'accordent pas, c'est le tribunal du lieu où la tutelle a été déférée qui est seul compétent pour en connaître. Distinctions à faire pour savoir dans quel lieu la tutelle a été déférée.*

619. *Il est rendu jugement portant que le tuteur rendra son compte dans le délai fixé ; un commissaire est nommé pour présider aux opérations du compte.*

620. *Mode d'après lequel le compte doit être dressé.*

621. *Le rendant le présente et l'affirme en personne ou par un fondé de pouvoir spécial.*

622. *Le délai passé sans avoir présenté le compte, le rendant y est contraint par les voies de droit.*

623. *Le compte présenté est affirmé : si la recette excède la dépense, l'oyant-compte peut requérir, du commis-*

saire, *exécution pour l'excédant, sans approbation du compte.*

624. *Diverses dispositions et formalités relatives à la reddition du compte.*

625. *Si l'oyant-compte fait défaut, le rendant garde le reliquat sans intérêts ; lorsque le compte est rendu à l'amiable, les intérêts courent de plein droit à partir de la clôture du compte ; ils ne courent au profit du tuteur en faveur duquel est la balance, que du jour de la sommation de payer qui a suivi la clôture.*

626. *Les frais du compte sont à la charge du mineur.*

627. *Les dépens des contestations sont supportés par celui qui succombe.*

628. *On alloue au tuteur toutes les dépenses suffisamment justifiées, et dont l'objet était utile.*

629. *Pouvoir discrétionnaire des tribunaux quant à la justification et à l'utilité des dépenses.*

630. *Si la dépense était d'abord utile, elle n'est pas moins allouée quoiqu'elle ait cessé de l'être.*

631. *Généralement, le tuteur n'a pas dû dépenser au delà de la somme fixée par le conseil de famille.*

632. *Il ne doit pas moins rendre compte de l'emploi de cette somme.*

633. *S'il y a eu dépense extraordinaire, mais nécessaire et urgente, elle doit être allouée, quoiqu'elle eût été faite sans autorisation préalable.*

634. *Si le tuteur, autre que le père ou la mère, n'a pas fait régler la dépense annuelle, il ne peut, quant aux dépenses de simple administration de la personne et des biens, se faire allouer au delà des revenus, quelque modiques qu'ils aient été.*

635. *Il n'est procédé à la révision d'aucun compte, sauf à former demande devant les mêmes juges, pour erreurs, omissions, faux ou doubles emplois, et sauf le droit d'appeler.*

§. III.

De ce qui est nécessaire pour que le tuteur et le mineur
devenu majeur puissent traiter ensemble.

636. *Motifs et texte de l'article 472.*
637. *Cet article s'applique à tout traité qui aurait pour effet,*
  même indirect, d'affranchir le tuteur de l'obligation de
  rendre compte.
638. *Il ne s'applique pas à un traité fait de bonne-foi sur un*
  objet particulier, comme la vente ou la location d'un
  immeuble.
639. *Dans aucun cas, le tuteur ne peut demander la nullité;*
  mais si elle est prononcée sur la demande du mineur,
  les choses sont remises de part et d'autre au même état
  qu'auparavant, encore que ce fût une donation qui eût
  été faite pour tenir lieu du compte.
640. *L'arrêté de compte n'emporte point par lui-même nova-*
  tion, si les parties n'ont entendu la faire : conséquences.
641. *Mais il ne conserve point l'hypothèque au delà de la durée*
  de l'action pour faits de tutelle, et il ne fait pas non
  plus courir les intérêts de plein droit au delà de cette
  époque.

§. IV.

De la Durée des actions relatives à l'administration de la
tutelle.

642. *Toute action du mineur contre le tuteur, pour faits de la*
  tutelle, se prescrit par dix ans, à partir de la majorité;
  innovation.
643. *Lorsqu'il y a eu traité ou compte arrêté, l'action est sou-*
  mise à la règle générale quant à sa durée.
644. *Si la tutelle prend fin par la mort du mineur, les dix ans*
  courent du jour de sa mort, et non pas seulement de
  l'époque où il aurait atteint sa majorité s'il eût vécu.
645. *Les actions du mineur contre son tuteur, pour autre cause*

que la gestion de la tutelle, ne sont pas soumises à cette
prescription, du moins généralement.

646. *Par la gestion il se forme un quasi-contrat entre le*
mineur et le tuteur, qui les oblige réciproquement l'un
envers l'autre.

647. *L'action du tuteur n'est point soumise à la prescription de*
dix ans : controversé.

608. Tout tuteur est comptable de sa gestion lorsqu'elle finit. (Art. 469.)

Et tout tuteur, autre que le père ou la mère, peut être tenu, même durant la tutelle, de remettre au subrogé tuteur des états de situation de sa gestion, aux époques que le conseil de famille aurait jugé à propos de fixer, sans néanmoins que le tuteur puisse être astreint à en fournir plus d'un chaque année.

Ces états sont rédigés et remis sans frais, sur papier non timbré, et sans aucune formalité de justice. (Art. 470.)

609. Les comptes de tutelle ne devant être rendus que lorsque le tuteur cesse ses fonctions, il convient donc de voir d'abord quelles sont les causes qui mettent fin à la tutelle, ou du moins à l'administration du tuteur.

Nous verrons, dans un second paragraphe, quel est le tribunal compétent pour connaître de la reddition du compte, des formalités à suivre, et de ce qu'on doit allouer au tuteur;

Dans un troisième, des conditions requises pour

que le mineur et le tuteur puissent traiter valablement ensemble.

Enfin, dans un quatrième, de la durée des actions relatives à l'administration de la tutelle.

§. Ier.

De la Fin de la tutelle ou de l'administration du tuteur.

610. Du côté du mineur, la tutelle finit :

1° Par sa mort naturelle ou civile (1) : dans ce cas, le compte est rendu à ses héritiers.

2° Par son émancipation : le compte lui est rendu à lui-même, assisté d'un curateur, qui lui est nommé par le conseil de famille. (Art. 480.)

M. Toullier a écrit (2) qu'il fallait, dans ce cas, que le compte fût rendu en justice. Comme ce jurisconsulte ne donne aucun motif de cette opinion, nous avons vainement tenté de lui en trouver. Il est incontestable que le mineur émancipé peut, avec l'assistance de son curateur, recevoir un capital mobilier et en donner bonne et valable décharge (art. 482) : or, le compte de tutelle est une créance

(1) A seize ans on peut être condamné à la peine de mort ; car la question relative au discernement ne peut être soumise que lorsque l'accusé a moins de seize ans. (Art. 65 et 66 du Code pénal, et 340 du Code d'instr. crim.)

(2) Tome II, n° 1250. M. Proudhon, tome II, pag. 241, dit, au contraire, que la loi ne prescrit rien autre chose que de rendre le compte au mineur, assisté d'un curateur.

comme une autre ; le reliquat dont il peut se composer est un capital mobilier : donc le mineur, assisté de son curateur, peut recevoir son compte de tutelle. Pourquoi l'obligerait-on à agir en justice, à supporter des frais? Si la loi l'eût entendu ainsi, elle n'aurait pas manqué de le dire : elle spécifie avec beaucoup de soin (dans les art. 483 et 484) les actes qu'il ne peut faire, même avec l'assistance de son curateur, et elle ne dit pas qu'il ne peut recevoir son compte qu'en justice.

3° La tutelle finit par la majorité du mineur.

611. S'il y a plusieurs mineurs soumis à la même tutelle, le compte est rendu à chacun d'eux, à sa majorité ou son émancipation; la tutelle est finie pour lui (1).

612. Du côté du tuteur, la tutelle prend fin (2):

1° Par sa mort naturelle ou civile : c'est une charge personnelle, qui conséquemment ne passe point à ses héritiers. Ceux-ci sont seulement responsables de la gestion de leur auteur ; et s'ils sont majeurs, ils sont tenus de la continuer jusqu'à la nomination d'un nouveau tuteur. (Art. 419.)

Mais comme c'est la bonne foi qui demande que

_____

(1) L. 39, §. 17, ff. *de Administ. et peric. tut.*

(2) C'est ainsi qu'on l'entend dans la doctrine, parce que l'on considère la tutelle dans ses rapports intimes avec le tuteur; mais il vaut mieux dire que c'est l'administration, et non la tutelle, qui prend fin par les causes que nous allons expliquer; car, en réalité, le tuteur est simplement l'agent de la tutelle, être moral qui doit protéger le mineur jusqu'à sa majorité ou son émancipation.

les héritiers majeurs du tuteur continuent sa gestion (1), on doit décider que le défaut d'administration ne leur serait point imputable s'ils étaient interdits pour démence ou crime, ou absens. Le subrogé tuteur serait seul responsable, s'il avait mis de la négligence à faire convoquer le conseil de famille pour faire nommer un nouveau tuteur. (Article 424.)

613. Au reste, leur gestion n'est point une tutelle, puisqu'ils ne sont point tuteurs; dès-lors, leurs biens particuliers ne sont point frappés de l'hypothèque légale : elle ne subsiste que sur ceux provenant de leur auteur, et pour la gestion de celui-ci. (Articles 2121 et 2135.)

614. 2° La tutelle finit aussi du côté du tuteur par sa démission dûment acceptée;

3° Par sa destitution, ou la non-maintenue de la mère qui se remarie;

4° Et par l'expiration du temps pour lequel il avait été élu, ou l'accomplissement de la condition qui devait mettre fin à sa gestion (2).

---

(1) C'est l'application du principe en matière de mandat (art. 2010). Ils seraient responsables, quoiqu'ils n'eussent accepté que sous bénéfice d'inventaire; c'est une obligation personnelle que la loi attache à leur qualité d'héritier, et l'héritier bénéficiaire est héritier puisqu'il est soumis au rapport (art. 843). Mais celui qui renonce à la succession du tuteur n'est point tenu de l'obligation dont il s'agit, fût-il son fils.

(2) Ce qui s'applique seulement au tuteur testamentaire. Voir *suprà*, n° 439.

615. Dans les quatre cas, le compte de tutelle doit être rendu au nouveau tuteur. Le subrogé tuteur peut et doit demander d'assister à la reddition du compte : dans cet acte, les intérêts du mineur sont évidemment opposés à ceux du tuteur. D'ailleurs, ayant connu l'administration, sa présence peut prévenir des surprises ou rectifier des erreurs ou omissions. Mais il n'est pas besoin que le nouveau tuteur soit autorisé par le conseil de famille à recevoir le compte, et encore moins que la délibération qu'il aurait sollicitée à cet effet soit homologuée : il a le droit d'exercer les actions mobilières, au nombre desquelles est celle de tutelle, et par cela même il peut recevoir le compte, même extrajudiciairement, sans être spécialement autorisé; il l'est suffisamment par l'acte même de sa nomination. L'article 454 de la Coutume de Paris exigeait l'autorisation, mais le Code n'a pas conservé cette disposition (1).

616. Ce que nous disons du tuteur et de l'époque où il doit rendre son compte s'entend des cas ordinaires; car, 1° la mère qui n'a pas accepté la tutelle doit rendre compte de sa gestion provisoire à l'époque où elle cesse (art. 394);

Il en est de même, 2° du tuteur qui est parvenu à se faire excuser, lequel a dû administrer pendant le litige (art. 440);

(1) *Voy.* Pigeau, *Procédure civile*, tome 2, pag. 366, édit. de 1808.

3° Le curateur au ventre rend également compte de sa gestion lorsqu'elle finit. (Art. 393.)

Dans ces cas, le compte est rendu au tuteur nommé, ou à la mère tutrice légale, si elle accepte.

Quant aux héritiers majeurs du tuteur, qui ont dû continuer la gestion de leur auteur, ils présentent le compte de leur administration en même temps qu'ils établissent celui de la tutelle, mais par un chapitre à part, qui les concerne seuls, et non leurs cohéritiers mineurs, interdits ou absens.

617. Quoique la tutelle finisse par la mort du mineur, sa majorité ou son émancipation, le tuteur n'en doit pas moins, tant que les comptes ne sont pas rendus, que le mineur n'a pas encore ses titres et papiers, faire les actes qui ne peuvent souffrir aucun retard, et continuer les procès commencés (1).

§. II.

Tribunal compétent pour connaître de la reddition du compte, des formalités à suivre, et de ce qu'on doit allouer au tuteur.

618. Lorsque le compte n'est pas rendu à l'amiable, parce que les parties ne peuvent s'accorder sur ses élémens, il est demandé en justice, et les

_____

(1) L. unic. Cod. *Ut caus. post. pubert. ads. tut.;* et L. 1, Cod. *Arbitr. tutel.* Voy. de Lacombe , sect. 9 , n° 16.

contestations qu'il fait naître sont jugées comme les autres matières civiles. (Art. 473.)

Suivant l'article 527 du Code de procédure, les tuteurs doivent être poursuivis en reddition de compte devant les juges du lieu où la tutelle a été déférée.

Ainsi, dans le cas où c'était celle du survivant des père et mère, elle a été déférée au lieu du domicile qu'avait le père au moment de son ouverture (art. 108), et c'est au tribunal dans le ressort duquel se trouve ce lieu que la demande doit être portée.

Si elle était testamentaire, c'est au lieu où était le domicile de celui qui l'a conférée, peu importe le lieu où l'acte a été passé. Le père aurait eu la volonté d'attribuer aux juges du lieu où il l'a fait, la connaissance du compte de tutelle, qu'il ne l'aurait pu valablement : il ne dépendait pas de lui, pour une cause qui devait concerner personnellement son enfant, de le priver du bénéfice d'être jugé par ses juges naturels. Ce cas est bien différent de celui où un citoyen fait élection de domicile pour une affaire qui le concerne : son héritier est obligé d'exécuter la convention ; mais ici l'enfant agit dans un intérêt opposé à celui d'héritier.

Dans le cas où la tutelle est déférée par la loi à un ascendant, c'est aussi au tribunal du lieu du domicile du dernier mourant des père et mère que la demande en reddition de compte doit être soumise.

Enfin, dans celui où elle était dative, elle a été déférée au lieu où s'est tenu le conseil de famille, lieu qui est généralement le domicile du mineur. (Art. 407.) Nous disons *généralement*, parce que, dans le cas d'un second tuteur datif, le domicile du mineur, lors de la nomination de ce second tuteur, était bien chez le premier (art. 108) (1), et cependant, comme on l'a vu précédemment (2), ce n'est pas devant le juge de paix du domicile de celui-ci, mais devant le juge de paix du domicile qu'avait le mineur lors de la première convocation du conseil de famille, que ce conseil a dû être assemblé pour déférer de nouveau la tutelle; par conséquent, le tribunal dans le ressort duquel est situé le lieu de ce domicile est seul compétent pour connaître du compte.

619. Cette demande est, comme les autres demandes, sujette au préliminaire de conciliation, si les parties ne sont pas dans un des cas d'exception.

---

(1) Car il ne l'avait pas perdu par la mort de celui-ci : le domicile ne peut se perdre que par l'acquisition d'un autre. (Art. 103.) *Voy.* tom. Ier, no 360.

(2) No 453, *suprà*, où nous apportons toutefois une modification pour le cas où le père, la mère, ou tout autre ascendant, tuteur légitime, ne se trouve pas avoir, au moment où il devient nécessaire de nommer un autre tuteur, le domicile qu'il avait à l'époque où la tutelle s'est ouverte en sa personne : dans ce cas, disons-nous, c'est au lieu du domicile actuel de cet ascendant, et qui est nécessairement celui du mineur, que le conseil de famille doit être convoqué, en vertu de l'article 407; d'où il suit que c'est au tribunal de ce lieu à connaître du second compte de tutelle.

Elle s'instruit au surplus comme les autres affaires, parce qu'elle n'est pas sommaire.

Cependant, les oyans-compte, qui ont le même intérêt, nomment un seul avoué : faute de s'accorder sur le choix, le plus ancien occupe, et néanmoins chacun des oyans-compte peut en constituer un; mais les frais occasionés par cette constitution particulière, et faits tant activement que passivement, sont supportés par l'oyant. (Art. 529, Code de procéd.)

Le jugement portant condamnation de rendre compte, fixe le délai dans lequel il sera rendu, et commet un juge (art. 530, *ibid.*) pour présider aux opérations.

620. Le compte contient les recettes et dépenses effectives (1); il est terminé par la récapitulation de la balance desdites recettes et dépenses, sauf à faire un chapitre particulier des objets à recouvrer. (Art. 533, *ibid.*)

Son préambule, y compris le jugement qui l'a ordonné, ne doit pas excéder six rôles; l'excédant ne serait point passé en taxe. (Art. 531, *ibid.*)

621. Le rendant le présente et affirme en personne ou par procureur spécial, dans le délai fixé, et au jour indiqué par le juge commissaire, les oyans-compte présens, ou appelés à personne ou

---

(1) Nous allons bientôt voir ce qu'on doit allouer au tuteur.

domicile, s'ils n'ont avoué; et par acte d'avoué, s'ils en ont constitué. (Art. 534, *ibid.*)

622. Le délai passé, le rendant est contraint par saisie et vente de ses biens, jusqu'à concurrence d'une somme que le tribunal doit arbitrer; il peut même y être contraint par corps, si le tribunal l'estime convenable. (*Ibid.*)

623. Le compte présenté et affirmé, si la recette excède la dépense, l'oyant-compte peut requérir du juge commissaire exécutoire de cet excédant, sans approbation du compte. (Art. 535, *ibid.*)

624. Après la présentation et affirmation du compte, le comparant le signifie à l'avoué de l'oyant : les pièces justificatives sont cotées et paraphées par l'avoué du rendant; si elles sont communiquées sur récépissé, elles doivent être rétablies dans le délai fixé par le juge commissaire.

Si les oyans-compte ont constitué avoués différens, la copie et la communication ci-dessus sont données à l'avoué plus ancien seulement, s'ils ont le même intérêt, et à chaque avoué, s'ils ont des intérêts différens.

S'il y a des créanciers intervenans, ils n'ont tous ensemble qu'une seule communication, tant du compte que des pièces justificatives, par les mains du plus ancien des avoués qu'ils ont constitués. (Art. 536, *ibid.*)

Les quittances de fournisseurs, ouvriers, maîtres

de pension, et autres de même nature, produites comme pièces justificatives du compte, sont dispensées de l'enregistrement. (Art. 537, *ibid.*)

Aux jour et heure indiqués par le juge commissaire, les parties se présentent devant lui pour fournir débats, soutènemens et réponses sur son procèsverbal ; si elles ne se présentent pas, l'affaire est portée à l'audience sur un simple acte. (Art. 538, *ibid.*)

Si, se présentant, elles ne s'accordent pas, il rend une ordonnance portant qu'il en sera par lui fait rapport à l'audience au jour qu'il indique; elles sont tenues de s'y trouver, sans aucune sommation. (Art. 539, *ibid.*)

Le jugement qui intervient sur l'instance de compte contient le calcul de la recette et des dépenses, et fixe le reliquat précis, s'il y en a. (Article 540, *ibid.*)

625. Si l'oyant-compte ne comparaît pas devant le commissaire pour fournir débats au jour fixé par son ordonnance, ce juge fait son rapport au jour par lui indiqué : les articles sont alloués s'ils sont justifiés; le rendant, s'il est reliquataire, garde les fonds sans intérêts (art. 542, *ibid.*). Au lieu que lorsque le compte est rendu à l'amiable, le reliquat de ce qui est dû par le tuteur porte intérêt, sans demande, à compter de la clôture du compte (art. 474, Cod. civ.). On a pensé qu'un pupille, quoique devenu majeur, éprouverait de la répu-

gnance à poursuivre son tuteur, soit par reconnaissance, soit par suite de l'empire qu'il a eu sur lui; et la loi a cru devoir, pour lui épargner cette peine, lui accorder les intérêts; mais lorsqu'il a demandé son compte ou qu'on le lui a offert, et qu'il refuse, comme dans l'espèce, de recevoir ce qui peut lui être dû, la faveur de la loi n'a plus de motif.

Les intérêts de ce qui est dû au tuteur par le mineur ne courent que du jour de la sommation de payer, qui a suivi la clôture du compte. (*Ibid.*)

626. Les frais du compte sont à la charge du mineur (art. 471, *ibid.*), et le rendant n'emploie pour dépenses communes, que les frais de voyage, s'il y a lieu, les vacations de l'avoué qui a mis en ordre les pièces du compte, les grosses et copies, les frais de présentation et affirmation. (Art. 532, Code de procéd.)

627. Les dépens des contestations, s'il y en a eu, sont, comme dans les autres cas, supportés par celui qui succombe (art. 130, *ibid.*); sauf que le tribunal peut les compenser en tout ou partie entre ascendant et descendant, frère et sœur, ou alliés au même degré, ou si les parties succombent respectivement sur quelques chefs. (Art. 131, *ibid.*)

628. On doit allouer au tuteur toutes les dépenses suffisamment justifiées, et dont l'objet était utile (art. 471, Code civ.); ce qui comprend à plus forte raison les dépenses nécessaires, c'est-à-dire

celles qui avaient moins pour objet l'amélioration que la conservation des biens du mineur : *Sine quibus res esse salva nequit.*

629. Quant à la justification des dépenses, les tribunaux, en cas de contestation, ont une sorte de latitude ; car, sans parler d'une foule de menues dépenses relatives à l'entretien et à l'éducation du mineur, il en est un grand nombre dont le tuteur ne peut avoir de reçus ou quittances : tels que les frais de voyage, etc. Les magistrats sont pareillement juges de leur utilité : à cet égard, ils prennent en considération l'état et la condition du mineur, les circonstances dans lesquelles elles ont été faites, et surtout leur importance. Lorsque ce sont des dépenses relatives à la conservation ou à l'amélioration des immeubles, ils ordonnent un rapport d'experts pour éclairer leur religion.

630. Et s'il est reconnu que la dépense était nécessaire, ou même alors simplement utile, le mineur ne peut se refuser à en allouer le montant, quand même, par un événement fortuit, il ne s'en trouverait pas actuellement plus riche : par exemple, la dépense faite pour étayer une maison qui menaçait ruine ne sera pas moins allouée, quoique la maison soit venue à périr l'année suivante par un incendie : il suffit donc que la dépense ait été utile dès le principe : *Sufficit tutori benè et diligenter negotia gessisse, etsi eventum adversum habuit quod gestum est.* L. 3, §. 7, ff. *de Contr. tut. et utili actione.*

III.   39

631. Généralement, le tuteur n'a pas dû dépenser au-delà de la somme qui, dans toute tutelle autre que celle des père et mère, a dû être fixée par le conseil de famille, suivant le prescrit de l'article 454; sauf, comme nous l'avons dit, le cas où une maladie grave et dispendieuse, ou tout autre événement de force majeure, n'aurait pas permis de faire convoquer assez diligemment le conseil pour autoriser la dépense : *Id namque quod à tutoribus sive curatoribus bonâ fide erogatur, potiùs justitiâ quàm alienâ auctoritate firmatur. L.* 3, *de Administ. tut.*, etc.

632. Mais de ce que le conseil de famille a fixé la somme à laquelle pouvait s'élever, par aperçu, la dépense annuelle du mineur, le tuteur n'est pas moins obligé de justifier de l'emploi qu'il en a fait, et de porter en *debet* tout ce qu'il n'a pas dépensé de cette somme : cette fixation n'est point un traité à forfait, c'est une sage mesure prise pour éviter une trop grande dépense, pour ménager des économies au mineur.

633. *Et vice versâ*, le mineur ne pourrait se dispenser de faire raison au tuteur de l'excédant des dépenses sur la somme fixée quand elles étaient motivées par quelque nécessité urgente; il ne pourrait non plus prétendre n'être pas tenu de ce qui a été sagement dépensé au-delà de ses revenus, et n'excédant pas la taxe (1); enfin, il n'a pas le droit

(1) La loi 2, §§. 2 et 3, ff. *ubi pupill. educ. vel mor. deb.*, dit le con-

d'offrir d'abandonner même généralement ses revenus, pour être quitte des dépenses, quand même il ne demanderait que d'être affranchi de celles de simple administration de sa personne et de ses biens.

634. Mais quand le tuteur, autre que le père ou la mère, n'a pas fait fixer la dépense annuelle, elle ne peut, du moins pour ce qui concerne la simple administration, excéder les revenus; le surplus n'est point passé en taxe (1). Le tuteur est en faute, et il ne devrait pas moins faire compte de ce qui pouvait raisonnablement être économisé.

635. Il n'est procédé à la révision d'aucun compte de tutelle; sauf aux parties, s'il y a eu erreurs, omissions, faux ou doubles emplois, à former à cet égard leurs demandes devant les mêmes juges (art. 541 du Cod. de procéd.), et sauf aussi la faculté d'appeler, comme dans les cas ordinaires, du jugement qui a statué sur le compte.

---

traire, même pour le cas où c'était le père qui avait fixé la dépense, si le tuteur n'a pas prévenu le juge qu'elle excédait les facultés du pupille. Chez nous, le tuteur n'est que le gérant de la tutelle, et le conseil de famille ayant fixé la dépense, le premier pourrait sans doute, dans certains cas, être blâmable de ne l'avoir pas averti de la diminution des revenus du mineur; mais, généralement, on ne saurait se refuser à lui allouer tout ce qui a été utilement dépensé dans les limites fixées. Le subrogé tuteur, instruit par les états de situation (art. 470), doit au surplus avertir la famille, s'il y a lieu de le faire.

(1) Même loi.

§. III.

De ce qui est nécessaire pour que le tuteur et le mi-
neur, devenu majeur, puissent traiter ensemble.

636. Il était à craindre que, trop préoccupé du
désir de jouir au plus tôt de ses biens par lui-même,
et d'avoir ses titres en sa possession, le mineur
devenu majeur ne se prêtât facilement à traiter avec
son tuteur sur la gestion de celui-ci, et ne sacrifiât
ainsi aveuglément une partie de ses droits : la loi a
voulu le protéger même au-delà de sa minorité ;
elle déclare comme non avenu l'acte qu'il aurait fait
à cet égard, s'il n'avait alors acquis la plus entière
indépendance. C'est aussi dans cet esprit qu'elle
regarde comme nulle la donation qu'il lui aurait
faite, étant encore placé sous la même influence.
(Art. 907.)

Ainsi, suivant l'art. 472 : « tout traité qui pourra
« intervenir entre le tuteur et le mineur devenu
« majeur, sera nul, s'il n'a été précédé de la red-
« dition d'un compte de tutelle, et de la remise des
« pièces justificatives, le tout constaté par un ré-
« cépissé de l'oyant-compte, dix jours au moins
« avant le traité. »

637. Cette disposition s'applique à tout traité
quelconque qui devrait avoir pour effet, même
indirect, d'affranchir, moyennant la somme ou la
chose convenue par le tuteur, celui-ci de l'obligation de rendre compte de sa gestion, quoique l'on

n'eût pas spécialement traité sur cette gestion, qu'il n'eût pas formellement été convenu que le tuteur en serait déchargé : comme si dans le contrat de mariage du mineur devenu majeur, son père ex-tuteur lui constituait en dot une somme de..., moyennant quoi, le premier, sans avoir préalablement reçu son compte, renoncerait à son profit aux biens qui lui étaient échus de sa mère prédécédée, ou aux produits de ces biens ; car ce serait là véritablement un traité sur la tutelle, surtout si le mineur n'avait pas d'autres biens (1).

638. Mais si le traité n'intervient que sur un objet particulier, sans avoir pour effet prévu d'affranchir le tuteur de l'obligation de rendre son compte, sans simulation, sans fraude faite aux prohibitions de la loi, ce traité doit être respecté, s'il n'est nul pour autre cause : par exemple, si le mineur devenu majeur vend ou loue tel ou tel de ses immeubles à celui qui a été son tuteur, en traitant avec toute la liberté possible, cet acte doit être exécuté. Les incapacités ne peuvent être étendues par des inductions ou des analogies : pour produire la nullité du contrat, elles doivent être formellement écrites dans la loi ; et en disant que *tout traité* entre le mineur devenu majeur et le tuteur est nul, s'il n'a été précédé de la reddition d'un compte de tutelle, l'art. 472 veut être entendu de tout traité qui a

—————————

(1) Ainsi jugé par arrêt de cassation, du 14 décembre 1818. Sirey, 19, 1, 252.

pour objet la tutelle, la gestion du tuteur, puisqu'il est placé à la Section *des comptes de tutelle*, et
qu'il fait même suite à une disposition qui traite
spécialement de ce qui est relatif au compte du tuteur (1).

639. Enfin, dans aucun cas, le tuteur ne pourrait se prévaloir de la nullité, parce qu'elle est évidemment introduite dans l'intérêt du mineur devenu
majeur, afin que son tuteur ne lui fasse pas acheter
par un traité onéreux la remise des pièces et du
reliquat. Toutefois, s'il y avait lieu de la prononcer
sur la demande du mineur, les choses devraient
être remises dans leur état primitif; tellement que
si une donation lui avait été faite, par son contrat
de mariage ou autrement, pour lui tenir lieu de
son compte de tutelle, il devrait en restituer ou
précompter le montant (2). Il n'y aurait pas lieu de
considérer la remise du compte comme une condition de la donation, et en conséquence de la
réputer simplement non avenue comme contraire
aux lois, d'après l'article 900; ce ne serait pas là
une *condition*, mais tout au plus une *charge :* la donation ne serait pas une pure libéralité, elle serait
donatio cum negotio mixta, ainsi que le dit, sur un
cas analogue, la loi 18, ff. *de Donat.;* et la réclamation du mineur devenu majeur étant une restitu-

---

(1) Voir l'arrêt de la Cour de cassation du 22 mai 1822 (Sirey, 22,
1, 254), rendu en ce sens et d'après ces motifs.

(2) C'est aussi le sentiment de Boucheul, *des Conventions de succéder,* chap. V, n° 35.

tion *in integrum*, tout devrait être remis au premier
état.

640. Dans le cas où, après une reddition de compte
de tutelle, accompagnée de la remise des pièces justificatives et du récépissé, il est fait un traité sur ce
même compte; qu'il n'est rien dit sur les intérêts
ni sur l'hypothèque légale, ces intérêts n'en courront pas moins de plein droit du jour de la clôture
du compte (art. 474), et l'hypothèque légale n'en
sera pas moins conservée. La novation ne se présumé pas; il faut que la volonté de l'opérer résulte
clairement de l'acte (art. 1273), et le traité intervenu sur le compte n'étant qu'une reconnaissance
de l'obligation, dont la gestion est la cause, il ne
suffit point par lui-même pour opérer un changement de la dette, et par suite l'extinction de l'hypothèque qui y est attachée, comme dans le cas où la
novation a réellement lieu. (Art. 1278.) Peu importe
que, d'après l'art. 2274, le compte arrêté, la cédule
ou obligation de payer la dette soumise à l'une des
prescriptions mentionnées dans les articles pre-
cédens, l'affranchissent de l'effet de ces sortes de prescription; ce n'est pas là une novation proprement
dite: autrement il faudrait dire que l'arrêté de compte
de tutelle a fait novation de l'obligation du tuteur,
et conséquemment que les intérêts ne doivent courir, comme dans les cas ordinaires, que du jour de
la demande en justice (art. 1153), quand, au

contraire , la loi dit qu'ils courent de plein droit du jour de l'arrêté du compte. (Art. 474.)

641. Comme nous allons le dire , ce simple arrêté de compte conserve bien la créance pendant le temps ordinaire de la prescription , mais il ne conserve pas pour cela l'hypothèque *légale* au-delà de la durée de *l'action pour faits de la tutelle* : c'est à cette action seulement qu'elle est attachée. Il ne fait pas non plus courir les intérêts au-delà de cette époque , quoique l'art. 2277 qui déclare prescrits par cinq ans *les intérêts des sommes prêtées et généralement tout ce qui est payable par années ou à des termes périodiques plus courts*, ne soit nullement applicable aux intérêts résultans des comptes de tutelle, pas plus qu'il ne l'est aux intérêts du prix d'une vente (1).

§. IV.

De la Durée des actions relatives à l'administration de la tutelle.

642. Il ne nous reste plus à traiter sur l'administration du tuteur, que de la durée des actions auxquelles elle donne ou peut donner lieu.

A cet égard , le Code a introduit une notable in-

_____

(1) La Cour de Paris, par arrêt rendu sections réunies le 3ı janvier 1818, a en effet décidé que l'article 2277 ne s'appliquait point aux intérêts du prix d'un immeuble vendu. (Sirey, 18, 1, 234.) Nous n'ignorons pas au surplus qu'il en existe de contraire, mais ce n'est pas le moment de les discuter.

novation; l'article 475 porte que : « Toute action
« du mineur contre son tuteur, relativement aux
« faits de la tutelle, se prescrit par dix ans, à comp-
« ter de la majorité; » tandis que anciennement
cette action, soumise aux principes généraux, ne
se prescrivait que par trente ans à partir de la fin
de la tutelle. Des jurisconsultes pensaient même
qu'elle était imprescriptible; mais leur opinion,
fondée sur de faibles raisons, n'avait pas prévalu (1).
La tutelle est une charge grave. Les élémens dont
se compose le compte de gestion n'ont souvent
qu'une existence fugitive, et il a paru juste d'affranchir, après dix ans, le tuteur et ses héritiers de
l'obligation de rendre compte d'une administration
dont les actes ne pourraient être alors constatés
que difficilement.

643. Mais cette raison n'existe plus lorsqu'il y
a eu un compte arrêté, ou un traité quelconque,
intervenu soit avec le tuteur, soit avec ses héritiers : dans ce cas, l'action n'a plus pour objet de
faire rendre le compte : il est rendu; elle n'est
point directement fondée sur les faits de tutelle,
mais bien sur le traité ou l'arrêté de compte, qui
emporte virtuellement l'obligation d'en solder le
montant, et dont les faits de tutelle ne sont que
la cause éloignée; de même que suivant l'art. 2274
précité, l'arrêté de compte, quoiqu'il n'emporte
pas à proprement parler novation, qu'il ne soit

---

(1) *Voy.* de Lacombe, au mot *Tutelle*, sect. xi, dist, 1.

en réalité qu'une reconnaissance de la dette, fait néanmoins que l'action, d'abord soumise à l'une des courtes prescriptions mentionnées dans les articles précédens, ne l'est plus maintenant qu'à celle de trente ans.

644. Le délai de dix ans ne courant contre le mineur qu'à partir de sa majorité, il est clair que si la tutelle a pris fin par la mort ou la destitution du tuteur, les dix ans ne commencent pas à partir de la cessation de la tutelle, mais bien de l'époque ci-dessus.

Si c'était par la mort du mineur qu'elle eût cessé, les dix ans ne courraient pas seulement à partir de l'époque où il aurait atteint sa majorité s'il eût vécu, mais du jour de sa mort : dès ce moment ses héritiers peuvent agir. C'est ainsi que, suivant la loi 5, § 3, Cod. *de tempore*, *in integ. restit.*, lorsqu'un majeur succède à un mineur qui avait l'action en restitution contre un acte, le délai ne commence pas à courir contre lui à partir seulement de l'époque où le défunt aurait été majeur ; il court du jour de sa mort, et cela est fondé en raison : il n'y a plus de motif de suspendre le délai, puisque les héritiers peuvent agir ; au lieu qu'on suppose que le mineur ne le peut pas.

645. L'article 475 ne parle que de l'action du mineur pour *faits de la tutelle*, et non de celles qu'il pourrait avoir contre son tuteur pour d'autres causes. Nous ne pouvons pleinement adopter, quant

à ces dernières, la distinction spécieuse faite par
M. Delvincourt entre le cas où la créance est devenue exigible pendant la tutelle, et le cas contraire. Dans le premier, dit-il, le tuteur a dû se payer
par ses mains, il a dû par conséquent porter la
somme en compte, et on ne peut le savoir que par
l'inspection du compte lui-même : or, on ne peut
plus le demander ; mais dans l'autre cette raison
n'existant pas, l'on reste, relativement à la prescription, dans les termes du droit commun. Selon
nous, c'est rétorquer contre le mineur ce qui a été
introduit en sa faveur ; c'est changer le principe
de sa créance, qui n'est pas dans le fait que le tuteur l'a portée ou non en compte, mais dans le contrat, et ce contrat est étranger à la tutelle. Au lieu
que l'action de tutelle a son principe et sa cause
dans des faits d'administration, faits fugitifs de leur
nature, ce qui a motivé à leur égard une prescription particulière. Cette opinion ne devrait être admise qu'à l'égard des actions de courte durée, parce
qu'alors le mineur, à qui le tuteur opposerait la
prescription relative à ces mêmes actions, serait
obligé de répliquer que celui-ci a dû se payer à lui-
même, et que c'est pour cela que la prescription
n'a pu s'accomplir : et l'on pourrait dire que c'est
alléguer un fait de tutelle, et par conséquent qu'il
est trop tard. D'ailleurs, dans ce cas, le temps nécessaire à la prescription se serait écoulé depuis la
fin de la tutelle.

646. Par la gestion de tutelle il se forme un quasi-contrat entre le mineur et le tuteur, en vertu duquel, si celui-ci doit rendre compte de son administration, celui-là, de son côté, doit l'indemniser de ce qu'il a dépensé au-delà de ce qu'il a reçu. A cet effet, le tuteur a l'action que l'on appelle, dans la doctrine, l'action *contraire de tutelle.* Ce qui est dû au tuteur pour d'autres causes, par exemple, une créance sur le père du mineur (1), et dont il ne s'est point payé réellement ou fictivement par le moyen de la compensation (2), fait aussi partie des objets de cette action.

647. Mais le Code a-t-il entendu en mesurer exactement la durée sur la durée de celle du mineur?

On sent que si celui-ci doit, en définitive, être débiteur, il s'empressera peu de demander le compte de tutelle; et cependant il peut très-bien arriver que le tuteur, par attachement pour le mineur, qui est peut-être gêné, qui va se marier ou prendre un état, ne veuille pas le poursuivre actuellement, sentant d'ailleurs peut-être l'inutilité qu'il y aurait à le faire. La mort de l'un ou de

---

(1) L. 1, §. 6, ff. *de Contraria tutel. et util. act.*

(2) Le §. 4 de cette loi lui laisse le choix de porter en compte ses dépenses et ce qui lui est dû d'ailleurs par le pupille, et d'user ainsi de la compensation, ou bien de le réclamer par l'action contraire de tutelle; mais quand les termes habiles à la compensation se sont parfaitement rencontrés, on doit dire, dans notre droit, qui ne fait pas exception pour ce cas, que la compensation s'est opérée par la force de la loi; ce qui n'est pas sans importance à cause des cautionnemens, priviléges et hypothèques attachés à la dette du mineur.

l'autre, les embarras de la succession et plusieurs autres causes encore, sans parler de la négligence que tant de personnes mettent à poursuivre leurs droits, peuvent aussi très-bien faire que les dix ans s'écoulent sans que le tuteur ait été payé ou qu'il ait agi pour l'être.

MM. Delvincourt, Proudhon et Toullier disent que son action s'éteint, comme celle du mineur, par dix ans, à partir de la majorité.

Ces estimables jurisconsultes conviennent toutefois que la *lettre* de l'article 475 paraît contraire à leur opinion, mais que l'esprit dans lequel il a été rédigé la favorise, parce que la raison est la même que pour l'action du mineur contre le tuteur : c'est du moins le motif allégué par M. Delvincourt. Quant à MM. Proudhon et Toullier, ce qui les détermine principalement, c'est que, suivant eux, l'action du tuteur et celle du mineur sont corrélatives, et qu'ainsi la première ne peut plus subsister dès que la seconde est éteinte.

Pour nous, nous pensons que ni l'esprit ni la lettre de l'article n'admettent une telle solution ; qu'il n'y a pas non plus parité de motifs, et que les deux actions ne sont point corrélatives, quoiqu'elles aient l'une et l'autre la tutelle pour cause et qu'elles subsistent souvent simultanément : car celle du tuteur peut être exercée après que celle du mineur est éteinte, ainsi que le décide formellement la loi 1, § 4, ff. *de Contraria tut. et util. act.* ; ce qui est exclusif de la corrélation que l'on suppose. Ce n'est pas là une exception inhérente à une action, c'est une action indépendante de celle du mineur. Godefroy en fait judicieusement la remarque, dans ses Notes sur cette loi, au paragraphe dernier. D'ailleurs, l'action du mandataire ou du gérant peut très-bien exister quoique le mandant ou le maître n'en ait pas eu ou n'en ait plus. Le dépositaire qui n'a pas voulu user de la faculté de retenir le dépôt jusqu'à ce qu'il fût payé des dépenses faites sur la chose (article 1948), a évidemment l'action *contraire* de dépôt, quand l'action directe ne subsiste déjà plus.

Mais reprenons le texte de la loi : « Toute action « *du mineur* contre *son tuteur*, relativement aux « faits de la tutelle, se prescrit par dix ans, à compter « de la majorité. »

Pourquoi, si l'on eût voulu établir la réciprocité, n'avoir pas simplement dit : *Toute action pour faits de la tutelle se prescrit par dix ans ?* on eût ainsi compris les deux actions, et la rédaction y aurait gagné sous le rapport de la brièveté. Mais, au lieu de cela, nous lisons : *Toute action du mineur contre son tuteur*, etc.; on spécialise, quand cependant la disposition qui précède immédiatement traite de la créance du tuteur, et dit qu'elle ne portera intérêt qu'à partir de la sommation qui aura suivi la clôture du compte. Assurément on n'avait pas oublié que le tuteur peut se trouver créancier; cet oubli serait inexplicable. Ainsi, la lettre et l'intention de l'article sont évidemment de notre côté.

Quant à la partie de motifs, nous l'avons vainement cherchée : la tutelle est une charge, une
charge qu'on ne peut refuser ; elle frappe d'hypothèque les biens du tuteur, diminue ses moyens de
crédit, le détourne de ses occupations, l'expose à
une responsabilité sévère. Rien de tout cela du côté
du mineur : pour lui, tout est avantage dans la protection qu'il en reçoit ; dès-lors il n'est point étonnant que la loi ait sorti l'action de l'un de la règle
ordinaire, pour la soumettre à une prescription
particulière, et qu'elle ait *laissé* celle de l'autre sous
l'empire des principes généraux ; et la justice le
voulait ainsi. L'esprit de la loi est donc aussi dans
le sens de notre opinion.

On objecterait vainement aussi que, pour discuter le compte des dépenses dont le tuteur réclame
le remboursement après les dix ans, il y a nécessité
de lui opposer celui de la recette, et que c'est ainsi
faire revivre ce qui est éteint : oui, sans doute, il y
aura nécessité pour lui de se soumettre, dans ce
cas, à établir le compte par l'actif et le passif ;
mais il y consent, et l'on ne saurait, pour le faire
déclarer non-recevable dans sa juste réclamation,
invoquer contre lui une disposition introduite en
sa faveur.

Notre décision est encore moins susceptible de
difficulté pour les créances particulières du tuteur,
surtout s'il n'avait pas, lors de leur exigibilité, des
fonds entre mains pour que la compensation ait
pu les éteindre ; car ces créances, étrangères à la

gestion, ne faisaient point nécessairement partie de l'action contraire de tutelle : *An in hoc judicio, non tantùm quæ pro pupillo, vel in rem ejus impensa sunt veniant, verùmetiam ea quoque quæ debebuntur aliàs tutori (ut putà à patre pupilli si quid debitum fuit) quæritur? Et magis puto, cùm integra sit actio tutori, non esse in contrarium judicium deducendum.* Dictâ lege, § 5 (1).

CHAPITRE V.

De l'Émancipation et des Effets.

SOMMAIRE.

648. *La loi permet d'émanciper le mineur en état de se gouverner et d'administrer ses biens ; étymologie de ce mot.*
649. *Effet de l'émancipation dans la législation romaine.*
650. *Ce qu'est l'émancipation dans nos mœurs.*

648. Quand le mineur est parvenu à l'âge où il peut administrer ses biens, et que le discernement et la prudence sont assez développés chez lui pour qu'il puisse être abandonné à lui-même sans danger, la loi permet de l'émanciper, c'est-à-dire de l'affranchir de la puissance paternelle ou de l'autorité du tuteur sous laquelle il était placé. L'émancipation est en effet l'abdication de la puissance ; c'est l'aliénation de la chose qui y était soumise :

---

(1) Toutefois, le paragraphe suivant dit que s'il ne s'est pas payé de sa créance pendant la tutelle, il a droit à être indemnisé, et conséquemment, il a le choix entre l'action née de la créance et celle de la gestion de tutelle.

Emancipare verò generatìm est è manu, id est, potes-
tate ac dominio, transferre, alienare, vendere (1):
d'où les anciens se servaient de ce mot pour exprimer l'aliénation des biens (2). Appliquée aux personnes, l'émancipation pour les Romains était
actus hominis, quo filius-familiàs, vel filia-familiàs
sui juris efficiebatur (3).

649. Dans leur législation, elle n'était point une
manière de mettre fin à la tutelle, comme elle l'est
chez nous; elle y faisait au contraire entrer le
fils ou la fille de famille impubère. Elle résolvait
seulement la puissance paternelle. Elle la résout
aussi dans notre droit, sauf toutefois en ce qui
concerne le mariage et l'adoption. (Art. 148 et 346.)

650. On peut donc la définir, l'acte par lequel
le mineur, en sortant de la puissance paternelle ou
de la tutelle, acquiert le droit de se gouverner lui-
même et d'administrer ses biens, sous les limitations
posées par la loi.

Par elle, le mineur peut quitter la maison paternelle, aller où bon lui semble, se choisir un
domicile distinct de celui de ses père et mère (4),
et gouverner sa personne comme il l'entend. Mais
nous en expliquerons plus en détail les effets dans

---

(1) Festus, v° *Emancipare.*
(2) Pline, lib. 10, *Epist. ad Trajanum*, dit : *Emancipare prædia*
fundosque.
(3) §. 5, Instit., *Quib. mod. patria potest solv.*
(4) Voir tom. Iᵉʳ, n° 369.

le cours de la matière, que nous diviserons en deux sections.

Dans la première nous verrons comment s'opère l'émancipation ;

Et dans la seconde, quels en sont les effets.

SECTION PREMIÈRE.

Comment s'opère l'Émancipation.

SOMMAIRE.

651. L'émancipation s'opère de deux manières :
expressément et tacitement, c'est-à-dire,

Ou de plein droit par le mariage (art. 476);

Ou par une déclaration du père, ou, à défaut du
père, de la mère, ou du conseil de famille, qui les
remplace. (Art. 477-478.)

652. Elle s'opère de plein droit par le mariage,
parce qu'il est naturel de reconnaître comme capable de se conduire celui qui va devenir chef de
maison, qui aura lui-même la puissance maritale
sur son épouse et la puissance paternelle sur ses
enfans.

653. Le mariage emporte si nécessairement l'é-
mancipation, que la femme qui, en vertu de dispenses accordées par le roi (art. 145), se marierait
avant l'âge de quinze ans, serait émancipée comme
celle qui n'aurait contracté mariage qu'après cet
âge; et si elle redevenait veuve avant d'avoir accompli sa quinzième année, elle ne rentrerait pas
pour cela sous la puissance ni sous la tutelle de son
père; car elle en avait été affranchie purement et
simplement par la loi. La Cour de Grenoble avait

jugé le contraire, mais son arrêt a été cassé, le
21 février 1821 (Sirey, 21, 1, 188.) (1).

654. Quant à l'autre mode d'émancipation, il
faut distinguer.

Le mineur, même non marié, peut être émancipé par son père, ou, à défaut du père, par sa
mère, lorsqu'il a quinze ans révolus.

Cette émancipation s'opère par la seule déclaration du père ou de la mère, reçue par le juge de
paix assisté de son greffier. (Art. 477.)

655. En disant que le mineur peut être émancipé par sa mère, à défaut du père, la loi ne veut
sans doute pas dire que si le père n'entend point
émanciper l'enfant, la mère pourra le faire ; mais
elle n'entend pas dire non plus qu'il faut que le
père soit mort, pour que la mère puisse exercer
ce droit. L'article 2 du Code de commerce porte
que, en cas d'interdiction ou d'absence du père,
la mère peut autoriser le mineur âgé de dix-huit
ans à faire le commerce; par conséquent, dans ce
cas, elle peut l'émanciper, puisque sans cela il ne
pourrait être réputé commerçant. Qui veut la fin
veut les moyens.

Mais lorsque l'enfant a moins de dix-huit ans,
nous ne pensons pas que la mère puisse l'émanci-

---

(1) La question était importante, parce que la jeune veuve prétendait avoir une hypothèque légale sur les biens de son père, qui avait
administré les siens depuis son veuvage, et qui était notamment débiteur et détenteur de sa dot.

per dans le cas d'interdiction ou d'absence du père, à l'effet du moins de le priver de la jouissance légale qui lui appartient. S'il en est autrement quant à l'émancipation résultant du mariage, dans le même cas (art. 149), c'est que le mariage est favorable. Enfin cette opinion n'est point contraire à ce que nous avons dit (1), que, lorsque le père ne peut exercer la puissance paternelle, la mère l'exerce comme si elle l'avait en propre; nous entendons cela par rapport aux moyens de correction, et non quant à la privation du droit du père sur les biens de l'enfant. Si la mère remplace le père dans l'exercice de cette puissance, ce n'est que temporairement, par délégation de la loi, et non pour la détruire, et priver ainsi son mari des avantages qui y sont attachés : en sorte que, en admettant que l'émancipation dût avoir lieu, ce devrait être sans préjudice de la jouissance légale attribuée au père.

656. Au surplus, le père dispensé, exclu ou destitué de la tutelle, ou contre lequel la séparation de corps a été prononcée, ou à défaut du père, la mère dans les mêmes cas, et par conséquent la mère remariée et non maintenue dans la tutelle, ont pareillement le droit d'émanciper l'enfant. Deux arrêts des Cours de Colmar et de Bruxelles, des 17 juin 1807 et 6 mai 1808 (Sirey, 1815, 2,

---

(1) N° 358, *suprà*.

164, et 1809, 2, 56), ont formellement reconnu ce principe quant à la mère remariée et non maintenue dans la tutelle. Le droit d'émanciper dérive de la puissance paternelle, qui subsiste encore dans le père exclu ou même destitué, et qui n'est point absolument éteinte dans la mère remariée, quoique non maintenue dans la tutelle, puisque son consentement serait nécessaire pour le mariage de l'enfant. D'ailleurs, le système contraire nuirait aux intérêts de ce dernier, car, ne pouvant être émancipé qu'à dix-huit ans par le conseil de famille, il serait affranchi plus tard de la jouissance légale, dans le cas où elle subsisterait encore.

657. Quant à l'enfant naturel reconnu, on doit lui appliquer également la disposition de l'art. 477.

S'il n'a pas été reconnu, ou s'il a perdu ses père et mère, il pourra être émancipé à dix-huit ans par un conseil de famille composé d'amis. L'émancipation lui est nécessaire pour faire le commerce.

658. A l'égard de l'enfant admis dans un hospice, sous quelque dénomination et à quelque titre que ce soit, il peut, lorsqu'il a quinze ans révolus, être émancipé par le membre de la Commission administrative qui a été désigné son tuteur, et qui seul comparaît à cet effet devant le juge de paix (1).

659. Le mineur resté sans père ni mère peut aussi, mais seulement à l'âge de dix-huit ans (2)

---

(1) Loi du 15 pluviôse an XIII, art. 4.

(2) Le conseil de famille est généralement moins à même de porter

accomplis, être émancipé, si le conseil de famille l'en juge capable.

En ce cas, l'émancipation résulte de la délibération du conseil de famille qui l'a autorisée, et de la déclaration que le juge de paix, comme président du conseil de famille, fait dans le même acte, *que le mineur est émancipé.* (Art. 478.)

660. Lorsque le tuteur du mineur resté sans père ni mère, et âgé de dix-huit ans accomplis, ne fait aucune diligence pour son émancipation, et qu'un ou plusieurs parens ou alliés de ce mineur, au degré de cousin germain ou à des degrés plus proches, le jugent capable d'être émancipé, ils peuvent requérir le juge de paix de convoquer le conseil de famille pour délibérer à ce sujet.

Le juge de paix doit déférer à cette réquisition. (Art. 479.)

661. Mais la loi ne lui donne pas le droit de le convoquer d'office, comme elle le fait dans d'autres cas, notamment dans ceux prévus aux articles 406, 421, et 446, ce qu'elle n'eût assurément pas manqué de faire si elle eût entendu le lui conférer. N'a-t-il pas d'ailleurs la voie d'avertissement?

Par la même raison, le procureur du roi n'a pas

---

un jugement certain sur la capacité et la prudence du mineur, que ne le sont les père et mère, qui, perdant, par l'émancipation, la jouissance légale de ses biens, ne la lui accorderont que lorsqu'il n'y aura aucun danger à le faire; au lieu que le tuteur aurait pu, pour se débarrasser plus promptement de la tutelle, le faire émanciper prématurément.

mission de requérir la convocation du conseil de
famille pour délibérer à cet effet. C'est un principe que le ministère public ne doit s'immiscer dans
les affaires privées des citoyens que lorsque la loi
le lui recommande, comme en matière d'absence
et dans quelques autres cas, et ici elle ne lui donne
nullement le droit de réquisition.

On oppose à cette opinion qu'il est possible que
le mineur n'ait que des parens ou alliés plus éloignés qu'au degré de cousin germain, ou que ceux
de ce degré ou d'un degré plus proche demeurent
à de grandes distances, ou soient indifférens à ce
qui le touche, et par ces motifs on dit que le juge
de paix et le procureur du roi peuvent convoquer ou requérir la convocation du conseil de famille pour délibérer sur l'émancipation. Il ne serait
peut-être pas difficile de répondre à ces raisons;
car ces parens à des degrés si éloignés, ou si indifférens, ou qui demeurent à de grandes distances, porteront-ils un jugement bien mûr sur le
point important de savoir si le mineur est en état
d'être émancipé?

662. Enfin le mineur lui-même n'a pas non plus
le droit de requérir la convocation du conseil pour
délibérer sur son émancipation; il n'est donné
qu'aux parens, *qui jugent* s'il est capable d'être
émancipé, jugement qu'il ne peut porter lui-même.
Le motif allégué dans l'opinion contraire, que les
parens peuvent être éloignés, ou montrer de l'in-

souciance pour ce qui le concerne, n'a point
échappé au législateur ; il en a fait la base de ses
décisions dans d'autres cas (1), et il n'y a eu aucun égard dans celui-ci. L'émancipation est un bénéfice, et la loi n'a dû l'accorder que sous les conditions qui lui ont paru des garanties nécessaires.
Notre décision est d'autant mieux fondée, que l'on
n'ignorait pas que anciennement il en était autrement dans quelques provinces ; et conséquemment le silence du Code ne peut être considéré
comme un pur oubli, mais bien comme une omission volontaire.

663. S'il s'agit de conférer au mineur, par l'é-
mancipation, la capacité de contracter valablement
comme commerçant ou banquier, on suit les formalités tracées à l'article 2 du Code de commerce,
ainsi conçu :

« Tout mineur émancipé, de l'un ou de l'autre
« sexe, âgé de dix-huit ans accomplis, qui voudra
« profiter de la faculté que lui accorde l'art. 487
« de faire le commerce, ne pourra en commencer
« les opérations, ni être réputé majeur quant aux
« engagemens par lui contractés pour faits de com-
« merce, 1° s'il n'a été préalablement autorisé par
« son père, ou par sa mère, en cas de décès, in-
« terdiction ou absence du père, ou à défaut du
« père et de la mère, par une délibération du con-
« seil de famille, homologuée par le tribunal civil ;

(1) Art. 406, 410 et autres.

« 2° si en outre l'acte d'autorisation n'a été enre-
« gistré et affiché au tribunal de commerce du lieu
« où le mineur veut établir son domicile. »

On peut même, sans rendre le mineur commerçant, l'autoriser à faire certains actes de commerce,
et pour ces actes il sera considéré comme s'ils
avaient été faits par un commerçant : « La disposi-
« tion de l'article précédent est applicable aux mi-
« neurs non commerçans (1), à l'égard de tous les
« faits qui sont déclarés faits de commerce par les
« dispositions des articles 632 et 633. » (Art. 3, *ibid.*)

Nous verrons à la section suivante quelle est
l'étendue de la capacité du mineur commerçant.

664. Ces conditions ne sont point nécessaires à
l'égard du mineur artisan ou qui exerce une industrie quelconque non réputée fait de commerce. Il
n'a même pas besoin pour cela d'être émancipé;
l'article 387 le suppose, puisqu'il dit que le père
et la mère n'ont pas la jouissance des biens que
les enfans ont acquis par un travail et une industrie séparés, ce qui serait inutile à dire si les enfans étaient émancipés, attendu que la jouissance
n'a plus lieu dans ce cas (Art. 384). L'article 1308
distingue d'ailleurs le mineur artisan du mineur
commerçant : il oblige le premier à exécuter les
engagemens qu'il a pris à raison de son art, comme
il oblige le second à remplir ceux qu'il a contractés relativement à son commerce.

_____

(1) Mais il faut toujours qu'ils soient émancipés, et que l'autorisation ait lieu, avec l'homologation et l'emploi des autres formalités.

SECTION II.

Des Effets de l'émancipation.

SOMMAIRE.

665. *Les effets de l'émancipation sont relatifs à la personne et aux biens du mineur.*

666. *La loi a classé, selon leur importance, les actes qu'il peut ou ne peut pas faire.*

667. *On ne traite pas ici, dans toute leur étendue, des conséquences de la capacité ou de l'incapacité du mineur émancipé.*

§. Ier.

Des Actes que le mineur émancipé a la capacité de faire seul, sans l'assistance d'un curateur.

668. *Il peut passer des baux dont la durée n'excède pas neuf ans, et faire tous les actes de pure administration : conséquences.*

669. *Il intente, mais avec une distinction, les actions mobilières, ou défend aux actions de cette nature.*

670. *Le mineur peut contracter, autrement que par voie d'emprunts, des obligations pour l'entretien de sa maison et de ses biens.*

671. *En cas d'excès, les obligations peuvent être réduites.*

672. *L'assistance du curateur à ces engagemens ne peut qu'être utile aux tiers.*

673. *Le mineur peut consentir une hypothèque pour sûreté d'une obligation valable.*

674. *Le mineur dont les engagemens ont été réduits pour cause d'excès peut être privé du bénéfice de l'émancipation.*

675. *Cela ne peut s'appliquer au mineur émancipé par le mariage.*

676. *Le mineur privé du bénéfice de l'émancipation rentre en tutelle; mais les père et mère ne recouvrent pas, pour cela, la jouissance légale; renvoi.*

§. II.

Des Actes que le mineur émancipé a la capacité de faire, mais avec l'assistance d'un curateur.

677. *Le mineur, assisté d'un curateur, reçoit valablement son compte de tutelle.*
678. *Ce curateur est nommé par le conseil de famille.*
679. *Le mineur assisté reçoit valablement un capital mobilier: le curateur en doit surveiller l'emploi.*
680. *De quelle nature est sa responsabilité à cet égard.*
681. *Le curateur, dans le droit actuel, n'administre pas : conséquences.*
682. *Le mineur émancipé agit en son nom, et n'est pas valablement assigné dans la personne de son curateur.*
683. *Le mineur peut-il toucher seul les sommes qu'il a placées et provenant de ses revenus ?*
684. *Assisté, il reçoit valablement le remboursement de ses contrats de rentes constituées, que ses débiteurs sont en droit de lui faire.*
685. *Pour les rentes foncières, renvoi.*
686. *Avec l'assistance de son curateur, il poursuit le remboursement forcé des contrats de rente, dans les cas prévus par la loi.*
687. *Il transfère de même les inscriptions de rente sur l'État, n'excédant pas cinquante francs de revenu, ou une action sur la Banque de France.*
688. *Il transfère aussi les rentes sur particuliers et n'excédant pas ce revenu ; il peut les transférer à l'amiable.*
689. *Il accepte valablement une donation.*
690. *Toujours dûment assisté, il intente une action immobilière, défend à une action de cette nature ; mais il ne peut y acquiescer.*

691. *Il défend à une demande en partage, et peut même le provoquer.*

692. *Dans tous les cas où le mineur n'a pas excédé les bornes de sa capacité, l'acte est réputé fait par un majeur.*

§. III.

Des Actes que le mineur n'a pas la capacité de faire, même avec l'assistance de son curateur.

693. *Le mineur émancipé ne peut accepter ni répudier une succession sans l'autorisation du conseil de famille ; mais il procède au partage des biens avec l'assistance de son curateur.*

694. *L'aliénation des immeubles du mineur émancipé a lieu suivant les règles prescrites pour celles des biens des mineurs en tutelle.*

695. *Lorsque les formes prescrites dans les ventes et partages ont été observées, ces actes sont réputés faits entre majeurs.*

696. *Le mineur ne peut, sous aucun prétexte, faire d'emprunts sans observer les formalités prescrites pour le mineur non émancipé.*

697. *Quant au transport des rentes excédant cinquante francs de revenu,* renvoi.

698. *Avec le consentement et l'assistance de ceux dont le consentement est requis pour la validité de son mariage, il peut valablement faire, par son contrat de mariage, des donations à son conjoint ; il n'y a même, à cet égard, aucune différence entre le mineur non émancipé et celui qui l'est.*

§. IV.

De la Capacité du mineur commerçant.

699. *Le mineur émancipé commerçant fait valablement seul tous les actes relatifs à son négoce : il peut même*

hypothéquer ses immeubles, mais non les aliéner sans remplir les formalités prescrites pour l'aliénation des biens de mineurs.

700. *La femme mineure a besoin d'une autre autorisation que celle de son mari pour faire le commerce et être réputée commerçante, ainsi que pour l'aliénation de ses immeubles.*

701. *Le mineur commerçant n'est pas réputé majeur dans les actes étrangers à son commerce; mais dans ceux qui concernent son négoce, il est contraignable par corps comme le majeur.*

665. Les effets de l'émancipation sont relatifs à la personne du mineur et à la capacité qu'elle lui attribue, de faire valablement les actes nécessaires ou utiles à l'administration de ses biens.

Quant aux effets relatifs à sa personne, nous avons vu (1) que l'émancipation fait sortir le mineur de la puissance paternelle, et lui donne ainsi la jouissance de ses biens, qui auparavant appartenait à ses père et mère (art. 384); qu'elle lui confère la faculté de résider où bon lui semble, et de se choisir un domicile particulier; enfin, qu'elle l'affranchit de toute tutelle, et lui attribue, par voie de conséquence, le droit d'exiger la reddition des comptes de gestion, ainsi que la remise de ses titres et de ses biens.

666. Cependant l'émancipé n'est point encore doué d'un discernement assez formé et d'un jugement assez sûr pour qu'on puisse lui laisser, sans

_____

Nos 366, 610 et 650, *suprà.*

restriction, le libre exercice des droits attachés à la propriété; il est encore mineur, et la loi a mesuré la capacité qu'elle lui reconnaît sur l'importance des actes qu'elle lui a permis de souscrire. Pour éviter toute confusion à ce sujet, il faut distinguer trois classes d'actes.

1° Ceux que le mineur émancipé peut faire seul, sans avoir besoin de l'assistance d'un curateur, à l'égard desquels il est réputé majeur, et dont par conséquent il ne pourrait demander la nullité ou la rescision qu'autant qu'un majeur le pourrait, c'est-à-dire pour dol, erreur, violence, vicé de forme, etc., mais non pour lésion, quelque grave qu'elle fût. (Art. 481.)

2° Ceux qu'il ne peut faire qu'avec l'assistance d'un curateur, et dans lesquels la restitution pour cause de lésion lui est ouverte, s'il les a faits seul. (Art. 1305.)

3° Enfin, ceux qu'il ne peut faire, même avec l'assistance de son curateur, qui exigent l'autorisation du conseil de famille, et généralement l'homologation du tribunal.

Nous traiterons de ces trois espèces d'acte dans les trois paragraphes suivans.

Et dans un quatrième nous parlerons de la capacité du mineur commerçant.

667. Nous ferons toutefois observer que nous n'entendons point développer ici dans toute leur étendue les conséquences de la capacité ou de l'in-

capacité du mineur émancipé, ni l'effet des actions
en rescision ou restitution que la loi lui ouvre contre
les actes qui excèdent les bornes de la première;
c'est un sujet qui appartient plus spécialement au
titre *des Obligations en général.* C'est aussi par ce
motif que nous avons gardé le silence sur les conventions que le mineur en tutelle aurait formées lui-
même, ne considérant ce mineur que dans ses rapports avec son tuteur et à l'égard des effets attachés
à l'exercice du mandat légal conféré à ce dernier.

Nous nous bornerons donc à parler des principaux actes qui peuvent intéresser le mineur émancipé, et qui sont surtout les plus fréquens.

§. Ier.

*Des Actes que le mineur émancipé a la capacité de
faire seul sans l'assistance d'un curateur.*

668. Il peut passer des baux dont la durée ne doit
point excéder neuf ans, recevoir les fermages et
loyers, les arrérages de rentes et toute autre espèce
de revenu, et en donner valable décharge; il fait
aussi tous les autres actes qui ne sont que de pure
administration, sans être restituable contre ces
actes dans les cas où un majeur ne le serait pas lui-
même. (Art. 481.)

En conséquence il peut seul, sans avoir besoin
de l'assistance de son curateur, traiter pour la ré-
paration et l'amélioration de ses biens, vendre l'ex-

cédant des cheptels, les renouveler, vendre les denrées et même les coupes de bois ordinaires réputées fruits, la pêche des étangs, et en recevoir le prix ; compromettre (1) et transiger sur ces objets, intenter toute action qui y serait relative, et défendre à cette action.

669. En prescrivant au mineur d'être assisté de son curateur pour intenter une action immobilière, ou y défendre, l'art. 482 laisse assez clairement entendre, du moins selon nous, qu'il a la capacité, comme un majeur, d'intenter seul une action mobilière, ou d'y défendre : or, l'action dont il s'agit dans tous ces cas, ayant pour objet une chose mobilière, est par cela même mobilière.

Cependant, quant aux actions de cette nature, nous croyons, avec MM. Pigeau et Delvincourt, qu'il faut faire une distinction (2).

Si l'action n'a pour objet que des choses dont le mineur émancipé a la libre disposition, comme ceux dont il vient d'être parlé, il ne pourra, du chef de la minorité, se pourvoir par requête civile contre le jugement qui lui serait défavorable, même en alléguant et en prouvant qu'il n'a pas été défendu,

---

(1) M. Toullier dit, d'une manière générale, d'après les articles 83 et 1004 du Code de procédure, que le mineur émancipé ne peut compromettre ; mais il le peut évidemment sur ces objets, puisqu'il en a la libre disposition. (Art. 1003, *ibid.*)

(2) Elle n'est pas faite par plusieurs autres auteurs, notamment par MM. Toullier et Proudhon, qui décident d'une manière absolue, et d'après l'article 482, que le mineur émancipé peut intenter seul toute action mobilière.

III.   41

ou qu'il ne l'a pas été valablement, attendu qu'il est réputé majeur dans ce cas. Mais s'il s'agit d'une action qui a pour objet un capital mobilier, comme le mineur n'en peut donner valable décharge sans l'assistance de son curateur (art. 482), et que cependant en se défendant mal il pourrait l'aliéner, on doit dire que cette assistance est nécessaire, soit en défendant, soit en demandant, et que, si elle n'a pas eu lieu, le mineur aura la requête civile, parce qu'il n'a pas été défendu, ou ne l'a pas été valablement (art. 480-481, Cod. de procéd). Aussi le défendeur peut-il se refuser à répondre à la demande tant que le mineur n'agira pas régulièrement, et conclure purement et simplement à ce qu'il soit déclaré non recevable *quant à présent*, avec dépens.

670. Le mineur émancipé a sa maison à entretenir, et ses revenus, surtout s'il est marié, peuvent être insuffisans, dans une ou plusieurs années, par le manque de récolte, l'insolvabilité des fermiers et une foule d'autres causes. Il était donc nécessaire de lui donner la capacité de contracter directement (1) des engagemens pour cet objet, ainsi que pour tout ce qui est relatif à l'administration de ses biens.

671. Mais comme il pourrait en abuser, la loi,

---

(1) Nous disons *directement... pour cet objet*, parce qu'il ne peut, *sous aucun prétexte*, emprunter des sommes, sans l'avis du conseil de famille dûment homologué (art. 483), comme nous le dirons plus loin.

qui veille toujours sur lui, l'autorise à demander la
réduction de ces engagemens : « A l'égard des obli-
« gations qu'il aurait contractées par voie d'achat
« ou autrement (1), porte l'art. 484, elles seront
« réductibles en cas d'excès : les tribunaux pren-
« dront, à ce sujet, en considération la fortune du
« mineur, la bonne ou mauvaise foi des personnes
« qui auront contracté avec lui, l'utilité ou l'inu-
« tilité des dépenses. »

Les circonstances variant à l'infini, le législateur
s'en est reposé sur la sagesse des tribunaux, dont
les décisions à cet égard pourraient bien être ré-
formées sur appel, comme un mal jugé, mais non
censurées par la Cour suprême, comme une violation de la loi.

Quelques personnes avaient pensé qu'il convenait
de permettre au mineur de consentir valablement,
et sans espoir de rescision, des obligations jusqu'à
concurrence de ses revenus, et de déclarer nulles
celles qui excéderaient. En théorie, cette opinion
était assez conforme à l'esprit de la loi, qui règle
la capacité du mineur émancipé d'après ces vues,
mais dans la pratique elle aurait entraîné de graves
abus, et l'on n'eût pas tardé à connaître la nécessité
de la modifier. En effet, le créancier avec lequel le

_____

(1) Ou *autrement*, par exemple, pour loyer, s'il avait pris un ap-
partement d'un prix bien supérieur à celui qu'il devait mettre à un
logement qui convenait mieux à son état et à sa fortune ; pour embellissemens de ses propriétés, embellissemens qui ne pouvaient donner
à la chose qu'un faible accroissement de valeur, comparativement à
la dépense, etc.

mineur aurait traité tel jour, et pour une somme
n'excédant pas les revenus d'une année, n'aurait
pu savoir s'il n'avait pas contracté la veille une pareille obligation avec un autre, ni l'empêcher d'en
contracter le lendemain une semblable au profit
d'un troisième; cependant il n'eût pas été juste de
ne maintenir que la première, autrement personne
n'eût plus voulu contracter avec un mineur émancipé, et l'émancipation se serait ainsi transformée
en une véritable incapacité de fait, qui lui aurait
fait regretter de n'être pas encore en tutelle.

672. Au reste, quoique la loi n'exige pas que,
pour contracter des obligations relatives à l'entretien de sa personne et de ses biens, le mineur soit
assisté de son curateur, ceux qui traiteront avec lui
agiront toujours prudemment d'exiger cette assistance. Si elle ne les mettait pas toujours à l'abri
d'une réduction, parce que la loi ne donne point au
curateur un pouvoir spécial à cet égard, comme
elle le fait pour d'autres actes, notamment pour la
réception d'un capital, du moins cette précaution
attesterait leur bonne foi, et leur donnerait bien
moins lieu de craindre l'application de l'article 484
précité.

Et généralement, ceux qui traitent avec un mineur émancipé par mariage ont bien moins à la re-
douter que ceux qui contractent avec un émancipé
non marié : le premier devant avoir naturellement
de plus grands besoins, l'utilité des dépenses doit

leur fournir, dans la plupart des cas, une fin de non recevoir à opposer à la demande en réduction.

673. C'est une question controversée, de savoir si le mineur émancipé peut valablement consentir une hypothèque pour sûreté de son obligation.

Pour la négative, l'on dit que la soumission des biens à l'hypothèque sort des bornes de la simple administration, et que si l'art. 484 ne défend pas expressément au mineur émancipé d'hypothéquer ses immeubles, comme il lui défend de les aliéner, du moins cet article déclare formellement qu'il ne peut faire aucun acte autre que ceux de pure administration, sans observer les formes prescrites au mineur non émancipé : or les immeubles du mineur non émancipé ne peuvent être hypothéqués que d'après une autorisation du conseil de famille dûment homologuée (art. 457-458 et 2126). On ajoute que le Code met toujours sur la même ligne la prohibition d'hypothéquer et celle d'aliéner, parce que l'hypothèque renferme le germe d'une aliénation.

Nous n'avons jamais partagé cette opinion, non seulement parce que l'article 484 ne défend pas expressément au mineur émancipé d'hypothéquer ses biens, mais parce qu'il n'y avait aucune raison de le lui défendre. En effet, de deux choses l'une : ou l'obligation principale est nulle, ou elle est valable; si elle est nulle, l'hypothèque, qui n'en est que l'accessoire, tombe avec elle (art. 2180); si elle est valable, elle ne fait aucun tort au mineur; elle donne

seulement à celui au profit duquel elle a été consentie une préférence sur les autres créanciers, des
intérêts desquels la loi n'a pas eu plus à s'occuper
quand c'est un mineur qui est débiteur que lorsque c'est un majeur (1).

Il n'est pas exact de dire que l'hypothèque renferme le germe d'une aliénation ; c'est l'obligation
elle-même qui le renferme. Cela est si vrai, que tous
les biens du débiteur sont obligés à ses créanciers
(art. 2092), qui peuvent les faire vendre à défaut
de paiement, qu'ils soient hypothéqués ou non. Il
y a même cela de particulier, que celui qui n'a pas
d'hypothèque (mais qui a un titre en forme exécutoire) peut s'adresser à l'immeuble que bon lui
semble ; au lieu que le créancier hypothécaire ne le
peut pas, il est obligé de discuter d'abord les biens
soumis à son hypothèque, et ce n'est qu'en cas
d'insuffisance qu'il peut saisir et faire vendre les
autres (art. 2209). D'ailleurs le créancier du mineur obtiendrait jugement, puisqu'on suppose l'o-
bligation valable, et en vertu de ce jugement il
prendrait hypothèque sur tous les biens (art. 2123):
en sorte que la prohibition d'hypothéquer conven-
tionnellement n'aurait aucun objet ; elle serait
même nuisible au mineur, en ce qu'elle l'exposerait à des frais qu'il n'aurait peut-être pas subis sans
elle, et qu'au lieu de l'affectation d'un immeuble,

(1) *Voy.* notre Traité des Contrats, tom. IV, n° 1362. M. Toullier
est de notre sentiment : il se fonde à peu près sur les raisons que nou
donnons. M. Proudhon est d'un avis contraire.

tous ses biens se trouveraient grevés, même les
biens à venir. Elle l'empêcherait en outre de contracter avec la même facilité et à des conditions
aussi avantageuses.

Il serait donc impossible de prêter une raison
solide à la disposition de la loi, si en effet elle était
telle ; mais il n'en est pas ainsi. Nous voyons dans
l'art. 6 du Code de commerce qu'elle distingue parfaitement entre la soumission des biens à l'hypothèque et l'aliénation de ces mêmes biens : le mineur commerçant peut consentir l'une ; mais quant
à l'autre, les formes prescrites pour la vente des
biens des mineurs sont de rigueur. Or la raison est
absolument la même pour le mineur émancipé non
commerçant : il faut aussi qu'il puisse, dans les
bornes des engagemens qui lui sont permis, traiter
avec les mêmes facilités que le commerçant, dans
les limites de son négoce ; et comme les obligations
du premier sont moins étendues que celles du second, le danger, s'il pouvait en résulter de l'hypothèque, serait encore beaucoup moins grave. Enfin,
il y aurait inconséquence dans une loi qui autoriserait l'obligation principale et repousserait cependant ce qui n'en est qu'un accessoire, quand d'ailleurs cette même loi permettrait l'une et l'autre
dans un cas parfaitement semblable.

674. Tout mineur émancipé dont les engagemens
ont été réduits en vertu de l'art. 484, peut être
privé du bénéfice de l'émancipation, laquelle lui

est retirée en suivant les mêmes formes que celles
qui ont eu lieu pour la lui conférer. (Art. 485.)

675. Ce n'est pas seulement parce que l'emploi
de ces formes, nécessaires pour que l'émancipation
soit retirée au mineur, est impraticable à l'égard de
celui qui est émancipé par le mariage, qu'on doit
décider en effet que cette disposition ne saurait lui
être appliquée, mais c'est encore parce que, dans
nos mœurs, l'état de mari ou d'épouse est incompatible avec celui de mineur en tutelle. L'exercice
de la puissance paternelle dans celui qui serait soumis à l'autorité d'un autre ne peut s'accorder avec
l'esprit de nos lois.

Or l'article 486 veut que dès le jour où l'émancipation aura été révoquée le mineur rentre en
tutelle, et qu'il y reste jusqu'à sa majorité : à
moins, bien entendu, qu'il ne se marie avant cette
époque. C'est aux tiers avertis, du moins autant
qu'ils peuvent l'être, du peu de stabilité des engagemens du mineur, à ne pas traiter avec lui, ou à
exiger une caution qui les mette à l'abri des chances
de la réduction. (Art. 2012.)

Cette disposition ne s'applique donc qu'au mineur émancipé autrement que par le mariage, encore que l'émancipé de cette manière fût veuf. Mais
quoique l'émancipation ait eu lieu par la déclaration du père ou de la mère, elle n'en peut pas
moins, après leur mort, être retirée par une délibération du conseil de famille : elle l'est suivant

les mêmes formes que celles qui ont eu lieu pour la conférer, puisque c'est toujours par une déclaration faite devant le juge de paix, et qu'à cet égard, et dans ce cas, le conseil de famille représente le père ou la mère.

676. Puisque le mineur à qui l'émancipation a été retirée rentre en tutelle, il est replacé de plein droit sous celle du tuteur légitime, parce que la vocation de la loi subsiste encore; mais il ne rentre pas de plein droit sous celle du tuteur testamentaire ou du tuteur nommé par le conseil de famille, car elle s'est terminée : ce serait à leur égard une nouvelle tutelle, qui par conséquent ne peut leur appartenir qu'en vertu d'une délibération du conseil.

Au surplus les père et mère ne recouvrent pas la jouissance légale (1).

§. II.

Des Actes que le mineur émancipé a la capacité de faire, mais avec l'assistance d'un curateur.

677. Le mineur peut recevoir son compte de tutelle avec l'assistance d'un curateur qui lui est nommé par le conseil de famille. (Art. 480.)

Avec cette assistance, il le reçoit valablement, même à l'amiable (2), et il n'est admis à revenir

---

(1) Voy. *suprà*, n° 396.
(2) Voy. *suprà*, n° 610.

contre qu'autant qu'un majeur y serait reçu lui-
même. (Art. 481, 1125, 1305, analysés et combinés
avec l'article 480 précité.)

678. La loi ne nomme point le curateur, comme
elle nomme le tuteur; elle confère au conseil de
famille le pouvoir de le nommer; en sorte que le
père même n'est point curateur de droit, quoiqu'il
n'ait pas exercé la tutelle, pour cause de dispense
ou d'exclusion (1). Cependant le mari tient lieu de
curateur à sa femme lorsqu'il est lui-même majeur
(arg. de l'art. 2208), et généralement, lorsque le
père a rendu ses comptes comme père ou comme
tuteur, il doit avoir la curatelle s'il la demande.
(Arg. de l'art. 431.)

679. Le mineur ne peut recevoir un capital
mobilier et en donner valable décharge sans l'assistance de son curateur, qui doit en surveiller
l'emploi. (Art. 482.)

Cette surveillance n'est pas toujours facile à
exercer; ce n'est pas le curateur qui reçoit, c'est le
mineur, et l'on sent qu'il ne lui faut que bien peu
de temps pour dissiper la somme reçue, ou la sous-
traire à la surveillance du curateur. Mais le débiteur qui n'a payé que conformément au vœu de la
loi sera libéré dans tous les cas.

Comme l'emploi doit être surveillé, si le mineur

_____

(1) Car s'il l'avait exercée, il est évident qu'il ne pourrait servir de
curateur au mineur pour la reddition du compte.

l'a fait seul, il peut être restitué contre l'acte d'emploi, mais seulement s'il en est résulté pour lui une lésion, un préjudice. (Art. 1305.)

680. Quant au curateur, il n'est soumis qu'à cette responsabilité générale de tout mandataire qui ne remplit pas son mandat, puisque la loi ne lui en a pas imposé une spéciale. Ce serait donc seulement pour dol, faute ou négligence grave, qu'il pourrait être responsable (art. 1382-1383); et plusieurs personnes inclinent même à penser qu'il serait bien difficile de prononcer des condamnations contre lui pour simple fait de négligence, quelque grave qu'elle fût. Nous ne partageons toutefois pas cette opinion.

681. Dans le droit actuel (1) il n'administre pas les biens du mineur : il le surveille et l'assiste simplement; dès-lors celui-ci n'a point d'hypothèque sur ses biens, lors même que, par le fait, ainsi que le suppose l'article 126 du Code de procédure, le curateur aurait touché des sommes, et serait ainsi devenu comptable. Les fonctions des curateurs sont aujourd'hui bornées à une simple assistance.

682. C'est pour cela que, même dans tous les cas où elle est requise, le mineur est partie principale et agit en son nom, sans que jamais le cu-

---

(1) Il en était autrement suivant le droit romain et l'ancienne jurisprudence : le curateur administrait les biens et remplaçait, sous presque tous les rapports, le tuteur.

rateur le représente : d'où il suit que s'il était assigné dans la personne de ce dernier, il y aurait nullité radicale, ainsi que l'a décidé la Cour de cassation, section civile, par arrêt du 24 juin 1810. (Sirey, 1810, 1, 40.) C'est une autre notable différence d'avec le tuteur, qui, représentant le mineur dans tous les actes de la vie civile (art. 450), doit seul être assigné : elle dérive de celle qui existe dans la nature de leurs mandats respectifs.

683. On a écrit (1) que le mineur n'a besoin d'être assisté de son curateur que pour toucher les capitaux qu'il possédait au moment de son émancipation ; que pour les sommes qu'il a économisées sur ses revenus et qu'il a placées, il peut les recevoir seul et en faire ce que bon lui semblera (2); qu'à la vérité, s'il les avait employées en acquisitions d'immeubles, il ne pourrait aliéner ces mêmes immeubles qu'en remplissant les formalités qui sont prescrites pour l'aliénation de ces sortes de biens, parce que ce sont des immeubles, et que l'article 484 serait applicable, puisqu'il ne distingue pas.

Il nous semble que, pour être conséquent, il faudrait aussi décider que l'assistance du curateur est nécessaire pour toucher les sommes provenant des

---

(1) M. Toullier. M. Proudhon est d'un avis opposé.

(2) Il ne pourrait les donner entre vifs (art. 904), si ce n'était à son futur conjoint, et sous les conditions déterminées par la loi. (Art. 903.)

économies faites sur les revenus, mais capitalisées par le placement qui en a été fait ; car c'est maintenant un principal, peu importe son origine ; la loi ne distingue pas davantage. Celles que le père du mineur lui a laissées sur des tiers n'en avaient peut-être pas d'autre, et assurément ce dernier ne pourrait en donner seul valable décharge.

La première proposition est d'ailleurs inexacte : le mineur ne pourrait recevoir seul le montant des legs et donations qui lui ont été faits depuis son émancipation, puisque ce sont des capitaux. S'il avait éprouvé une lésion par le paiement de ces objets, parce qu'il n'en aurait pas su faire un bon emploi, il serait incontestablement admis à se faire restituer contre la décharge.

684. Le mineur assisté reçoit valablement le remboursement de ses contrats de rentes constituées, que les débiteurs sont en droit de lui faire, conformément aux articles 530 et 1911 : c'est là un capital mobilier.

685. Pour les anciennes rentes *foncières*, et la responsabilité du débiteur relativement à l'emploi, *voy. suprà*, n° 551, *note,* où nous citons la loi du 29 décembre 1790, applicable aussi aux rentes appartenant à des mineurs émancipés.

686. Le mineur peut même poursuivre le remboursement des rentes constituées, dans les cas prévus par la loi ; mais comme il aliénerait ainsi un capital, nous croyons, d'après les motifs pré-

cédemment énoncés (1), qu'il doit être assisté de son curateur, non seulement pour recevoir le remboursement et donner décharge, mais encore dans la poursuite.

687. Avec l'assistance de son curateur, et sans autre autorisation, il transfère valablement, au cours du jour et de la place, légalement constaté, les inscriptions de rente sur l'état et n'excédant pas cinquante francs de revenu (2), ou une action sur la Banque de France, ou des parties n'excédant pas une action (3).

Pour celles qui excèdent ce taux, il est besoin de l'avis du conseil de famille pour en opérer le transfert (4).

688. Avec la seule assistance du curateur il peut de même transférer des rentes sur particuliers (5) et n'excédant pas ce taux, d'autant mieux que le remboursement peut généralement lui en être offert d'un moment à l'autre. Mais pour celles qui excèdent ce taux, l'avis d'un conseil de famille nous paraît utile.

Au surplus, nous ne pensons pas qu'il soit nécessaire, comme pour les rentes appartenant aux mineurs en tutelle (6), de faire le transport après affiches et aux enchères reçues par notaire : ici c'est le maître qui dispose de sa chose, et la loi n'a pres-

---

(1) N° 669.
(2) Loi du 24 mars 1806, art. 2. Bull. 1440.
(3) Décret du 25 septembre 1813. Bull. n° 9937.
(4) Même loi du 24 mars 1806.
(5) Voir n° 555, *suprà.*
(6) Voir *ibid.*

crit aucune forme spéciale pour l'aliénation. L'article 484 dit, il est vrai, que le mineur émancipé ne peut faire aucun acte autre que ceux de pure administration sans observer les formalités prescrites au mineur non émancipé ; mais c'est immédiatement après avoir dit qu'il ne peut vendre ni aliéner ses immeubles, et comme développement de cette prohibition générale : aussi est-elle aussitôt modifiée par celle qui suit, dans le même article, et qui, en lui ouvrant l'action en réduction contre les obligations excessives qu'il a contractées, présuppose par cela même qu'il a la capacité d'en consentir ; et cependant ce n'est pas là un acte de pure administration. Il vend d'ailleurs valablement d'autres choses mobilières et bien plus importantes qu'une rente qui n'excède pas cinquante francs de revenu, par exemple, une coupe de bois taillis, et il la vend même sans l'assistance du curateur, puisqu'il peut, sans elle, passer des baux n'excédant pas neuf années, et aliéner ainsi neuf coupes au lieu d'une.

Au surplus il est à regretter que la capacité du mineur émancipé ne soit pas mieux déterminée qu'elle ne l'est par le Code ; l'obscurité de la loi sur cette importante matière a fait naître pour ainsi dire autant de systèmes qu'il y a d'interprètes.

689. Le mineur assisté de son curateur accepte valablement une donation entre-vifs. Ainsi acceptée, elle a à son égard le même effet qu'elle aurait à l'égard d'un majeur. (Art. 935, 463 et 1305, combinés.)

Si le mineur n'a point été assisté, il peut se faire relever de son acceptation, mais seulement s'il a été lésé dès le principe, et non par l'effet d'un cas fortuit et imprévu. (Art. 1305-1306.)

Le donateur ne peut dans aucun cas se prévaloir de l'incapacité du mineur qui a expressément accepté. (Art. 1125.)

690. Avec l'assistance de son curateur, le mineur émancipé peut intenter une action immobilière et y défendre. (Art. 482.)

Mais il ne peut y acquiescer sans une délibération du conseil de famille : ce serait peut-être aliéner un droit immobilier (1). La combinaison de cet article 482 avec les articles 464 et 484 ne laisse aucun doute sur ce point. Le mineur aurait la requête civile, en vertu de l'article 481 du Code de procédure.

M. Delvincourt pense même qu'il ne peut, quoique assisté de son curateur, intenter une action immobilière, sans y être autorisé par le conseil de famille, attendu que l'article 484 lui interdit de faire aucun acte autre que ceux de pure administration, sans observer les formalités prescrites au mineur non émancipé, et qu'intenter une action immobilière est si peu un acte de pure administration, que l'article 464 exige pour cela que le tuteur ait obtenu l'autorisation du conseil de famille.

_____

(1) Voir *suprà*, nos 583 et suiv.

Mais on peut répondre que l'article 484 contient une règle générale, dont l'effet est expliqué et même modifié par les dispositions spéciales qui règlent la capacité du mineur émancipé assisté de son curateur, par conséquent par celle de l'article 482, qui dit clairement que, avec cette assistance, le mineur peut intenter une action immobilière, comme il peut y défendre.

691. L'article 840 vient encore à l'appui de cette décision : il exige bien que les partages faits avec les tuteurs aient lieu d'après l'autorisation du conseil de famille, (si ce sont eux qui les provoquent, art. 465); mais lorsque ces partages intéressent des mineurs émancipés, le même article demande simplement qu'ils soient faits avec l'assistance des curateurs, et il ne distingue pas, comme le fait l'article 465, entre le cas où c'est le mineur émancipé qui défend simplement à la demande en partage, et le cas où c'est lui qui est demandeur.

Au surplus, si le ministère public n'avait pas donné ses conclusions dans la cause, et que le jugement eût été contraire au mineur, celui-ci pourrait se pourvoir contre par voie de requête civile, en vertu des articles 480-8° et 481, Code de procédure.

692. Dans tous les cas où la loi autorisait le mineur émancipé à traiter ou agir avec l'assistance de son curateur, et qu'il a en effet été assisté dans l'acte, il ne peut prétendre à se faire relever pour

III.   42

cause de lésion, puisqu'il n'a point excédé les bornes de sa capacité, et que la loi (art. 1305) ne lui ouvre l'action en rescision qu'autant qu'il ne s'y est point renfermé.

Il n'aurait donc le droit d'attaquer l'acte que suivant les principes généraux, c'est-à-dire qu'autant qu'un majeur le pourrait lui-même (art. 481) : pour dol, erreur, violence, défaut de cause, vices de formes, ou autres motifs semblables.

§. III.

Des Actes que le mineur n'a pas la capacité de faire, même avec l'assistance de son curateur.

693. Le mineur émancipé ne peut ni accepter ni répudier une succession, si ce n'est d'après une autorisation du conseil de famille.

L'acceptation ne peut avoir lieu que sous bénéfice d'inventaire (1). (Art. 461 et 776 combinés.)

Il ne peut en provoquer la division, ni défendre à la demande en partage, sans l'assistance de son curateur. (Art. 840.)

Le partage doit être fait conformément aux règles tracées aux articles 819 et suivans, et à celles établies par le Code de procédure au titre *des Partages*, sinon il ne serait que provisionnel; le mineur pourrait en demander un nouveau. (Art. 838.)

---

(1) *Voy.*, pour les motifs, *suprà*, n° 576.

L'article 462 est applicable aussi au mineur émancipé (1).

694. L'aliénation des immeubles d'un mineur émancipé ne peut avoir lieu qu'en remplissant les formalités prescrites pour celle des immeubles appartenant à des mineurs non émancipés (art. 484); par conséquent d'après une autorisation du conseil de famille dûment homologuée, sur les conclusions du procureur du roi (2). (Art. 457 et 458.)

695. Les partages et aliénations régulièrement opérés sont réputés faits entre majeurs. (Art. 1314.)

Mais les partages peuvent être attaqués pour lésion de plus du quart (3).

696. Le mineur émancipé ne peut sous aucun prétexte faire d'emprunts sans une délibération du conseil de famille, homologuée par le tribunal de première instance, après avoir entendu le procureur du roi. (Art. 483.)

S'il avait emprunté sans remplir ces formalités, il ne serait tenu de rembourser le prêt, eût-il été fait avec l'assistance du curateur, qu'autant qu'il en aurait profité, et seulement jusqu'à due concurrence; et ce serait au prêteur à prouver l'utilité de l'emploi. (Art. 1312.)

(1) Voir *suprà*, n°s 578 et suivant.
(2) *Voy.*, pour les exceptions à la règle et les formalités à observer dans la vente, ainsi que pour le cas où il y a lieu ou non à la surenchère du quart dans la huitaine de l'adjudication, ce qui a été dit plus haut, n°s 589 et suivans.
(3) Voir *suprà*, n° 595.

La loi a voulu prévenir les dangers qui seraient nés de la facilité qu'auraient eue les mineurs à dissiper leur patrimoine par des emprunts. C'était dans cet esprit qu'avait été porté le sénatus-consulte *Macédonien*, qui défendait, à peine de nullité, aux fils de famille d'emprunter sans le consentement de leur père, quel que fût leur âge.

Le prêteur n'aurait même point d'action contre le curateur, quoique celui-ci eût assisté le mineur, s'il ne s'était personnellement soumis à la garantie ou rendu caution. (Argument *à fortiori* de l'article 1997.)

697. Pour le transport des rentes excédant cinquante francs de revenu, *voir* ce qui a été dit plus haut, n° 687 et suivant.

698. Enfin, quant aux donations, celles que le mineur a faites à son conjoint par son contrat de mariage, avec le consentement et l'assistance des personnes dont le consentement est requis pour la validité du mariage, sont réputées faites par un majeur (art. 1309 et 1398) : *Qui habilis est ad nuptias, habilis est ad matrimonii consequentias.*

Il n'y a même à cet égard aucune différence à faire entre le mineur non émancipé et celui qui jouit de l'émancipation.

§. IV.

De la Capacité du mineur commerçant.

699. Nous avons vu quelles sont les formalités

à remplir pour rendre les mineurs habiles à faire le commerce, et pour les faire réputer majeurs quant aux faits de leur négoce.

Lorsque ces formalités ont été remplies, le mineur émancipé peut non-seulement vendre et acheter des marchandises, souscrire, pour ce qui concerne les affaires de son commerce, des lettres de change et billets à ordre, mais encore engager et hypothéquer ses immeubles. (Art. 6, Code de commerce.)

Il ne peut toutefois les aliéner que d'après les formalités prescrites par les articles 457 et suivans du Code civil (*ibid.*), c'est-à-dire avec l'autorisation du conseil de famille, dûment homologuée, et en justice.

700. Et nonobstant la généralité des termes de l'article 7 du même Code, qui, dans sa première partie, porte que les femmes marchandes publiques peuvent engager, hypothéquer et *aliéner* leurs immeubles, celle qui serait mineure ne pourrait, avec la seule autorisation de son mari, aliéner les siens; il lui faudrait remplir les formalités ci-dessus.

Elle ne pourrait même faire le commerce avec cette seule autorisation, de manière qu'elle pût être réputée majeure pour les actes et faits de ce commerce : il lui faudrait celle de son père; en cas de décès, absence ou interdiction du père, celle de sa mère; et à défaut de cette dernière, celle du conseil de famille, dûment homologuée, et remplir d'ailleurs toutes les conditions et formalités prescrites par l'article 2 du même Code; car l'article 4 suppose que la femme est majeure : il doit se combiner avec celui-là (1).

701. Le mineur commerçant n'est pas réputé majeur dans les actes qui ne concernent pas son négoce, comme lorsqu'il transige sur des contestations purement civiles, ou qu'il cautionne un tiers, etc. Mais dans les affaires de son commerce, il est contraignable par corps comme le serait un majeur commerçant : l'article 2064 cesse d'être applicable, puisque le mineur est réputé majeur. (Art. 2 précité.)

---

(1) Voir au tom. II, n° 476, l'arrêt cité à l'appui de cette décision.

TITRE XI.

De la Majorité, de l'Interdiction et du Conseil judiciaire.

Observations préliminaires.

SOMMAIRE.

702. Dans le titre précédent le législateur a tracé les règles propres à protéger les personnes pendant leur minorité; il fixe dans celui-ci, par une première disposition, l'âge où, devenu maître de ses droits et de ses actions, l'homme se gouverne lui-même et régit librement sa fortune, sous l'observation des lois.

703. Cet âge, pour l'un et l'autre sexe, est,

comme nous l'avons déjà dit (1), vingt-un ans révolus.

« La majorité, porte l'article 488, est fixée à
« vingt-un ans accomplis : à cet âge on est capable
« de tous les actes de la vie civile, sauf la restric-
« tion portée au titre du mariage. (2) »

704. Le législateur ne s'occupe ici que de la majorité civile ; pour la majorité politique, elle est
réglée par la Charte et par d'autres lois, qui dé-
terminent à quel âge on peut voter dans les col-
léges électoraux, exercer les fonctions publiques,
comme celles de député des départemens, de
juge, etc. : ceci n'est point de notre sujet.

705. Cependant, quoique parvenu à sa majorité,
l'homme n'est pas toujours à l'abri des événemens
qui peuvent altérer et détruire sa raison : un accident, une maladie, de vifs chagrins supportés
avec trop peu de courage, suffisent quelquefois
pour en éteindre ou obscurcir le flambeau, et ne
laisser en lui que l'homme physique et souffrant,
incapable de se diriger et de se conduire.

Oubliant même parfois ses règles ordinaires, la
nature ne lui donne qu'une organisation tellement
imparfaite, que, le séparant des autres hommes
sous le rapport de l'intelligence, elle le condamne
à une enfance qui ne doit finir qu'avec sa vie.

---

(1) *Voy.* n°ˢ 406 et suivans, *suprà.*
(2) Et nous ajouterons ; sauf aussi celle portée au Titre de l'Adoption. (Art. 349.)

Enfin, celui-là même qui n'a point à lui reprocher de s'être montrée avare envers lui ne sait pas toujours régler l'usage de la raison qu'elle lui a départie. Excité par des besoins factices, entraîné par des désirs sans frein et des passions désordonnées, il se précipite en aveugle vers sa ruine, et échange contre les humiliations et le mépris justement attachés à la misère née du dérèglement, le patrimoine qu'un père économe et sage avait su lui conserver.

706. Mais la loi veille sur tous : elle donne à celui à qui la faiblesse de sa raison ne permet pas de se gouverner un défenseur attentif et zélé qui le protégera comme s'il était encore dans l'âge de la minorité; et à l'imprévoyant dissipateur, un guide qui par ses avis salutaires rectifiera ses dangereux penchans, ou du moins les rendra moins funestes.

707. Le premier va être placé dans l'état que l'on nomme *interdiction*; le second, sous l'assistance d'un conseil judiciaire.

Ce sont les règles relatives à ces deux situations extraordinaires de l'homme majeur, qui forment principalement la matière de ce titre du Code, par lequel le législateur termine la série des lois concernant l'état des personnes.

On peut donc définir l'interdiction l'état d'un individu déclaré par l'autorité judiciaire incapable des actes de la vie civile, et privé comme tel de l'administration de sa personne et de ses biens.

708. Dans les principes du droit romain, l'interdiction n'était point prononcée, du moins quant au mot, contre les insensés. En vertu de la loi des Douze Tables, les agnats étaient de plein droit les curateurs de leurs proches, fous ou furieux. Quant aux prodigues, que leur conduite faisait assimiler aux insensés, on leur donnait également un curateur; mais la même loi voulait pour cela que l'administration de leurs biens leur fût *interdite*, ce qui ne pouvait avoir lieu qu'en vertu d'un jugement (1): en sorte que l'interdiction ne s'appliquait, à proprement parler, qu'aux prodigues.

709. Dans l'ancienne jurisprudence, on mettait en interdiction les furieux et tous ceux à qui la faiblesse de leur raison ne permettait pas de se gouverner eux-mêmes, ainsi que les prodigues, et on leur nommait un curateur chargé d'administrer leur personne et leurs biens. Les rédacteurs du Code ont même incliné d'abord à conserver l'usage des curateurs; c'est pour cela que l'on voyait dans les premières éditions du Code, à l'art. 108 cette dénomination appliquée au surveillant du majeur interdit. Mais puisque l'on voulait assimiler l'interdit au mineur en tutelle, du moins généralement, il devait avoir comme lui un tuteur, et non pas

_____

(1) *Voy.* la L. 1, ff. *de Curat. furios. vel prod.*, etc.

seulement un curateur, lequel, dans l'esprit du Code, n'administre pas, mais prête simplement son assistance. Et c'est en effet un tuteur qui est nommé. (Art. 5o5).

710. Nous traiterons d'abord de l'interdiction;
Et dans un second chapitre, nous parlerons du conseil judiciaire donné au prodigue.

CHAPITRE PREMIER.

De l'Interdiction.

SOMMAIRE.

711. *Division de la matière de l'interdiction.*

711. Sur l'interdiction nous avons à examiner:
1° Quelles sont les causes qui doivent la faire prononcer;
2° Quelles personnes peuvent ou doivent la provoquer;
3° Quel est le tribunal compétent pour en connaître, et quelles sont les formes à suivre;
4° Les effets de l'interdiction;
5° La cessation de l'interdiction.

SECTION PREMIÈRE.

Pour quelles causes l'interdiction doit être prononcée.

SOMMAIRE.

712. *L'interdiction doit être prononcée pour cause d'imbécillité, de démence ou de fureur.*
713. *Ce que l'on entend par imbécillité, démence ou fureur.*

712. « Le majeur qui est dans un état habituel
« d'imbécillité, de démence ou de fureur doit être
« interdit, même lorsque cet état présente des in-
« tervalles lucides. » (Art. 489.)

713. L'imbécillité est cette faiblesse d'esprit qui,
sans priver entièrement la personne de l'usage de la
raison, ne lui laisse toutefois que la faculté de concevoir les idées les plus communes et qui se rapportent presque toujours à ses besoins physiques et à ses
habitudes. Cet état est ordinairement permanent.

La démence provient, non de la faiblesse des
organes, mais de leur dérangement : elle est plus
ou moins continuelle, selon que leurs fonctions
sont altérées sous un plus ou moins grand nombre
de rapports.

La fureur est l'état de démence portée au plus
haut degré, et provient du dérangement et de la
contraction des organes, dont les fonctions discor-
dantes excitent le furieux à des mouvemens dangereux pour lui même et pour les autres. Ordinairement cet état n'est pas continu : les forces vitales
suffiraient difficilement pendant long-temps à une
existence aussi exagérée.

714. Pour que l'interdiction puisse être provo-

quée, la loi exige que cet état soit continu, parce que ce n'est pas sur quelques actions que l'on peut juger avec certitude si la personne est privée de l'usage de la raison : une maladie grave, une passion violente, peuvent égarer momentanément l'esprit le plus ferme, et tout homme n'est pas au-dessus des effets d'un profond chagrin.

715. Mais lorsque la raison ne se montre que par intervalles, que les actions et les discours sont habituellement ceux d'un insensé, alors il y a démence, malgré ces éclairs fugitifs qui viennent seulement révéler à l'homme sa faiblesse; et il est d'autant plus nécessaire de l'interdire, qu'il pourrait dans ces momens de clarté trompeuse se ruiner par des actes dont l'annulation serait bien plus difficile à obtenir que s'il les avait passés en état de démence complète.

716. L'interdiction ayant pour objet de placer l'interdit sous la tutelle, on ne voit pas d'abord l'utilité qu'il y aurait à la prononcer contre un mineur non émancipé; cependant un article du projet de loi portait : « *La provocation en interdiction n'est* « *point admise contre les mineurs non émancipés; elle* « *l'est contre les mineurs émancipés;* et cette disposition fut retranchée sur les observations de la Cour de cassation, parce qu'il pourrait être nécessaire de provoquer l'interdiction d'un mineur non émancipé, afin de déconcerter les artifices de ceux qui n'attendraient que le moment de sa majorité pour

lui faire ratifier des actes faits en minorité. A plus forte raison, le mineur émancipé pourrait-il être interdit.

SECTION II.

Quelles personnes peuvent ou doivent provoquer l'interdiction.

SOMMAIRE.

717. L'affection naturelle que les parens de l'insensé ont pour lui, et l'intérêt qu'ils ont d'ailleurs à prévenir sa ruine, font de l'action en interdiction une véritable action de famille. Cette action ne s'exerce même pas suivant la proximité du degré; elle est ouverte, au contraire, à tout parent quelconque, parce qu'en effet tel qui n'est point au-

jourd'hui au degré le plus proche pourra s'y trouver lors de l'ouverture de la succession ; aussi,
suivant l'article 490, « *tout* parent est recevable à
« provoquer l'interdiction de son parent.

« Il en est de même de l'un des époux envers
l'autre. »

718. Mais les alliés n'ont pas ce droit : la loi dit
tout *parent*. Ils ne succèdent pas personnellement
à l'insensé, et l'un des principaux motifs qui ont
déterminé le législateur à faire de l'action en interdiction une action de famille cesse à leur égard. Un
allié ne pourrait donc former la demande en son
nom, quoiqu'il eût, à raison du régime sous lequel
il serait marié, l'exercice des actions de sa femme ;
ce serait au nom de celle-ci qu'elle devrait être
formée : cette action n'est point relative aux biens
de la femme ; elle est exercée dans l'intérêt de l'individu dont l'interdiction est provoquée, et le mari
n'a pas, en sa seule qualité de mari, qualité pour
l'intenter ; il faut le concours ou un mandat de la
femme.

719. Cependant le tuteur des parens mineurs
peut, en cette qualité, et comme exerçant l'action
de ceux-ci, provoquer l'interdiction : le tuteur
représente le mineur dans *tous* les actes de la vie
civile (1). (Art. 450.)

_____

(1) Ainsi jugé par la Cour de Bruxelles le 15 mai 1807 (Sirey,
1807, 2, 706), à la vérité relativement à la demande à fin de nomination d'un conseil judiciaire ; mais la raison de décider est la même.

720. L'époux séparé de corps peut poursuivre l'interdiction de son conjoint : la séparation ne détruit pas le mariage.

721. Si c'est la femme qui provoque l'interdiction de son mari, elle doit se faire autoriser par justice. (Art. 215.)

722. Si ce sont les parens de la femme qui provoquent la sienne, elle doit être autorisée par son mari, ou, à son refus, par la justice, pour défendre sur la poursuite (*ibid.* et 218), à peine de nullité du jugement (1).

723. Dans le cas de fureur, si l'interdiction n'est provoquée ni par l'époux ni par les parens, elle doit l'être par le procureur du roi, qui, dans le cas d'imbécillité ou de démence, *peut* aussi la provoquer contre un individu qui n'a ni époux, ni épouse, ni parens connus. (Art. 491.)

724. Un individu ne peut poursuivre lui-même son interdiction. Un sieur *Benoît Galli*, Italien, se sentant incapable d'administrer ses biens, en confère par acte notarié la pleine et entière administration à son épouse, *de manière que cette cession équivaille à une vraie et formelle interdiction judiciaire.* Pour cela, il poursuit devant le tribunal de Parme l'homologation de cet acte, qui fut en effet

---

D'ailleurs la même Cour a aussi jugé en ce sens en matière d'interdiction proprement dite, le 3 août 1808. Sirey, 1813, 2, 319.

(1) Voir, au tom. II, n° 456, l'arrêt de cassation rendu en ce sens.

homologué sur les conclusions conformes du minis
tère public. Le jugement portait qu'il serait levé, signifié et inscrit sur les tableaux qui doivent être affichés dans la salle de l'auditoire et dans les études
des notaires de l'arrondissement, en conformité du
Code civil et pour valoir tel que le droit; mais il
fut cassé le 7 septembre 1808 (Sirey, 1808, 1, 469),
sur le réquisitoire d'office du ministère public, attendu qu'on ne peut déroger par des conventions
particulières aux lois qui intéressent l'ordre public
et règlent l'état des citoyens.

SECTION III.

*Tribunal compétent pour connaître de la demande en
interdiction, et formes à suivre.*

SOMMAIRE.

725. *La demande en interdiction est portée au tribunal du domicile du défendeur.*
726. *Elle se forme par requête présentée au président.*
727. *Le président en ordonne la communication au ministère
public, et commet un rapporteur.*
728. *Le conseil de famille donne son avis sur l'état de la personne.*
729. *Ceux qui provoquent l'interdiction ne font point partie du
conseil; mais le conjoint et les enfans peuvent y être
admis sans y avoir voix délibérative; ils l'ont, si l'interdiction n'est pas provoquée par eux.*
730. *La requête et l'avis sont signifiés au défendeur avant qu'il
soit procédé à son interrogatoire.*
731. *Interrogatoire.*
732. *Sur quoi il doit rouler.*

733. *Il peut y en avoir plusieurs, et après le premier, le tribunal peut nommer un administrateur provisoire.*

734. *Un interrogatoire au moins est nécessaire, soit pour prononcer l'interdiction, soit pour rejeter la demande.*

735. *Si l'interrogatoire et les pièces sont suffisans, on prononce le jugement, à l'audience publique, sur les conclusions du procureur du Roi.*

736. *S'ils sont insuffisans, le tribunal ordonne la preuve par témoins, s'il y a lieu.*

737. *Si le défendeur est seulement jugé faible d'esprit, le tribunal se borne à lui nommer un conseil.*

738. *Le jugement portant interdiction ou nomination de conseil est levé, signifié et affiché.*

739. *Si le jugement est par défaut, il est susceptible d'opposition.*

740. *Il est susceptible d'appel dans tous les cas.*

741. *Contre qui l'appel est dirigé.*

742. *On ne peut intimer sur l'appel le ministère public quand il n'est point provocateur à l'interdiction.*

743. *La Cour peut interroger ou faire interroger le défendeur.*

744. *Ce qu'elle peut statuer relativement au jugement de première instance.*

745. *Le demandeur qui succombe peut être condamné à des dommages-intérêts.*

725. La demande en interdiction ayant pour objet l'état des personnes, elle doit être portée devant le tribunal de première instance du domicile du défendeur. (Art. 492.)

726. Elle se forme par requête présentée au président du tribunal (art. 890, Code de procéd.), sans préliminaire de conciliation. (Art. 49, *ibid.*)

La requête énonce les faits d'imbécillité, de démence ou de fureur. On y joint les pièces à l'appui, s'il y en a, comme les actes faits par l'insensé, les procès-verbaux dressés par les officiers de police à son occasion, ses lettres, etc. On indique aussi les témoins qui ont connaissance des faits. (Art. 890 ci-dessus.)

727. Le président ordonne la communication de la requête au ministère public (art. 891 *ibid.*), quand ce n'est pas ce magistrat qui poursuit l'interdiction pour cause de fureur.

Et il commet un juge pour faire un rapport à jour indiqué. (*Ibid.*)

728. Sur le rapport du juge commis et les conclusions du ministère public, le tribunal ordonne que le conseil de famille, formé selon le mode déterminé par le Code civil, section 4 du chapitre II, au titre *de la Minorité, de la Tutelle et de l'Émancipation*, donnera son avis sur l'état de la personne dont l'interdiction est demandée. (Art. 892 *ibid.* et 494, Code civil.)

Ainsi, le poursuivant a qualité pour *requérir* du juge de paix la convocation du conseil de famille. A cet effet, il lève le jugement.

729. Mais ceux qui provoquent l'interdiction ne peuvent faire partie du conseil : ils ne peuvent être juges dans leur propre cause. (Art. 495.)

Cependant l'époux ou l'épouse et les enfans de la personne dont l'interdiction est provoquée peuvent y être admis sans y avoir voix délibérative. (*Ibid.*). Vivant ordinairement avec elle, ils

peuvent mieux que tout autre donner des renseignemens positifs sur son état.

Suivant quelques personnes, l'époux, l'épouse et
les enfans ne font jamais, de droit, partie du conseil
de famille, que l'interdiction soit provoquée par
d'autres ou par eux, n'importe; on peut seulement
les y admettre. Et lors même qu'elle l'est par
d'autres, ils n'ont pas voix délibérative.

Selon notre sentiment, qui est aussi celui de plusieurs jurisconsultes, tel n'est pas le sens de la loi.
L'époux, l'épouse et les enfans ne font pas, il est
vrai, nécessairement partie du conseil quand ils
sont demandeurs, et s'ils y sont admis, ils n'y ont
pas voix délibérative; mais lorsque l'interdiction
n'est pas provoquée par eux, non seulement ils sont
de droit membres du conseil, mais ils ont même
voix délibérative comme tous autres parens ou alliés. En effet, l'article 494 est la règle relative à la
composition du conseil de famille en matière d'interdiction, comme l'article 407 est la règle à suivre
quand il s'agit de nommer un tuteur à un mineur.
Le premier de ces articles souffre une exception
fondée sur la nature des choses; mais cette exception n'en produit pas une autre à l'égard de l'époux,
de l'épouse et des enfans qui ne sont point demandeurs : au contraire, elle est elle-même modifiée
en leur faveur, en tant que, lors même qu'ils sont
demandeurs, ils peuvent cependant être admis au
conseil sans y avoir voix délibérative. La construc-
tion grammaticale de l'article 495 ne permet pas

de l'entendre dans un autre sens : après avoir dit que ceux qui ont provoqué l'interdiction ne pourront faire partie du conseil de famille, il ajoute de suite par un modificatif formel : « *Cependant* l'é-« poux, l'épouse et les enfans de la personne dont « l'interdiction sera provoquée pourront y être « admis sans y avoir voix délibérative; » et l'on ne trouve aucune disposition, ni au Code civil, ni au Code de procédure, qui permette de les écarter du conseil lorsqu'ils ne sont pas demandeurs, ni qui veuille qu'ils n'y aient pas voix délibérative dans ce cas : l'article 494, par son rapprochement avec l'article 407, dit clairement le contraire. En un mot, d'un cas particulier, celui où le conjoint ou les enfans sont demandeurs en interdiction, et où ils peuvent être admis au conseil, mais sans y avoir voix délibérative, on fait mal-à-propos une règle générale suivant laquelle ils n'y seraient toujours admis qu'exceptionnellement, par tolérance plutôt que par droit, et n'y auraient jamais voix délibérative, quand la loi ne le dit que dans le seul cas où ils sont demandeurs.

On dit que l'époux et les enfans sont personnellement intéressés à contredire une demande qui réfléchit désagréablement sur eux; mais cet intérêt est digne de faveur. Lorsqu'un parent à un degré plus ou moins éloigné vient former une demande de cette nature, il est juste que ceux qui ont un plus grand intérêt à la conservation des biens donnent leur avis, et que cet avis soit compté, d'autant mieux que ce n'est qu'un avis, que le tribunal appréciera en interrogeant lui-même la personne dont l'interdiction est demandée. On entre ainsi parfaitement dans l'esprit de la loi, loin de s'en éloigner comme on le prétend. On dit aussi qu'il eût été peu convenable et peu moral de mettre l'époux, l'épouse et les enfans dans la cruelle obligation de prononcer sur l'état d'un père ou d'un époux malheureux ou humilié qu'ils doivent toujours environner d'égards et de respects; mais si cette observation avait quelque poids, la loi ne leur eût pas permis de provoquer l'interdiction; ce qui est bien autrement grave que d'émettre un simple avis sur l'état. Ces scrupules ne devraient d'ailleurs point transformer une mesure qui, si elle existait, serait en leur considération, en une prohibition absolue de donner leur avis et de le compter comme celui des autres parens; enfin, la loi ne dit rien de semblable quand ils ne sont pas demandeurs.

730. La requête et l'avis du conseil sont signifiés au défendeur avant qu'il soit procédé à son interrogatoire. (Art. 893, Cod. de procéd., et 496, Cod. civ.) Il faut qu'il puisse savoir et se rappeler les faits qu'on allègue à l'appui de la demande, pour pouvoir répondre aux interrogations dont ils seront l'objet.

731. Il comparaît ensuite devant le tribunal, en la chambre du conseil. S'il ne peut s'y présenter, il

est interrogé dans sa demeure par l'un des juges
à ce commis, assisté du greffier; et dans tous les
cas le procureur du Roi doit être présent à l'interrogatoire. (Art. 496 précité.)

Il ne convient pas que le demandeur y assiste :
sa présence pourrait causer du dérangement dans
les fonctions intellectuelles de l'interrogé.

732. L'interrogatoire doit rouler sur ses habitudes, sur la manière dont il conduit sa maison et
ses affaires, et non sur des idées spéculatives, ou
qui leur sont étrangères. Tel homme qui peut veiller
suffisamment aux affaires domestiques, tombe tout
à coup dans des égaremens de raison très-marqués
lorsque son imagination est frappée d'une idée qui
l'absorbe et la tourmente. Sur toute autr chose la
raison ne l'abandonne pas ou l'abandonne peu, et
sur ce point elle est entièrement voilée. Or, l'interdiction n'est pas prononcée pour redresser les écarts
de l'esprit : ce but ne serait point atteint par elle;
elle l'est pour prévenir la dissipation des biens; et
conséquemment, si leur administration n'a point
ou n'a que peu à souffrir des faiblesses de l'entendement sur des objets métaphysiques ou étrangers
aux affaires de la personne, elle n'est point motivée.

733. Il peut y avoir plusieurs interrogatoires
(art. 497); car le défendeur a pu être interrogé
une première fois pendant un intervalle lucide, ce
qui n'a pas permis de s'assurer de son état. Mais

après le premier, le tribunal commet, s'il y a lieu, un administrateur provisoire pour prendre soin de la personne et des biens du défendeur. *(Ibid.)*

Si l'interrogatoire a eu lieu en sa demeure, l'administrateur est nommé sur le rapport du juge commissaire.

On ne nomme cet administrateur que lorsque l'on craint qu'il ne s'écoule du temps avant le jugement, et qu'il est urgent de pourvoir au soin de la personne et des biens, parce que cette nomination et ses suites occasionent des frais qu'il faut éviter autant qu'il est possible.

734. Dans tous les cas, un interrogatoire au moins est nécessaire : le tribunal ne peut, sur le seul avis de la famille et les conclusions du procureur du Roi, prononcer l'interdiction, quand même l'état de démence serait notoire.

Il ne peut pas davantage, sans avoir interrogé le défendeur, et sur l'avis de la famille, même appuyé des conclusions du ministère public, rejeter une demande en interdiction (1).

735. Si l'interrogatoire et les pièces sont suffisans, on prononce le jugement sans qu'il soit besoin de recourir à d'autres preuves.

Mais la cause doit être renvoyée à l'audience publique, les parties entendues ou appelées, pour

_____

(1) *Voy.* l'arrêt de la Cour d'Orléans, du 26 février 1819. Sirey, 19, 2, 167.

le jugement y être prononcé, le procureur du Roi entendu en ses conclusions (art. 498-515); ce qui prouve, malgré le silence du Code de procédure à cet égard, que l'interrogatoire doit être signifié au défendeur, avec assignation, pour voir prononcer le jugement.

Sur cette demande, si l'assigné constitue avoué, il peut défendre, et l'on poursuit l'audience en la forme ordinaire. S'il n'en constitue pas, les délais expirés, on fait statuer à l'audience, le ministère public entendu (art. 515), sur la plaidoirie des parties, et non sur le rapport du juge précédemment commis, dont les fonctions cessent par le rapport de la requête à fin d'interdiction.

736. Si l'interrogatoire et les pièces sont insuffisans, et si d'ailleurs les faits peuvent être justifiés par témoins, le tribunal, après avoir entendu le procureur du Roi (art. 515), ordonne l'enquête, qui se fait en la forme ordinaire (art. 893, Cod. de procéd.); et comme il faut que celui dont l'interdiction est provoquée puisse se défendre, fournir ses reproches contre les témoins produits (1) (article 270 *ibid.*), et requérir les interpellations qu'il serait convenable de faire (art. 273 *ibid*), on doit

_____

(1) La Cour de Bruxelles a jugé, le 15 mai 1807 (Sirey, 7, 2, 706), que des parens peuvent être entendus comme témoins sur les faits reprochés au défendeur à la demande afin de nomination de conseil judiciaire, encore qu'ils aient fait partie du conseil de famille qui a donné son avis.

l'assigner pour être présent à l'enquête. L'assignation est donnée au domicile de son avoué, s'il en a constitué, et à son domicile dans le cas contraire. (Art. 261 *ibid.*)

Cependant, si les circonstances l'exigent, le tribunal peut ordonner que l'enquête soit faite hors de la présence du défendeur, mais dans ce cas son conseil peut le représenter. (Art. 893 *ibid.*)

La cause est également portée à l'audience publique, pour le jugement y être rendu sur les conclusions du procureur du Roi, et le défendeur doit être assigné pour l'entendre prononcer. (Art. 498 et 515, Cod. civ.)

737. Si le défendeur est faible d'esprit, mais non tout-à-fait incapable de gouverner sa personne et ses biens, le tribunal peut, en rejetant la demande en interdiction, ordonner qu'il ne pourra désormais plaider, transiger, emprunter, recevoir un capital mobilier, ni en donner décharge, aliéner ni grever ses biens d'hypothèques, sans l'assistance du conseil qui lui est nommé par le même jugement. (Art. 499.)

Il n'est pas besoin pour cela que le demandeur prenne des conclusions subsidiaires; elles sont implicitement renfermées dans la demande en interdiction. Les juges, une fois saisis de cette demande, peuvent prononcer de leur propre mouvement sur la nomination du conseil. Aussi est-il nommé par eux, et non par délibération de famille.

738. Le jugement portant interdiction ou nomination du conseil est, à la diligence des demandeurs, levé, signifié à partie, et inscrit dans les dix jours sur les tableaux qui doivent être affichés dans la salle de l'auditoire et dans les études des notaires de l'arrondissement (1). (Art. 501.)

Ces formalités ayant pour objet de prévenir les tiers, parce que l'effet du jugement, s'il passe en force de chose jugée, datera du jour de sa prononciation, et que les actes consentis depuis par l'interdit seront nuls de droit (art. 502), elles doivent être remplies lors même qu'il y aurait déjà appel : c'est une dérogation aux règles ordinaires, suivant lesquelles l'appel suspend l'exécution du jugement; car incontestablement l'affiche est un commencement d'exécution.

739. Si le jugement est rendu par défaut, il est susceptible d'opposition, parce que le droit de former opposition est une conséquence du droit de se défendre, et existe par lui-même sans qu'il soit besoin qu'une loi l'ait spécialement consacré; il suffit qu'il n'ait pas été formellement interdit : or la loi est muette sur ce point.

Ce droit est réciproque.

---

(1) Un extrait du jugement est remis au secrétaire de la Chambre, qui en donne récépissé et le communique à ses collègues, tenus d'en prendre note et de l'afficher dans leurs études, à peine des dommages-intérêts des tiers. *Tarif des frais et dépens*, du 16 février 1807, liv. 2, tit. 2, chap. II, §. 8; et loi du 25 ventôse an XI, art. 18.

Le délai est de huitaine, à partir de la signification du jugement à personne ou domicile. (Art.
157, Cod. de procéd.)

740. Si le jugement est contradictoire, ou si ayant
été rendu par défaut, les délais de l'opposition sont
expirés (art. 455 *ibid.*), on peut en interjeter appel.
(Art. 500 Code civ.)

Le délai, comme dans les autres cas, est de trois
mois à partir de la signification à personne ou domicile si le jugement est contradictoire, et à partir de l'expiration du délai d'opposition s'il est par
défaut. (Art. 444, Code de procéd.)

741. L'appel interjeté par le provoquant, ou par
un des membres de l'assemblée, l'est contre celui
dont l'interdiction a été provoquée. (Art. 894 *ibid.*)

742. Le ministère public non demandeur en interdiction ne peut interjeter appel, et ne peut être
intimé sur celui qui a été formé, lors même que le
défendeur aurait fait défaut (1).

743. Sur l'appel, la Cour peut, si elle le juge
nécessaire, interroger ou faire interroger par un
commissaire la personne dont l'interdiction est
demandée. (Art. 500, Cod. civ.)

744. Elle peut réformer le jugement qui a rejeté

___

(1) *Voy.* l'arrêt de la Cour de Besançon, du 15 ventôse an XII,
Sirey, 4, 2, 653.

absolument la demande, soit en prononçant l'interdiction, soit en nommant un conseil; ou si le jugement a prononcé l'interdiction ou nommé un conseil, elle peut le mettre au néant ; enfin s'il a prononcé l'interdiction, la Cour peut émender en ne nommant qu'un conseil (1), ou s'il n'a nommé qu'un conseil, elle peut prononcer l'interdiction ; mais il faut, pour cela, qu'elle ait été demandée en première instance.

Si l'arrêt prononce l'interdiction, il doit être levé et signifié à partie, et affiché comme il a été dit plus haut. (Art. 501.)

745. En rejetant l'interdiction, les tribunaux peuvent condamner le demandeur à des dommages-intérêts envers le défendeur. On avait proposé, dans le projet de loi, un article portant que le demandeur en interdiction qui succomberait devrait être condamné aux dommages-intérêts, s'il n'avait agi que par intérêt ou par passion ; mais cette disposition n'étant que l'application du droit commun, fut jugée superflue. Elle indique toutefois que l'intention de la loi n'est pas que le demandeur qui succombe soit toujours condamné aux dommages intérêts, mais qu'il le soit cependant s'il a agi par passion ou par intérêt.

---

(1) Voir l'arrêt de la Cour de Bruxelles, du 7 fructidor an XI. Sirey, 4, 2, 451.

SECTION IV.

Des Effets de l'Interdiction.

SOMMAIRE.

§. II.

Effets de l'Interdiction quant à la personne de l'interdit et
à l'administration de ses biens.

759. *Règle générale, l'interdit est assimilé au mineur pour sa
personne et ses biens.*
760. *L'assimilation n'est pas absolue quant à la capacité :
exemples.*
761. *Similitudes sous d'autres rapports.*
762. *Les revenus d'un interdit doivent être essentiellement employés à adoucir son sort et à accélérer sa guérison.*
763. *Au cas du mariage de l'enfant d'un interdit, la dot, ou
l'avancement d'hoirie à prendre sur les biens de celui-ci,
est réglée par le conseil de famille, avec homologation.*
764. *Le conseil est composé des parens et alliés de l'interdit,
et non des parens et alliés de l'enfant.*
765. *L'article 511 est-il applicable à l'enfant d'un sourd-muet
qui ne sait pas écrire ?*
766. *Et au petit-fils ou à la petite-fille d'un interdit, quand les
père et mère sont décédés ou dans l'impossibilité de
doter l'enfant ?*

§. III.

Effets de l'Interdiction par rapport aux actes passés par l'interdit, soit depuis l'interdiction, soit antérieurement.

767. *Le jugement d'interdiction ou de nomination d'un conseil
produit son effet du jour où il est rendu.*
768. *Les tiers qui ont traité avec l'interdit ne peuvent se prévaloir de son incapacité.*
769. *Sens dans lequel les actes passés par l'interdit sont nuls
dans son intérêt.*
770. *L'appel du jugement d'interdiction n'en suspend point
l'effet quant à l'incapacité dont il frappe l'interdit.*

771. *Le défaut de publicité du jugement d'interdiction ou de nomination d'un conseil empêche-t-il que l'individu ne soit incapable du jour où il a été prononcé ?*

772. *Les actes sous seing-privé, qui n'ont pas une date certaine antérieure au jugement, peuvent être déclarés nuls comme faits postérieurement.*

773. *Le testament olographe fait foi de sa date, sauf la preuve qu'il a été antidaté par l'effet de la suggestion ou de la captation.*

774. *Les actes antérieurs à l'interdiction peuvent être annulés : textes des articles 503 et 504.*

775. *L'interdiction constate l'état de l'individu et le suppose.*

776. *Il suffit, pour que les actes antérieurs à l'interdiction puissent être annulés, que la démence fût alors notoire, quand même elle n'aurait pas été connue du tiers.*

777. *Vice versâ, il suffit qu'elle ait été connue du tiers, quand même elle n'aurait pas été notoire.*

778. *Les tribunaux ont un pouvoir discrétionnaire quant au sort des actes antérieurs à l'interdiction.*

779. *Les tiers sur lesquels pourrait réagir le jugement d'interdiction n'ont cependant pas le droit d'y former tierce opposition.*

780. *Mais l'enquête faite dans l'objet de l'interdiction ne suffit pas pour établir que la démence était notoire au moment des actes attaqués.*

781. *Les dispositions des articles 503 et 505 ne sont point applicables aux actes faits par celui qui a simplement été placé sous l'assistance d'un conseil judiciaire, même pour faiblesse d'esprit.*

782. *Les actes faits en démence peuvent-ils être attaqués par celui-là même qui les a faits, si son interdiction n'a point été prononcée ?*

783. *Les actes antérieurs à l'interdiction sont annulés sur le fondement d'une exception réelle ; ceux postérieurs, sur celui d'une exception personnelle : conséquence quant au cautionnement.*

784. *Les héritiers ne peuvent attaquer les actes de leur auteur en offrant d'établir que sa démence était notoire au*

*moment des actes , s'ils n'ont provoqué son interdiction
de son vivant.*

785. *Ils le peuvent lors même qu'ils ne l'ont pas provoquée , si
la preuve de la démence résulte de l'acte attaqué.*

786. *L'interdiction n'est pas censée avoir été provoquée quand
la demande a été rejetée.*

787. *L'article 504 n'est point applicable aux donations ni aux
testamens.*

746. Les effets de l'interdiction sont relatifs à la
nomination d'un tuteur et d'un subrogé tuteur à
l'interdit;

A l'administration de sa personne et de ses biens;

Et aux actes passés par lui, soit depuis l'inter-
terdiction, soit antérieurement.

Ce sera la matière des trois paragraphes suivans.

§. Ier.

*Nomination d'un tuteur et d'un subrogé tuteur à
l'interdit.*

747. L'article 505 porte : « S'il n'y a pas d'ap-
« pel du jugement de première instance, ou s'il
« est confirmé sur l'appel, il sera pourvu à la no-
« mination d'un tuteur et d'un subrogé tuteur à
« l'interdit, suivant les règles prescrites au titre *de*
« *la Minorité, de la Tutelle et de l'Émancipation.*
« L'administrateur provisoire cessera ses fonctions,
« et rendra compte au tuteur, s'il ne l'est lui-même. »

748. Nous ferons d'abord observer que cet admi-

III.   44

nistrateur n'a point été tuteur, mais simplement
comptable judiciaire; qu'à ce titre la contrainte
par corps peut bien être prononcée contre lui, sans
qu'il puisse s'en rédimer par le bénéfice de cession
(art. 126-905, Cod. de proc.), mais que ses biens ne
sont point frappés de l'hypothèque légale comme
ceux d'un tuteur (1).

749. En disant : *S'il n'y a pas d'appel du jugement d'interdiction rendu en première instance, ou
s'il est confirmé sur l'appel, il sera pourvu à la nomination d'un tuteur,* l'article 505 semble faire entendre qu'on ne doit, en effet, nommer le tuteur
que lorsque le jugement est passé en force de chose
jugée, soit par l'expiration du délai d'appel sans
qu'il y ait eu d'appel interjeté, soit par la confirmation du jugement sur l'appel; aussi quelques
personnes entendent-elles l'article en ce sens. Mais
il est de principe qu'un jugement signifié est exécutoire après la huitaine du jour où il a été prononcé, s'il n'en est pas interjeté appel, puisque
l'effet de l'appel est précisément de suspendre l'exécution (art. 457, Code de procéd.) : or, l'art. 505
se réfère au droit commun.

Voici, selon nous, le véritable esprit de la loi :
La nomination du tuteur ne peut être valablement
faite avant la signification du jugement d'interdic-

---

(1) *Voy.* l'arrêt de la Cour de cassation, du 27 avril 1824 (Sirey,
24, 1, 268), qui a confirmé une décision de la Cour de Montpellier,
rendue conformément à ces principes.

tion (1), parce que le délai pour en interjeter appel ne commence à courir que du jour de la signification. (Art. 444, Cod. de procéd.)

Elle serait également nulle, quoiqu'elle fût faite depuis la signification du jugement, si elle avait lieu dans la huitaine du jour de sa prononciation, puisqu'il n'est pas encore exécutoire (art. 449-450 *ibid.*). Mais elle peut être faite après l'expiration de ce délai et la signification du jugement; toutefois, l'appel suspend les fonctions du tuteur, et sa nomination a un effet conditionnel subordonné au sort de l'appel.

Enfin, faite depuis l'appel interjeté elle serait nulle aussi, quand même le jugement serait confirmé; elle aurait été faite sans cause légale.

750. Le mari est de droit le tuteur de sa femme interdite. (Art. 506.)

C'est en quelque sorte la continuation du pouvoir qu'il a déjà; aussi conserve-t-il la libre administration de la communauté, comme il l'avait avant l'interdiction. Il peut, en conséquence, vendre les biens, les hypothéquer, et faire, en un mot, tout ce que permettent au mari les articles 1421 et suivans.

Cependant, si la dot de la femme était en péril par le mauvais état des affaires du mari, le conseil

___

(1) Voir l'arrêt de la Cour de Bordeaux, du 14 avril 1806, Sirey, 6, 2, 123.

Nota. Cet arrêt a été cassé, le 13 octobre 1807 (Sirey, 7, 1, 473), mais par un autre motif.

de famille pourrait et même devrait autoriser le
subrogé tuteur à en poursuivre le recouvrement,
en demandant la séparation de biens. La loi, il est
vrai, est muette sur ce point, et nous sentons bien
que cette mesure peut éprouver des difficultés dans
son exécution ; mais il répugnerait à la raison que
l'impuissance où est la femme de demander elle-
même la séparation, et la circonstance que c'est son
mari qui la représente comme tuteur, fussent la
cause de sa ruine, que l'on peut éviter de cette
manière.

751. La tutelle du mari est la seule tutelle légitime qu'il y ait en matière d'interdiction : les règles
sur la tutelle légale des ascendans ne reçoivent ici
aucune application.

Le père même de l'interdit n'est pas de plein droit
son tuteur, et il n'a pas la faculté de lui en choisir
un même par son testament (1).

752. La femme peut être nommée tutrice de son
mari. (Art. 507) On a pensé que le malheur arrivé
à celui-ci n'éteindra point en elle l'amour conjugal,
et que mieux que tout autre elle pourra veiller à
la conservation des biens et faire fructifier la communauté si elle est mariée sous ce régime ; elle y a
personnellement intérêt. Toutefois, comme cette
honorable supposition n'aurait pas toujours eu la

---

(1) Arrêt de cassation du 11 mars 1812. (Sirey, 12, 1, 217.) L'un
et l'autre point sont formellement établis par l'arrêt.

réalité pour base, la loi a laissé à la sagesse du conseil de famille de lui conférer ou non la tutelle (1).

Dans le cas où il la lui confère, il règle la forme et les conditions de l'administration, sauf le recours devant les tribunaux de la part de la femme, si elle se croit lésée par l'arrêté de la famille. (*Ibid.*)

753. Le conseil de famille ne doit pas en effet se borner à régler ce qui est relatif à la personne et aux biens de l'interdit ; il doit aussi s'occuper de ce qui concerne la femme, lui assigner les sommes nécessaires pour la mettre à même de soutenir l'état que lui donnent le rang et la fortune de son mari ; et si elle se croit lésée par la délibération prise à ce sujet, elle peut réclamer. Elle le pourrait également, quand même elle n'aurait pas la tutelle, si le conseil de famille ne lui avait assigné annuellement, pour elle et ses enfans, qu'une somme insuffisante.

754. Comme tutrice, elle peut faire tous les actes d'administration, soit sur les biens de son mari, soit sur ceux de la communauté, soit sur les siens propres : sa nomination lui tient lieu d'autorisation générale pour tous ces actes.

---

(1) La Cour de Paris avait jugé, le 7 janvier 1815, que la femme ne pouvait être écartée de la tutelle sans un motif valable : c'était réellement la reconnaître tutrice légitime, quand l'article 507 dit simplement qu'elle *peut être nommée* tutrice. Aussi cet arrêt a-t-il été cassé le 27 novembre 1816. Sirey, 17, 1, 33.

Mais elle ne peut aliéner ses immeubles sans une autorisation de justice.

Et quant a ceux du mari ou ceux de la communauté, qui sont également pendant son cours censés lui appartenir (art. 1421), l'aliénation n'en peut être faite que suivant les formalités prescrites pour celle des biens des mineurs, parce que les lois sur la tutelle des mineurs s'appliquent à la tutelle des interdits. (Art. 509.) Sauf toutefois, quant aux biens de la communauté, la restriction établie à l'art. 1427, et pour les uns et les autres, celle de l'art. 511.

755. Le fils de l'interdit peut être nommé son tuteur : l'art. 508, dont nous allons parler, le suppose évidemment.

756. Celui qui a provoqué l'interdiction peut également être nommé tuteur : la loi ne le défend pas (1).

757. Les causes d'incapacité, d'excuse, d'exclusion et de destitution, en matière de tutelle des mineurs, sont communes aux tuteurs des interdits. (Art. 509.)

758. Toutefois, la tutelle des mineurs a un terme fixe : l'époque de leur majorité ou de leur émancipation. Celle des interdits n'en a point d'autre que la durée incertaine de leur état ou de leur vie, et l'on a pensé qu'il serait trop rigoureux de

_____

(1) *Voy.* l'arrêt du 24 brumaire au XIII. Sirey, 5, 2, 80.

maintenir indéfiniment une charge dont on n'aperçoit pas le terme. Aussi le Code décide-t-il que nul ne peut être tenu de conserver la tutelle d'un interdit au-delà de dix ans. A l'expiration de ce temps, le tuteur peut demander son remplacement, qui doit lui être accordé. (Art. 508.)

Il faut cependant excepter les époux, les ascendans et les descendans (*ibid.*) : en continuant d'exercer la tutelle de l'interdit, ils remplissent un devoir sacré.

§. II.

Effets de l'Interdiction quant à la personne de l'interdit et à l'administration de ses biens.

759. Règle générale, l'interdit est assimilé au mineur pour sa personne et ses biens; les lois sur la tutelle des mineurs s'appliquent à la tutelle des interdits. (Art. 509.)

760. Néanmoins cette assimilation n'est pas absolue : elle est principalement établie par rapport à la *tutelle* sur la personne et les biens; elle n'est pas aussi entière quant à la *capacité* des personnes, car, 1° le mineur dûment autorisé peut se marier, faire ses pactes dotaux et donner à son conjoint par son contrat de mariage.

L'interdit ne peut se marier, et en conséquence il ne peut faire aucune convention matrimoniale, aucune donation.

2° Suivant l'article 1305, le mineur en tutelle qui a fait lui-même un acte peut bien en être relevé, mais s'il en a éprouvé une simple lésion dès le principe.

Au lieu que les actes faits par un interdit étant nuls de droit (art. 502), il n'est pas besoin, pour les faire annuler, qu'il allègue et prouve une lésion quelconque; il suffit qu'il établisse par la production du jugement d'interdiction qu'il les a passés étant interdit.

3° Le mineur parvenu à l'âge de seize ans peut tester. (Art. 904.)

L'interdit est incapable de faire un testament, parce qu'il n'est pas sain d'esprit, ou qu'il est légalement présumé ne l'être pas. (Art. 502-901.)

761. Mais voici les principales similitudes.

1° L'un et l'autre sont privés de l'exercice des droits politiques ou de citoyen français (1).

2° Tous deux sont en tutelle, et représentés dans les actes de la vie civile par leur tuteur. (Art. 450 et 505.)

Ils ont l'un et l'autre leur domicile chez leur tuteur (art. 108), chargé de prendre soin de leur personne et d'administrer leurs biens.

Et tous deux ont une hypothèque légale sur ses immeubles. (Art. 2121-2135.)

3° Les successions échues à l'un ou à l'autre ne peuvent être acceptées par leur tuteur sans l'autorisation du conseil de famille, et elles ne peuvent l'être que sous bénéfice d'inventaire. (Article 461-776.)

_____

(1) Constitution de l'an VIII, art. 2 et 3.

La même autorisation est nécessaire pour l'acceptation des donations. (Art. 935.)

4° Il y a même prohibition d'aliéner et d'hypothéquer leurs immeubles, et tout ce qui est relatif à la vente des immeubles du mineur, quand elle a lieu, s'applique à celle des immeubles de l'interdit. (Art. 457-458-459-2206.)

5° Les formalités à observer dans les partages où sont intéressés des mineurs sont les mêmes pour ceux qui concernent des interdits. (Art. 838.)

6° La prescription ordinaire ne court ni contre les uns ni contre les autres (art. 2252); mais toutes les prescriptions qui courent contre les mineurs, ainsi que le délai du réméré, de la rescision pour lésion des sept douzièmes, de l'appel, de la péremption, etc., courent également contre les interdits. (Art. 2278-1663-1676, Cod. civ.; 444 et 398, Cod. de procéd.)

Le délai de la restitution en entier court contre le mineur à partir de sa majorité, et celui de l'action en nullité court contre l'interdit du jour de la main-levée de l'interdiction. (Art. 1304.)

7° L'incapacité de l'un et de l'autre a cela de commun, qu'elle ne peut être opposée par les personnes capables de s'engager qui ont traité avec eux. (Art. 1125.)

8° Et comme personne ne doit s'enrichir aux dépens d'autrui, l'interdit qui fait annuler son engagement est obligé, comme le mineur dans le même cas, de restituer ce qui est prouvé avoir tourné à son profit. (Art. 1312.)

9° La ratification donnée en temps de capacité par les mineurs et les interdits purge le vice de leurs engagemens. (Art. 1338.)

10° Enfin, le ministère public est spécialement chargé par la loi de protéger les interdits et les mineurs; à cet effet, il doit être entendu dans toutes les causes qui les concernent. (Art. 83, Code de procédure.)

762. L'administration du tuteur d'un interdit étant généralement la même que celle du tuteur d'un mineur, ce que nous avons dit à cet égard doit suffire.

Cependant, nous ferons observer que si l'on doit restreindre autant que possible les dépenses du mineur, et lui ménager des économies pour sa majorité, on doit s'éloigner, mais avec prudence et discernement, de cette règle de conduite à l'égard d'un interdit; ses revenus doivent être essentiellement employés à adoucir son sort et à accélérer sa guérison.

Selon les caractères de sa maladie et l'état de sa fortune, le conseil de famille peut arrêter qu'il sera traité dans son domicile, ou qu'il sera placé dans une maison de santé, et même dans un hospice. (Art. 510.)

Mais si c'est une femme mariée, le conseil de famille n'a point à régler si elle sera soignée chez elle ou ailleurs; c'est au mari seul à voir le parti qu'il convient de prendre à cet égard.

763. Lorsqu'il s'agit du mariage de l'enfant d'un interdit, la dot ou l'avancement d'hoirie (1), et les autres conventions matrimoniales, sont réglés par un avis du conseil de famille homologué par le tribunal, sur les conclusions du procureur du roi. (Art. 511.)

La constitution de dot ne peut jamais être faite par préciput ou hors part : ce n'est qu'un avancement d'hoirie, ainsi que le dit l'article.

Si l'enfant majeur se dote de ses propres biens, ou s'il est doté par un tiers, l'avis du conseil de famille n'est pas nécessaire.

Si c'est le père qui est interdit, et que la mère dote l'enfant, elle doit être autorisée par le tribunal quant à l'aliénation de la propriété, et si son mari a la jouissance des biens qu'elle veut donner, ou elle doit la lui réserver, ou elle doit obtenir l'avis du conseil, avec homologation, comme il est dit ci-dessus.

Enfin, si c'est la mère qui est interdite, le père n'a besoin du consentement de personne pour doter de ses biens, et même de ceux de la communauté. (Art. 1422-1439.)

764. Le conseil de famille qui doit délibérer sur

---

(1) Vieux mot qui vient d'*hoir*, *heres*, héritier.

la constitution de la dot à prendre sur les biens de l'interdit n'est pas composé des mêmes personnes dont est composé celui qui, en cas de décès du conjoint et de tous autres ascendans, consent au mariage de l'enfant âgé de moins de vingt-un ans : il est formé des parens ou alliés de l'interdit, au lieu que celui-ci est formé des parens ou alliés de l'enfant, qui sont bien les mêmes du côté de l'interdit, mais non dans l'autre ligne; car mes parens maternels, par exemple, ne sont pas les parens de mon père. Dans ce cas, il faudra deux conseils de famille : l'un pour autoriser le mariage et les conventions matrimoniales du mineur; l'autre pour régler la dot qui lui sera fournie au nom de l'interdit.

765. La Cour de Nîmes (1) a appliqué l'art. 511 au cas où il s'agissait du mariage de l'enfant d'un sourd-muet qui ne savait pas écrire. Le tribunal de première instance n'avait pas cru devoir homologuer la délibération de la famille, attendu que le curateur, qui avait été nommé au sourd-muet, antérieurement au Code civil, n'avait pas le pouvoir de consentir à l'aliénation de ses biens; mais sur l'appel du curateur autorisé à cet effet par la famille, la Cour a pensé différemment.

766. Nous n'oserions toutefois, dans le silence de la loi, décider que l'on pourrait, sans commettre

---

(1) Arrêt du 3 janvier 1811. Sirey, 11, 2, 378.

une violation du droit de propriété, appliquer cet article au petit-fils ou à la petite-fille d'un interdit, même en supposant les père et mère décédés ou dans l'impossibilité de constituer une dot à leur enfant, et l'aïeul en état d'en fournir une. L'obligation naturelle (1) de doter est peut-être moins étroite dans l'aïeul que dans le père; et si la loi veut bien supposer que celui-ci la remplirait avec plaisir s'il pouvait manifester sa volonté, elle ne fait pas la même supposition à l'égard de celui-là, quoiqu'elle eût pu peut-être s'y prêter également.

Au surplus, le droit d'obtenir des alimens d'une personne n'est point détruit par son interdiction.

§. III.

Effets de l'Interdiction par rapport aux actes passés par l'interdit, soit depuis, soit antérieurement.

767. Le jugement d'interdiction ou de nomination d'un conseil produit son effet du jour où il est prononcé : « Tous actes passés postérieurement « par l'interdit, ou sans l'assistance du conseil, sont « nuls de droit. » (Art. 502.)

Il y a présomption légale que l'individu ne jouissait pas pleinement de sa raison lorsqu'il a passé les actes; et la loi, qui les annulle sur le fondement de cette présomption (art. 1350), n'ayant pas réservé

---

(1) Car la loi ne la consacre pas. (Art. 204.)

la preuve contraire, les tribunaux ne pourraient se
dispenser de prononcer la nullité, si elle leur était
demandée. (Art. 1352). L'interdiction a précisément
pour objet de prévenir les difficultés et les incertitudes qui se seraient présentées sur le point de
savoir si l'acte passé par un individu habituellement en état de démence avait ou non été consenti dans un intervalle lucide; elle imprime une
incapacité légale de contracter qui dispense d'entrer dans l'examen de ce point de fait, toujours
plus ou moins difficile à constater.

768. Mais la présomption n'existe qu'en faveur
de l'interdit et de ses représentans : les tiers qui
ont traité avec lui sont non-recevables à prétendre
que, privé de raison, et par conséquent de la faculté de consentir, il n'a pu coopérer efficacement
à la formation du contrat, et que ce contrat est nul,
faute de consentement de sa part; car connaissant
ou étant censés connaître son état et sa condition
en traitant avec lui, ils lui ont par cela même
reconnu une intelligence suffisante. (Art. 1125.)
C'est par forme de fin de non-recevoir qu'ils sont
écartés.

769. Au reste, quoique les actes soient nuls de
droit dans l'intérêt de l'interdit et de ses représentans, ils ne sont néanmoins pas considérés comme
n'existant absolument pas : la nullité doit au contraire en être demandée dans les dix ans à partir

du jour où l'interdiction a cessé (art. 1304), sinon ils auront une existence de droit, comme ils l'ont de fait. Mais c'est ce que nous développerons avec plus d'étendue au titre *des Obligations en général.* La loi veut seulement dire que pour en obtenir la nullité dans le délai de droit, l'interdit n'a besoin que de la demander, sans être obligé, comme le mineur, d'établir une lésion quelconque dès le principe, parce qu'en effet son incapacité naturelle et légale est bien plus étendue que celle du mineur, même en tutelle (1).

770. L'effet du jugement date du jour de sa prononciation : l'appel ne le suspend point; il en suspend seulement l'exécution quant à la nomination du tuteur et du subrogé tuteur; en sorte que les actes passés par l'interdit depuis l'appel interjeté, et avant l'arrêt, sont *in suspenso* quant à leur validité, parce que de deux choses l'une : ou le jugement est confirmé, et dans ce cas son effet, suivant tous les principes, doit dater du jour où il a été rendu, puisque l'appel est censé n'avoir pas eu lieu; ou il est infirmé, et alors l'individu n'étant point interdit, ses actes sont comme ceux des autres citoyens.

771. La Cour de Douai a cependant décidé que les actes passés par celui auquel il avait été donné un conseil judiciaire étaient valables, par cela seul

---

(1) Voy. *supra*, n° 760.

que le jugement n'avait pas reçu la publicité exigée par l'art. 5o1 ; et sur le pourvoi en cassation il est intervenu arrêt de rejet, le 16 juillet 1810 (1), contre les conclusions de M. Merlin et après un long délibéré en la chambre du conseil.

Il nous semble que c'est méconnaître et la lettre et l'esprit de l'article 5o2 ; c'est rendre l'interdit, ou celui à qui il a été donné un conseil, victime de la négligence d'un tiers. Assurément, si les formalités prescrites par l'art. 5o1 avaient été remplies dans le délai fixé, et que les actes eussent été passés dans l'intervalle du jugement au jour où il aurait reçu la publicité voulue par la loi, on n'eût pu, sans violer formellement le premier de ces articles, s'empêcher d'en prononcer la nullité ; et cependant les tiers n'auraient pas plus été instruits de l'existence du jugement qu'ils ne l'ont été dans l'espèce. Sans doute le défaut de publicité peut être grandement préjudiciable aux tiers, mais ce n'est point à l'interdit à en supporter les conséquences : le jugement déclare un fait à son égard, qu'il est insensé ou faible d'esprit, incapable de se conduire et d'administrer ses biens, et ce fait n'est ni détruit ni changé par cela seul que le jugement n'a pas ensuite été rendu public ; il n'est point reconnu d'une manière conditionnelle, mais bien purement et simplement. C'est au demandeur en interdiction ou en nomination de conseil qui a méconnu les obligations que lui

---

(1) *Journal de Jurisprudence du Code civil,* tom. XVI, pag. 80.

imposait la loi, et inhérentes à une qualité qu'il a
librement prise, d'indemniser les tiers du préjudice
qu'il leur a causé ; mais l'art. 502 ne doit pas moins
recevoir son effet dans l'intérêt de celui en faveur
duquel il a été porté.

772. De ce que les actes passés postérieurement
à l'interdiction sont nuls de droit, il résulte que la
validité de ceux qui, sous seing privé, n'ont pas
acquis une date certaine antérieure à l'interdiction,
peut être attaquée pour cette cause ; car l'on sent
la facilité qu'il y aurait à faire souscrire un acte
sous seing privé à un interdit, et à l'antidater : la
disposition de la loi serait aisément éludée (1).

Ainsi, l'article 1328, qui détermine les manières
dont les actes sous seing privé acquièrent date certaine à l'égard des tiers, et qui suppose par conséquent qu'entre les parties ou leurs héritiers ces
actes font toujours foi de leur date, souffre exception quand ils sont souscrits par un individu qui
a été interdit ou mis sous l'assistance d'un conseil
judiciaire.

Nous ne dirons toutefois pas en principe, avec la
Cour de Paris, « que les engagemens contractés par
« un interdit pour cause de prodigalité, sans date
« certaine avant l'interdiction et notification d'icelle,
« sont nuls et de nul effet, » comme présumés faits

_____

(1) *Sic* jugé par la Cour d'Angers, le 8 décembre 1813, et en cassation le 9 juillet 1816. (Sirey, 17, 1, 150.) La Cour de Paris a jugé
dans le même sens le 10 mai 1810. Sirey, 14, 2, 266.

depuis le jugement; ni avec la Cour d'Angers, que
ces actes ne peuvent acquérir date certaine que de
l'une des manières déterminées par l'art. 1328, et
que hors de là ils sont nuls; car ces principes sont
trop absolus : ils ne sont fondés sur aucune loi ; nulle
part nous ne voyons consacrée une telle présomption. Mais nous dirons que les tribunaux doivent se
décider d'après les probabilités, précisément à cause
de l'*incertitude* de la date des actes. Mille circonstances, auxquelles la loi n'a aucun égard dans les
cas ordinaires pour en faire résulter une date certaine, peuvent en effet ne laisser aucun doute que
celui qui est l'objet du procès a été souscrit antérieurement à l'interdiction ou à la nomination du
conseil, et il serait injuste de faire perdre son droit
à un créancier légitime qui était peut-être très-
éloigné du lieu où la demande en interdiction a été
formée, et qui, n'en ayant aucune connaissance,
n'a pas songé à faire enregistrer son titre.

773. La jurisprudence (1) a même admis que le
testament olographe fait foi de sa date, et, en con-

---

(1) *Voy.* l'arrêt de la Cour de Paris, du 17 juin 1822, et celui de
rejet, du 29 avril 1824. (Sirey, 24, 1, 276.) Celui de la Cour de Riom,
du 20 janvier 1824. (Sirey, *ibid.*, part. 2, pag. 277.) Et enfin celui de
la Cour de cassation, du 8 juillet 1823 (Sirey, 25 1, 31), dont un des
considérans s'exprime ainsi : « Attendu que l'article 1328 est sans ap-
« plication aux testamens. On voulait prétendre que le testament olographe n'acquiert sa date qu'à la mort du testateur, ce qui, dans le
cas de plusieurs testamens olographes, mettrait dans l'impossibilité
de savoir quel est celui qui doit être exécuté.

séquence, que les héritiers intéressés à le quereller ne peuvent prétendre qu'il est nul comme fait depuis l'interdiction ou à une époque à laquelle la démence existait déjà. Nous croyons cela vrai en principe, parce que selon nous aussi le testament olographe fait foi de sa date (1) ; mais il nous paraît indubitable aussi que les tribunaux pourraient, suivant les circonstances, admettre la preuve qu'il a été fait depuis l'interdiction ou dans l'état de démence ; qu'il est l'ouvrage de la captation, de la suggestion, et qu'on l'a fait antidater par l'insensé. Si cette preuve était regardée comme contraire au vœu de la loi, l'art. 901, qui veut que l'on soit sain d'esprit pour tester, pourrait être facilement éludé. Il suffit d'envisager les dangers qui résulteraient d'un tel système pour qu'on doive le regarder comme inadmissible.

774. Quant aux actes antérieurs à l'interdiction, l'art. 503 porte « qu'ils pourront être annulés, si « la cause de l'interdiction existait notoirement à « l'époque où ils ont été faits. »

Et à plus forte raison s'ils portaient avec eux la preuve de la démence, puisque dans ce cas les héritiers eux-mêmes pourraient les attaquer après la mort de leur auteur, quoiqu'ils ne le pussent sur le seul fondement que la démence existait notoirement à l'époque des actes, suivant l'art. 504, ainsi conçu :

(1) Voy. *suprà*, n° 215.

« Après la mort d'un individu, les actes par lui
« faits ne pourront être attaqués pour cause de dé-
« mence, qu'autant que son interdiction aurait été
« prononcée ou provoquée avant son décès, à moins
« que la preuve de la démence ne résulte de l'acte
« même qui est attaqué. »

Reprenons ces deux dispositions : elles donnent
lieu à plusieurs observations importantes.

775. Les actes antérieurs à l'interdiction peuvent
être attaqués, si la cause de l'interdiction existait
notoirement à l'époque des actes. En effet, pour
pouvoir s'engager valablement il faut avoir une volonté libre et éclairée, parce qu'il n'y a pas de consentement sans liberté d'esprit, et que sans le consentement il n'y a pas de contrat valable (art. 1108).
L'interdiction vient déclarer l'état mental de la personne, la rendre incapable pour l'avenir, et non
valider les actes qu'elle a souscrits en démence; autrement elle lui serait funeste au lieu de lui profiter.

776. Il n'est donc pas nécessaire, pour que la nullité des actes puisse être prononcée, que ceux avec
lesquels l'interdit a traité aient particulièrement
connu son état; il suffit que cet état fût nôtoire-
ment connu, parce que le consentement de la
part de celui qui s'oblige est essentiel à la validité
de son obligation, et qu'ici l'acte n'est point attaqué pour dol des tiers, mais pour défaut de consentement de la part de l'insensé.

777. *Vice versâ*, si sa démence, sans être notoire, était néanmoins connue de celui qui a traité avec lui, l'acte, à plus forte raison, pourrait être annulé; mais ce serait à la charge de prouver que le tiers avait cette connaissance, ce qui n'est pas nécessaire quand la démence était notoire, puisque l'ignorance particulière du tiers ne serait point un obstacle à l'annulation, s'il y avait lieu de la prononcer.

778. Cependant, comme l'acte pourrait avoir été fait durant un intervalle lucide, et que l'individu n'était point encore déclaré incapable de contracter, la loi laisse aux tribunaux le soin de prononcer dans leur sagesse sur le sort de ce contrat. Ils auraient à prendre en très-grande considération la bonne ou mauvaise foi de l'autre partie, et toutes les circonstances de la cause.

779. Mais quoique le jugement d'interdiction puisse avoir indirectement effet sur le passé, en autorisant, dans les cas des articles 503 et 504 l'interdit ou ses héritiers à attaquer les actes antérieurs, néanmoins les tiers qui ont contracté avec lui ne peuvent y former tierce-opposition ; car il est simplement déclaratif de l'incapacité de l'individu, et l'interdit était le seul contradicteur légitime à l'action qui avait pour objet de la faire reconnaître et prononcer (1).

---

(1) *Voy.* l'arrêt de la Cour de Riom, du 9 janvier 1808. (Sirey, 13, 2, 308.) Il s'agissait d'une donation antérieure à l'interdiction ; et

780. Toutefois, lorsqu'il s'agit de régler le sort des actes antérieurs à l'interdiction, et attaqués comme ayant été faits à une époque où la démence était notoire, les juges ne peuvent s'en tenir à l'enquête faite dans l'objet de l'interdiction elle-même; il en faut une nouvelle, dont les témoignages puissent être récusés ou contredits par les tiers intéressés au maintien des actes antérieurs dont la nullité est demandée (1).

781. Au surplus, les dispositions des art. 503 et 504 ne sont point applicables aux actes faits par celui qui a simplement été placé sous l'assistance d'un conseil judiciaire, même pour faiblesse d'esprit; sauf ce que nous dirons bientôt quant aux donations et aux testamens (2). La combinaison de ces articles avec le précédent ne laisse aucun doute à cet égard. La nomination d'un conseil n'a aucun effet sur le passé: l'individu n'est incapable de faire seul les actes mentionnés à l'art. 499, que *pour l'avenir*. Cet article le dit positivement; jusqu'alors il était capable: le jugement ne reconnaît pas à son égard un état préexistant, il établit seulement un état futur.

---

comme la nullité n'en pouvait être demandée qu'en établissant que la démence existait à l'époque où l'acte avait été fait, il était vrai de dire qu'elle n'était que l'effet de la démence déjà existante, et non du jugement d'interdiction.

(1) Ainsi jugé, et avec raison, par la Cour de Nîmes, le 10 mars 1819. Sirey, 20, 2, 82.

(2) Voy. *infrà*, n° 787.

782. L'art. 503 dit bien que les actes antérieurs à l'interdiction pourront être annulés pour cause de démence, si la démence existait notoirement à l'époque où ils ont été faits ; mais par cela même il suppose que l'interdiction a été prononcée, ce qui est une présomption très-forte qu'en effet l'individu ne jouissait pas de son bon sens au moment où ils ont été passés. Cependant il est possible qu'elle ne le soit pas, ou parce qu'il a recouvré sa raison, ou par suite de la négligence de ses parens. Ce même article ne prononce d'ailleurs pas sur le sort des actes antérieurs à l'interdiction et qui portent avec eux la preuve de la démence, lorsqu'elle n'était pas notoire à l'époque où ils ont eu lieu, actes qui peuvent incontestablement être annulés, ainsi qu'on l'a vu plus haut.

Sur le premier point l'on dit (1) que l'interdiction est un préalable indispensable pour pouvoir attaquer les actes, parce que l'action ne peut appartenir à celui qui les a faits tant qu'il jouit paisiblement de son état de capacité ; qu'elle ne peut appartenir à son tuteur, puisqu'il n'en a point tant qu'il n'est pas interdit ; et enfin qu'elle ne peut appartenir à ses héritiers, ni de son vivant, puisque leurs droits ne sont pas encore ouverts, ni après sa mort, puisque la loi la leur refuse s'ils n'ont pas demandé l'interdiction avant son décès ; qu'à la vérité, ces principes ne sont applicables que

_____

(1) M. Proudhon, tom. II, pag. 327 et 331.

lorsqu'il s'agit d'imbécillité, de démence ou de fureur, parce que c'est dans cette hypothèse que la loi statue quand elle établit la fin de non-recevoir, et qu'ils cessent de l'être quand il s'agit d'aliénation purement accidentelle et momentanée, attendu que pour pouvoir disposer de son bien, il faut être sain d'esprit (art. 901), et qu'un homme surpris dans l'ivresse ou dans un accès de fièvre délirante ne peut valablement faire une donation ou un testament; qu'il est évident que si on lui a fait faire ces actes dans cet état, et que la preuve en soit administrée, les actes seront nuls, puisque, s'il fallait recourir à l'interdiction préalable, le triomphe de la fraude serait infaillible, etc.

Nous tombons d'accord sur tous ces points, hormis le premier.

Ainsi, nous convenons bien que les héritiers ne pourront agir du vivant de la personne, et qu'ils n'auront, après sa mort, le droit de demander la nullité de ses actes qu'autant qu'ils auront fait prononcer ou qu'ils auront provoqué son interdiction, à moins encore que la preuve de la démence ne résultât de l'acte lui-même.

Mais nous croyons fermement que l'individu en état de démence au moment de l'acte, et dont l'interdiction n'est point prononcée parce qu'il a recouvré la raison, peut conclure, soit en demandant, soit en défendant, à la nullité d'une convention qui n'en a que le nom, qui n'est en réalité que le fruit de la démence, car, pour pouvoir consentir, il faut être sain d'esprit, et le consentement est essentiel à toute convention (art. 1108). L'article 503 ne dit rien de contraire; et quant à l'article 504, il ne s'explique qu'à l'égard des héritiers, qui, ayant le moyen de se préparer un jour l'action en nullité en provoquant l'interdiction, sont censés, quand ils ont gardé le silence pendant la vie de leur auteur, avoir reconnu qu'il était sain d'entendement. Mais la même chose ne peut se dire par rapport à lui, puisqu'il ne peut provoquer lui-même son interdiction (1), et qu'il la provoquerait vainement étant revenu à un meilleur état; et cependant il serait contraire à l'équité et aux principes qui régissent les conventions que les tribunaux ne pussent annuler des actes faits à une époque où la démence était notoire, parce que la loi ne donne pas spécialement à celui qui les a souscrits, et qui n'a point été interdit, le droit de les attaquer. Elle le lui donne d'une manière générale au Titre *des Obligations;* cela suffit. Elle n'avait à s'occuper ici que de l'effet des actes par rapport aux héritiers, qui n'ont pas provoqué l'interdiction de leur auteur; mais quant à lui, le droit commun suffisait évidemment (2). Enfin, dans le système contraire, il ne pourrait même, parce que son interdiction n'aurait pas été

---

(1) Voy. *suprà*, n° 724.

(2) Pour plus de développemens de cette proposition, *voy.* notre *Traité des Contrats*, etc., tom. I, n° 218.

prononcée, demander la nullité de l'acte qui porterait avec lui la preuve de la démence la plus
complète, car l'article 503 ne parle pas de ce cas,
et l'individu est encore en possession de son état
de personne capable; tandis que ses héritiers pourraient la demander en vertu de l'article 504,
quoiqu'ils n'eussent pas provoqué l'interdiction. Ils
auraient ainsi, eux qui sont bien moins favorables,
un droit qu'on lui refuserait à lui-même; ce qui
ne peut raisonnablement être admis.

783. Il importe de remarquer que lorsque les
actes sont annulés dans le cas de l'art. 503, ils le
sont sur le fondement d'une exception *réelle*, le
défaut de consentement; en sorte que la caution
de l'insensé peut invoquer cette exception, du
moins généralement (art. 1108 et 2036 combinés).
Ce ne serait que dans les cas où le tiers se serait
obligé principalement avec ou sans solidarité, en
prenant sur lui l'exécution de l'obligation plutôt
comme principal obligé que comme simple caution,
que cette règle cesserait d'être applicable. Au lieu
que, selon nous, les actes d'une personne déjà interdite ne peuvent être annulés que sur le fondement d'une exception *personnelle*, dont, il est vrai,
le cause est la même, mais exception qui ne peut
être invoquée par les tiers (art. 1125). Dans ce cas,
la caution ne serait pas moins valablement obligée
(art. 2012), quoiqu'elle eût ignoré l'interdiction lors

de son engagement (1), s'il n'y avait eu aucune fraude de la part du créancier.

784. Nous avons dit que les héritiers ne peuvent attaquer les actes faits par leur auteur qu'autant que son interdiction a été prononcée ou provoquée avant son décès, à moins que la preuve de la démence ne résulte de l'acte lui-même.

Ainsi la *notoriété* vraie ou prétendue de la démence au moment des actes ne suffit pas pour leur donner le droit de les critiquer. C'est précisément cette allégation que l'on a voulu écarter, afin que le sort des actes ne fût pas exposé aux dangers d'une preuve testimoniale long-temps après la mort de l'individu qui les a souscrits; car avec sa vie s'est évanoui le moyen le plus sûr de résoudre le problème de sa capacité intellectuelle.

785. La loi ne le leur permet qu'autant qu'ils ont fait prononcer, ou du moins qu'ils ont provoqué son interdiction, ou que la preuve de la démence ne résulte de l'acte lui-même.

Dans le premier cas, ils ont fait tout ce qui dépendait d'eux pour faire constater l'état de leur auteur; dans le second, il n'y a pas à s'abandonner à des conjectures pour statuer sur le sort des actes : la vérité se montre dans tout son jour, et les principes ordinaires réclament leur application.

---

(1) Voir, pour plus de développemens, notre *Traité des Contrats*, tom. I, n° 221.

786. Mais quoique l'article 504 déclare d'une manière générale les héritiers recevables à attaquer les actes lorsqu'ils ont *provoqué* l'interdiction du vivant de leur auteur, cela ne doit néanmoins s'entendre qu'avec une distinction.

Quand l'insensé meurt durant la poursuite, les héritiers ayant fait tout ce qui dépendait d'eux pour faire constater son état, et rien n'indiquant qu'ils aient agi mal à propos à cet égard, la présomption est en leur faveur, et cette présomption se confirme par la preuve qu'ils sont obligés de faire, pour obtenir la nullité des actes, que la démence existait déjà notoirement à l'époque où ils ont été passés.

Mais, au contraire, la présomption s'élève contre eux si leur demande a été rejetée : leur provocation, ainsi jugée mal fondée, est censée ne pas exister, puisqu'une demande rejetée est réputée n'avoir pas été formée. C'est d'après ce principe qu'elle n'est pas interruptive de prescription. (Art. 2247.)

787. Enfin, l'article 504 n'est point applicable aux donations ni aux testamens : c'est uniquement l'article 901 qui régit la capacité de fait du donateur ou du testateur. Or, suivant cet article, pour faire une donation ou un testament, il faut être sain d'esprit. Cette condition ne reçoit aucune modification ; elle n'est subordonnée, dans ses effets, à aucune autre disposition de la loi : elle est absolue, indépendante, inflexible.

Au Conseil-d'État, M. Emmery dit en effet, lors de la discussion élevée sur l'article 504, qu'il ne devait point s'appliquer aux donations ni aux testamens. Cette observation fut approuvée ; on en renvoya la discussion plus approfondie à celle qui aurait lieu sur l'article 901, et lorsqu'on arriva à ce dernier, on avait, il est vrai, perdu de vue l'observation ; mais elle a été recueillie par la jurisprudence et par la doctrine (1).

SECTION V.

De la Cessation de l'Interdiction.

SOMMAIRE.

---

(1) *Voy.* deux arrêts de la Cour de cassation, section des requêtes, rendus en ce sens les 22 novembre 1810 et 17 mars 1813. (Sirey, 11, 1, 78 ; et 13, 1, 393.) *Voy.* aussi notre *Traité des Contrats*, tom. I, nº 219.

788. L'interdiction cesse :

1° Par la mort de l'interdit;

2° Par la main levée du jugement.

Cette main-levée doit être prononcée lorsque les causes qui ont déterminé l'interdiction ont cessé.

789. Mais elle ne peut l'être qu'en observant les formalités prescrites pour parvenir à l'interdiction, et l'interdit ne peut reprendre l'exercice de ses droits qu'après le jugement de main-levée. (Art. 512 Cod. civ., et 896 Cod. de procéd.)

C'est la sage application de la règle *nihil tàm naturale est, quàm eo genere quidquid dissolvere quo colligatum est* (1).

790. Ces formalités consistent donc :

1° A présenter requête au président du tribunal. (Art. 890 Cod. de procéd.)

2° Dans la communication au ministère public et la nomination d'un rapporteur. (Art. 891 *ibid.*)

3° Dans le rapport du juge commis et les conclusions du ministère public. (Art. 892 *ibid.*)

4° A ordonner que le conseil de famille donnera son avis sur l'état actuel de l'interdit. (*Ibid.* et 494 Cod. civ.)

---

(1) L. 35, ff. *de Reg. juris.*

5° A interroger l'interdit après avoir reçu l'avis de la famille. (Art. 496.)

Enfin 6° à rendre le jugement de main-levée en audience publique. (Art. 498.)

791. Il n'est pas besoin que l'interdit se donne un contradicteur, soit dans la personne de son tuteur, soit dans celle du subrogé tuteur. Le conseil de famille par son avis, et le ministère public par ses conclusions, sont les seuls contradicteurs légitimes à la demande en main-levée d'interdiction. Aussi, le subrogé tuteur ne peut-il former tierce opposition au jugement qui l'a prononcée, sur le prétexte que l'interdit l'a obtenu sans l'avoir appelé. La Cour de Colmar avait admis cette tierce opposition, et annulé des actes faits depuis le jugement de main-levée; mais son arrêt a été cassé (1) pour fausse application de l'article 512 du Code civil, et violation de l'article 474 du Code de procédure, sur la *tierce opposition* (2).

Aux termes de l'article 883 du même Code, toutes les fois que la délibération du conseil de famille n'est pas unanime, le tuteur et le subrogé tuteur peuvent se pourvoir; à cet effet, ils forment leur demande contre ceux des membres qui en ont été d'avis, sans qu'il soit nécessaire d'appeler en conci-

(1) Le 12 février 1816. Sirey, 16, 1, 217.
(2) *Voy.* aussi un arrêt de la Cour de Bordeaux, en date du 8 mars 1822, rendu en ce sens. Sirey, 22, 1, 205.

liation. Mais cette disposition n'est point applicable
au cas dont il s'agit, cas dans lequel ils ne repré-
senteraient par l'interdit puisqu'ils deviendraient
ses adversaires.

792. Lors même que l'avis de la famille ne serait
pas unanime pour la main-levée, l'interdit ne serait point obligé d'appeler les dissidens, sauf à
ceux-ci, qui savent qu'elle est demandée, à former
opposition par acte extrajudiciaire signifié à l'interdit, qui doit alors les appeler pour faire rendre
le jugement avec eux ; sinon ils peuvent y former
opposition (1). (Argument de l'article 888 du Code
de procédure.)

793. Il n'est pas nécessaire que le jugement soit
rendu public, comme celui qui prononce l'interdiction. La personne relevée de l'incapacité dont
elle était frappée rentre dans la classe ordinaire,
et reprend l'exercice de ses droits : son nouvel état
n'a donc pas besoin d'être connu de chacun. C'est
elle qui est intéressée à le faire connaître à ceux
avec lesquels elle pourrait avoir à traiter; mais
elle leur donne pleine sécurité à cet égard en leur
représentant le jugement de main-levée.

---

(1) C'est aussi la décision de M. Pigeau, *Procédure civile*, tom. II,
4ᵉ part., pag. 434, édit. de 1808.

CHAPITRE II.

Du Conseil judiciaire donné au Prodigue.

SOMMAIRE.

III.   46

810. *L'action du prodigue dure dix ans, à partir du jour où l'incapacité a cessé.*

811. *Le ministère public doit toujours, en appel comme en première instance, être entendu dans les causes relatives à l'interdiction et à la nomination d'un conseil.*

794. Nous avons vu (1) que le tribunal peut, en rejetant une demande en interdiction, nommer un conseil à celui dont les facultés intellectuelles ne sont pas assez dérangées pour qu'il doive être interdit, mais assez cependant pour qu'on ne pût sans danger lui laisser le libre exercice de ses droits.

Il est impossible d'indiquer avec précision les cas où il convient de préférer ce dernier parti : les faits et les circonstances, qui se modifient à l'infini, doivent seuls guider les tribunaux. Mais lorsqu'il existe déjà des actes préjudiciables, et qui ne sont pas l'ouvrage d'un consentement éclairé, il est plus utile de prononcer l'interdiction, afin de donner à la personne le moyen d'en obtenir l'annulation, en vertu de l'article 503, moyen qui lui échapperait si elle était simplement placée sous l'assistance d'un conseil (2).

795. Le prodigue, à plus d'un égard, peut être considéré comme faible d'esprit, et un conseil lui est également nécessaire pour le diriger dans les

----

(1) N° 737, *suprà.*
(2) Voy. *suprà*, n° 781.

actes qui exigent plus de discernement et de prudence, ou qui auraient pour lui de plus dangereux effets.

796. Ce n'est plus, comme anciennement, un curateur qui est chargé de le représenter ; c'est un conseil judiciaire, dont l'approbation sera nécessaire, il est vrai, pour la validité des actes déterminés par la loi, mais qui ne le sera nullement pour celle des autres actes. C'est une différence notable d'avec l'interdit, qui est absolument incapable. Ce n'est pas la seule ; car aucune formalité particulière n'est prescrite pour l'aliénation des biens de celui qui est placé sous l'assistance d'un conseil : il suffit de l'avis de ce conseil ; tandis que l'interdit est assimilé au mineur pour sa personne et ses biens. (Art. 509.)

Les actes que le prodigue ne peut faire seul sont ceux mentionnés à l'article 513 ; ainsi conçu : « Il « peut être défendu aux prodigues de plaider, de « transiger, d'emprunter, de recevoir un capital « mobilier et d'en donner décharge, d'aliéner, ni « de grever leurs biens d'hypothèques, sans l'assis- « tance d'un conseil qui leur est nommé par le « tribunal. »

797. La prodigalité est ce penchant qui porte un individu à dissiper son bien en vaines profusions et en folles dépenses, sans but utile pour lui ni pour la société, et qui, suivant l'énergique expres-

sion de l'empereur Antonin (1), *quod ad bona ip-sius pertinet, furiosum facit exitum.*

La libéralité se trouve placée entre elle et l'ava-rice, comme toute vertu entre deux vices opposés. L'homme libéral fait un noble usage des présens de la fortune en les faisant servir au soulagement des malheureux, à l'encouragement des beaux-arts, à la création de choses durables qui perpétueront sa mémoire. Le dissipateur gaspille son patri-moine, le mange rapidement au jeu, en festins, en présens faits sans motifs ou souvent pour des motifs peu honnêtes. Le besoin de dépenser sans cesse l'oblige journellement à recourir aux em-prunts ruineux; et en peu de temps l'opulence chez lui serait transformée en misère, si la loi n'autorisait les parens à mettre un frein à cette li-cence, dangereuse aussi pour l'état, toujours moins tranquille quand il renferme dans son sein des ci-toyens tourmentés par le souvenir d'un bien-être qui n'est plus, et qu'ils ne sauraient recouvrer par le travail, qu'ils n'ont jamais connu.

La manie des procès est un autre genre de pro-digalité qui n'est pas moins pernicieux pour celui qui en est possédé, et qui a de plus le funeste ef-fet de rejaillir sur les autres en troublant leur re-pos. Le législateur le signale tout d'abord en disant que « il pourra être défendu aux prodigues de *plai-* « *der* sans l'avis d'un conseil. »

---

(1) L. 12, §. 2, ff. *de Tutor. et Curat. dat.*, etc.

798. Comme il est impossible de préciser tous les faits par lesquels peut se manifester la prodigalité, et que la loi n'a pas déterminé quelle quotité de ses biens le prodigue devrait avoir dissipée pour être dans le cas de recevoir un conseil, c'est à la sagesse des tribunaux à se décider d'après les circonstances, en songeant que les mauvaises opérations, mais qui avaient une chance de succès et un but raisonnable, ne sauraient être confondues avec la prodigalité, ni servir de prétexte pour enlever à un citoyen le libre exercice de ses droits.

799. Ils ne pourraient, au reste, interdire au prodigue la faculté de faire seul d'autres actes que ceux prévus par la loi : il doit toujours conserver la libre administration de ses biens, le pouvoir de passer des baux n'excédant pas neuf ans, de recevoir ses revenus, de traiter pour les réparations nécessaires ou utiles à faire à ses propriétés, de vendre ses denrées, et de faire généralement tous les autres actes qu'entraîne après soi l'administration des biens.

800. Il peut même se marier sans l'avis de son conseil. L'orateur du gouvernement chargé de présenter le projet de loi au Corps legislatif l'a formellement reconnu (1). Mais on ne lui appli-

_____

(1) *Voy.* tom. II, n° 35.

querait probablement pas, quant aux donations
et avantages matrimoniaux qu'il ferait à son conjoint, l'adage *habilis ad nuptias, habilis ad matrimonii consequentias*; du moins il importerait de
distinguer entre les donations entre vifs et celles
qui ne doivent avoir leur effet qu'à la mort du donateur. Il serait trop à craindre, quant aux premières, que le prodigue ne devînt la victime des
embûches que lui tendrait une famille avide qui
spéculerait sur ses passions et sur son aveuglement.
Les secondes n'ont pas les mêmes conséquences
pour lui.

801. Aussi, nul doute qu'il ne puisse valablement
faire son testament sans l'avis de son conseil, de
même que la femme mariée ou le mineur âgé de
seize ans ont la capacité de tester sans l'autorisation du mari ou du tuteur, parce que ce n'est pas
là une aliénation : aliéner, c'est se dépouiller en
faveur d'un autre, et le testateur ne se dépouille
pas; seulement, il prive ses héritiers. D'ailleurs, le
testament doit être l'ouvrage du testateur seul, à la
pensée duquel aucune pensée étrangère ne doit se
mêler; il doit être pur de toute suggestion.

802. La défense de procéder sans l'assistance
d'un conseil peut être provoquée par ceux qui ont
droit de demander l'interdiction; leur demande
doit être instruite et jugée de la même manière.
(Art. 514.)

D'après les explications que nous avons données précédemment, nous n'aurons que peu d'observations à faire sur ce point.

803. Le ministère public n'ayant le droit de provoquer l'interdiction que dans le cas de fureur, quand les parens ne la provoquent pas (art. 491), il est clair qu'il n'a pas reçu de la loi mission pour faire nommer un conseil à un prodigue.

Il ne l'aurait même pas, selon nous, encore que le prodigue n'eût ni époux ni parens connus; car, s'il peut, dans ce cas, provoquer l'interdiction pour cause *d'imbécillité* (*ibid.*), il n'a pas le droit de requérir la nomination d'un conseil pour cause de prodigalité, puisque l'une n'est point l'autre. Il faudrait que son action fût fondée sur l'imbécillité; alors, si les caractères de la prodigalité s'annonçaient dans l'individu sous ceux de la faiblesse d'esprit, le tribunal pourrait, en vertu de l'article 499, nommer un conseil, puisqu'il aurait le droit de prononcer l'interdiction. Mais l'action du ministère public ne reposerait sur aucune loi, si elle n'avait d'autre cause que la prodigalité excitée par la passion du jeu, le goût du faste ou tout autre penchant désordonné attestant moins l'absence du discernement qu'un malheureux usage de la raison, et qu'on ne saurait confondre avec l'imbécillité réelle.

804. Puisque la défense de procéder sans l'assis-

tance d'un conseil ne peut être provoquée que par ceux qui ont droit de demander l'interdiction, et qu'un individu ne peut demander lui-même d'être interdit (1), on doit en tirer la conséquence qu'il ne peut provoquer la nomination d'un conseil : il aliénerait en partie sa capacité civile. Peu importe que le jugement ne dût pas, comme celui de l'interdiction, faire un préjugé contre les actes antérieurs, et qu'ainsi l'intérêt des tiers fût moins exposé à en souffrir quelque atteinte, toujours est-il vrai que l'individu altérerait lui-même son état, et que tout ce qui est relatif à l'état des personnes est indépendant de leur volonté, et ne peut être altéré par elle. Il a d'ailleurs le moyen très-simple de s'entendre à ce sujet avec un de ses parens.

805. On choisit ordinairement pour conseil un magistrat, un avocat, un notaire, un avoué, et même quelquefois un citoyen ne cultivant pas l'étude des lois par état, mais d'une prudence reconnue et ayant assez la connaissance des affaires. La nature de celles du prodigue doit exercer une grande influence dans le choix du guide qu'on va lui donner.

806. Le conseil exprime son avis soit en signant l'acte qu'il autorise, soit par un acte particulier; mais alors il faut annexer cet acte au premier, autre-

(1) *Voy.* l'arrêt de cassation , *suprà*, n° 724.

ment rien n'attesterait que celui-ci a été passé avec l'avis du conseil.

807. Il ne pourrait le donner seul après coup : ce serait une ratification d'un acte nul, et il n'a pas le droit de faire *ex non jure obligato*, *jure obligatum ;* pas plus qu'à Rome un tuteur n'aurait pu, en donnant après coup son autorisation à l'acte fait par le pupille, ravir à celui-ci le bénéfice de la nullité : pour être valable, elle devait être donnée *in præsenti negotio.* Mais en ratifiant son engagement avec l'avis du conseil, le prodigue en purge le vice.

808. La défense doit être levée lorsque tout porte à croire que les inclinations et les goûts de la personne se sont rectifiés, et que sa conduite à l'avenir sera différente de ce qu'elle a été. Pour en être certain, l'on procède sur la main-levée en observant les mêmes formalités que celles qui ont été suivies pour la nomination du conseil. (Art. 514.)

809. Les tiers qui ont traité avec le prodigue, sans l'avis de son conseil, ne peuvent pas plus se prévaloir de son incapacité, que ceux qui ont traité avec un interdit ne peuvent alléguer la sienne. (Art. 1125. Par argum. *à fortiori*.)

810. L'action en nullité qu'a le prodigue doit, comme celle de l'interdit, être exercée dans les dix ans du jour où son incapacité a cessé. (Art. 1304.)

811. Enfin, aucun jugement en matière d'interdiction ou de nomination de conseil ne peut être rendu, soit en première instance, soit en cause d'appel, que sur les conclusions du ministère public. (Art. 515.)

FIN DU TROISIÈME VOLUME ET DE LA PREMIÈRE PARTIE DU COURS, OU DU PREMIER LIVRE DU CODE, SUR L'ÉTAT DES PERSONNES.

TABLE

DES MATIÈRES.

TITRE VIII.

De l'Adoption et de la Tutelle officieuse.

CHAPITRE PREMIER.

SECTION PREMIÈRE.

SECTION II.

SECTION III.

TITRE X.

De la Minorité, de la Tutelle et de l'Émancipation.

CHAPITRE PREMIER.

SECTION PREMIÈRE.

SECTION II.

SECTION III.

SECTION IV.

CHAPITRE II.

SECTION PREMIÈRE.

SECTION II.

CHAPITRE III.

CHAPITRE IV.

SECTION PREMIÈRE.

TITRE XI.

De la Majorité, de l'Interdiction et du Conseil judiciaire.

CHAPITRE PREMIER.

FIN DE LA TABLE.

BIBLIOTHEQUE NATIONALE DE FRANCE

3 7502 01898079 9

www.ingramcontent.com/pod-product-compliance
Lightning Source LLC
Chambersburg PA
CBHW031533210326
41599CB00015B/1881